VADE-MECUM

DE

L'ORFÈVRE ET DU BIJOUTIER,

CONTENANT

LE COMPTE FAIT

DE PLUS DE 60,000 OPÉRATIONS

RELATIVES À L'ORFÈVRERIE ET A LA BIJOUTERIE;

Ouvrage indispensable aux Fabricans et Marchands Orfèvres, Joailliers, Bijoutiers, Marchands d'or, Changeurs, Commissaires-Priseurs, Commissionnaires au Mont-de-Piété, etc.;

Par E. FESSART,

ORFÈVRE-JOAILLIER-BIJOUTIER, RUE DE L'ANCIENNE-COMÉDIE, 12.

APPROUVÉ

PAR LA SOCIÉTÉ D'ENCOURAGEMENT

POUR L'INDUSTRIE NATIONALE

SEPTIÈME ÉDITION.

PARIS,

IMPRIMERIE DE WITTERSHEIM,

RUE MONTMORENCY, N° 8.

1845.

VADE-MECUM

DE

L'ORFÉVRE ET DU BIJOUTIER.

Se trouve à Paris :

Chez L'AUTEUR, rue de l'Ancienne-Comédie, N° 12, Faubourg Saint-Germain

WITTERSHEIM, Imprimeur, rue Montmorency, N° 8;

LECOUR, Essayeur de Commerce, rue Saint-Martin, passage de la Réunion, N° 7;

D'HENNIN, Essayeur du Commerce, rue Quincampoix, N° 19;

BONNEVILLE, Essayeur du Commerce, rue Saint-Martin, N° 67;

LANGLET, Orfèvre, rue Bourg-l'Abbé, N° 32;

BINGANT, Bijoutier, rue Rambuteau, N° 52;

COSSON, Bijoutier, rue Montmorency, N° 37;

Et chez les Principaux Libraires de Paris et de la Province.

Le Guide de l'Orfèvre et du Bijoutier dans les Ventes au Mont-de-Piété

SE VEND SÉPARÉMENT.

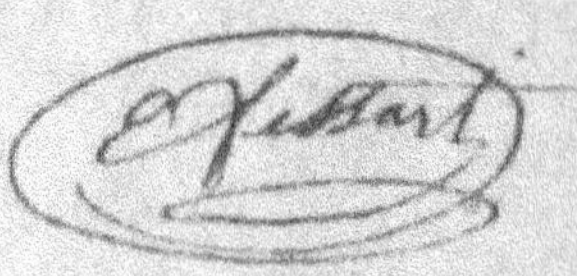

VADE-MECUM

DE

L'ORFÉVRE ET DU BIJOUTIER,

CONTENANT

LE COMPTE FAIT DE PLUS DE 60,000 OPÉRATIONS

RELATIVES A L'ORFÉVRERIE ET A LA BIJOUTERIE;

Ouvrage indispensable aux Fabricans et Marchands Orfèvres, Joailliers, Bijoutiers, Marchands d'Or, Changeurs, Commissaires-Priseurs, Commissionnaires aux Monts-de-Piété, etc.;

Par E. FESSART,

ORFÈVRE-JOAILLIER-BIJOUTIER,

APPROUVÉ

PAR LA SOCIÉTÉ D'ENCOURAGEMENT

POUR L'INDUSTRIE NATIONALE;

SEPTIÈME ÉDITION.

PRIX : 4 FRANCS 50 CENTIMES.

PARIS,

IMPRIMERIE DE WITTERSHEIM,

RUE MONTMORENCY, N° 8.

1845.

1844

SOCIÉTÉ D'ENCOURAGEMENT

POUR L'INDUSTRIE NATIONALE.

*Extrait du Procès-verbal de la Séance du Conseil d'Administration
du 23 Mars 1831.*

Au nom du Comité des arts chimiques, M. Bussy lit le Rapport
suivant sur un ouvrage manuscrit, présenté par M. Fessart, ayant
pour titre : *Vade-mecum de l'Orfèvre et du Bijoutier.*

Messieurs,

L'ouvrage manuscrit dont la Société nous a chargé de lui rendre
compte contient :

1° Un Tarif donnant la valeur d'un objet en or depuis 1 centigramme jusqu'à 250 grammes, gramme par gramme, d'après les
prix suivans de l'once d'or, 88ᶠ, 80ᶠ, 76ᶠ, 74ᶠ, 72ᶠ, 68ᶠ, et 60ᶠ, qui
sont les prix le plus généralement en usage dans le commerce. Le
même Tableau contient également, sur la même colonne horizon-
tale, la réduction des poids nouveaux en poids anciens, c'est-à-dire
des grammes en marcs, onces, gros, grains et fractions de grain,
depuis 1 centigramme jusqu'à 250 grammes, toujours de gramme
en gramme.

2° Un Tarif donnant la valeur d'un objet en argent, depuis 1 centigramme jusqu'à 8 kilogrammes, gramme par gramme, avec la
conversion des grammes en marcs, onces, etc., la valeur de l'argent
correspondante aux prix suivans du marc, savoir : 55ᶠ, 54ᶠ 10ᶜ,
51ᶠ 30ᶜ, 50ᶠ, 48ᶠ, 44ᶠ, 42ᶠ et 40ᶠ.

3° Un Tarif des droits perçus par le bureau de garantie, tant pour
le contrôle des bijoux d'or et d'argent que pour les ouvrages d'orfèvrerie.

4° Un Tarif pour le doré, donnant, millième par millième,
valeur d'un lingot d'or, de doré et d'argent, d'après les prix suiva
de l'once d'or fin, savoir : 105ᶠ, 105ᶠ 25ᶜ, 105ᶠ 50ᶠ, 105ᶠ 75ᶜ, 10
106ᶠ 25ᶜ et 106ᶠ 50ᶜ, et pour l'argent d'après les prix suivans
marc, 54ᶠ, 53ᶠ 75ᶜ, 53ᶠ 50ᶜ, 53ᶠ 25ᶜ et 53ᶠ. Le même Tableau co
tient la conversion des millièmes en karats et trente-deux pour l'
et en deniers, grains et demi-grains pour l'argent.

5° Un Tarif des droits perçus pour les frais de départ des dorés
petits dorés, depuis 1 centigramme jusqu'à 4 kilogrammes.

6° Un Tarif donnant la réduction des marcs, onces gros et grai
en grammes, avec la valeur correspondante d'un objet en or
même poids, pour les différens prix de l'or déjà indiqués.

7° Un Tarif donnant comme ci-dessus la réduction des marcs
grammes, avec la valeur correspondante d'un objet en argent
même poids, d'après les différens prix de l'argent déjà indiqués.

Cet ouvrage, le plus complet et le plus étendu de ce genre, re
ferme, comme on le voit, la solution de toutes les questions d'arithm
tique qui peuvent intéresser le commerce des matières d'or et d'a
gent ; c'est une espèce de barême ou de compte fait, à l'inspecti
duquel un vendeur ou un acheteur savent sur le champ ce qu
doivent recevoir ou payer, dès qu'ils connaissent le poids de la m
tière exprimé en mesures anciennes ou nouvelles, le titre exprir
en millièmes ou en karats ou en deniers.

Un des avantages les plus certains de l'ouvrage dont nous rendo
compte serait d'introduire l'usage des poids métriques dans le co
merce de la bijouterie, et de mettre les personnes peu versées da
ces sortes de transactions à même de connaître et de débattre ell
mêmes leurs intérêts. Ainsi lorsqu'une personne a de l'or à ven
provenant de différentes origines, tels que résidus de fabricatio
vieux bijoux, elle se trouve, pour ainsi dire, à la discrétion
l'acheteur, surtout lorsque le titre du lingot qu'elle possède sort
titre habituel du commerce ; à l'aide des tableaux de cet ouvrag
elle pourra connaître précisément la valeur de l'objet qu'elle voud
vendr

Sous le rapport de l'exécution des calculs et de leur précisio
l'ouvrage sort des attributions du Comité des arts chimiques, no
dirons toutefois que, sans nous porter garant de leur exactitud
nous en avons vérifié plusieurs, que nous avons trouvés justes.

En conséquence, nous avons l'honneur de vous proposer d'insérer le présent rapport dans le Bulletin, afin de propager la connaissance d'un ouvrage que nous considérons comme très utile.

Le Conseil approuve le rapport et en adopte les conclusions.

Pour copie conforme :

Le Comte DE LASTEYRIE.

N. B. Encouragé par l'approbation donnée à cet ouvrage, je l'ai augmenté de plusieurs chapitres relatifs aux alliages, et du *Guide de l'Orfèvre et du Bijoutier*, voulant qu'il ne laisse, sous aucun rapport, rien à désirer.

TABLE DES MATIERES

CONTENUES DANS CET OUVRAGE.

FIN DE LA TABLE.

SUPPLÉMENT AU CHAPITRE PREMIER.

Depuis plusieurs années l'or blanc est généralement employé pour la fabrication du bijou. La quantité d'argent fin nécessaire pour lui donner cette couleur étant de 16 grammes, environ, par hectogramme, il suit de là qu'un hectogramme d'or blanc au 3e titre vaut 3 fr. 50 c., environ, de plus qu'un hectogramme d'or au même titre allié de cuivre seulement.

D'un autre côté, les fabricants de chaines et de pleins étant dans l'usage de compter l'or à un prix plus élevé que les fabricans de bijoux de fantaisie, j'ai pensé qu'il serait utile, dans ces circonstances, pour compléter le chapitre 1er de cet ouvrage, de donner dans un supplément le compte fait gramme par gramme de l'or au 3e titre à des prix plus élevés que ceux donnés dans le chapitre premier.

DIVERSES VALEURS DU CENTIGRAMME, DU DÉCIGRAMME ET DU GRAMME D'APRÈS LES PRIX SUIVANS DE L'HECTOG. D'OR.

CENTIGRAMMES	264 f. ou 81 f. l'once	288 f. ou 88 f. 12 l'once	289 f. ou 88 f. 42 l'once	290 f. ou 88 f. 73 l'once	291 f. ou 89 f. 03 l'once
	fr. c.	fr. c.	fr. c.	fr. c.	fr. c.
1	0 3	0 3	0 3	0 3	0 3
2	0 5	0 6	0 6	0 6	0 6
3	0 8	0 9	0 9	0 9	0 9
4	0 11	0 12	0 12	0 12	0 12
5	0 13	0 14	0 14	0 15	0 15
6	0 16	0 17	0 17	0 17	0 17
7	0 19	0 20	0 20	0 20	0 20
8	0 21	0 23	0 23	0 23	0 23
9	0 24	0 26	0 26	0 26	0 26
Décig.					
1	0 26	0 29	0 29	0 29	0 29
2	0 53	0 58	0 58	0 58	0 58
3	0 79	0 86	0 87	0 87	0 87
4	1 06	1 15	1 16	1 16	1 16
5	1 32	1 44	1 45	1 45	1 46
6	1 59	1 73	1 73	1 74	1 75
7	1 85	2 02	2 02	2 03	2 04
8	2 12	2 30	2 31	2 32	2 33
9	2 38	2 59	2 60	2 61	2 62
Gram.					
1	2 65	2 88	2 89	2 90	2 91
2	5 30	5 76	5 78	5 80	5 82
3	7 94	8 64	8 67	8 70	8 73
4	10 59	11 52	11 56	11 60	11 64
5	13 24	14 40	14 45	14 50	14 55
6	15 89	17 28	17 34	17 40	17 46
7	18 53	20 16	20 23	20 30	20 37
8	21 18	23 04	23 12	23 20	23 28

DIVERSES VALEURS DU GRAMME D'APRÈS LES PRIX SUIVANS DE L'HECTOG. D'OR.

GRAMMES	264 f. ou 81 f. l'once	288 f. ou 88 f. 12 l'once	289 f. ou 88 f. 42 l'once	290 f. ou 88 f. 73 l'once	291 f. ou 89 f. 03 l'once
	fr. c.	fr. c.	fr. c.	fr. c.	fr. c.
9	23 85	25 92	26 01	26 10	26 19
10	26 48	28 80	28 90	29 »	29 10
11	29 12	31 68	31 79	31 90	32 01
12	31 77	34 56	34 68	34 80	34 92
13	34 42	37 44	37 57	37 70	37 83
14	37 07	40 32	40 46	40 60	40 74
15	39 71	43 20	43 35	43 50	43 65
16	42 36	46 08	46 24	46 40	46 56
17	45 01	48 96	49 13	49 30	49 47
18	47 66	51 84	52 02	52 20	52 38
19	50 30	54 72	54 91	55 10	55 29
20	52 95	57 60	57 80	58 »	58 20
21	55 60	60 48	60 69	60 90	61 11
22	58 25	63 36	63 58	63 80	64 02
23	60 89	66 24	66 47	66 70	66 93
24	63 54	69 12	69 36	69 60	69 84
25	66 19	72 »	72 25	72 50	72 75
26	68 84	74 88	75 14	75 40	75 66
27	71 48	77 76	78 03	78 30	78 57
28	74 13	80 64	80 92	81 20	81 48
29	76 78	83 52	83 81	84 10	84 39
30	79 43	86 40	86 70	87 »	87 30
31	82 07	89 28	89 59	89 90	90 21
32	84 72	92 16	92 48	92 80	93 12
33	87 37	95 04	95 37	95 70	96 03
34	90 02	97 92	98 26	98 60	98 94

SUPPLÉMENT AU CHAPITRE PREMIER.

GRAMMES.	DIVERSES VALEURS DU GRAMME D'APRÈS LES PRIX SUIVANS DE L'HECTOG. D'OR.				
	264f.75 ou 84 f. l'once.	288 f. ou 88 f.24 l'once.	289 f. ou 88 f.42 l'once.	290 f. ou 88 f.73 l'once.	291 f. ou 89 f.03 l'once.
	fr. c.	fr. c.	fr. c.	fr. c.	fr. c.
35	92 66	100 80	101 15	101 50	101 85
36	95 31	103 68	104 04	104 40	104 76
37	97 96	106 56	106 93	107 30	107 67
38	100 61	109 44	109 82	110 20	110 58
39	103 25	112 32	112 71	113 10	113 49
40	105 90	115 20	115 60	116 »	116 40
41	108 55	118 08	118 49	118 90	119 31
42	111 20	120 96	121 38	121 80	122 22
43	113 84	123 84	124 27	124 70	125 13
44	116 49	126 72	127 16	127 60	128 04
45	119 14	129 60	130 05	130 50	130 95
46	121 79	132 48	132 94	133 40	133 86
47	124 44	135 36	135 83	136 30	136 77
48	127 08	138 24	138 72	139 20	139 68
49	129 73	141 12	141 61	142 10	142 59
50	132 38	144 »	144 50	145 »	145 50
51	135 03	146 88	147 39	147 90	148 41
52	137 67	149 76	150 28	150 80	151 32
53	140 32	152 64	153 17	153 70	154 23
54	142 97	155 52	156 06	156 60	157 14
55	145 62	158 40	158 95	159 50	160 05
56	148 26	161 28	161 84	162 40	162 96
57	150 91	164 16	164 73	165 30	165 87
58	153 56	167 04	167 62	168 20	168 78
59	156 21	169 92	170 51	171 10	171 69
60	158 85	172 80	173 40	174 »	174 60
61	161 50	175 68	176 29	176 90	177 51
62	164 15	178 56	179 18	179 80	180 42
63	166 80	181 44	182 07	182 70	183 33
64	169 44	184 32	184 96	185 60	186 24
65	172 09	187 20	187 85	188 50	189 15
66	174 74	190 08	190 74	191 40	192 06
67	177 38	192 96	193 63	194 30	194 97
68	180 03	195 84	196 52	197 20	197 88
69	182 68	198 72	199 41	200 10	200 79
70	185 33	201 60	202 30	203 »	203 70
71	187 97	204 48	205 19	205 90	206 61
72	190 62	207 36	208 08	208 80	209 52

GRAMMES.	DIVERSES VALEURS DU GRAMME D'APRÈS LES PRIX SUIVANS DE L'HECTOGRAM. D'O[R].				
	264f.75 ou 84 f. l'once.	288 f. ou 88 f. 42 l'once.	289 f. ou 88 f. 42 l'once.	290 f. ou 88 f. 73 l'once.	291 ou 89 f.
	fr. c.	fr. c.	fr. c.	fr. c.	fr.
73	193 27	210 24	210 97	211 70	212
74	195 92	213 12	213 86	214 60	215
75	198 57	216 »	216 75	217 50	218
76	201 21	218 88	219 64	220 40	221
77	203 86	221 76	222 53	223 30	224
78	206 51	224 64	225 42	226 20	226
79	209 16	227 52	228 31	229 10	229
80	211 80	230 40	231 20	232 »	232
81	214 45	233 28	234 09	234 90	235
82	217 10	236 16	236 98	237 80	238
83	219 75	239 04	239 87	240 70	241
84	222 39	241 92	242 76	243 60	244
85	225 04	244 80	245 65	246 50	247
86	227 69	247 68	248 54	249 40	250
87	230 34	250 56	251 43	252 30	253
88	232 98	253 44	254 32	255 20	256
89	235 63	256 32	257 21	258 10	258
90	238 28	259 20	260 10	261 »	261
91	240 93	262 08	262 99	263 90	264
92	243 58	264 96	265 88	266 80	267
93	246 22	267 84	268 77	269 70	270
94	248 87	270 72	271 66	272 60	273
95	251 52	273 60	274 55	275 50	276
96	254 17	276 48	277 44	278 40	279
97	256 81	279 36	280 33	281 30	282
98	259 46	282 24	283 22	284 20	285
99	262 11	285 12	286 11	287 10	288
100	264 75	288 »	289 »	290 »	291
200	529 51	576 »	578 »	580 »	582
300	794 27	864 »	867 »	870 »	873
400	1059 02	1152 »	1156 »	1160 »	1164
500	1323 78	1440 »	1445 »	1450 »	1455
600	1588 53	1728 »	1734 »	1740 »	1746
700	1853 29	2016 »	2023 »	2030 »	2037
800	2118 04	2304 »	2312 »	2320 »	2328
900	2382 80	2592 »	2601 »	2610 »	2619
1000	2647 55	2880 »	2890 »	2900 »	2910
2000	5295 10	5760 »	5780 »	5800 »	5820

DÉNOMINATION DES POIDS DÉCIMAUX.

Milligramme.	Millième partie du Gramme.
Centigramme.	Centième partie du Gramme.
Décigramme.	Dixième partie du Gramme.
Gramme.	Millième partie du Kilogramme.
Décagramme.	Dix Grammes.
Hectogramme.	Cent Grammes.
Kilogramme.	Mille Grammes.
Myriagramme.	Dix mille Grammes.

CHAPITRE PREMIER.

DE LA CONVERSION DES POIDS DÉCIMAUX EN POIDS DE MARC, ET DE LEURS DIFFÉRENTES VALEURS D'APRÈS LES PRIX DU GROS D'OR, QUI SONT LE PLUS EN USAGE DANS LE COMMERCE.

DE 1 CENTIGRAMME A 9 DÉCIGRAMMES.

Conversion des CENTIGRAMMES et DÉCIGRAMMES en grains, poids de MARC, suivie des différentes valeurs d'un ou plusieurs objets en OR à l'un des poids ci-dessous.

CENTIGR.	CONVERSION					DIVERSES VALEURS DU CENTIGRAMME ET DU DÉCIGRAMME D'APRÈS LES PRIX SUIVANS DU GROS D'OR							
	Marcs	Onces	Gros	Grains	Primes	contrôlé à 11f	non contr. à 10f	à 9f 50c	à 9f 25c	à 9f »c	à 8f 50c	à 8f »c	à 7f 50c
						fr. c.	fr. c.	fr. c.	fr. c.	fr. c.	fr. c.	fr. c.	fr. c.
1					2	0 03	0 03	0 02	0 02	0 02	0 02	0 02	0 02
2					4	0 06	0 05	0 05	0 05	0 05	0 04	0 04	0 04
3					6	0 09	0 08	0 07	0 07	0 07	0 07	0 06	0 06
4					8	0 12	0 11	0 10	0 10	0 09	0 09	0 08	0 08
5					9	0 14	0 13	0 12	0 12	0 12	0 11	0 10	0 10
6				1.	1	0 17	0 16	0 15	0 15	0 14	0 13	0 13	0 12
7				1.	3	0 20	0 18	0 17	0 17	0 16	0 16	0 15	0 14
8				1.	5	0 23	0 21	0 20	0 19	0 19	0 18	0 17	0 16
9				1.	7	0 26	0 24	0 22	0 22	0 21	0 20	0 19	0 18
Decig 1				1.	9	0 29	0 26	0 25	0 24	0 24	0 22	0 21	0 20
2				3.	8	0 58	0 52	0 50	0 48	0 47	0 44	0 42	0 39
3				5.	7	0 86	0 78	0 75	0 73	0 71	0 67	0 63	0 59
4				7.	5	1 15	1 05	0 99	0 97	0 94	0 89	0 84	0 78
5				9.	4	1 44	1 31	1 24	1 21	1 18	1 11	1 05	0 98
6				11.	3	1 73	1 57	1 49	1 45	1 41	1 33	1 26	1 18
7				13.	2	2 01	1 83	1 74	1 69	1 65	1 56	1 46	1 37
8				15.	1	2 30	2 09	1 99	1 93	1 88	1 78	1 67	1 57
9				16.	9	2 59	2 35	2 24	2 16	2 12	2 00	1 88	1 77

A

DE 1 A 36 GRAMMES.

Conversion des GRAMMES en poids de MARC, suivie des différentes valeurs d'un ou plusieurs objets en OR à l'un des poids ci-dessous.

GRAMMES	CONVERSION (Marcs. Onces. Gros. Demi-Gros. Grains. Dix.)	contrôlé à 14f	non contr. à 10f	à 9f 50c	à 9f 25c	à 9f	à 8f 50c	à 8f	à 7f 50c
1	» » » » 18.8	2 87	2 64	2 49	2 41	2 38	2 22	2 09	1 96
2	» » » ½ 4.6	5 75	5 22	4 96	4 85	4 70	4 44	4 18	3 92
3	» » » ½ 20.3	8 62	7 84	7 45	7 25	7 06	6 66	6 27	5 88
4	» » 1 » 3.5	11 50	10 45	9 95	9 67	9 41	8 89	8 36	7 84
5	» » 1 » 22.1	14 38	13 07	12 42	12 08	11 76	11 11	10 45	9 80
6	» » 1 ½ 5 »	17 25	15 68	14 90	14 51	14 12	13 33	12 55	11 76
7	» » 1 ½ 23.3	20 13	18 30	17 53	16 95	16 47	15 55	14 64	13 72
8	» » 2 » 6.6	23 01	20 91	19 87	19 53	18 82	17 73	16 73	15 68
9	» » 2 » 23.4	25 88	23 65	22 35	21 76	21 18	20 00	18 82	17 65
10	» » 2 ½ 8.3	28 76	26 14	24 84	24 18	23 53	22 22	20 94	19 61
11	» » 2 ¾ 27.1	31 63	28 76	27 32	26 60	25 88	24 44	23 04	21 57
12	» » 3 » 9.9	34 51	31 37	29 80	29 02	28 24	26 67	25 10	23 53
13	» » 3 » 28.7	37 39	33 09	32 29	31 44	30 59	28 89	27 19	25 49
14	» » 3 ½ 11.6	40 26	36 60	34 77	33 86	32 94	31 11	29 28	27 45
15	» » 3 ¾ 30.4	43 14	39 32	37 26	36 28	35 30	33 33	31 37	29 41
16	» » 4 » 13.2	46 02	41 83	39 74	38 70	37 65	35 56	33 47	31 37
17	» » 4 » 32.1	48 89	44 45	42 23	41 11	40 00	37 78	35 56	33 33
18	» » 4 ½ 14.9	51 77	47 06	44 71	43 53	42 36	40 00	37 65	35 30
19	» » 4 ¾ 33.7	54 65	49 68	47 20	45 95	44 71	42 25	39 74	37 26
20	» » 5 » 16.5	57 52	52 20	49 68	48 37	47 06	44 43	41 83	39 22
21	» » 5 » 35.4	60 40	54 91	52 16	50 79	49 42	46 67	43 92	41 18
22	» » 5 ½ 18.2	63 27	57 52	54 65	53 21	51 77	48 89	46 02	43 14
23	» » 6 » 1 »	66 15	60 14	57 13	55 63	54 12	51 12	48 11	45 10
24	» » 6 » 19.3	69 03	62 75	59 61	58 05	56 48	53 34	50 20	47 06
25	» » 6 ½ 2.7	71 90	65 37	62 10	60 46	58 83	55 56	52 29	49 02
26	» » 6 ¾ 21.3	74 78	67 98	64 58	62 88	61 18	57 78	54 38	50 99
27	» » 7 » 4.5	77 66	70 60	67 07	65 30	63 54	60 01	56 46	52 95
28	» » 7 » 23.2	80 53	73 21	69 55	67 72	65 89	62 23	58 57	54 91
29	» » 7 ½ 6 »	83 41	75 83	72 03	70 14	68 24	64 45	60 66	56 87
30	» » 7 ¾ 24.8	86 29	78 44	74 52	72 56	70 60	66 67	62 75	58 83
31	» 1 » » 7.6	89 16	81 06	77 00	74 98	72 95	68 90	64 84	60 79
32	» 1 » » 26.3	92 04	83 67	79 49	77 40	75 30	71 12	66 94	62 75
33	» 1 » ½ 9.3	94 91	86 29	81 97	79 81	77 66	73 34	69 03	64 71
34	» 1 » ½ 28.1	97 79	88 90	84 46	82 23	80 01	75 56	71 12	66 67
35	» 1 1 » 10.9	100 67	91 52	86 94	84 65	82 36	77 79	73 21	68 64
36	» 1 1 » 29.8	103 54	94 13	89 42	87 07	84 72	80 01	75 30	70 60

DE 37 À 72 GRAMMES.

*Conversion des GRAMMES en poids de MARC, suivie des différentes valeurs
d'un ou plusieurs objets en OR à l'un des poids ci-dessous.*

GRAMMES	CONVERSION						DIVERSES VALEURS DU GRAMME D'APRÈS LES PRIX SUIVANS DU GROS D'OR							
	Marc	Onces	Gros	Demi-Gros	Grains	Décimes	contrôlé à 11f	non contr. à 10f	à 9f 50c	à 9f 25c	à 9f •	à 8f 50c	à 8f •	à 7f 50c
							fr. c.	fr. c.	fr. c.	fr. c.	fr. c.	fr. c.	fr. c.	fr. c.
37	•	1	1	¼	12	6	100 42	96 75	94 91	93 49	87 07	82 23	77 40	72 56
38	•	1	1	½	31	4	109 50	99 36	94 59	94 01	89 42	84 46	79 49	74 52
39	•	1	2	•	14	3	112 17	101 98	96 88	94 35	91 78	86 66	81 88	76 48
40	•	1	2	•	33	1	113 65	104 59	99 56	96 75	94 13	88 90	83 87	78 44
41	•	1	2	¼	15	9	117 93	107 21	101 84	99 16	96 48	91 12	85 76	80 40
42	•	1	2	½	34	7	120 80	109 82	104 23	101 38	95 84	93 38	87 55	82 36
43	•	1	3	•	17	6	123 68	112 43	106 84	104 00	101 19	95 67	89 95	84 32
44	•	1	3	½	•	4	126 55	115 04	109 50	106 42	103 54	97 79	92 04	86 29
45	•	1	3	¼	19	2	129 43	117 66	111 76	108 84	105 90	100 01	94 15	88 23
46	•	1	4	•	2	•	132 31	120 28	114 26	111 26	108 25	102 24	96 92	90 21
47	•	1	4	•	20	9	135 18	122 69	116 75	113 68	110 60	104 46	98 34	92 17
48	•	1	4	½	3	7	138 06	125 31	119 25	116 10	112 96	106 68	100 41	94 15
49	•	1	4	¼	22	5	140 94	128 12	121 72	118 54	115 31	108 90	102 80	96 09
50	•	1	5	•	5	1	143 81	130 74	124 20	120 95	117 66	111 13	104 69	98 05
51	•	1	5	•	24	2	146 69	133 35	126 69	123 38	120 02	113 35	106 63	100 01
52	•	1	5	½	7	•	149 57	135 97	129 17	125 77	122 37	115 57	108 77	101 98
53	•	1	5	½	25	8	152 44	138 38	131 66	128 19	124 72	117 78	110 87	105 94
54	•	1	6	•	8	7	155 32	141 20	134 13	130 61	127 00	120 02	112 90	105 90
55	•	1	6	•	27	5	158 19	143 81	136 62	133 03	129 43	122 24	115 06	107 86
56	•	1	6	¼	10	3	161 07	146 42	139 11	135 45	131 78	124 46	117 14	109 82
57	•	1	6	½	29	4	163 95	149 04	141 59	137 86	134 14	126 69	119 23	111 78
58	•	1	7	•	12	•	166 82	151 66	144 07	140 28	136 49	128 91	121 33	113 74
59	•	1	7	•	30	8	169 70	154 27	146 56	142 70	138 84	131 13	123 42	115 70
60	•	1	7	½	13	6	172 58	156 89	149 04	145 12	141 20	133 35	125 51	117 66
61	•	1	7	½	32	5	175 45	159 50	151 53	147 54	143 55	135 58	127 60	119 63
62	•	2	•	•	15	3	178 33	162 12	154 01	149 96	145 90	137 80	129 69	121 59
63	•	2	•	•	34	1	181 21	164 73	156 50	152 38	148 26	140 02	131 78	123 55
64	•	2	•	½	16	9	184 08	167 35	158 98	154 70	150 61	142 24	133 87	125 51
65	•	2	•	½	35	8	186 96	169 96	161 46	157 21	152 96	144 47	135 97	127 47
66	•	2	1	•	18	6	189 83	172 58	163 95	159 63	155 32	146 69	138 06	129 43
67	•	2	1	¼	1	4	192 71	175 19	166 43	162 05	157 67	148 91	140 15	131 59
68	•	2	1	½	20	2	195 58	177 81	168 92	164 47	160 02	151 13	142 24	133 55
69	•	2	2	•	3	1	198 46	180 42	171 40	166 89	162 38	153 36	144 34	135 52
70	•	2	2	•	21	9	201 34	183 04	173 88	169 31	164 73	155 58	146 43	137 28
71	•	2	2	¼	4	7	204 22	185 65	176 37	171 73	167 08	157 80	148 52	139 24
72	•	2	2	½	23	3	207 09	188 27	178 85	174 15	169 44	160 02	150 61	141 20

*Conversion des GRAMMES en poids de MARC, suivie des différentes valeurs
d'un ou plusieurs objets en OR à l'un des poids ci-dessous.*

GRAMMES	Marc.	Onces.	Gros.	Demi-Gros.	Grains.	contrôlé à 11f	non contr. à 10f	à 9f 50c	à 9f 25c	à 9f	à 8f 50c	à 8f 25c	à 7f 50c
73	*	2	3	*	6.4	200 97	190 88	181 34	176 36	171 79	162 23	152 70	143 16
74	*	2	3	*	25.2	212 85	195 50	185 82	178 38	174 15	164 17	154 90	145 12
75	*	2	3	½	2.*	215 72	196 11	186 30	181 40	176 50	166 69	156 89	147 08
76	*	2	3	½	26.9	218 60	198 73	188 79	183 82	178 95	168 92	158 98	149 04
77	*	2	4	*	9.7	221 47	201 34	191 27	186 24	181 21	171 14	161 07	151 00
78	*	2	4	*	28.5	224 35	203 96	193 76	188 66	183 50	173 36	163 16	152 97
79	*	2	4	½	11.3	227 23	206 57	196 24	191 08	185 94	175 38	165 25	154 93
80	*	2	4	½	30.2	230 10	209 19	198 75	193 50	188 27	177 81	167 35	156 89
81	*	2	5	*	13.*	232 98	211 80	201 21	195 91	190 62	180 03	169 44	158 85
82	*	2	5	*	31.8	235 86	214 42	203 69	198 33	192 97	182 25	171 53	160 81
83	*	2	5	½	14.6	238 73	217 03	206 18	200 75	195 33	184 47	173 62	162 77
84	*	2	5	½	33.5	241 61	219 64	208 66	203 17	197 68	186 70	175 71	164 73
85	*	2	6	*	16.5	244 49	222 26	211 15	205 59	200 05	188 92	177 81	166 69
86	*	2	6	*	35.1	247 36	224 87	213 63	208 01	202 39	191 14	179 90	168 65
87	*	2	6	½	18.*	250 24	227 49	216 11	210 43	204 74	193 36	181 99	170 62
88	*	2	7	*	.8	253 11	230 10	218 60	212 85	207 09	195 59	184 08	172 58
89	*	2	7	*	19.6	255 99	232 72	221 08	215 26	209 43	197 81	186 17	174 54
90	*	2	7	½	2.4	258 87	235 33	223 57	217 68	211 80	200 03	188 27	176 50
91	*	2	7	½	21.5	261 74	237 95	226 05	220 10	214 15	202 25	190 36	178 46
92	*	3	*	*	4.1	264 62	240 56	228 53	222 52	216 51	204 48	192 45	180 42
93	*	3	*	*	22.9	267 50	243 18	231 02	224 94	218 86	206 70	194 54	182 38
94	*	3	*	½	5.7	270 37	245 79	233 50	227 36	221 21	208 92	196 63	184 34
95	*	3	*	½	24.6	273 25	248 41	235 99	229 78	223 57	211 15	198 73	186 31
96	*	3	1	*	7.4	276 13	251 02	238 47	232 20	225 92	213 37	200 82	188 27
97	*	3	1	*	26.2	279 00	253 64	240 96	234 61	228 27	215 59	202 91	190 23
98	*	3	1	½	9.1	281 88	256 25	243 44	237 03	230 65	217 81	205 00	192 19
99	*	3	1	½	27.9	284 75	258 87	245 92	239 45	232 96	220 04	207 09	194 15
100	*	3	2	*	10.7	287 63	261 48	248 41	241 87	235 35	222 26	209 18	196 11
101	*	3	2	*	29.5	290 51	264 10	250 89	244 29	237 69	224 48	211 28	198 07
102	*	3	2	½	12.4	293 38	266 71	253 38	246 71	240 04	226 70	213 37	200 03
103	*	3	2	½	31.2	296 26	269 33	255 86	249 13	242 39	228 93	215 46	201 99
104	*	3	3	*	14.*	299 14	271 94	258 34	251 55	244 73	231 15	217 55	203 96
105	*	3	3	*	32.8	302 01	274 56	260 83	253 96	247 10	233 37	219 64	205 92
106	*	3	3	½	15.7	304 89	277 17	263 31	256 38	249 43	235 59	221 74	207 88
107	*	3	3	½	34.5	307 77	279 79	265 80	258 80	251 81	237 82	223 83	209 84
108	*	3	4	*	17.3	310 64	282 40	268 28	261 22	254 16	240 04	225 92	211 80

Conversion des GRAMMES en poids de MARC, suivie des différentes valeurs
d'un ou plusieurs objets en OR à l'un des poids ci-dessous.

GRAMMES	CONVERSION						DIVERSES VALEURS DU GRAMME D'APRÈS LES PRIX SUIVANS DU GROS D'OR							
	Marcs	Onces	Gros	Demi-Gros	Grains	Dixièmes	contrôlé à 11f	non contr. à 10f	à 9f 50c	à 9f 25c	à 9f »	à 8f 50c	à 8f »	à 7f 50c
							fr. c.	fr. c.	fr. c.	fr. c.	fr. c.	fr. c.	fr. c.	fr. c.
109	»	3	4	½	»	1	313 82	283 02	270 76	265 64	256 54	242 26	228 01	213 76
110	»	3	4	½	18	»	316 59	287 65	273 25	266 06	258 87	244 48	230 10	215 72
111	»	3	5	»	1	3	319 27	290 25	273 73	268 48	261 22	246 71	232 50	217 68
112	»	3	5	»	20	6	322 15	292 86	276 22	270 90	263 57	248 93	234 29	219 64
113	»	3	5	½	3	5	325 02	295 48	280 70	273 31	265 93	251 15	236 38	221 61
114	»	3	5	½	22	3	327 90	298 09	285 19	275 73	268 28	253 38	238 47	223 57
115	»	3	6	»	5	1	330 78	300 71	289 67	278 15	270 63	255 60	240 56	225 53
116	»	3	6	»	25	9	333 65	303 32	288 13	280 57	272 99	257 82	242 66	227 49
117	»	3	6	½	6	8	336 53	305 94	280 64	282 99	275 34	260 04	244 75	229 45
118	»	3	6	½	28	6	339 41	308 55	285 12	283 41	277 69	262 27	246 84	231 41
119	»	3	7	»	8	4	342 28	311 17	295 61	287 83	280 03	264 49	248 93	233 37
120	»	3	7	»	27	2	345 16	315 78	288 09	290 25	282 40	266 71	251 02	235 33
121	»	3	7	½	10	1	348 05	316 40	300 57	282 66	284 75	268 93	253 11	237 30
122	»	3	7	½	28	9	350 91	319 01	303 06	295 08	287 11	271 16	255 21	239 26
123	»	4	»	»	11	7	353 70	321 65	303 54	297 50	289 46	273 58	257 50	241 22
124	»	4	»	»	30	6	356 66	324 24	308 03	299 92	291 81	275 60	259 59	243 18
125	»	4	»	½	13	4	359 51	326 86	310 51	302 34	294 17	277 83	261 48	245 14
126	»	4	»	½	32	2	362 42	329 47	315 00	304 76	296 52	280 05	263 57	247 10
127	»	4	1	»	15	»	365 29	332 08	313 48	307 18	298 87	282 27	265 67	249 06
128	»	4	1	»	35	9	368 17	334 70	317 96	309 60	301 25	284 49	267 76	251 02
129	»	4	1	½	16	7	371 05	337 31	320 43	312 01	303 61	286 72	269 85	252 98
130	»	4	1	½	35	5	373 92	339 05	322 93	314 43	305 95	288 94	271 94	254 93
131	»	4	2	»	16	3	376 80	342 54	325 42	316 85	308 29	291 16	274 03	256 91
132	»	4	2	½	4	2	379 67	345 16	327 90	319 27	310 64	293 38	276 13	258 87
133	»	4	2	½	20	»	382 55	347 77	330 38	321 69	312 99	295 61	278 22	260 83
134	»	4	3	»	2	8	385 43	350 39	332 87	324 11	315 35	297 83	280 31	262 79
135	»	4	3	»	21	7	388 30	353 00	335 35	326 53	317 70	300 05	282 40	264 75
136	»	4	3	½	4	5	391 18	355 62	337 84	328 95	320 04	302 27	284 49	266 71
137	»	4	3	½	23	3	394 06	358 23	340 32	331 36	322 41	304 50	286 59	268 67
138	»	4	4	»	6	1	396 93	360 85	342 80	333 78	324 76	306 72	288 68	270 64
139	»	4	4	»	23	»	399 81	363 46	345 29	336 20	327 11	308 94	290 77	272 60
140	»	4	4	½	7	8	402 69	366 08	347 77	338 62	329 47	311 16	292 86	274 56
141	»	4	4	½	26	6	405 56	368 69	350 26	341 04	331 82	313 39	294 95	276 52
142	»	4	5	»	9	4	408 44	371 31	352 74	343 46	334 17	315 61	297 04	278 48
143	»	4	5	»	28	3	411 31	373 92	355 23	345 88	336 83	317 83	299 14	280 44
144	»	4	5	½	11	1	414 19	376 54	357 71	348 30	338 89	320 06	301 23	282 40

Conversion des GRAMMES en poids de MARC, suivie des différentes valeurs d'un ou plusieurs objets en OR à l'un des poids ci-dessous.

GRAMMES.	CONVERSION.						DIVERSES VALEURS DU GRAMME D'APRÈS LES PRIX SUIVANS DU GROS D'OR							
	Marcs.	Onces.	Gros.	Demi-Gros.	Grains.	Dixièmes.	contrôlé à 11f	non contr. à 10f	à 9f 50c	à 9f 25c	à 9f »c	à 8f 50c	à 8f »c	à 7f 50c
							fr. c.	fr. c.	fr. c.	fr. c.	fr. c.	fr. c.	fr. c.	fr. c.
145	»	4.	5.	½	29.	9	417 07	379 18	360 19	350 71	341 24	322 28	303 32	284 36
146	»	4.	6.	»	12.	8	419 94	381 77	362 68	353 13	343 59	324 50	305 41	286 32
147	»	4.	6.	»	31.	6	422 82	384 38	365 16	355 55	345 94	326 72	307 50	288 29
148	»	4.	6.	½	14.	4	425 70	387 00	367 65	357 97	348 30	328 95	309 60	290 25
149	»	4.	6.	½	33.	2	428 57	389 61	370 13	360 39	350 65	331 17	311 69	292 21
150	»	4.	7.	»	16.	1	431 45	392 23	372 61	362 81	353 00	333 39	313 78	294 17
151	»	4.	7.	»	34.	9	434 33	394 84	375 10	365 23	355 36	335 61	315 87	296 13
152	»	4.	7.	½	17.	7	437 20	397 46	377 58	367 65	357 71	337 84	317 96	298 09
153	»	5.	»	»	»	8	440 08	400 07	380 07	370 06	360 06	340 06	320 06	300 05
154	»	5.	»	»	19.	4	442 96	402 69	382 55	372 48	362 42	342 29	322 15	302 01
155	»	5.	»	½	2.	2	445 83	405 30	385 03	374 90	364 77	344 50	324 24	303 97
156	»	5.	»	½	21.	»	448 71	407 92	387 52	377 32	367 12	346 73	326 33	305 94
157	»	5.	1.	»	3.	9	451 58	410 53	390 00	379 74	369 48	348 95	328 42	307 90
158	»	5.	1.	»	22.	7	454 46	413 15	392 49	382 16	371 83	351 17	330 52	309 86
159	»	5.	1.	½	5.	5	457 34	415 76	394 97	384 58	374 18	353 40	332 61	311 82
160	»	5.	1.	½	24.	3	460 21	418 38	397 46	387 00	376 54	355 62	334 70	313 78
161	»	5.	2.	»	7.	2	463 09	420 99	399 94	389 41	378 89	357 84	336 79	315 74
162	»	5.	2.	»	26.	»	465 97	423 61	402 42	391 83	381 24	360 06	338 88	317 70
163	»	5.	2.	½	8.	8	468 84	426 22	404 91	394 25	383 60	362 29	340 97	319 66
164	»	5.	2.	½	27.	6	471 72	428 84	407 39	396 67	385 95	364 51	343 07	321 63
165	»	5.	3.	»	10.	5	474 59	431 45	409 88	399 09	388 30	366 73	345 16	323 59
166	»	5.	3.	»	29.	3	477 47	434 07	412 36	401 51	390 66	368 95	347 25	325 55
167	»	5.	3.	½	12.	1	480 35	436 68	414 84	403 93	393 01	371 18	349 34	327 51
168	»	5.	3.	½	31.	»	483 22	439 29	417 33	406 35	395 36	373 40	351 43	329 47
169	»	5.	4.	»	13.	8	486 10	441 91	419 81	408 76	397 72	375 62	353 53	331 43
170	»	5.	4.	»	32.	6	488 98	444 52	422 30	411 18	400 07	377 84	355 62	333 39
171	»	5.	4.	½	15.	4	491 85	447 14	424 78	413 60	402 42	380 07	357 71	335 35
172	»	5.	4.	½	34.	3	494 73	449 75	427 26	416 02	404 78	382 29	359 80	337 31
173	»	5.	5.	»	17.	1	497 61	452 37	429 75	418 44	407 13	384 51	361 89	339 28
174	»	5.	5.	»	35.	9	500 48	454 98	432 23	420 86	409 48	386 73	363 99	341 24
175	»	5.	5.	½	18.	7	503 36	457 60	434 72	423 28	411 84	388 96	366 08	343 20
176	»	5.	6.	»	1.	6	506 23	460 21	437 20	425 70	414 19	391 18	368 17	345 16
177	»	5.	6.	»	20.	4	509 11	462 83	439 69	428 11	416 54	393 40	370 26	347 12
178	»	5.	6.	½	3.	2	511 99	465 44	442 17	430 53	418 90	395 62	372 35	349 08
179	»	5.	6.	½	22.	1	514 86	468 06	444 65	432 95	421 25	397 85	374 45	351 04
180	»	5.	7.	»	4.	9	517 74	470 67	447 14	435 37	423 60	400 07	376 54	353 00

Conversion des GRAMMES en poids de MARC, suivie des différentes valeurs d'un ou plusieurs objets en OR à l'un des poids ci-dessous.

GRAMMES		CONVERSION.					DIVERSES VALEURS DU GRAMME D'APRÈS LES PRIX SUIVANS DU GROS D'OR							
	Marc.	Onces	Gros	Demi-Gros	Grains	Dixièmes	contrôlé à 11f	non contr. à 10f	à 9f 50c	à 9f 25c	à 9f c	à 8f 50c	à 8f c	à 7f 50c
							fr. c.	fr. c.	fr. c.	fr. c.	fr. c.	fr. c.	fr. c.	fr. c.
181	—	5	7	—	23	7	520 62	473 29	440 62	437 79	425 96	402 29	378 63	354 96
182	—	5	7	½	6	5	525 49	474 90	442 11	440 21	428 31	404 82	380 72	356 93
183	—	5	7	¾	23	4	526 37	478 62	444 59	442 63	430 66	406 71	382 81	358 89
184	—	6	—	—	8	2	529 25	481 13	457 07	445 05	433 02	408 96	384 90	360 83
185	—	6	—	27	—	—	532 12	483 75	439 56	447 56	433 37	411 18	387 00	362 31
186	—	6	—	½	9	8	533 00	436 36	462 04	449 80	437 72	413 41	389 09	364 77
187	—	6	—	¾	23	7	537 87	488 98	464 53	452 30	440 08	413 63	391 16	366 75
188	—	6	1	—	11	5	540 75	491 89	467 01	454 72	442 43	417 88	393 27	368 69
189	—	6	1	—	50	3	543 63	494 21	469 50	457 14	444 78	420 07	395 36	370 63
190	—	6	1	½	13	2	546 30	496 32	471 98	459 36	447 14	422 30	397 46	372 62
191	—	6	1	¾	52	—	549 38	489 44	474 46	461 38	449 49	424 32	399 55	374 58
192	—	6	2	—	14	8	552 26	502 05	476 95	461 40	451 84	426 74	401 64	376 54
193	—	6	2	—	33	6	558 15	504 67	479 43	466 81	454 20	428 96	403 73	378 50
194	—	6	2	½	16	5	558 01	507 28	481 91	469 23	456 55	431 19	406 82	380 46
195	—	6	2	¾	55	3	560 89	509 90	484 40	471 65	458 90	433 41	407 92	382 42
196	—	6	3	—	18	1	563 76	512 51	486 88	473 07	461 26	435 63	410 01	384 58
197	—	6	3	¼	—	9	566 64	515 13	489 37	476 49	463 61	437 85	412 10	386 34
198	—	6	3	¾	19	8	569 51	517 74	491 85	478 91	465 96	440 08	414 19	388 30
199	—	6	4	—	2	6	572 39	520 36	494 34	481 33	468 32	442 20	416 28	390 27
200	—	6	4	—	21	4	575 27	522 97	496 82	483 75	470 67	444 52	418 38	392 23
201	—	6	4	¼	5	3	578 14	525 59	499 30	486 16	473 02	446 75	420 47	394 19
202	—	6	4	¾	25	1	581 02	528 20	501 79	488 58	475 38	448 97	422 56	396 15
203	—	6	5	—	15	9	583 90	530 82	504 27	491 00	477 73	451 19	424 65	398 11
204	—	6	5	—	24	7	586 77	533 43	506 76	493 42	480 08	453 41	426 74	400 07
205	—	6	5	½	7	6	589 65	536 05	509 24	495 84	482 44	455 64	428 83	402 03
206	—	6	5	¾	26	4	592 53	538 66	511 73	498 26	484 79	457 86	430 93	403 99
207	—	6	6	—	9	2	595 40	541 28	514 21	500 68	487 14	460 08	433 02	405 96
208	—	6	6	—	28	—	598 28	543 89	516 69	503 10	489 50	462 30	435 11	407 92
209	—	6	6	½	10	0	601 15	546 50	519 18	505 51	491 85	464 52	437 20	409 88
210	—	6	6	¾	29	7	604 03	549 12	521 66	507 93	494 20	466 73	439 29	411 84
211	—	6	7	—	12	5	606 91	551 73	524 15	510 35	496 56	468 97	441 39	413 80
212	—	6	7	—	31	3	609 78	554 35	526 63	512 77	498 91	471 19	443 48	415 76
213	—	6	7	¼	14	2	612 66	556 96	529 11	515 19	501 26	473 42	445 57	417 72
214	—	6	7	¾	33	—	615 54	559 58	531 60	517 61	503 62	475 64	447 66	419 68
215	—	7	—	—	15	8	618 41	562 19	534 08	520 03	505 97	477 86	449 75	421 64
216	—	7	—	—	34	7	621 29	564 81	536 57	522 45	508 33	480 08	451 85	423 60

DE 217 À 250 GRAMMES.

Conversion des GRAMMES en poids de MARC, suivie des différentes valeurs d'un ou plusieurs objets en OR à l'un des poids ci-dessous.

GRAMMES	CONVERSION Marcs	Onces	Gros	Demi-Gros	Grains	Dixièmes	contrôlé à 11f (fr. c.)	non contrôlé à 10f (fr. c.)	à 9f 50c (fr. c.)	à 9f 25c (fr. c.)	à 9f .c (fr. c.)	à 8f 50c (fr. c.)	à 8f .c (fr. c.)	à 7f 50c (fr. c.)
217		7		½	17	5	624 17	567 42	539 05	524 87	510 68	482 31	453 94	425 57
218		7	1			5	627 04	570 04	541 54	527 28	513 03	484 53	456 03	427 53
219		7	1		19	1	629 92	572 65	544 02	529 70	515 39	486 75	458 12	429 49
220		7	1	½	2		632 79	575 27	546 50	532 12	517 74	488 98	460 21	431 45
221		7	1	½	20	8	635 67	577 88	548 99	534 54	520 09	491 20	462 30	433 41
222		7	2		5	6	638 55	580 50	551 47	536 96	522 45	493 42	464 40	435 37
223		7	2		22	4	641 42	583 11	553 96	539 38	524 80	495 64	466 49	437 33
224		7	2	½	5	3	644 30	585 73	556 44	541 80	527 15	497 87	468 58	439 29
225		7	2	½	24	1	647 18	588 34	558 92	544 22	529 51	500 09	470 67	441 25
226		7	3		6	9	650 05	590 96	561 41	546 63	531 86	502 31	472 76	443 22
227		7	3		26	8	652 93	593 57	563 89	549 05	534 21	504 53	474 86	445 18
228		7	3	½	8	6	655 81	596 19	566 38	551 47	536 57	506 76	476 95	447 14
229		7	3	½	27	4	658 68	598 80	568 86	553 89	538 92	508 98	479 04	449 10
230		7	4	½	10	2	661 56	601 42	571 34	556 31	541 27	511 20	481 13	451 06
231		7	4		29	1	664 43	604 03	573 83	558 73	543 63	513 43	483 22	453 02
232		7	4	½	11	9	667 31	606 65	576 31	561 15	545 98	515 65	485 32	454 98
233		7	4	½	30	7	670 19	609 26	578 80	563 57	548 33	517 87	487 41	456 94
234		7	5		13	5	673 06	611 88	581 28	565 98	550 69	520 09	489 50	458 91
235		7	5		32	4	675 94	614 49	583 77	568 40	553 04	522 32	491 59	460 87
236		7	5	½	15	2	678 82	617 10	586 25	570 82	555 39	524 54	493 68	462 83
237		7	5	½	34		681 69	619 72	588 73	573 24	557 75	526 76	495 77	464 79
238		7	6		16	9	684 57	622 33	591 22	575 66	560 10	528 98	497 87	466 75
239		7	6		35	7	687 45	624 95	593 70	578 08	562 45	531 21	499 96	468 71
240		7	6	½	18	5	690 32	627 56	596 19	580 50	564 81	533 43	502 05	470 67
241		7	7		1	3	693 20	630 18	598 67	582 92	567 16	535 65	504 14	472 63
242		7	7		20	2	696 07	632 79	601 15	585 33	569 51	537 87	506 23	474 59
243		7	7	½	3		698 95	635 41	603 64	587 75	571 87	540 10	508 33	476 56
244		7	7	½	21	8	701 83	638 02	606 12	590 17	574 22	542 32	510 42	478 52
245	1				4	7	704 70	640 64	608 61	592 59	576 57	544 54	512 51	480 48
246	1				25	5	707 58	643 25	611 09	595 01	578 93	546 76	514 60	482 44
247	1			½	6	5	710 46	645 87	613 57	597 43	581 28	548 99	516 69	484 40
248	1			½	24	1	713 33	648 48	616 06	599 85	583 63	551 21	518 79	486 36
249	1		1		8		716 21	651 10	618 54	602 27	585 99	553 43	520 88	488 32
250	1		1		26	8	719 09	653 71	621 03	604 68	588 34	555 66	522 97	490 28

CHAPITRE II.

DE LA CONVERSION DES POIDS DE MARC EN POIDS DÉCIMAUX,
ET DE LEURS DIFFÉRENTES VALEURS D'APRÈS LES PRIX DU GROS D'OR,
QUI SONT LE PLUS EN USAGE DANS LE COMMERCE.

La colonne des centigrammes représente tout à la fois les décigrammes et centigrammes; ainsi quand je dis 15 centigrammes, c'est comme si je disais 1 décigramme
5 centigrammes.

DE 1 A 24 GRAINS.

*Conversion des GRAINS, poids de marc, en CENTIGRAMMES et GRAMMES, suivie
des différentes valeurs d'un ou plusieurs objets en OR, à l'un des poids ci-dessous.*

GRAINS.	CONVERS.		DIVERSES VALEURS DES GRAINS D'APRÈS LES PRIX SUIVANS DU GROS D'OR							
	Grammes.	Centigram.	contrôlé à 11f	non contr. à 10f	à 9f 50c	à 9f 25c	à 9f	à 8f 50c	à 8f	à 7f 50c
			fr. c.	fr. c.	fr. c.	fr. c.	fr. c.	fr. c.	fr. c.	fr. c.
1	»	5	0 13	0 14	0 15	0 13	0 12	0 12	0 11	0 10
2	»	10	0 31	0 28	0 23	0 26	0 25	0 24	0 22	0 21
3	»	15	0 46	0 42	0 40	0 39	0 37	0 35	0 33	0 31
4	»	21	0 61	0 56	0 53	0 51	0 50	0 47	0 44	0 42
5	»	26	0 76	0 69	0 66	0 64	0 62	0 59	0 56	0 52
6	»	31	0 92	0 83	0 79	0 77	0 73	0 71	0 67	0 62
7	»	37	1 07	0 97	0 92	0 90	0 87	0 83	0 78	0 73
8	»	42	1 22	1 11	1 06	1 03	1 00	0 94	0 89	0 83
9	»	47	1 37	1 23	1 19	1 16	1 12	1 06	1 00	0 94
10	»	53	1 54	1 38	1 32	1 29	1 25	1 18	1 11	1 04
11	»	58	1 68	1 53	1 45	1 41	1 37	1 30	1 22	1 13
12	»	63	1 85	1 67	1 58	1 54	1 50	1 41	1 33	1 25
13	»	69	1 99	1 81	1 72	1 67	1 62	1 53	1 44	1 35
14	»	74	2 14	1 94	1 85	1 80	1 75	1 64	1 55	1 46
15	»	79	2 29	2 08	1 98	1 93	1 87	1 77	1 67	1 56
16	»	85	2 44	2 22	2 11	2 06	2 00	1 89	1 78	1 67
17	»	90	2 60	2 36	2 24	2 18	2 12	2 03	1 89	1 77
18	»	95	2 75	2 50	2 38	2 31	2 25	2 15	2 00	1 87
19	1.	00	2 90	2 64	2 51	2 44	2 37	2 24	2 11	1 98
20	1.	06	3 06	2 78	2 64	2 57	2 50	2 36	2 22	2 08
21	1.	11	3 21	2 92	2 77	2 70	2 62	2 48	2 33	2 19
22	1.	16	3 36	3 06	2 90	2 83	2 73	2 60	2 44	2 29
23	1.	22	3 51	3 19	3 04	2 96	2 87	2 72	2 56	2 40
24	1.	27	3 67	3 33	3 17	3 08	3 00	2 83	2 67	2 50

Conversion des DEMI-GROS et GRAINS en GRAMMES et CENTIGRAMMES, suivie des différentes valeurs d'un ou plusieurs objets en OR, à l'un des poids ci-dessous.

GRAINS.	CONVERS. Grammes	Centigram.	DIVERSES VALEURS DES DEMI-GROS ET GRAINS (d'après les prix suivans du gros d'or) contrôlé à 11f	non contr. à 10f	à 9f 50c	à 9f 25c	à 9f "	à 8f 50c	à 8f "	à 7f 50c
			fr. c.	fr. c.	fr. c.	fr. c.	fr. c.	fr. c.	fr. c.	fr. c.
25	1.	52	3 92	3 47	3 30	3 21	3 12	2 95	2 78	2 60
26	1.	58	3 97	3 61	3 43	3 34	3 25	3 07	2 89	2 71
27	1.	43	4 12	3 75	3 56	3 47	3 37	3 19	3 00	2 81
28	1.	48	4 28	3 89	3 70	3 60	3 50	3 31	3 11	2 92
29	1.	54	4 43	4 05	3 83	3 73	3 62	3 42	3 22	3 02
30	1.	59	4 58	4 17	3 96	3 85	3 73	3 54	3 33	3 12
31	1.	64	4 74	4 31	4 09	3 98	3 87	3 66	3 44	3 25
32	1.	69	4 89	4 44	4 22	4 11	4 00	3 78	3 56	3 33
33	1.	75	5 04	4 58	4 36	4 24	4 12	3 90	3 67	3 44
34	1.	80	5 19	4 72	4 49	4 37	4 25	4 01	3 78	3 54
35	1.	85	5 33	4 86	4 62	4 50	4 37	4 13	3 89	3 65
Demi-gros.										
½ *	1.	91	5 50	5 00	4 75	4 62	4 50	4 25	4 00	3 75
½ 1	1.	96	5 65	5 14	4 88	4 75	4 62	4 37	4 11	3 85
½ 2	2.	01	5 81	5 28	5 01	4 88	4 75	4 48	4 22	3 96
½ 3	2.	07	5 96	5 42	5 14	5 01	4 87	4 60	4 33	4 06
½ 4	2.	12	6 11	5 56	5 28	5 14	5 00	4 72	4 44	4 17
½ 5	2.	17	6 26	5 69	5 41	5 27	5 12	4 84	4 56	4 27
½ 6	2.	23	6 42	5 83	5 54	5 40	5 25	4 96	4 67	4 37
½ 7	2.	28	6 57	5 97	5 67	5 52	5 37	5 08	4 78	4 48
½ 8	2.	33	6 72	6 11	5 81	5 65	5 50	5 19	4 89	4 58
½ 9	2.	38	6 88	6 25	5 94	5 78	5 62	5 31	5 00	4 68
½ 10	2.	44	7 03	6 39	6 07	5 91	5 75	5 43	5 11	4 79
½ 11	2.	49	7 18	6 53	6 20	6 04	5 87	5 54	5 22	4 89
½ 12	2.	54	7 33	6 67	6 33	6 17	6 00	5 67	5 33	5 00
½ 13	2.	60	7 49	6 81	6 47	6 27	6 12	5 78	5 44	5 10
½ 14	2.	65	7 64	6 94	6 60	6 42	6 25	5 90	5 56	5 21
½ 15	2.	70	7 79	7 08	6 73	6 55	6 37	6 02	5 67	5 31
½ 16	2.	76	7 94	7 22	6 86	6 63	6 39	6 14	5 78	5 42
½ 17	2.	81	8 10	7 36	6 99	6 64	6 62	6 26	5 89	5 52
½ 18	2.	86	8 25	7 50	7 13	6 84	6 75	6 38	6 00	5 62
½ 19	2.	92	8 40	7 64	7 26	7 07	6 87	6 49	6 11	5 73
½ 20	2.	97	8 56	7 78	7 39	7 19	7 00	6 61	6 22	5 83
½ 21	3.	02	8 71	7 92	7 52	7 32	7 12	6 73	6 33	5 94
½ 22	3.	07	8 86	8 06	7 65	7 43	7 24	6 84	6 44	6 04
½ 23	3.	13	9 01	8 19	7 78	7 56	7 37	6 97	6 56	6 15

...version des DEMI-GROS, GROS, ONCES et MARCS en GRAMMES et
...ENTIGRAMMES, suivie des différentes valeurs d'un ou plusieurs objets en OR,
...l'un des poids ci-dessous.

POIDS de marc	CONVERS. Grammes	Centigr.	contrôlé à 11f	non contr. à 10f	à 9f 50c	à 9f 25c	à 9f	à 8f 50c	à 8f	à 7f 50c
			fr. c.	fr. c.	fr. c.	fr. c.	fr. c.	fr. c.	fr. c.	fr. c.
24	3.	18	9 17	8 35	7 92	7 71	7 30	7 08	6 67	6 25
25	3.	24	9 32	8 47	8 05	7 84	7 62	7 20	6 78	6 33
26	3.	29	9 47	8 61	8 16	7 96	7 74	7 32	6 89	6 46
27	3.	34	9 63	8 75	8 31	8 09	7 87	7 43	7 00	6 56
28	3.	40	9 73	8 89	8 44	8 22	8 00	7 56	7 11	6 67
29	3.	45	9 93	9 03	8 58	8 35	8 12	7 67	7 22	6 77
30	3.	50	10 08	9 17	8 71	8 48	8 25	7 79	7 33	6 87
31	3.	56	10 24	9 31	8 84	8 60	8 37	7 91	7 44	6 98
32	3.	61	10 39	9 44	8 97	8 74	8 50	8 05	7 56	7 08
33	3.	66	10 54	9 58	9 10	8 86	8 62	8 15	7 67	7 18
34	3.	71	10 69	9 72	9 24	8 99	8 75	8 26	7 78	7 29
35	3.	77	10 85	9 86	9 37	9 12	8 87	8 37	7 89	7 40
gros.										
1	3.	82	11 00	10 00	9 50	9 25	9 00	8 50	8 00	7 50
2	7.	64	22 00	20 00	19 00	18 50	18 00	17 00	16 00	15 00
3	11.	47	33 00	30 00	28 50	27 75	27 00	25 50	24 00	22 50
4	15.	29	44 00	40 00	38 00	37 00	36 00	34 00	32 00	30 00
5	19.	12	55 00	50 00	47 50	46 25	45 00	42 50	40 00	37 50
6	22.	94	66 00	60 00	57 00	55 50	54 00	51 00	48 00	45 00
7	26.	76	77 00	70 00	66 50	64 75	63 00	59 50	56 00	52 50
onces.										
1	30.	59	88 00	80 00	76 00	74 00	72 00	68 00	64 00	60 00
2	61.	18	176 00	160 00	152 00	148 00	144 00	136 00	128 00	120 00
3	91.	76	264 00	240 00	228 00	222 00	216 00	204 00	192 00	180 00
4	122.	37	352 00	320 00	304 00	296 00	288 00	272 00	256 00	240 00
5	152.	97	440 00	400 00	380 00	370 00	360 00	340 00	320 00	300 00
6	183.	56	528 00	480 00	456 00	444 00	432 00	408 00	384 00	360 00
7	214.	15	616 00	560 00	532 00	518 00	504 00	476 00	448 00	420 00
marcs.										
1	244.	75	704 00	640 00	608 00	592 00	576 00	544 00	512 00	480 00
2	489.	50	1408 00	1280 00	1216 00	1184 00	1152 00	1088 00	1024 00	960 00
3	734.	25	2112 00	1920 00	1824 00	1776 00	1728 00	1632 00	1536 00	1440 00
4	979.	01	2816 00	2560 00	2432 00	2368 00	2304 00	2176 00	2048 00	1920 00

CHAPITRE III.

DE LA CONVERSION DES POIDS DÉCIMAUX EN POIDS DE MARC, ET DE LEURS DIFFÉRENTES VALEURS D'APRÈS LES PRIX DU MARC D'ARGENT QUI SONT LE PLUS EN USAGE DANS LE COMMERCE.

———

J'ai donné dans ce chapitre le prix du marc d'argent à 950 millièmes (1er titre) d'après le cours de 54 fr. le marc de fin; comme ce prix est basé sur le cours du fin, il peut varier au plus que de quelques centimes.

Les prix du marc d'argent à 800 millièmes (2e titre), contrôlé et non contrôlé, portés dans ce chapitre, sont ceux que le fabricant est dans l'usage de compter et qui sont reçus dans le commerce, et non ceux basés sur le titre de 800 millièmes à raison de 54 fr. le fin, qui donne 43 fr. 20 cent. le marc non contrôlé. La raison de cette différence, entre le prix du fabricant et celui basé sur le cours du fin, est que les façons de la petite partie d'argent sont extrêmement bornées, et conséquemment le fabricant de cette partie est obligé, pour ne pas y être du sien, de compter le marc d'argent 2e titre quelque chose au-dessus de sa valeur réelle, pour se couvrir de certains frais de fabrication.

———

DE 1 CENTIGRAMME A 9 DÉCIGRAMMES.

Conversion des CENTIGRAMMES et DÉCIGRAMMES en poids de MARC, sui[vant] des différentes valeurs d'un ou plusieurs objets en ARGENT à l'un des poids ci-des[sus]

DIVERSES VALEURS DU CENTIGRAMME ET DU DÉCIGRAMME D'APRÈS LES PRIX SUIVANS DU MARC D'ARGENT

Conversion (poids de marc) et valeurs — colonnes 1 à 4 :

CENTIGR.	Marcs	Onces	Gros	Grains	½ Dix.	à 55f fr.	à 55f c.	1er Titre contrôlé 54f 10c fr.	c.	1er Titre non contr. 51f 30c fr.	c.	à 50f fr.	c.
1				0	2	0	0	0	0	0	0	0	0
2				0	4	0	0	0	0	0	0	0	0
3				0	6	0	1	0	1	0	1	0	1
4				0	8	0	1	0	1	0	1	0	1
5				0	9	0	1	0	1	0	1	0	1
6				1	1	0	1	0	1	0	1	0	1
7				1	3	0	2	0	2	0	1	0	1
8				1	5	0	2	0	2	0	2	0	2
9				1	7	0	2	0	2	0	2	0	2
Décig. 1				1	9	0	2	0	2	0	2	0	2
2				3	8	0	4	0	4	0	4	0	4
3				5	7	0	7	0	7	0	6	0	6
4				7	5	0	9	0	9	0	8	0	8
5				9	4	0	11	0	11	0	10	0	10
6				11	3	0	13	0	13	0	13	0	12
7				13	2	0	16	0	15	0	15	0	14
8				15	1	0	18	0	18	0	17	0	16
9				17	0	0	20	0	20	0	19	0	18

Valeurs — colonnes 5 à 8 (la dernière colonne, à 40f, est coupée au bord de la page : seuls les francs sont lisibles) :

CENTIGR.	2e Titre contrôlé 48f fr.	c.	2e Titre non contr. 45f fr.	c.	à 42f fr.	c.	à 40f fr.
1	0	0	0	0	0	0	0
2	0	0	0	0	0	0	0
3	0	1	0	0	0	0	0
4	0	1	0	1	0	1	0
5	0	1	0	1	0	1	0
6	0	1	0	1	0	1	0
7	0	1	0	1	0	1	0
8	0	2	0	1	0	1	0
9	0	2	0	2	0	2	0
Décig. 1	0	2	0	2	0	2	0
2	0	4	0	4	0	3	0
3	0	6	0	5	0	5	0
4	0	8	0	7	0	7	0
5	0	10	0	9	0	9	0
6	0	12	0	11	0	10	0
7	0	14	0	13	0	12	0
8	0	16	0	14	0	14	0
9	0	18	0	16	0	15	0

Conversion des GRAMMES en poids de MARC, suivie des différentes valeurs d'un ou plusieurs objets en ARGENT à l'un des poids ci-dessous.

GRAMMES	CONVERSION					DIVERSES VALEURS DU GRAMME D'APRÈS LES PRIX SUIVANS DU MARC D'ARGENT							
	Marcs	Onces	Gros	Demi-Gros	Grains	à 55f	1er Titre contrôlé 54f 40c	1er Titre non contr. 51f 30c	à 50f	2e Titre contrôlé à 48f	2e Titre non contr. à 44f	à 42f	à 40f
						fr. c.	fr. c.	fr. c.	fr. c.	fr. c.	fr. c.	fr. c.	fr. c.
1	·	·	·	·	18.3	0 22	0 22	0 20	0 20	0 19	0 18	0 17	0 16
2	·	·	·	½	1.6	0 44	0 44	0 41	0 40	0 39	0 35	0 34	0 32
3	·	·	·	½	20.5	0 67	0 66	0 62	0 61	0 58	0 53	0 51	0 49
4	·	·	1	·	3.3	0 89	0 88	0 83	0 81	0 78	0 71	0 68	0 65
5	·	·	1	·	22.1	1 12	1 10	1 04	1 02	0 98	0 89	0 85	0 81
6	·	·	1	½	5. ·	1 34	1 32	1 25	1 22	1 17	1 07	1 02	0 98
7	·	·	1	½	23.0	1 57	1 54	1 46	1 43	1 37	1 25	1 20	1 14
8	·	·	2	·	6.6	1 79	1 76	1 67	1 65	1 56	1 43	1 37	1 30
9	·	·	2	·	25.4	2 02	1 95	1 88	1 83	1 76	1 61	1 54	1 47
10	·	·	2	½	8.3	2 24	2 21	2 09	2 04	1 96	1 79	1 71	1 63
11	·	·	2	½	27.1	2 47	2 43	2 30	2 24	2 15	1 97	1 89	1 79
12	·	·	3	·	9.9	2 69	2 65	2 51	2 45	2 35	2 15	2 04	1 96
13	·	·	3	·	28.7	2 92	2 87	2 72	2 65	2 54	2 33	2 23	2 12
14	·	·	3	½	11.6	3 14	3 09	2 93	2 86	2 74	2 51	2 40	2 28
15	·	·	3	½	30.4	3 37	3 31	3 14	3 06	2 94	2 69	2 57	2 45
16	·	·	4	·	13.2	3 59	3 53	3 35	3 26	3 13	2 87	2 74	2 61
17	·	·	4	·	32.1	3 82	3 75	3 56	3 47	3 33	3 05	2 91	2 77
18	·	·	4	½	14.9	4 04	3 97	3 77	3 67	3 53	3 23	3 08	2 94
19	·	·	4	½	33.7	4 26	4 19	3 98	3 88	3 72	3 41	3 26	3 10
20	·	·	5	·	16.5	4 49	4 42	4 19	4 08	3 92	3 59	3 43	3 26
21	·	·	5	·	35.4	4 71	4 64	4 40	4 29	4 11	3 77	3 60	3 43
22	·	·	5	½	18.2	4 94	4 86	4 61	4 49	4 31	3 95	3 77	3 59
23	·	·	6	·	1. ·	5 16	5 08	4 82	4 69	4 51	4 13	3 94	3 75
24	·	·	6	·	19.8	5 39	5 30	5 03	4 90	4 70	4 31	4 11	3 92
25	·	·	6	½	2.7	5 61	5 52	5 24	5 10	4 90	4 49	4 29	4 08
26	·	·	6	½	21.5	5 84	5 74	5 44	5 31	5 09	4 67	4 46	4 24
27	·	·	7	·	4.3	6 06	5 96	5 65	5 51	5 29	4 85	4 63	4 41
28	·	·	7	·	23.2	6 29	6 18	5 86	5 72	5 49	5 03	4 80	4 57
29	·	·	7	½	6. ·	6 51	6 41	6 07	5 92	5 68	5 21	4 97	4 73
30	·	·	7	½	24.8	6 74	6 63	6 28	6 12	5 88	5 39	5 14	4 90
31	·	1	·	·	7.6	6 96	6 85	6 49	6 33	6 07	5 57	5 31	5 06
32	·	1	·	·	26.5	7 19	7 07	6 70	6 53	6 27	5 75	5 49	5 22
33	·	1	·	½	9.3	7 41	7 29	6 91	6 74	6 47	5 93	5 66	5 39
34	·	1	·	½	28.1	7 64	7 51	7 12	6 94	6 66	6 11	5 83	5 55
35	·	1	1	·	10.9	7 86	7 73	7 33	7 15	6 86	6 29	6 00	5 72
36	·	1	1	·	29.8	8 09	7 95	7 54	7 35	7 06	6 47	6 17	5 88

Conversion des GRAMMES en poids de MARC, suivie des différentes valeurs d'un ou plusieurs objets en ARGENT à l'eau des poids ci-dessous.

GRAMMES	CONVERSION. Marcs	Onces	Gros	Demi-Gros	Grains	Décimes	à 55f x°	1er Titre contrôlé 54f 40c	1er Titre non contr. 51f 30c	à 50f x°	2e Titre contrôlé à 48f x°	2e Titre non contr. à 44f x°	à 42f x°	à 40f
							fr. c.	fr. c.	fr. c.	fr. c.	fr. c.	fr. c.	fr. c.	fr.
37	•	1	1	⅓	12	6	8 34	8 17	7 74	7 55	7 25	6 63	6 34	6 .
38	•	1	1	½	34	4	8 65	8 50	7 89	7 76	7 43	6 85	6 42	6 .
39	•	1	2	•	14	3	8 78	8 62	8 17	7 96	7 64	7 04	6 69	6 .
40	•	1	2	•	35	4	8 95	8 84	8 50	8 17	7 84	7 19	6 36	6 .
41	•	1	2	⅓	15	9	9 24	9 06	8 69	8 57	8 04	7 37	7 03	6 7
42	•	1	2	½	36	7	9 45	9 28	8 80	8 50	8 25	7 55	7 20	6 8
43	•	1	3	•	17	6	9 66	9 50	9 10	8 73	8 45	7 73	7 37	7 0
44	•	1	3	½	•	4	9 68	9 72	9 22	8 98	8 62	7 90	7 53	7 1
45	•	1	3	⅓	19	2	10 11	9 94	9 43	9 13	8 82	8 08	7 72	7 5
46	•	1	4	•	2	•	10 55	10 16	9 64	9 39	9 02	8 26	7 89	7 .
47	•	1	4	•	20	9	10 66	10 59	9 85	9 60	9 21	8 44	8 06	7 6
48	•	1	4	½	5	7	10 76	10 60	10 06	9 80	9 41	8 62	8 23	7 8
49	•	1	4	⅓	22	5	11 01	10 85	10 27	10 04	9 60	8 80	8 40	8 0
50	•	1	5	•	5	4	11 25	11 05	10 48	10 21	9 80	8 96	8 58	8 1
51	•	1	5	•	24	2	11 49	11 27	10 68	10 41	10 00	9 16	8 73	8 5
52	•	1	5	½	7	•	11 68	11 49	10 89	10 62	10 18	9 34	8 92	8 4
53	•	1	5	⅓	24	8	11 91	11 71	11 10	10 82	10 38	9 52	9 09	8 6
54	•	1	6	•	6	7	12 13	11 93	11 31	11 03	10 59	9 70	9 26	8 8
55	•	1	6	•	27	5	12 35	12 15	11 52	11 25	10 73	9 88	9 43	8 9
56	•	1	6	½	10	5	12 58	12 57	11 73	11 44	10 98	10 05	9 60	9 1
57	•	1	6	⅓	20	4	12 59	12 59	11 94	11 64	11 17	10 24	9 78	9 5
58	•	1	7	•	12	•	13 05	12 82	12 13	11 84	11 37	10 42	9 95	9 4
59	•	1	7	•	50	8	13 25	13 04	12 36	12 05	11 57	10 60	10 12	9 6
60	•	1	7	½	13	6	13 43	13 26	12 57	12 25	11 76	10 78	10 29	9 8
61	•	1	7	⅓	52	6	13 70	13 48	12 78	12 45	11 96	10 96	10 46	9 9
62	•	2	•	•	14	3	13 95	13 70	12 99	12 66	12 13	11 14	10 63	10 1
63	•	2	•	•	34	1	14 15	13 92	13 20	12 87	12 34	11 32	10 81	10 2
64	•	2	•	⅓	16	0	14 38	14 14	13 41	13 07	12 35	11 50	10 98	10 4
65	•	2	•	½	35	8	14 60	14 36	13 61	13 27	12 74	11 68	11 15	10 62
66	•	2	1	•	18	6	14 85	14 58	13 85	13 48	12 94	11 86	11 32	10 76
67	•	2	1	⅓	1	4	15 05	14 80	14 04	13 68	13 14	12 04	11 49	10 94
68	•	2	1	½	20	9	15 29	15 03	14 25	13 88	13 33	12 22	11 66	11 11
69	•	2	2	•	3	1	15 50	15 25	14 46	14 09	13 53	12 40	11 84	11 27
70	•	2	2	•	24	9	15 75	15 47	14 67	14 30	13 72	12 58	12 01	11 44
71	•	2	2	⅓	4	7	15 95	15 69	14 88	14 50	13 92	12 76	12 15	11 60
72	•	2	2	½	25	5	16 17	15 91	15 09	14 70	14 12	12 94	12 35	11 76

Conversion des GRAMMES en poids de MARC, suivie des différentes valeurs d'un ou plusieurs objets en ARGENT à l'un des poids ci-dessous.

GRAMMES	CONVERSION						DIVERSES VALEURS DU GRAMME D'APRÈS LES PRIX SUIVANS DU MARC D'ARGENT							
	Marcs.	Onces.	Gros.	Demi-Gros.	Grains.	Dixièmes.	à 55f »	1er Titre contrôlé. 54f 10c	1er Titre non contr. 51f 30c	à 50f »	2e Titre contrôlé 45f »	2e Titre non contr. 44f »	à 42f »	à 40f »
							fr. c.	fr. c.	fr. c.	fr. c.	fr. c.	fr. c.	fr. c.	fr. c.
73	·	2	3	·	6	4	16 40	16 13	15 56	14 94	14 51	13 12	12 52	11 95
74	·	2	3	·	25	2	16 62	16 35	15 51	15 11	14 81	13 50	12 69	12 09
75	·	2	3	½	8	·	16 83	16 57	15 72	15 32	14 70	13 48	12 87	12 23
76	·	2	3	½	26	9	17 07	16 79	15 92	15 52	14 90	13 86	13 04	12 42
77	·	2	4	·	9	7	17 30	17 01	16 13	15 75	15 10	13 84	13 21	12 58
78	·	2	4	·	28	5	17 52	17 24	16 34	15 95	15 29	14 02	13 39	12 74
79	·	2	4	½	11	3	17 75	17 46	16 35	16 15	15 49	14 20	13 53	12 91
80	·	2	4	½	30	2	17 97	17 68	16 76	16 34	15 68	14 50	13 72	13 07
81	·	2	5	·	13	·	18 20	17 90	16 97	16 54	15 89	14 56	13 89	13 25
82	·	2	5	·	31	8	18 42	18 12	17 18	16 73	16 08	14 74	14 07	13 40
83	·	2	5	½	14	6	18 65	18 34	17 39	16 93	16 27	14 92	14 24	13 56
84	·	2	5	½	33	5	18 87	18 56	17 60	17 16	16 42	15 10	14 41	13 72
85	·	2	6	·	16	3	19 10	18 78	17 81	17 36	16 67	15 28	14 58	13 89
86	·	2	6	·	35	1	19 32	19 00	18 02	17 56	16 66	15 46	14 75	14 05
87	·	2	6	½	18	·	19 55	19 23	18 23	17 77	17 06	15 65	14 94	14 21
88	·	2	7	·	·	8	19 77	19 45	18 44	17 97	17 25	15 81	15 10	14 38
89	·	2	7	·	19	6	20 00	19 67	18 65	18 18	17 43	15 99	15 27	14 54
90	·	2	7	½	2	4	20 22	19 89	18 86	18 38	17 63	16 17	15 44	14 70
91	·	2	7	½	21	3	20 44	20 11	19 07	18 59	17 81	16 35	15 61	14 87
92	·	3	·	·	4	1	20 67	20 33	19 28	18 79	18 04	16 53	15 78	15 03
93	·	3	·	·	22	9	20 89	20 55	19 49	18 99	18 23	16 71	15 95	15 19
94	·	3	·	½	5	7	21 12	20 77	19 70	19 20	18 43	16 89	16 13	15 36
95	·	3	·	½	24	6	21 34	20 99	19 91	19 40	18 63	17 07	16 30	15 52
96	·	3	1	·	7	4	21 57	21 21	20 12	19 61	18 82	17 25	16 47	15 68
97	·	3	1	·	26	2	21 79	21 44	20 33	19 81	19 02	17 43	16 64	15 85
98	·	3	1	½	9	1	22 02	21 66	20 54	20 02	19 21	17 61	16 81	16 01
99	·	3	1	½	27	9	22 24	21 88	20 75	20 22	19 41	17 79	16 98	16 17
100	·	3	2	·	10	7	22 47	22 10	20 96	20 42	19 61	17 97	17 16	16 34
101	·	3	2	·	29	5	22 69	22 32	21 16	20 63	19 80	18 15	17 33	16 50
102	·	3	2	½	12	4	22 92	22 54	21 37	20 83	20 00	18 33	17 50	16 66
103	·	3	2	½	31	2	23 14	22 76	21 58	21 04	20 20	18 51	17 67	16 83
104	·	3	3	·	14	·	23 37	22 98	21 79	21 24	20 39	18 69	17 84	16 99
105	·	3	3	·	32	8	23 59	23 20	22 00	21 45	20 59	18 87	18 01	17 16
106	·	3	3	½	15	7	23 82	23 43	22 21	21 65	20 78	19 05	18 18	17 32
107	·	3	3	½	34	5	24 04	23 65	22 42	21 85	20 98	19 23	18 36	17 48
108	·	3	4	·	17	3	24 26	23 87	22 63	22 06	21 18	19 41	18 53	17 65

DE 109 A 144 GRAMMES.

Conversion des GRAMMES en poids de MARC, suivie des différentes valeurs d'un ou plusieurs objets en ARGENT à l'un des poids ci-dessous.

GRAMMES	CONVERSION (Marc. Onc. Gros. ½Gr. Grains)	DIVERSES VALEURS DU GRAMME D'APRÈS LES PRIX SUIVANS DU MARC D'ARGENT							
		à 55f	1er Titre controllé 54f 10c	1er Titre non contr. 54f 30c	à 50f	2e Titre controllé à 48f	2e Titre non contr. à 44f	à 42f	à 40f
		fr. c.	fr. c.	fr. c.	fr. c.	fr. c.	fr. c.	fr. c.	fr. c.
109	» 3. 4. ¼ » 1	24 49	24 09	22 84	22 26	21 37	19 59	18 70	17 31
110	» 3. 4. ½ 19. »	24 71	24 31	23 03	22 47	21 57	19 77	18 87	17 07
111	» 3. 5. » 1. 8	24 93	24 53	23 26	22 67	21 76	19 95	19 04	18 14
112	» 3. 5. » 20. 0	25 16	24 75	23 47	22 88	21 96	20 13	19 21	18 30
113	» 3. 5. ¼ 3. 3	25 39	24 97	23 68	23 08	22 16	20 31	19 39	18 46
114	» 3. 5. ½ 22. 3	25 61	25 19	23 89	23 28	22 35	20 49	19 56	18 63
115	» 3. 6. » 5. 1	25 84	25 41	24 10	23 49	22 55	20 67	19 73	18 79
116	» 3. 6. » 23. 0	26 06	25 64	24 31	23 69	22 74	20 85	19 90	18 95
117	» 3. 6. ¼ 6. 8	26 29	25 86	24 52	23 90	22 94	21 03	20 07	19 12
118	» 3. 6. ½ 25. 6	26 51	26 08	24 73	24 10	23 14	21 21	20 24	19 28
119	» 3. 7. » 8. 4	26 74	26 30	24 94	24 31	23 35	21 39	20 41	19 44
120	» 3. 7. » 27. 2	26 96	26 52	25 15	24 51	23 53	21 57	20 59	19 61
121	» 3. 7. ¼ 10. 1	27 19	26 74	25 36	24 71	23 73	21 75	20 76	19 77
122	» 3. 7. ½ 28. 9	27 41	26 96	25 57	24 92	23 92	21 93	20 93	19 93
123	» 4. » » 11. 7	27 64	27 18	25 78	25 12	24 12	22 11	21 10	20 10
124	» 4. » » 30. 6	27 86	27 40	25 99	25 33	24 31	22 29	21 27	20 26
125	» 4. » ¼ 13. 4	28 08	27 63	26 20	25 53	24 51	22 47	21 45	20 42
126	» 4. » ½ 32. 2	28 31	27 85	26 40	25 74	24 71	22 65	21 62	20 58
127	» 4. 1. » 15. »	28 53	28 07	26 61	25 94	24 90	22 83	21 79	20 75
128	» 4. 1. » 33. 0	28 76	28 29	26 82	26 14	25 10	23 01	21 96	20 91
129	» 4. 1. ¼ 16. 7	28 98	28 51	27 03	26 35	25 29	23 19	22 13	21 07
130	» 4. 1. ½ 35. 5	29 21	28 73	27 24	26 55	25 49	23 37	22 30	21 23
131	» 4. 2. » 18. 3	29 43	28 95	27 45	26 76	25 69	23 54	22 47	21 40
132	» 4. 2. ½ 1. 2	29 66	29 17	27 66	26 96	25 88	23 72	22 64	21 56
133	» 4. 2. ¼ 20. »	29 88	29 39	27 87	27 17	26 08	23 90	22 82	21 72
134	» 4. 3. » 2. 3	30 11	29 61	28 08	27 37	26 28	24 08	22 99	21 88
135	» 4. 3. » 21. 7	30 33	29 84	28 29	27 57	26 47	24 26	23 16	22 05
136	» 4. 3. ½ 4. 3	30 56	30 06	28 50	27 78	26 67	24 44	23 33	22 21
137	» 4. 3. ¼ 23. 3	30 78	30 28	28 71	27 98	26 86	24 62	23 50	22 37
138	» 4. 4. » 6. 1	31 01	30 50	28 92	28 19	27 06	24 80	23 68	22 53
139	» 4. 4. » 25. »	31 23	30 72	29 13	28 39	27 26	24 98	23 85	22 70
140	» 4. 4. ¼ 7. 6	31 46	30 94	29 34	28 60	27 45	25 16	24 02	22 86
141	» 4. 4. ½ 26. 6	31 68	31 16	29 55	28 80	27 65	25 34	24 19	23 02
142	» 4. 5. » 9. 4	31 91	31 38	29 76	28 90	27 84	25 52	24 36	23 20
143	» 4. 5. » 28. 3	32 13	31 60	29 97	29 21	28 04	25 70	24 53	23 37
144	» 4. 5. ¼ 11. 1	32 35	31 82	30 18	29 41	28 24	25 88	24 71	23 52

*Conversion des **GRAMMES** en poids de **MARC**, suivie des différentes valeurs d'un ou plusieurs objets en **ARGENT** à l'un des poids ci-dessous.*

| | CONVERSION. | | | | | DIVERSES VALEURS DU GRAMME D'APRÈS LES PRIX SUIVANS DU MARC D'ARGENT | | | | | | | |
	Marc.	Onces.	Gros.	½ Gros.	Grains.	à 55f »	1er Titre contrôlé 54f 40c	1er Titre non contr. 51f 30c	à 50f »	2e Titre contrôlé à 48f »	2e Titre non contr. à 44f »	à 42f »	à 40f »
						fr. c.	fr. c.	fr. c.	fr. c.	fr. c.	fr. c.	fr. c.	fr. c.
145	»	4	5	¼	29.9	32 96	32 06	30 39	29 62	28 43	26 06	24 86	23 69
146	»	4	6	»	12.8	32 80	32 27	30 60	29 82	28 63	26 24	25 03	23 86
147	»	4	6	»	31.6	33 03	32 49	30 81	30 03	28 82	26 42	25 22	24 02
148	»	4	6	½	14.4	33 25	32 71	31 02	30 25	29 02	26 60	25 39	24 18
149	»	4	6	¾	33.2	33 48	32 93	31 23	30 43	29 22	26 78	25 56	24 35
150	»	4	7	»	16.1	33 70	33 15	31 44	30 64	29 41	26 96	25 74	24 51
151	»	4	7	»	34.9	33 93	33 37	31 64	30 84	29 61	27 14	25 91	24 67
152	»	4	7	¼	17.7	34 15	33 59	31 85	31 05	29 81	27 32	26 08	24 84
153	»	5	»	»	.5	34 58	33 81	32 06	31 25	30 00	27 50	26 25	25 00
154	»	5	»	»	19.4	34 60	34 04	32 27	31 46	30 20	27 68	26 42	25 16
155	»	5	»	½	2.2	34 83	34 26	32 48	31 66	30 39	27 86	26 59	25 33
156	»	5	»	¾	21.	35 05	34 48	32 69	31 86	30 59	28 04	26 76	25 49
157	»	5	1	»	3.9	35 28	34 70	32 90	32 07	30 79	28 22	26 94	25 65
158	»	5	1	»	22.7	35 50	34 92	33 11	32 27	30 98	28 40	27 11	25 82
159	»	5	1	½	5.5	35 73	35 14	33 32	32 46	31 18	28 58	27 28	25 98
160	»	5	1	¾	24.5	35 95	35 36	33 53	32 68	31 37	28 76	27 45	26 14
161	»	5	2	»	7.2	36 17	35 58	33 74	32 89	31 57	28 94	27 62	26 31
162	»	5	2	»	26.	36 40	35 80	33 95	33 09	31 77	29 12	27 79	26 47
163	»	5	2	¼	8.6	36 62	36 02	34 16	33 29	31 96	29 30	27 97	26 63
164	»	5	2	¾	27.6	36 85	36 25	34 37	33 50	32 16	29 48	28 14	26 80
165	»	5	3	»	10.3	37 07	36 47	34 58	33 70	32 35	29 66	28 31	26 96
166	»	5	3	»	29.3	37 30	36 69	34 79	33 91	32 55	29 84	28 48	27 12
167	»	5	3	¼	12.1	37 52	36 91	35 00	34 11	32 73	30 02	28 65	27 29
168	»	5	3	½	31.	37 75	37 13	35 21	34 32	32 94	30 20	28 82	27 45
169	»	5	4	»	13.8	37 97	37 35	35 42	34 52	33 14	30 38	29 00	27 61
170	»	5	4	»	32.6	38 20	37 57	35 63	34 72	33 34	30 56	29 17	27 73
171	»	5	4	½	15.4	38 42	37 79	35 84	34 93	33 53	30 74	29 34	27 94
172	»	5	4	¾	34.5	38 65	38 01	36 05	35 13	33 73	30 92	29 51	28 10
173	»	5	5	»	17.1	38 87	38 23	36 26	35 34	33 92	31 10	29 68	28 27
174	»	5	5	»	36.0	39 10	38 46	36 47	35 54	34 12	31 27	29 85	28 43
175	»	5	5	½	19.7	39 32	38 68	36 68	35 75	34 32	31 45	30 03	28 60
176	»	5	6	»	1.6	39 55	38 90	36 88	35 95	34 51	31 63	30 20	28 76
177	»	5	6	»	20.4	39 77	39 12	37 09	36 15	34 71	31 81	30 37	28 92
178	»	5	6	¼	3.2	40 00	39 34	37 30	36 36	34 90	31 99	30 54	29 09
179	»	5	6	½	22.1	40 22	39 56	37 51	36 56	35 10	32 17	30 71	29 25
180	»	5	7	»	4.9	40 44	39 78	37 72	36 77	35 30	32 35	30 88	29 41

DE 181 A 216 GRAMMES.

Conversion des GRAMMES en poids de MARC, suivie des différentes valeurs d'un ou plusieurs objets en ARGENT à l'un des poids ci-dessous.

DIVERSES VALEURS DU GRAMME D'APRÈS LES PRIX SUIVANS DU MARC D'ARGENT

GRAMMES	Marcs	Onces	Gros	Demi-Gros	Grains	Dixièmes	à 55f »»	1er Titre contrôlé 54f 10c	1er Titre non contr. 51f 30c	à 50f »»	2e Titre contrôlé à 48f »»	2e Titre non contr. à 44f »»	à 42f »»	à 40f »»
							fr. c.	fr. c.	fr. c.	fr. c.	fr. c.	fr. c.	fr. c.	fr. c.
181	»	5	7	»	23	7	40 67	40 00	37 93	36 97	35 49	32 54	31 05	29 58
182	»	5	7	½	6	5	40 89	40 22	38 14	37 18	35 69	32 72	31 23	29 74
183	»	5	7	¼	25	4	41 12	40 45	38 35	37 38	35 88	32 90	31 40	29 91
184	»	6	»	»	8	2	41 34	40 67	38 56	37 58	36 08	33 08	31 57	30 07
185	»	6	»	»	27	»	41 57	40 89	38 77	37 79	36 28	33 26	31 74	30 23
186	»	6	»	½	9	8	41 79	41 11	38 98	37 99	36 47	33 44	31 91	30 40
187	»	6	»	¼	25	7	42 02	41 33	39 19	38 20	36 67	33 61	32 09	30 56
188	»	6	1	»	11	5	42 24	41 55	39 40	38 40	36 87	33 79	32 26	30 72
189	»	6	1	»	30	3	42 47	41 77	39 61	38 61	37 06	33 97	32 43	30 89
190	»	6	1	½	15	2	42 69	41 99	39 82	38 81	37 26	34 15	32 61	31 05
191	»	6	1	¼	32	»	42 92	42 21	40 03	39 01	37 45	34 33	32 78	31 21
192	»	6	2	»	14	8	43 14	42 43	40 24	39 22	37 65	34 51	32 95	31 38
193	»	6	2	»	33	6	43 37	42 66	40 45	39 42	37 85	34 69	33 13	31 54
194	»	6	2	½	16	5	43 59	42 88	40 66	39 63	38 04	34 87	33 30	31 70
195	»	6	2	¼	31	3	43 82	43 10	40 87	39 83	38 24	35 05	33 47	31 87
196	»	6	3	»	13	1	44 04	43 32	41 08	40 04	38 43	35 23	33 64	32 03
197	»	6	3	½	»	9	44 26	43 54	41 29	40 24	38 63	35 40	33 82	32 20
198	»	6	3	½	19	8	44 49	43 76	41 50	40 44	38 82	35 58	33 99	32 36
199	»	6	4	»	2	6	44 71	43 98	41 71	40 65	39 02	35 76	34 16	32 52
200	»	6	4	»	21	4	44 94	44 20	41 92	40 85	39 22	35 94	34 34	32 69
201	»	6	4	½	4	3	45 16	44 42	42 12	41 06	39 41	36 12	34 51	32 85
202	»	6	4	¼	23	1	45 39	44 64	42 33	41 26	39 61	36 30	34 68	33 01
203	»	6	5	»	5	9	45 61	44 87	42 54	41 47	39 80	36 48	34 85	33 18
204	»	6	5	»	24	7	45 84	45 09	42 75	41 67	40 00	36 66	35 03	33 34
205	»	6	5	½	7	6	46 06	45 31	42 96	41 87	40 20	36 84	35 20	33 50
206	»	6	5	¼	26	4	46 29	45 53	43 17	42 08	40 39	37 01	35 37	33 67
207	»	6	6	»	9	2	46 51	45 75	43 38	42 28	40 59	37 19	35 55	33 83
208	»	6	6	»	28	»	46 74	45 97	43 59	42 49	40 79	37 37	35 72	33 99
209	»	6	6	½	10	9	46 96	46 19	43 80	42 69	40 98	37 55	35 89	34 16
210	»	6	6	¼	29	7	47 19	46 41	44 01	42 90	41 18	37 73	36 06	34 32
211	»	6	7	»	12	5	47 41	46 63	44 22	43 10	41 37	37 91	36 24	34 48
212	»	6	7	»	31	3	47 64	46 86	44 43	43 30	41 57	38 09	36 41	34 65
213	»	6	7	½	14	2	47 86	47 08	44 64	43 51	41 76	38 27	36 58	34 81
214	»	6	7	¼	33	»	48 08	47 30	44 85	43 71	41 96	38 44	36 76	34 97
215	»	7	»	»	15	3	48 31	47 52	45 06	43 92	42 16	38 62	36 93	35 14
216	»	7	»	»	34	7	48 53	47 74	45 27	44 12	42 35	38 80	37 10	35 30

Conversion des GRAMMES en poids de MARC, suivie des differentes valeurs d'un ou plusieurs objets en ARGENT, à l'un des poids ci-dessous.

GRAMMES	CONVERSION. (Marcs. Onces. Gros. ½ Demi-Gros. Grains. Dixièmes.)	DIVERSES VALEURS DU GRAMME D'APRÈS LES PRIX SUIVANS DE MARC D'ARGENT							
		à 55f .e	1er Titre contrôlé 54f 10c	1er Titre non contr. 51f 50c	à 50f .e	2e Titre contrôlé 48f .e	2e Titre non contr. 44f .e	à 42f .e	à 40f .e
		fr. c.	fr. c.	fr. c.	fr. c.	fr. c.	fr. c.	fr. c.	fr. c.
217	« 7. « ½ 17.5	46 76	47 96	45 46	44 55	42 85	39 01	37 23	35 46
218	« 7.1. « » 5	46 99	48 13	45 69	44 85	42 78	39 18	37 40	35 62
219	« 7.1. « 10.1	49 21	48 40	45 90	44 75	42 95	39 36	37 58	35 79
220	« 7.1.½ 2.«	49 43	48 62	46 11	44 94	45 14	39 54	37 75	35 95
221	« 7.1.½ 20.8	49 66	48 84	46 32	45 14	45 34	39 72	37 92	36 11
222	« 7.2. « 5.6	49 88	49 07	46 55	45 35	45 55	39 90	38 09	36 28
223	« 7.2. « 22.4	50 11	49 29	46 74	45 55	45 75	40 08	38 26	36 44
224	« 7.2.½ 8.3	50 33	49 51	46 95	45 76	45 95	40 26	38 43	36 60
225	« 7.3.½ 24.1	50 56	49 75	47 16	45 96	44 12	40 44	38 61	36 77
226	« 7.3. « 6.9	50 78	49 95	47 36	46 16	44 32	40 62	38 78	36 93
227	« 7.3. « 23.8	51 01	50 17	47 57	46 37	44 51	40 80	38 95	37 09
228	« 7.3.½ 8.6	51 23	50 39	47 78	46 57	44 71	40 98	39 12	37 26
229	« 7.3.½ 27.4	51 46	50 61	47 99	46 78	44 91	41 16	39 29	37 42
230	« 7.4. « 10.2	51 68	50 83	48 20	46 98	45 10	41 34	39 46	37 58
231	« 7.4. « 29.1	51 91	51 06	48 41	47 19	45 30	41 52	39 63	37 75
232	« 7.4.½ 11.9	52 13	51 28	48 62	47 39	45 49	41 70	39 81	37 91
233	« 7.4.½ 30.7	52 35	51 50	48 85	47 59	45 69	41 88	39 98	38 07
234	« 7.5. « 13.5	52 58	51 72	49 04	47 80	45 89	42 06	40 15	38 21
235	« 7.5. « 32.4	52 80	51 94	49 25	48 00	46 08	42 24	40 32	38 40
236	« 7.5.½ 15.2	53 03	52 16	49 46	48 21	46 28	42 42	40 49	38 56
237	« 7.5.½ 34.«	53 25	52 58	49 67	48 41	46 48	42 60	40 66	38 72
238	« 7.6. « 16.9	53 48	52 60	49 85	48 62	46 67	42 78	40 84	38 89
239	« 7.6. « 35.7	53 70	52 82	50 09	48 82	46 87	42 96	41 01	39 05
240	« 7.6.½ 18.5	53 93	53 04	50 30	49 02	47 06	43 14	41 18	39 22
241	« 7.7. « 1.3	54 15	53 27	50 51	49 23	47 26	43 32	41 36	39 38
242	« 7.7. « 20.2	54 38	53 49	50 72	49 43	47 46	43 50	41 52	39 55
243	« 7.7.½ 3.«	54 60	53 71	50 93	49 64	47 65	43 68	41 69	39 71
244	« 7.7.½ 21.8	54 83	53 93	51 14	49 84	47 85	43 86	41 87	39 87
245	1.« « « 4.7	55 05	54 15	51 35	50 05	48 04	44 04	42 04	40 04
246	1.« « « 23.5	55 28	54 37	51 56	50 25	48 24	44 22	42 21	40 20
247	1.« « ½ 6.3	55 50	54 59	51 77	50 45	48 44	44 40	42 38	40 36
248	1.« « ½ 24.1	55 73	54 81	51 98	50 66	48 63	44 58	42 55	40 53
249	1.« 1. « 8.«	55 95	55 03	52 19	50 86	48 83	44 76	42 72	40 69
250	1.« 1. « 26.8	56 17	55 26	52 40	51 07	49 02	44 94	42 90	40 85
251	1.« 1.½ 9.6	56 40	55 48	52 60	51 27	49 22	45 12	43 07	41 02
252	1.« 1.½ 28.4	56 62	55 70	52 81	51 48	49 42	45 30	43 24	41 18

Conversion des GRAMMES en poids de MARC, suivie des différentes valeurs d'un ou plusieurs objets en ARGENT à l'un des poids ci-dessous.

GRAMMES	CONVERSION. Marc. Onces. Gros. Demi-Gros. Grains.	à 55f ,e	1er Titre contrôlé 54f 10c	1er Titre non-contr. 51f 30c	à 50f ,e	2e Titre contrôlé A 45f ,e	3e Titre non-contr. A 44f ,e	à 42f ,e	à 40f ,e
253	1. » 2. » 11.5	56 83	55 92	53 02	51 68	49 01	45 43	43 41	41 31
254	1. » 2. » 30.1	57 07	56 14	53 25	51 88	49 31	45 68	43 58	41 51
255	1. » 2½ 12.9	57 30	56 38	53 44	52 09	50 01	45 64	43 75	41 67
256	1. » 2½ 31.7	57 52	56 56	53 65	52 29	50 20	46 02	43 02	41 53
257	1. » 3. » 14.6	57 75	56 80	53 86	52 50	50 40	46 20	44 10	42 00
258	1. » 3. » 33.4	57 97	57 02	54 07	52 70	50 59	46 38	44 27	42 16
259	1. » 3½ 16.2	58 20	57 24	54 28	52 91	50 79	46 56	44 44	42 32
260	1. » 3½ 35.1	58 42	57 47	54 49	53 11	50 99	46 74	44 61	42 49
261	1. » 4. » 17.9	58 65	57 69	54 70	53 31	51 18	46 91	44 78	42 65
262	1. » 4½ » 7	58 87	57 91	54 91	53 52	51 53	47 09	44 95	42 81
263	1. » 4½ 19.5	59 10	58 13	55 12	53 72	51 57	47 27	45 13	42 98
264	1. » 5. » 2.4	59 32	58 35	55 33	53 93	51 77	47 45	45 30	43 14
265	1. » 5. » 21.2	59 55	58 57	55 54	54 15	51 97	47 65	45 47	43 30
266	1. » 5½ 4. »	59 77	58 79	55 75	54 34	52 16	47 81	45 64	43 47
267	1. » 5½ 22.8	60 00	59 01	55 96	54 54	52 36	47 99	45 81	43 63
268	1. » 6. » 5.7	60 22	59 23	56 17	54 74	52 56	48 17	45 98	43 79
269	1. » 6. » 24.5	60 44	59 45	56 38	54 95	52 76	48 35	46 16	43 96
270	1. » 6½ 7.3	60 67	59 68	56 59	55 15	52 95	48 53	46 33	44 12
271	1. » 6½ 26.2	60 89	59 90	56 80	55 36	53 14	48 71	46 50	44 28
272	1. » 7. » 9. »	61 12	60 12	57 01	55 56	53 34	48 89	46 67	44 45
273	1. » 7. » 27.8	61 34	60 34	57 22	55 77	53 54	49 07	46 84	44 61
274	1. » 7¼ 10.6	61 57	60 56	57 43	55 97	53 73	49 23	47 01	44 77
275	1. » 7½ 29.5	61 79	60 78	57 64	56 18	53 95	49 43	47 19	44 94
276	1.1. » » 12.3	62 02	61 00	57 84	56 38	54 12	49 61	47 36	45 10
277	1.1. » » 31.4	62 24	61 22	58 05	56 38	54 32	49 79	47 53	45 27
278	1.1. » ½ 15.9	62 47	61 44	58 26	56 79	54 52	49 97	47 70	45 43
279	1.1. » ½ 32.8	62 69	61 67	58 47	56 99	54 71	50 15	47 87	45 59
280	1.1.1 » 15.6	62 92	61 89	58 68	57 20	54 91	50 33	48 04	45 70
281	1.1.1 » 34.4	63 14	62 11	58 89	57 40	55 10	50 51	48 21	45 92
282	1.1.1½ 17.2	63 37	62 33	59 10	57 60	55 30	50 69	48 39	46 08
283	1.1.2. » » 1	63 59	62 55	59 31	57 81	55 50	50 87	48 56	46 25
284	1.1.2. » 18.9	63 82	62 77	59 52	58 01	55 69	51 05	48 73	46 41
285	1.1.2½ 1.7	64 04	62 99	59 73	58 22	55 89	51 23	48 90	46 57
286	1.1.2½ 20.6	64 26	63 21	59 94	58 42	56 09	51 41	49 07	46 74
287	1.1.3. » 3.4	64 49	63 43	60 15	58 63	56 28	51 59	49 24	46 90
288	1.1.3. » 22.2	64 71	63 65	60 36	58 83	56 48	51 77	49 42	47 06

Conversion des GRAMMES en poids de MARC, suivie des différentes valeurs d'un ou plusieurs objets en ARGENT à l'un des poids ci-dessous.

GRAMMES	CONVERSION. Marc. Onces. Gros. Demi-Gros. Grains.	à 55f æ	1er Titre contrôlé 54f 40c	1er Titre non contr. 51f 50c	à 50f æ	2e Titre contrôlé à 48f æ	2e Titre non contr. à 44f æ	à 42f æ	à 40f æ
		fr. c.	fr. c.	fr. c.	fr. c.	fr. c.	fr. c.	fr. c.	fr. c.
289	1. 1. 5. ¼ 5. ·	64 91	65 38	60 57	59 03	56 07	51 95	49 39	47 23
290	1. 1. 5. · 25.9	65 16	64 10	60 78	59 24	56 87	52 13	49 76	47 39
291	1. 1. 4. · 6.7	65 39	64 32	60 99	59 44	57 07	52 34	49 93	47 55
292	1. 1. 4. · 25.5	65 61	64 54	61 20	59 63	57 26	52 40	50 10	47 72
293	1. 1. 4. ½ 5.3	65 84	64 76	61 41	59 88	57 46	52 67	50 27	47 88
294	1. 1. 4. ½ 27.2	66 06	64 98	61 62	60 08	57 65	52 85	50 45	48 04
295	1. 1. 5. · 10. ·	66 29	65 20	61 83	60 25	57 85	53 03	50 62	48 21
296	1. 1. 5. · 28.8	66 51	65 42	62 04	60 45	58 03	53 21	50 79	48 37
297	1. 1. 5. ¼ 11.7	66 74	65 64	62 25	60 67	58 24	53 39	50 96	48 53
298	1. 1. 5. ½ 30.5	66 96	65 86	62 46	60 87	58 44	53 57	51 13	48 70
299	1. 1. 6. · 13.3	67 19	66 00	62 67	61 08	58 63	53 75	51 30	48 86
300	1. 1. 6. · 32.1	67 41	66 31	62 88	61 28	58 83	53 93	51 48	49 02
301	1. 1. 6. ¼ 15. ·	67 64	66 53	63 08	61 49	59 03	54 11	51 65	49 19
302	1. 1. 6. ½ 33.8	67 86	66 75	63 29	61 69	59 22	54 29	51 82	49 35
303	1. 1. 7. · 16.6	68 09	66 97	63 50	61 89	59 42	54 47	51 99	49 51
304	1. 1. 7. · 35.4	68 31	67 19	63 71	62 10	59 62	54 65	52 16	49 68
305	1. 1. 7. ½ 18.5	68 53	67 41	63 92	62 70	59 81	54 82	52 55	49 84
306	1. 2. · · 1.1	68 76	67 63	64 15	62 51	60 01	55 00	52 50	50 00
307	1. 2. · · 19.9	68 98	67 85	64 34	62 71	60 20	55 18	52 68	50 17
308	1. 2. · ½ 2.8	69 21	68 08	64 55	62 92	60 40	55 36	52 85	50 33
309	1. 2. · ½ 21.6	69 43	68 30	64 76	63 12	60 60	55 54	53 02	50 40
310	1. 2. 1. · 4.4	69 66	68 52	64 97	63 32	60 79	55 72	53 19	50 66
311	1. 2. 1. · 23.2	69 88	68 74	65 18	63 53	60 99	55 90	53 36	50 82
312	1. 2. 1. ¼ 6.1	70 11	68 96	65 39	63 73	61 18	56 08	53 53	50 99
313	1. 2. 1. ½ 24.9	70 33	69 18	65 60	63 94	61 38	56 26	53 71	51 15
314	1. 2. 2. · 7.7	70 56	69 40	65 81	64 14	61 58	56 44	53 88	51 31
315	1. 2. 2. · 26.5	70 78	69 62	66 02	64 35	61 77	56 62	54 05	51 48
316	1. 2. 2. ¼ 9.4	71 01	69 84	66 23	64 55	61 97	56 80	54 22	51 64
317	1. 2. 2. ½ 28.2	71 23	70 06	66 44	64 75	62 16	56 98	54 39	51 80
318	1. 2. 3. · 11. ·	71 46	70 29	66 65	64 96	62 36	57 16	54 56	51 97
319	1. 2. 3. · 29.8	71 68	70 51	66 86	65 16	62 56	57 34	54 74	52 13
320	1. 2. 3. ½ 12.7	71 91	70 73	67 07	65 37	62 75	57 52	54 91	52 29
321	1. 2. 3. ½ 31.5	72 13	70 95	67 28	65 57	62 84	57 70	55 08	52 46
322	1. 2. 4. · 14.3	72 35	71 17	67 49	65 78	63 15	57 88	55 25	52 62
323	1. 2. 4. · 33.2	72 58	71 39	67 70	65 98	63 34	58 06	55 42	52 78
324	1. 2. 4. ½ 16. ·	72 80	71 61	67 91	66 18	63 54	58 24	55 59	52 95

Conversion des GRAMMES en poids de MARC, suivie des différentes valeurs d'un ou plusieurs objets en ARGENT à l'un des poids ci-dessous.

GRAMMES	CONVERSION (Marc. Onces. Gros. Demi-Gros. Grains. Dixièmes.)	à 55f 2c	1er Titre contrôlé à 54f 10c	1er Titre non contr. à 51f 50c	à 50f 2c	2e Titre contrôlé à 48f 2c	2e Titre nouveau à 44f 2c	à 42f 2c	à 40f 2c
325	1. 2. 4. ¼ 54. 8	73 03	71 84	68 12	66 39	63 77	58 43	55 76	53 12
326	1. 2. 5. » 17. 6	73 26	72 05	68 33	66 60	63 96	58 61	55 93	53 28
327	1. 2. 5. ½ » 5	73 48	72 27	68 54	66 80	64 16	58 79	56 10	53 44
328	1. 2. 5. ¾ 19. 5	73 71	72 49	68 75	67 01	64 35	58 97	56 27	53 61
329	1. 2. 6. » 2. 4	73 93	72 72	68 96	67 21	64 55	59 15	56 44	53 77
330	1. 2. 6. » 21. »	74 16	72 94	69 17	67 42	64 75	59 33	56 62	53 94
331	1. 2. 6. ¼ 3. 8	74 38	73 16	69 38	67 62	64 94	59 51	56 79	54 10
332	1. 2. 6. ½ 22. 6	74 61	73 38	69 59	67 82	65 14	59 69	56 96	54 26
333	1. 2. 7. » 5. 4	74 83	73 60	69 80	68 03	65 33	59 87	57 13	54 43
334	1. 2. 7. » 24. 3	75 06	73 82	70 01	68 23	65 53	60 05	57 30	54 59
335	1. 2. 7. ¼ 7. 1	75 28	74 04	70 22	68 44	65 73	60 22	57 47	54 75
336	1. 2. 7. ½ 25. 9	75 51	74 26	70 43	68 64	65 92	60 40	57 65	54 92
337	1. 3. » » 8. 7	75 73	74 48	70 64	68 85	66 12	60 58	57 82	55 08
338	1. 3. » » 27. 6	75 96	74 70	70 85	69 05	66 32	60 76	57 99	55 24
339	1. 3. » ½ 10. 4	76 18	74 93	71 05	69 25	66 51	60 94	58 16	55 41
340	1. 3. » ½ 29. 2	76 40	75 15	71 26	69 46	66 71	61 12	58 33	55 57
341	1. 3. 1. » 12. 1	76 63	75 37	71 47	69 66	66 90	61 30	58 50	55 73
342	1. 3. 1. » 30. 9	76 85	75 59	71 68	69 87	67 10	61 48	58 67	55 90
343	1. 3. 1. ¼ 13. 7	77 08	75 81	71 89	70 07	67 30	61 66	58 85	56 06
344	1. 3. 1. ½ 32. 5	77 30	76 03	72 10	70 28	67 49	61 84	59 02	56 22
345	1. 3. 2. » 15. 4	77 53	76 25	72 31	70 48	67 69	62 02	59 19	56 39
346	1. 3. 2. » 34. 2	77 75	76 47	72 52	70 68	67 89	62 20	59 36	56 55
347	1. 3. 2. ½ 17. »	77 98	76 69	72 73	70 89	68 08	62 38	59 53	56 71
348	1. 3. 2. ½ 35. 8	78 20	76 92	72 94	71 09	68 28	62 56	59 70	56 88
349	1. 3. 3. » 18. 7	78 43	77 14	73 15	71 30	68 47	62 74	59 88	57 04
350	1. 3. 3. ¼ 1. 8	78 65	77 36	73 36	71 50	68 67	62 92	60 05	57 20
351	1. 3. 3. ½ 20. 3	78 88	77 58	73 57	71 71	68 87	63 10	60 22	57 37
352	1. 3. 4. » 3. 1	79 10	77 80	73 78	71 91	69 06	63 28	60 39	57 53
353	1. 3. 4. » 22. »	79 33	78 02	73 99	72 11	69 26	63 46	60 56	57 69
354	1. 3. 4. ¼ 4. 8	79 55	78 24	74 20	72 32	69 45	63 64	60 73	57 86
355	1. 3. 4. ½ 23. 6	79 78	78 46	74 41	72 52	69 65	63 82	60 90	58 02
356	1. 3. 5. » 6. 5	80 00	78 68	74 62	72 73	69 85	64 00	61 08	58 19
357	1. 3. 5. » 25. 3	80 22	78 90	74 83	72 93	70 04	64 18	61 25	58 35
358	1. 3. 5. ¼ 8. 1	80 45	79 12	75 04	73 14	70 24	64 36	61 42	58 51
359	1. 3. 5. ½ 26. 9	80 67	79 35	75 25	73 34	70 44	64 54	61 59	58 68
360	1. 3. 6. » 9. 8	80 90	79 57	75 46	73 54	70 63	64 72	61 76	58 84

*Conversion des GRAMMES en poids de MARC, suivie des différentes valeurs
d'un ou plusieurs objets en ARGENT à l'un des poids ci-dessous.*

GRAMMES	CONVERSION						DIVERSES VALEURS DU GRAMME D'APRÈS LES PRIX SUIVANS DU MARC D'ARGENT							
	Marcs.	Onces.	Gros.	Demi-Gros.	Grains.	Décimes.	à 55f 2c	1er Titre contrôlé 54f 40c	1er Titre non contr. 51f 30c	à 50f 2c	2e Titre contrôlé 48f 2c	2e Titre non contr. 44f 2c	à 42f 2c	à 40f 2c
							fr. c.	fr. c.	fr. c.	fr. c.	fr. c.	fr. c.	fr. c.	fr. c.
361	1	3	6	·	28	6	81 12	79 79	75 66	73 74	70 79	64 89	61 94	58 90
362	1	3	6	½	11	4	81 34	80 01	75 87	73 95	70 99	65 07	62 11	59 16
363	1	3	6	½	30	2	81 57	80 23	76 08	74 15	71 19	65 25	62 29	59 32
364	1	3	7	·	13	1	81 79	80 43	76 29	74 36	71 38	65 43	62 46	59 48
365	1	3	7	·	31	9	82 02	80 67	76 50	74 56	71 58	65 61	62 63	59 63
366	1	3	7	½	14	7	82 24	80 90	76 71	74 77	71 77	65 79	62 80	59 81
367	1	3	7	½	33	6	82 47	81 12	76 92	74 97	71 97	65 97	62 97	59 97
368	1	4	·	·	16	4	82 69	81 34	77 13	75 17	72 17	66 15	63 11	60 14
369	1	4	·	·	35	2	82 92	81 56	77 34	75 38	72 36	66 33	63 32	60 30
370	1	4	·	½	18	·	83 14	81 78	77 55	75 58	72 56	66 51	63 49	60 46
371	1	4	1	·	·	9	83 37	82 00	77 76	75 79	72 76	66 69	63 66	60 63
372	1	4	1	·	19	7	83 59	82 22	77 97	75 99	72 95	66 87	63 83	60 79
373	1	4	1	½	2	5	83 82	81 44	78 18	76 20	73 15	67 05	64 00	60 95
374	1	4	1	½	21	3	84 04	82 66	78 39	76 40	73 34	67 23	64 17	61 12
375	1	4	2	·	4	2	84 26	82 89	78 60	76 60	73 54	67 41	64 34	61 28
376	1	4	2	·	23	·	84 49	83 11	78 80	76 81	73 74	67 59	64 52	61 44
377	1	4	2	½	5	8	84 71	83 35	79 01	77 01	73 93	67 77	64 69	61 61
378	1	4	2	½	24	7	84 94	83 66	79 22	77 22	74 13	67 95	64 86	61 77
379	1	4	3	·	7	5	85 16	85 77	79 43	77 42	74 32	68 13	65 03	61 93
380	1	4	3	·	26	3	85 39	83 99	79 64	77 63	74 52	68 31	65 20	62 10
381	1	4	3	½	9	1	85 61	84 21	79 85	77 85	74 72	68 49	65 37	62 26
382	1	4	3	½	28	·	85 84	84 43	80 06	78 05	74 91	68 67	65 54	62 43
383	1	4	4	·	10	8	86 06	84 65	80 27	78 24	75 11	68 85	65 72	62 59
384	1	4	4	·	29	6	86 29	84 87	80 48	78 44	75 30	69 03	65 89	62 75
385	1	4	4	½	12	5	86 51	85 10	80 69	78 65	75 50	69 21	66 06	62 92
386	1	4	4	½	31	5	86 74	85 32	80 86	78 83	75 70	69 39	66 25	63 08
387	1	4	5	·	14	1	86 90	85 54	81 11	79 06	75 89	69 57	66 40	63 24
388	1	4	5	·	32	9	87 19	85 76	81 32	79 26	76 09	69 75	66 58	63 41
389	1	4	5	½	13	8	87 41	85 98	81 53	79 46	76 29	69 93	66 75	63 57
390	1	4	5	½	34	6	87 64	86 20	81 74	79 67	76 48	70 12	66 92	63 73
391	1	4	6	·	17	4	87 86	86 42	81 95	79 87	76 64	70 29	67 09	63 90
392	1	4	6	½	·	2	88 09	86 64	82 16	80 08	76 87	70 48	67 26	64 06
393	1	4	6	½	19	1	88 31	86 86	82 37	80 28	77 07	70 64	67 43	64 22
394	1	4	7	·	1	9	88 53	87 02	82 58	80 49	77 27	70 82	67 61	64 39
395	1	4	7	·	20	7	88 76	87 31	82 79	80 69	77 46	71 00	67 78	64 55
396	1	4	7	½	3	5	88 98	87 53	83 00	80 89	77 66	71 18	67 95	64 71

Conversion des GRAMMES en poids de MARC, suivie des différentes valeurs d'un ou plusieurs objets en ARGENT à l'un des poids ci-dessous.

GRAMMES	CONVERSION						DIVERSES VALEURS DU GRAMME D'APRÈS LES PRIX SUIVANS DU MARC D'ARGENT							
	Marcs	Onces	Gros	Demi-Gros	Grains	Dixièmes	à 55f 2e	1er Titre contrôlé à 54f 10c	1er Titre non contr. à 51f 30c	à 50f 2e	2e Titre contrôlé à 48f 2e	2e Titre non contr. à 44f 2e	à 42f 2e	à 40f 2e
							fr. c.	fr. c.	fr. c.	fr. c.	fr. c.	fr. c.	fr. c.	fr. c.
397	1	4	7	½	22	4	89 21	87 75	83 21	81 00	77 85	71 36	68 12	64 88
398	1	5	»	»	5	2	89 43	87 97	83 42	81 30	78 05	71 54	68 29	65 04
399	1	5	»	»	24	»	89 66	88 19	83 63	81 51	78 25	71 72	68 46	65 20
400	1	5	»	½	6	9	89 88	88 41	83 84	81 71	78 44	71 90	68 64	65 37
401	1	5	»	½	23	7	90 11	88 63	84 04	81 92	78 64	72 08	68 81	65 53
402	1	5	1	»	8	5	90 33	88 85	84 25	82 12	78 84	72 26	68 98	65 69
403	1	5	1	»	27	3	90 56	89 07	84 46	82 32	79 05	72 44	69 15	65 86
404	1	5	1	½	10	2	90 78	89 30	84 67	82 53	79 25	72 62	69 32	66 02
405	1	5	1	½	29	»	91 01	89 52	84 88	82 73	79 42	72 80	69 49	66 18
406	1	5	2	»	11	8	91 23	89 74	85 09	82 94	79 62	72 98	69 66	66 35
407	1	5	2	»	30	6	91 46	89 96	85 30	83 14	79 82	73 16	69 84	66 51
408	1	5	2	½	13	5	91 68	90 18	85 51	83 35	80 01	73 34	70 01	66 67
409	1	5	2	½	32	3	91 91	90 40	85 72	83 55	80 21	73 52	70 18	66 84
410	1	5	3	»	15	1	92 13	90 62	85 93	83 75	80 40	73 70	70 35	67 00
411	1	5	3	»	34	»	92 35	90 84	86 14	83 96	80 60	73 88	70 52	67 16
412	1	5	3	½	16	8	92 58	91 06	86 35	84 16	80 80	74 06	70 69	67 33
413	1	5	3	½	35	6	92 80	91 28	86 56	84 37	80 99	74 24	70 87	67 49
414	1	5	4	»	18	4	93 03	91 51	86 77	84 57	81 19	74 42	71 04	67 66
415	1	5	4	½	1	3	93 25	91 73	86 98	84 78	81 38	74 60	71 21	67 82
416	1	5	4	½	20	1	93 48	91 95	87 19	84 98	81 58	74 78	71 38	67 98
417	1	5	5	»	2	9	93 70	92 17	87 40	85 18	81 78	74 96	71 55	68 15
418	1	5	5	»	21	7	93 93	92 39	87 61	85 39	81 97	75 14	71 72	68 31
419	1	5	5	½	4	6	94 15	92 61	87 82	85 59	82 17	75 32	71 90	68 47
420	1	5	5	½	23	4	94 38	92 83	88 03	85 80	82 37	75 50	72 07	68 64
421	1	5	6	»	6	2	94 60	93 05	88 24	86 00	82 56	75 68	72 24	68 80
422	1	5	6	»	25	»	94 83	93 27	88 45	86 21	82 76	75 86	72 41	68 96
423	1	5	6	½	7	9	95 05	93 49	88 66	86 41	82 95	76 04	72 58	69 12
424	1	5	6	½	26	7	95 28	93 72	88 87	86 61	83 15	76 22	72 75	69 29
425	1	5	7	»	9	5	95 50	93 94	89 08	86 82	83 35	76 40	72 93	69 45
426	1	5	7	»	28	4	95 73	94 16	89 29	87 02	83 54	76 58	73 10	69 61
427	1	5	7	½	11	2	95 95	94 38	89 49	87 23	83 74	76 76	73 27	69 77
428	1	5	7	½	30	»	96 17	94 60	89 70	87 43	83 93	76 94	73 44	69 94
429	1	6	»	»	12	8	96 40	94 82	89 91	87 64	84 13	77 12	73 61	70 10
430	1	6	»	»	31	7	96 62	95 04	90 12	87 84	84 33	77 30	73 78	70 27
431	1	6	»	½	14	5	96 85	95 26	90 33	88 04	84 52	77 48	73 95	70 43
432	1	6	»	½	33	3	97 07	95 48	90 54	88 25	84 72	77 66	74 13	70 60

Conversion des GRAMMES en poids de MARC, suivie des différentes valeurs d'un ou plusieurs objets en ARGENT, à l'un des poids ci-dessous.

GRAMMES	CONVERSION (Marcs. Onces. Gros. Demi-Gros. Grains. Dixièmes)	à 55f ,e	1er Titre contrôlé 54f 10c	1er Titre non contr. 51f 30c	à 50f ,e	2e Titre contrôlé 48f ,e	2e Titre non contr. 44f ,e	à 42f ,e	à 40f ,e
		fr. c.	fr. c.	fr. c.	fr. c.	fr. c.	fr. c.	fr. c.	fr. c.
433	1. 6. 1. » 16. 1	97 30	95 71	90 75	88 45	84 91	77 84	74 30	70 78
434	1. 6. 1. » 36. »	97 82	95 93	90 96	88 66	85 11	78 02	74 47	70 92
435	1. 6. 1. ½ 17. 3	97 75	96 15	91 17	88 86	85 31	78 19	74 64	71 09
436	1. 6. 2. » » 6	97 97	96 37	91 38	89 07	85 50	78 37	74 81	71 25
437	1. 6. 2. » 19. 5	98 20	96 59	91 39	89 27	85 70	78 55	74 98	71 41
438	1. 6. 2. ½ 2. 3	98 42	96 81	91 80	89 47	85 90	78 73	74 16	71 58
439	1. 6. 2. ½ 21. 1	98 65	97 03	92 01	89 68	86 09	78 91	75 33	71 74
440	1. 6. 3. » 5. 9	98 87	97 25	92 22	89 88	86 29	79 09	75 50	71 90
441	1. 6. 3. » 22. 8	99 10	97 47	92 43	90 09	86 53	79 27	75 67	72 07
442	1. 6. 3. ½ 5. 6	99 32	97 69	92 64	90 29	86 68	79 45	75 84	72 23
443	1. 6. 3. ½ 24. 4	99 55	97 92	92 85	90 50	86 88	79 63	76 01	72 39
444	1. 6. 4. » 7. 3	99 77	98 14	93 06	90 70	87 07	79 81	76 19	72 56
445	1. 6. 4. » 25. 1	100 00	98 36	93 27	90 90	87 27	79 99	76 36	72 72
446	1. 6. 4. ½ 8. 9	100 22	98 58	93 48	91 11	87 46	80 17	76 53	72 89
447	1. 6. 4. ½ 27. 7	100 44	98 80	93 69	91 51	87 66	80 35	76 70	73 05
448	1. 6. 5. » 10. 6	100 67	99 02	93 90	91 52	87 86	80 53	76 87	73 21
449	1. 6. 5. » 29. 4	100 89	99 24	94 11	91 72	88 05	80 71	77 04	73 38
450	1. 6. 5. ½ 12. 2	101 12	99 46	94 32	91 93	88 25	80 89	77 22	73 54
451	1. 6. 5. ½ 31. »	101 34	99 68	94 52	92 13	88 44	81 07	77 39	73 70
452	1. 6. 6. » 15. 9	101 57	99 91	94 73	92 33	88 64	81 25	77 56	73 87
453	1. 6. 6. » 32. 7	101 79	100 13	94 94	92 54	88 84	81 45	77 73	74 03
454	1. 6. 6. ½ 15. 5	102 02	100 35	95 15	92 74	89 03	81 61	77 90	74 19
455	1. 6. 6. ½ 34. 4	102 24	100 57	95 36	92 95	89 23	81 79	78 07	74 36
456	1. 6. 7. » 17. 2	102 47	100 79	95 57	93 15	89 43	81 97	78 24	74 52
457	1. 6. 7. ½ » »	102 69	101 01	95 78	93 36	89 62	82 15	78 42	74 68
458	1. 6. 7. ½ 18. 8	102 92	101 23	95 99	93 56	89 82	82 33	78 59	74 85
459	1. 7. » » 1. 7	103 14	101 45	96 20	93 76	90 01	82 51	78 76	75 01
460	1. 7. » » 20. 5	103 37	101 67	96 41	93 97	90 21	82 69	78 93	75 17
461	1. 7. » ½ 5. 3	103 59	101 89	96 62	94 17	90 41	82 87	79 10	75 34
462	1. 7. » ½ 22. 1	103 82	102 12	96 83	94 38	90 60	83 05	79 27	75 50
463	1. 7. 1. » 5. »	104 04	102 34	97 04	94 58	90 80	83 23	79 45	75 66
464	1. 7. 1. » 23. 8	104 26	102 56	97 25	94 79	90 99	83 41	79 62	75 83
465	1. 7. 1. ½ 6. 6	104 49	102 78	97 46	94 99	91 19	83 59	79 79	75 99
466	1. 7. 1. ½ 25. 4	104 71	103 00	97 67	95 19	91 39	83 77	79 96	76 15
467	1. 7. 2. » 8. 3	104 94	103 22	97 88	95 40	91 58	83 95	80 13	76 32
468	1. 7. 2. » 27. 1	105 16	103 44	98 09	95 60	91 78	84 13	80 30	76 48

DE 469 À 504 GRAMMES.

Conversion des GRAMMES en poids de MARC, suivie des différentes valeurs d'un ou plusieurs objets en ARGENT à l'un des poids ci-dessous.

GRAMMES	CONVERSION. (Marcs. Onces. Gros. Demi-Gros. Grains. Décimes.)	à 55f »c	1er Titre contrôlé 54f 10c	1er Titre non contr. 51f 30c	à 50f »c	2e Titre contrôlé à 48f »c	2e Titre non contr. à 44f »c	à 42f »c	à 40f »c
469	1. 7. 2. ½ 9.9	105 39	103 66	98 50	95 81	91 98	84 31	80 49	76 64
470	1. 7. 2. ½ 28.8	105 61	103 88	98 51	96 01	92 17	84 49	80 65	76 81
471	1. 7. 3. » 11.6	105 84	104 10	98 72	96 22	92 37	84 67	80 82	76 97
472	1. 7. 3. » 30.4	106 06	104 33	98 95	96 43	92 30	84 85	80 99	77 15
473	1. 7. 3. ½ 13.2	106 29	104 85	99 14	96 62	92 76	85 03	81 16	77 30
474	1. 7. 3. ½ 32.1	106 51	104 77	99 36	96 83	92 06	85 21	81 33	77 46
475	1. 7. 4. » 14.9	106 74	104 99	99 56	97 03	93 15	85 39	81 51	77 62
476	1. 7. 4. » 33.7	106 96	105 21	99 76	97 24	93 35	85 57	81 68	77 78
477	1. 7. 4. ½ 16.5	107 19	105 43	99 97	97 44	93 54	85 75	81 83	77 95
478	1. 7. 4. ½ 35.4	107 41	105 63	100 18	97 65	93 74	85 93	82 02	78 11
479	1. 7. 5. » 18.2	107 64	105 87	100 39	97 85	93 94	86 10	82 19	78 28
480	1. 7. 5. ½ 1.»	107 80	106 09	100 60	98 06	94 13	86 28	82 36	78 44
481	1. 7. 5. ½ 19.9	108 08	106 32	100 81	98 26	94 33	86 46	82 53	78 60
482	1. 7. 6. » 2.7	108 31	106 54	101 02	98 46	94 52	86 64	82 71	78 77
483	1. 7. 6. » 21.5	108 53	106 76	101 23	98 67	94 72	86 82	82 88	78 93
484	1. 7. 6. ½ 4.3	108 76	106 98	101 44	98 87	94 92	87 00	83 05	79 10
485	1. 7. 6. ½ 23.2	108 98	107 20	101 64	99 08	95 11	87 18	83 22	79 26
486	1. 7. 7. » 6.»	109 21	107 42	101 86	99 28	95 31	87 36	83 39	79 42
487	1. 7. 7. » 24.8	109 43	107 64	102 07	99 48	95 51	87 54	83 56	79 59
488	1. 7. 7. ½ 7.6	109 66	107 86	102 28	99 68	95 70	87 72	83 74	79 75
489	1. 7. 7. ½ 26.4	109 88	108 08	102 49	99 89	95 90	87 90	83 91	79 91
490	2. ». ». » 9.5	110 11	108 30	102 70	100 10	96 09	88 08	84 08	80 08
491	2. ». ». » 28.4	110 33	108 53	102 91	100 30	96 29	88 26	84 25	80 24
492	2. ». ». ½ 10.9	110 56	108 75	103 12	100 51	96 49	88 44	84 42	80 40
493	2. ». ». ¼ 29.0	110 78	108 97	103 33	100 71	96 68	88 62	84 59	80 57
494	2. ». 1. » 12.6	111 01	109 19	103 54	100 91	96 88	88 80	84 77	80 73
495	2. ». 1. » 31.4	111 23	109 41	103 75	101 12	97 07	88 98	84 94	80 89
496	2. ». 1. ½ 14.3	111 46	109 63	103 93	101 32	97 27	89 16	85 11	81 06
497	2. ». 1. ½ 33.1	111 68	109 85	104 17	101 53	97 47	89 34	85 28	81 22
498	2. ». 2. » 15.9	111 91	110 07	104 38	101 73	97 66	89 52	85 45	81 38
499	2. ». 2. » 34.7	112 13	110 29	104 59	101 94	97 86	89 70	85 62	81 55
500	2. ». 2. ½ 17.6	112 36	110 52	104 80	102 14	98 06	89 88	85 80	81 71
501	2. ». 3. » »4	112 58	110 74	105 00	102 34	98 25	90 06	85 97	81 87
502	2. ». 3. » 19.2	112 80	110 96	105 21	102 55	98 45	90 24	86 14	82 04
503	2. ». 3. ½ 2.»	113 03	111 18	105 42	102 75	98 64	90 42	86 31	82 20
504	2. ». 3. ½ 20.9	113 25	111 40	105 63	102 95	98 84	90 60	86 48	82 36

*Conversion des GRAMMES en poids de MARC, suivie des différentes valeurs
d'un ou plusieurs objets en ARGENT à l'un des poids ci-dessous.*

DIVERSES VALEURS DU GRAMME D'APRÈS LES PRIX SUIVANS DU MARC D'ARGENT

GRAMMES	Marc	Onces	Gros	Demi-Gros	Grains	Dixièmes	à 55f ge	1er Titre contrôlé 54f 40c	1er Titre non contr. 51f 50c	à 50f ge	2e Titre contrôlé 48f ge	2e Titre non contr. 44f ge	à 42f ge	à 40f ge
							fr. c.	fr. c.	fr. c.	fr. c.	fr. c.	fr. c.	fr. c.	fr. c.
505	2	·	4	·	3	7	113 48	111 62	103 84	103 10	99 04	90 73	86 63	82 35
506	2	·	4	·	22	5	113 70	111 84	106 05	103 37	99 25	90 96	86 82	82 69
507	2	·	4	½	5	4	113 93	112 06	106 26	103 57	99 45	91 14	87 00	82 85
508	2	·	4	½	24	2	114 15	112 28	106 47	103 77	99 62	91 32	87 17	83 02
509	2	·	5	·	7	·	114 38	112 50	106 68	103 98	99 89	91 50	87 34	83 18
510	2	·	5	·	25	8	114 60	112 73	106 89	104 18	100 02	91 69	87 51	83 34
511	2	·	5	½	8	7	114 83	112 95	107 10	104 39	100 21	91 86	87 68	83 51
512	2	·	5	½	27	5	115 05	113 17	107 31	104 59	100 41	92 04	87 85	83 67
513	2	·	6	·	10	5	115 28	113 39	107 52	104 80	100 60	92 22	88 03	83 83
514	2	·	6	·	29	1	115 50	113 61	107 73	105 00	100 80	92 40	88 20	84 00
515	2	·	6	½	12	·	115 73	113 83	107 94	105 20	101 00	92 58	88 37	84 16
516	2	·	6	½	30	8	115 95	114 06	108 15	105 41	101 19	92 76	88 54	84 32
517	2	·	7	·	13	6	116 17	114 27	108 36	105 61	101 39	92 94	88 71	84 49
518	2	·	7	·	32	3	116 40	114 49	108 57	105 82	101 59	93 12	88 88	84 65
519	2	·	7	½	15	3	116 62	114 71	108 78	106 02	101 78	93 30	89 06	84 82
520	2	·	7	½	34	1	116 85	114 94	108 99	106 23	101 98	93 48	89 23	84 98
521	2	1	·	·	16	9	117 07	115 10	109 20	106 45	102 17	93 66	89 40	85 14
522	2	1	·	·	35	8	117 30	115 38	109 41	106 63	102 37	93 85	89 57	85 31
523	2	1	·	½	18	6	117 52	115 60	109 62	106 84	102 57	94 01	89 74	85 47
524	2	1	1	·	1	4	117 75	115 82	109 83	107 04	102 76	94 19	89 91	85 63
525	2	1	1	·	20	2	117 97	116 04	110 04	107 25	102 96	94 37	90 09	85 80
526	2	1	1	½	3	1	118 20	116 26	110 24	107 45	103 15	94 55	90 26	85 96
527	2	1	1	½	21	9	118 42	116 48	110 45	107 66	103 35	94 73	90 43	86 12
528	2	1	2	·	4	7	118 65	116 70	110 66	107 86	103 55	94 91	90 60	86 29
529	2	1	2	·	23	5	118 87	116 93	110 87	108 06	103 74	95 09	90 77	86 45
530	2	1	2	½	6	4	119 10	117 15	111 08	108 27	103 94	95 27	90 94	86 61
531	2	1	2	½	25	2	119 32	117 37	111 29	108 47	104 13	95 43	91 11	86 78
532	2	1	3	·	8	·	119 55	117 59	111 50	108 68	104 33	95 63	91 29	86 94
533	2	1	3	·	26	9	119 77	117 71	111 71	108 88	104 53	95 81	91 46	87 10
534	2	1	3	½	9	7	120 00	117 93	111 92	109 09	104 72	95 99	91 63	87 27
535	2	1	3	½	28	5	120 22	118 25	112 13	109 29	104 92	96 17	91 80	87 43
536	2	1	4	·	11	5	120 44	118 47	112 34	109 49	105 12	96 35	91 97	87 59
537	2	1	4	·	30	2	120 67	118 69	112 55	109 70	105 31	96 53	92 14	87 76
538	2	1	4	½	13	·	120 89	118 91	112 76	109 90	105 51	96 71	92 32	87 92
539	2	1	4	½	31	8	121 12	119 14	112 97	110 11	105 70	96 89	92 49	88 08
540	2	1	5	·	14	7	121 34	119 36	113 18	110 31	105 90	97 07	92 66	88 25

Conversion des GRAMMES en poids de MARC, suivie des différentes valeurs d'un ou plusieurs objets en ARGENT, à l'un des poids ci-dessous.

GRAMMES.	CONVERSION. Marcs. Onces. Gros. Demi-Gros. Grains. Décimaux.	à 55f x°	1er Titre contrôlé 54f 10e	1er Titre non contr. 54f 30e	à 50f x°	2e Titre contrôlé 48f x°	2e Titre non contr. 44f x°	à 42f x°	à 40f x°
		fr. c.	fr. c.	fr. c.	fr. c.	fr. c.	fr. c.	fr. c.	fr. c.
541	2. 1. 5. · 35. 5	121 57	119 58	113 50	110 52	108 10	97 28	92 85	88 41
542	2. 1. 5. ½ 16. 5	121 79	119 80	113 60	110 72	106 29	97 45	93 00	88 57
543	2. 1. 5. ½ 35. 1	122 02	120 02	113 81	110 92	106 49	97 61	93 17	88 74
544	2. 1. 6. · 18. ·	122 24	120 24	114 02	111 13	106 68	97 79	93 33	88 90
545	2. 1. 6. ½ · 8	122 47	120 46	114 23	111 33	106 88	97 87	93 52	89 06
546	2. 1. 6. ½ 19. 6	122 69	120 68	114 44	111 54	107 08	98 13	93 69	89 23
547	2. 1. 7. · 2. 4	122 92	120 90	114 63	111 74	107 27	98 33	93 86	89 39
548	2. 1. 7. · 21. 3	123 14	121 12	114 86	111 95	107 47	98 51	94 03	89 53
549	2. 1. 7. ½ 4. 1	123 37	121 53	115 07	112 15	107 66	98 69	94 20	89 72
550	2. 1. 7. ½ 22. 9	123 59	121 87	115 20	112 35	107 86	98 87	94 36	89 88
551	2. 2. · · 5. 5	123 82	121 79	115 48	112 56	108 06	99 05	94 55	90 04
552	2. 2. · · 24. 6	124 04	122 01	115 69	112 76	108 25	99 23	94 72	90 21
553	2. 2. · ½ 7. 4	124 26	122 23	115 90	112 97	108 45	99 41	94 89	90 37
554	2. 2. · ½ 26. 2	124 49	122 45	116 11	113 17	108 65	99 59	95 06	90 54
555	2. 2. 1. · 9. 1	124 71	122 67	116 32	113 38	108 64	99 77	95 23	90 70
556	2. 2. 1. · 27. 9	124 94	122 89	116 53	113 58	109 04	99 95	95 40	90 86
557	2. 2. 1. ½ 10. 7	125 16	123 11	116 74	113 78	109 23	100 13	95 88	91 02
558	2. 2. 1. ½ 29. 6	125 39	123 34	116 95	113 99	109 43	100 31	95 73	91 19
559	2. 2. 2. · 12. 4	125 61	123 56	117 16	114 19	109 63	100 49	95 91	91 53
560	2. 2. 2. · 31. 2	125 84	123 78	117 37	114 40	109 82	100 67	96 00	91 52
561	2. 2. 2. ½ 14. ·	126 06	124 00	117 58	114 60	110 02	100 85	96 26	91 68
562	2. 2. 2. ½ 32. 8	126 29	124 22	117 79	114 81	110 21	101 05	96 43	91 84
563	2. 2. 3. · 15. 7	126 51	124 44	118 00	115 01	110 41	101 21	96 61	92 01
564	2. 2. 3. · 34. 5	126 74	124 66	118 21	115 21	110 61	101 39	96 78	92 17
565	2. 2. 3. ½ 17. 3	126 96	124 88	118 42	115 42	110 80	101 57	96 95	92 33
566	2. 2. 4. · · 2	127 18	125 10	118 65	115 62	111 00	101 74	97 13	92 50
567	2. 2. 4. · 19. ·	127 41	125 32	118 83	115 83	111 20	101 92	97 29	92 66
568	2. 2. 4. ½ 1. 8	127 64	125 54	119 05	116 03	111 39	102 10	97 46	92 82
569	2. 2. 4. ½ 20. 6	127 86	125 77	119 26	116 24	111 59	102 28	97 64	92 99
570	2. 2. 5. · 3. 5	128 06	125 99	119 47	116 44	111 78	102 46	97 81	93 15
571	2. 2. 5. · 22. 3	128 31	126 21	119 63	116 64	111 98	102 64	97 98	93 31
572	2. 2. 5. ½ 5. 1	128 53	126 43	119 89	116 85	112 18	102 82	98 15	93 48
573	2. 2. 5. ½ 23. 9	128 76	126 65	120 10	117 05	112 37	103 00	98 32	93 64
574	2. 2. 6. · 6. 8	128 98	126 87	120 31	117 26	112 57	103 18	98 49	93 80
575	2. 2. 6. · 25. 6	129 21	127 09	120 52	117 46	112 76	103 36	98 67	93 97
576	2. 2. 6. ½ 8. 4	129 43	127 31	120 72	117 67	112 96	103 54	98 84	94 13

Conversion des GRAMMES en poids de MARC, suivie des différentes valeurs
d'un ou plusieurs objets en ARGENT à l'un des poids ci-dessous.

| CONVERSION. | | | | | DIVERSES VALEURS DU GRAMME D'APRÈS LES PRIX SUIVANS DU MARC D'ARGENT | | | | | | | |
Marc	Onces	Gros	Demi-Gros	Grains	à 55f ʳᵉ	1er Titre contrôlé 54f 10c	1er Titre non contr. 54f 30c	à 50f ʳᵉ	2e Titre contrôlé à 48f ʳᵉ	2e Titre non contr. à 44f ʳᵉ	42f ʳᵉ	40f ʳᵉ
					fr. c.	fr. c.	fr. c.	fr. c.	fr. c.	fr. c.	fr. c.	fr. c.
2	2	6	½	27.5	129 06	127 54	120 93	117 87	113 16	103 72	99 01	94 29
2	2	7		10.1	129 88	127 76	121 11	118 07	113 35	103 90	99 18	94 46
2	2	7		28.9	130 11	127 98	121 33	118 26	113 55	104 08	99 35	94 62
2	2	7	½	11.7	130 33	128 20	121 36	118 46	113 74	104 26	99 52	94 78
2	2	7	¾	30.6	130 56	128 42	121 77	118 69	113 94	104 44	99 69	94 95
2	3			13.4	130 78	128 64	121 96	118 89	114 14	104 62	99 87	95 11
2	3			32.2	131 01	128 86	122 19	119 10	114 35	104 80	100 04	95 27
2	3		¼	15.1	131 23	129 08	122 40	119 30	114 55	104 98	100 21	95 44
2	3		½	33.0	131 46	129 50	122 61	119 50	114 73	105 16	100 38	95 60
2	3	1		16.7	131 68	129 52	122 82	119 71	114 92	105 34	100 55	95 76
2	3	1		35.5	131 91	129 74	123 03	119 91	115 12	105 52	100 72	95 93
2	3	1	½	18.4	132 13	129 97	123 24	120 12	115 31	105 70	100 90	96 08
2	3	2		1.2	132 35	130 19	123 45	120 32	115 51	105 88	101 07	96 26
2	3	2		20.0	132 58	130 41	123 66	120 53	115 71	106 06	101 24	96 42
2	3	2	½	2.8	132 80	130 63	123 87	120 73	115 90	106 24	101 41	96 58
2	3	2	¾	21.7	133 03	130 85	124 08	120 93	116 10	106 42	101 58	96 75
2	3	3		4.5	133 25	131 07	124 29	121 14	116 29	106 60	101 75	96 91
2	3	3		23.5	133 48	131 29	124 50	121 34	116 49	106 78	101 93	97 07
2	3	3	½	6.2	133 70	131 51	124 71	121 55	116 69	106 96	102 10	97 24
2	3	3	¾	25.0	133 93	131 73	124 92	121 75	116 88	107 14	102 27	97 40
2	3	4		7.8	134 15	131 96	125 13	121 96	117 08	107 32	102 44	97 56
2	3	4		26.0	134 38	132 18	125 34	122 16	117 27	107 50	102 61	97 73
2	3	4	¼	9.5	134 60	132 40	125 55	122 36	117 47	107 68	102 78	97 89
2	3	4	½	28.5	134 83	132 62	125 76	122 57	117 67	107 86	102 96	98 05
2	3	5		11.1	135 05	132 84	125 96	122 77	117 86	108 04	103 13	98 22
2	3	5		29.9	135 28	133 06	126 17	122 98	118 06	108 22	103 30	98 38
2	3	5	½	12.3	135 50	133 28	126 38	123 18	118 26	108 40	103 47	98 54
2	3	5	¾	31.6	135 73	133 50	126 59	123 39	118 45	108 58	103 64	98 71
2	3	6		14.4	135 95	133 72	126 80	123 59	118 65	108 76	103 81	98 87
2	3	6		33.2	136 17	133 95	127 01	123 79	118 84	108 94	103 98	99 03
2	3	6	½	16.1	136 40	134 17	127 22	124 00	119 04	109 12	104 16	99 20
2	3	6	¾	34.9	136 62	134 39	127 43	124 20	119 24	109 30	104 33	99 36
2	3	7		17.7	136 85	134 61	127 64	124 41	119 43	109 47	104 50	99 52
2	3	7	¼	0	137 07	134 83	127 85	124 61	119 63	109 65	104 67	99 69
2	3	7	½	19.4	137 30	135 05	128 06	124 82	119 82	109 83	104 84	99 85
2	4			0.2	137 52	135 27	128 27	125 02	120 02	110 01	105 01	100 01

Conversion des GRAMMES en poids de MARC, suivie des différentes valeurs d'un ou plusieurs objets en ARGENT à l'un des poids ci-dessous.

DIVERSES VALEURS DU GRAMME D'APRÈS LES PRIX SUIVANS DU MARC D'ARGENT.

GRAMMES	Marcs	Onces	Gros	Demi-Gros	Grains	à 55f	1er Titre contrôlé 54f 40c	1er Titre non contr. 54f 30c	à 50f	2e Titre contrôlé 48f	2e Titre non contr. 44f	à 42f	à 40f
613	2	4	*	*	21. *	137 75	135 49	128 46	125 21	120 22	110 19	105 19	100 18
614	2	4	*	½	3. 9	137 97	135 71	128 69	125 43	120 42	110 38	105 36	100 34
615	2	4	*	½	22. 7	138 20	135 93	128 90	125 65	120 61	110 56	105 53	100 51
616	2	4	1	*	5. 5	138 42	136 16	129 11	125 84	120 80	110 74	105 70	100 67
617	2	4	1	*	21. 3	138 65	136 38	129 32	126 04	121 00	110 92	105 87	100 83
618	2	4	1	½	7. 2	138 87	136 60	129 53	126 23	121 20	111 09	106 04	100 99
619	2	4	1	½	26. *	139 10	136 82	129 75	126 45	121 39	111 27	106 22	101 16
620	2	4	2	*	8. 8	139 32	137 04	129 98	126 66	121 59	111 45	106 39	101 32
621	2	4	2	*	27. 7	139 55	137 26	130 16	126 86	121 79	111 63	106 56	101 48
622	2	4	2	½	10. 5	139 77	137 48	130 37	127 06	121 98	111 81	106 73	101 65
623	2	4	2	½	29. 3	140 00	137 70	130 58	127 27	122 18	111 99	106 90	101 81
624	2	4	3	*	12. 1	140 22	137 92	130 79	127 47	122 37	112 17	107 07	101 97
625	2	4	3	*	31. *	140 44	138 15	131 00	127 68	122 57	112 35	107 25	102 14
626	2	4	3	½	13. 8	140 67	138 37	131 20	127 88	122 77	112 53	107 42	102 30
627	2	4	3	½	32. 6	140 89	138 59	131 41	128 08	122 96	112 71	107 59	102 46
628	2	4	4	*	15. 4	141 12	138 81	131 62	128 29	123 16	112 89	107 76	102 63
629	2	4	4	*	34. 3	141 34	139 03	131 83	128 49	123 36	113 07	107 93	102 79
630	2	4	4	½	17. 1	141 57	139 25	132 04	128 70	123 55	113 25	108 10	102 95
631	2	4	4	½	35. 9	141 79	139 47	132 25	128 90	123 75	113 45	108 27	103 12
632	2	4	5	*	18. 7	142 02	139 69	132 46	129 11	123 94	113 61	108 45	103 28
633	2	4	5	½	1. 6	142 24	139 91	132 67	129 31	124 14	113 79	108 62	103 44
634	2	4	5	½	20. 4	142 47	140 13	132 88	129 51	124 34	113 97	108 79	103 60
635	2	4	6	*	5. 2	142 69	140 36	133 09	129 72	124 53	114 15	108 96	103 77
636	2	4	6	*	22. 1	142 92	140 58	133 30	129 92	124 73	114 33	109 13	103 93
637	2	4	6	½	4. 9	143 14	140 80	133 51	130 13	124 92	114 51	109 30	104 09
638	2	4	6	½	23. 7	143 37	141 02	133 72	130 33	125 12	114 69	109 48	104 26
639	2	4	7	*	6. 5	143 59	141 24	133 93	130 53	125 32	114 87	109 65	104 42
640	2	4	7	*	25. 4	143 82	141 46	134 14	130 74	125 51	115 05	109 82	104 58
641	2	4	7	½	8. 2	144 04	141 68	134 35	130 94	125 71	115 23	109 99	104 75
642	2	4	7	½	27. *	144 26	141 90	134 56	131 15	125 90	115 41	110 16	104 91
643	2	5	*	*	9. 9	144 49	142 12	134 77	131 35	126 10	115 59	110 33	105 07
644	2	5	*	*	28. 7	144 71	142 34	134 98	131 56	126 30	115 77	110 51	105 24
645	2	5	*	½	11. 6	144 94	142 57	135 19	131 76	126 49	115 95	110 68	105 40
646	2	5	*	½	30. 5	145 16	142 79	135 40	131 97	126 69	116 13	110 85	105 56
647	2	5	1	*	13. 2	145 39	143 01	135 61	132 17	126 88	116 31	111 02	105 73
648	2	5	1	*	32. *	145 61	143 23	135 82	132 37	127 08	116 49	111 19	105 89

Conversion des GRAMMES en poids de MARC, suivie des différentes valeurs d'un ou plusieurs objets en ARGENT à l'un des poids ci-dessous.

DIVERSES VALEURS DU GRAMME D'APRÈS LES PRIX SUIVANS DU MARC D'ARGENT

GRAMMES	CONVERSION (Marc. Onces. Gros. Demi-Gros. Grains. Dixièmes)	à 55f xe	1er Titre contrôlé 54f 10c	1er Titre non contr. 51f 30c	à 50f xe	2e Titre contrôlé 48f xe	2e Titre non contr. 44f xe	à 42f xe	à 40f xe
49	2. 5. 1. ½ 14. 8	143 34	143 45	136 05	132 36	127 28	116 67	111 36	106 00
50	2. 5. 1. ½ 35. 6	146 06	143 67	136 24	132 78	127 47	116 05	111 54	106 22
51	2. 5. 2. * 16. 5	146 29	143 89	136 44	132 99	127 67	117 03	111 71	106 39
52	2. 5. 2. * 35. 3	146 51	144 11	136 63	133 19	127 87	117 21	111 87	106 53
53	2. 5. 2. ½ 18. 1	146 74	141 33	136 83	133 40	128 06	117 38	112 05	106 71
54	2. 5. 3. * 1. *	140 96	144 56	137 07	133 60	128 26	117 56	112 22	106 88
55	2. 5. 3. * 19. 8	147 19	144 78	137 28	133 80	128 46	117 74	112 39	107 04
56	2. 5. 3. ½ 2. 6	147 41	145 00	137 40	134 01	128 66	117 92	112 56	107 21
57	2. 5. 3. ½ 21. 4	147 64	145 22	137 70	134 21	128 88	118 10	112 74	107 37
58	2. 5. 4. * 4. 3	147 86	145 44	137 94	134 42	129 04	118 26	112 91	107 53
59	2. 5. 4. * 23. 1	148 08	145 60	138 12	134 62	129 24	118 46	113 09	107 70
60	2. 5. 4. ½ 5. 9	148 31	145 88	138 33	134 83	129 43	118 64	113 25	107 86
61	2. 5. 4. ½ 24. 7	148 53	146 10	138 54	135 05	129 63	118 82	113 42	108 02
62	2. 5. 5. * 7. 6	148 76	146 32	138 73	135 23	129 83	119 00	113 59	108 19
63	2. 5. 5. * 26. 4	148 98	146 34	138 96	135 44	130 02	119 18	113 77	108 35
64	2. 5. 5. ½ 9. 2	149 21	146 77	139 17	135 64	130 22	119 36	113 94	108 51
65	2. 5. 5. ½ 28. 1	149 43	146 99	139 38	135 85	130 41	119 54	114 11	108 68
66	2. 5. 6. * 10. 9	149 66	147 21	139 59	136 05	130 61	119 72	114 28	108 84
67	2. 5. 6. * 29. 7	149 86	147 45	139 80	136 26	130 81	119 90	114 45	109 00
68	2. 5. 6. ½ 12. 5	150 11	147 65	140 01	136 46	131 00	120 08	114 62	109 17
69	2. 5. 6. ½ 31. 4	150 33	147 87	140 22	136 67	131 20	120 26	114 80	109 33
70	2. 5. 7. * 14. 2	150 56	148 09	140 45	136 87	131 40	120 44	114 97	109 49
71	2. 5. 7. * 33. *	150 78	148 31	140 64	137 07	131 59	120 62	115 14	109 66
72	2. 5. 7. ½ 15. 8	151 01	148 53	140 86	137 28	131 79	120 80	115 31	109 82
73	2. 5. 7. ½ 34. 7	151 23	148 75	141 06	137 48	131 98	120 98	115 48	109 98
74	2. 6. * * 17. 5	151 46	148 96	141 27	137 69	132 18	121 16	115 65	110 15
75	2. 6. * ½ * 3	151 68	149 20	141 48	137 89	132 38	121 34	115 83	110 31
76	2. 6. * ½ 19. 1	151 91	149 42	141 68	138 10	132 57	121 52	116 00	110 47
77	2. 6. 1. * 2. *	152 13	149 64	141 89	138 30	132 77	121 70	116 17	110 64
78	2. 6. 1. * 20. 8	152 36	149 86	142 10	138 50	132 96	121 88	116 34	110 80
79	2. 6. 1. ½ 3. 6	152 58	150 08	142 31	138 71	133 16	122 06	116 51	110 96
80	2. 6. 1. ½ 22. 5	152 80	150 30	142 52	138 91	133 36	122 24	116 69	111 13
81	2. 6. 2. * 5. 3	153 03	150 52	142 73	139 12	133 55	122 42	116 85	111 29
82	2. 6. 2. * 24. 1	153 25	150 74	142 94	139 32	133 75	122 60	117 03	111 45
83	2. 6. 2. ½ 6. 9	153 48	150 97	143 15	139 53	133 94	122 78	117 20	111 62
84	2. 6. 2. ½ 25. 8	153 70	151 19	143 36	139 73	134 14	122 96	117 37	111 78

Conversion des GRAMMES en poids de MARC, suivie des différentes valeurs d'un ou plusieurs objets en ARGENT à l'un des poids ci-dessous.

GRAMMES	CONVERSION.						DIVERSES VALEURS DU GRAMME D'APRÈS LES PRIX SUIVANS DU MARC D'ARGENT							
	Marcs	Onces	Gros	Demi-Gros	Grains	Décimes	à 55f 2e	1er Titre contrôlé 54f 10e	1er Titre non contr. 51f 30e	à 50f 2e	2e Titre contrôlé à 48f 2e	2e Titre non contr. à 45f 2e	à 42f 2e	à 40f 2e
							fr. c.	fr. c.	fr. c.	fr. c.	fr. c.	fr. c.	fr. c.	fr. c.
685	2	6	5	·	8	6	155 93	151 41	145 57	139 94	134 54	123 14	117 54	111 95
686	2	6	5	·	27	4	154 15	151 63	145 78	140 14	134 83	123 52	117 71	112 11
687	2	6	5	¼	10	2	154 58	151 85	143 99	140 34	154 75	123 50	117 88	112 27
688	2	6	5	½	29	4	155 60	152 07	144 20	140 53	134 95	123 68	116 06	112 43
689	2	6	4	·	11	0	154 85	152 29	144 41	140 73	134 12	123 86	118 23	112 60
690	2	6	4	·	30	7	155 05	152 31	141 62	140 96	135 52	124 04	118 40	112 76
691	2	6	4	¼	13	6	155 28	152 73	144 03	141 16	135 34	124 23	118 57	112 93
692	2	6	4	½	32	4	155 80	152 95	145 04	141 36	135 71	124 40	118 74	113 09
693	2	6	3	·	15	9	155 75	153 18	145 25	141 57	135 91	124 58	118 84	113 25
694	2	6	3	·	34	·	155 96	153 40	145 46	141 77	136 10	124 76	119 06	113 42
695	2	6	3	¼	16	9	156 17	153 62	145 67	141 98	136 30	124 94	119 26	113 68
696	2	6	3	½	35	7	156 40	153 84	145 88	142 18	136 49	125 11	119 45	113 74
697	2	6	6	·	18	5	156 62	154 06	146 09	142 39	136 69	125 29	119 60	115 01
698	2	6	6	¼	1	5	156 85	154 28	146 30	142 50	136 89	125 47	119 77	114 07
699	2	6	6	½	20	2	157 07	154 50	146 51	142 79	137 08	125 65	119 94	114 23
700	2	6	7	·	3	·	157 30	154 72	146 72	143 00	137 28	125 83	120 12	114 40
701	2	6	7	·	21	8	157 52	154 94	146 92	143 20	137 48	126 01	120 29	114 56
702	2	6	7	¼	4	6	157 73	155 17	147 13	143 41	137 67	126 19	120 46	114 72
703	2	6	7	½	23	5	157 97	155 39	147 34	143 61	137 87	126 37	120 63	114 88
704	2	7	·	·	6	5	158 20	155 61	147 55	143 82	138 06	126 55	120 80	115 05
705	2	7	·	·	25	1	158 42	155 83	147 76	144 02	138 26	126 73	120 97	115 21
706	2	7	·	½	8	·	158 65	156 05	147 97	144 22	138 46	126 91	121 14	115 38
707	2	7	·	¾	26	8	158 87	156 27	148 18	144 43	138 65	127 09	121 32	115 54
708	2	7	1	·	9	6	159 10	156 49	148 39	144 63	138 85	127 27	121 49	115 70
709	2	7	1	·	28	4	159 32	156 71	148 60	144 84	139 04	127 45	121 66	115 87
710	2	7	1	¼	11	5	159 55	156 93	148 81	145 04	139 24	127 65	121 83	116 03
711	2	7	1	½	30	1	159 77	157 15	149 02	145 24	139 44	127 81	122 00	116 19
712	2	7	2	·	12	9	160 00	157 38	149 23	145 45	139 63	127 99	122 17	116 36
713	2	7	2	·	31	7	160 22	157 60	149 44	145 65	139 83	128 17	122 33	116 52
714	2	7	2	¼	14	6	160 44	157 82	149 65	145 86	140 02	128 35	122 52	116 68
715	2	7	2	½	33	4	160 67	158 04	149 86	146 06	140 22	128 53	122 69	116 85
716	2	7	3	·	16	2	160 89	158 26	150 07	146 27	140 42	128 71	122 86	117 01
717	2	7	3	·	35	1	161 12	158 48	150 28	146 47	140 61	128 89	123 03	117 17
718	2	7	3	¼	17	9	161 34	158 70	150 49	146 68	140 81	129 07	123 20	117 34
719	2	7	4	·	·	7	161 57	158 92	150 70	146 88	141 01	129 25	123 38	117 50
720	2	7	4	·	19	8	161 79	159 14	150 91	147 08	141 20	129 43	123 55	117 66

*Conversion des GRAMMES en poids de MARC, suivie des différentes valeurs
d'un ou plusieurs objets en ARGENT à l'un des poids ci-dessous.*

DIVERSES VALEURS DU GRAMME D'APRÈS LES PRIX SUIVANS DU MARC D'ARGENT

GRAMMES	| CONVERSION | Marcs	Onces	Gros	Demi-Gros	Grains	Dixièmes	à 55f 2e	1er Titre contrôlé 54f 10e	1er Titre non contr. 54f 30e	à 50f 2e	2e Titre contrôlé 48f 2e	2e Titre non contr. 44f 2e	à 42f 2e	à 40f 2e
							fr. c.	fr. c.	fr. c.	fr. c.	fr. c.	fr. c.	fr. c.	fr. c.
21	2	7	4	½	2	4	162 02	159 36	151 42	147 29	141 49	129 61	125 72	117 85
22	2	7	4	½	21	2	162 24	159 59	151 53	147 49	141 89	129 79	125 89	117 99
23	2	7	5	·	4	·	162 47	159 81	151 64	147 70	141 79	129 97	124 06	118 15
24	2	7	5	·	22	8	162 69	160 03	151 75	147 90	141 99	130 15	124 25	118 32
25	2	7	5	¼	5	7	162 92	160 25	151 96	148 11	142 18	130 33	124 41	118 48
26	2	7	5	¼	24	5	163 14	160 47	152 16	148 31	142 38	130 51	124 60	118 65
27	2	7	6	·	7	5	163 37	160 69	152 37	148 51	142 57	130 69	124 75	118 81
28	2	7	6	·	26	2	163 59	160 91	152 58	148 72	142 77	130 87	124 94	118 97
29	2	7	6	¼	9	·	163 82	161 13	152 79	148 92	142 97	131 05	125 09	119 14
30	2	7	6	½	27	8	164 04	161 35	153 00	149 13	143 16	131 23	125 26	119 30
31	2	7	7	·	10	6	164 26	161 58	153 21	149 33	143 36	131 41	125 45	119 46
32	2	7	7	·	29	5	164 49	161 80	153 42	149 54	143 56	131 59	125 61	119 63
33	2	7	7	¼	12	3	164 71	162 02	153 65	149 74	143 75	131 77	125 79	119 79
34	2	7	7	½	31	1	164 94	162 24	153 84	149 94	143 95	131 95	125 95	119 96
35	3	·	·	·	13	9	165 16	162 46	154 05	150 15	144 11	132 13	126 12	120 12
36	3	·	·	·	32	8	165 39	162 68	154 26	150 35	144 31	132 31	126 29	120 28
37	3	·	·	½	15	6	165 61	162 90	154 47	150 56	144 54	132 49	126 46	120 44
38	3	·	·	½	34	4	165 84	163 12	154 68	150 76	144 73	132 67	126 64	120 61
39	3	·	1	·	17	3	166 06	163 34	154 89	150 97	144 93	132 85	126 81	120 77
40	3	·	1	½	·	1	166 29	163 56	155 10	151 17	145 12	133 02	126 98	120 93
41	3	·	1	½	18	9	166 51	163 79	155 31	151 37	145 32	133 20	127 15	121 10
42	3	·	2	·	1	7	166 74	164 01	155 52	151 58	145 52	133 38	127 32	121 26
43	3	·	2	·	20	6	166 96	164 23	155 73	151 78	145 71	133 56	127 49	121 42
44	3	·	2	½	3	4	167 19	164 45	155 94	151 99	145 91	133 74	127 67	121 59
45	3	·	2	½	22	2	167 41	164 67	156 15	152 19	146 10	133 94	127 84	121 75
46	3	·	3	·	5	·	167 64	164 89	156 36	152 40	146 30	134 10	128 01	121 91
47	3	·	3	·	23	9	167 86	165 11	156 57	152 60	146 50	134 28	128 18	122 08
48	3	·	3	½	6	7	168 08	165 33	156 78	152 80	146 69	134 46	128 35	122 24
49	3	·	3	½	23	5	168 31	165 55	156 99	153 01	146 89	134 64	128 52	122 40
50	3	·	4	·	8	4	168 53	165 78	157 20	153 21	147 08	134 82	128 70	122 57
51	3	·	4	·	27	2	168 76	166 00	157 40	153 42	147 28	135 00	128 87	122 73
52	3	·	4	½	10	·	168 98	166 22	157 61	153 62	147 48	135 18	129 04	122 89
53	3	·	4	½	23	8	169 21	166 44	157 82	153 83	147 67	135 36	129 21	123 06
54	3	·	5	·	11	7	169 43	166 66	158 03	154 03	147 87	135 54	129 38	123 22
55	3	·	5	·	30	5	169 66	166 88	158 24	154 25	148 07	135 72	129 55	123 38
56	3	·	5	½	13	5	169 88	167 10	158 45	154 44	148 26	135 90	129 72	123 55

Conversion des GRAMMES en poids de MARC, suivie des différentes valeurs d'un ou plusieurs objets en ARGENT, à l'un des poids ci-dessous.

GRAMMES	CONVERSION. (Marcs. Onces. Gros. Demi-Gros Grains. Décimes)	à 55f xx	1er Titre contrôlé 54f 10c	1er Titre non contr. 51f 50c	à 50f xx	2e Titre contrôlé 48f xx	2e Titre non contr. 44f xx	à 42f xx	à 40f xx
		fr. c.	fr. c.	fr. c.	fr. c.	fr. c.	fr. c.	fr. c.	fr. c.
757	3. • 3. ½ 52.1	170 11	167 52	158 66	154 04	148 46	136 08	129 90	123 71
758	3. • 6. • 15. •	170 33	167 54	158 87	154 85	148 65	136 26	130 07	123 87
759	3. • 6. • 55.8	170 56	167 70	159 01	155 05	148 83	136 44	130 24	124 04
760	3. • 6. ½ 16.6	170 78	167 90	159 20	155 26	149 05	136 62	130 41	124 20
761	3. • 6. ¾ 35.5	171 01	168 21	159 50	153 46	149 24	136 80	130 58	124 37
762	3. • 7. • 18.5	171 23	168 43	159 71	155 66	149 44	136 98	130 75	124 53
763	3. • 7. ¼ 1.1	171 46	162 65	159 93	155 87	149 63	137 16	130 93	124 69
764	3. • 7. ½ 19.9	171 68	168 87	160 15	156 07	149 83	137 34	131 10	124 86
765	3.1. • • 2.8	171 91	169 09	160 34	156 28	150 03	137 52	131 27	125 02
766	3.1. • • 21.6	172 13	169 31	160 84	156 48	150 22	137 70	131 41	125 18
767	3.1. • ¼ 4.4	172 35	169 53	160 76	156 69	150 42	137 88	131 61	125 35
768	3.1. • ½ 23.2	172 58	169 75	160 97	156 89	150 62	138 06	131 78	125 51
769	3.1.1. • 6.1	172 80	169 97	161 18	157 09	150 81	138 24	131 96	125 67
770	3.1.1. • 24.9	173 03	170 20	161 39	157 30	151 01	138 42	132 13	125 [illegible]
771	3.1.1. ¼ 7.7	173 25	170 42	161 60	157 50	151 20	138 60	132 30	126 0[illegible]
772	3.1.1. ½ 26.5	173 48	170 64	161 81	157 71	151 40	138 78	132 47	126 1[illegible]
773	3.1.2. • 9.4	175 70	170 86	162 02	157 91	151 60	138 96	132 64	126 33
774	3.1.2. • 28.2	175 93	171 08	162 23	153 12	151 79	139 14	132 81	126 4[illegible]
775	3.1.2. ¼ 11. •	174 15	171 30	162 44	158 32	151 99	139 32	133 99	126 6[illegible]
776	3.1.2. ½ 29.9	174 38	171 52	162 64	158 52	152 18	139 50	133 16	126 9[illegible]
777	3.1.3. • 12.7	174 60	171 74	162 85	158 73	152 38	139 68	133 33	126 9[illegible]
778	3.1.3. • 31.5	174 83	171 96	163 06	158 93	152 58	139 86	133 50	127 [illegible]
779	3.1.3. ¼ 14.3	175 05	172 19	163 27	159 14	152 77	140 04	133 67	127 3[illegible]
780	3.1.3. ½ 33.2	175 28	172 41	163 48	159 34	152 97	140 22	133 84	127 [illegible]
781	3.1.4. • 16. •	175 50	172 63	163 69	159 55	153 16	140 40	134 01	127 [illegible]
782	3.1.4. • 34.8	175 73	172 85	163 90	159 75	153 36	140 58	134 19	127 [illegible]
783	3.1.4. ¼ 17.7	175 95	173 07	164 11	159 96	153 56	140 76	134 36	127 [illegible]
784	3.1.5. • • 8	176 17	173 29	164 32	160 16	153 78	140 93	134 53	128 1[illegible]
785	3.1.5. • 19.5	176 40	173 51	164 85	160 36	153 95	141 11	134 70	128 [illegible]
786	3.1.5. ½ 2.1	176 62	173 73	164 74	160 57	154 15	141 29	134 87	129 [illegible]
787	3.1.5. ¾ 21. •	176 85	173 95	164 95	160 77	154 34	141 47	135 04	128 6[illegible]
788	3.1.6. • 3.8	177 07	174 17	165 16	160 98	154 54	141 65	135 22	128 7[illegible]
789	3.1.6. • 22.6	177 30	174 39	165 37	161 18	154 73	141 83	135 39	128 [illegible]
790	3.1.6. ¼ 5.4	177 52	174 62	165 58	161 30	154 93	142 01	135 56	129 [illegible]
791	3.1.6. ½ 24.3	177 75	174 84	165 79	161 89	154 17	142 19	135 73	129 [illegible]
792	3.1.7. • 7.1	177 97	175 06	166 00	161 79	155 32	122 37	135 90	129 [illegible]

Conversion des GRAMMES en poids de MARC, suivie des différentes valeurs d'un ou plusieurs objets en ARGENT à l'un des poids ci-dessous.

Grammes	Marcs	Onces	Gros	½-Gros	Grains	à 55f xe		1er Titre contrôlé 54f 10c		2er Titre non contr. 54f 30c		* à 50 xe		2e Titre contrôlé 48f xe		2e Titre non contr. 44f xe		à 42f xe		à 40f xe	
						fr.	c.	fr.	c.	fr.	c.	fr.	c.	fr.	c.	fr.	c.	fr.	c.	fr.	c.
793	3	1	7	·	23.9	178	20	175	28	166	21	162	00	155	52	142	55	136	07	129	59
794	3	1	7	¼	8.8	178	42	175	50	166	42	162	20	155	71	142	73	136	25	129	76
795	3	1	7	¾	27.6	178	65	175	72	166	63	162	41	155	91	142	91	136	42	129	92
796	3	2	·	·	10.4	178	87	175	94	166	84	162	61	156	11	143	09	136	59	130	09
797	3	2	·	·	29.2	179	10	176	16	167	04	162	81	156	30	143	27	136	76	130	26
798	3	2	·	¼	12.1	179	32	176	38	167	26	163	02	156	50	143	48	136	94	130	43
799	3	2	·	½	30.9	179	55	176	61	167	47	163	22	156	69	143	65	137	11	130	60
800	3	2	1	·	13.7	179	77	176	83	167	68	163	43	156	89	143	83	137	28	130	74
801	3	2	1	·	32.5	180	00	177	05	167	88	163	63	157	09	144	01	137	45	130	90
802	3	2	1	¼	15.4	180	22	177	27	168	09	163	84	157	28	144	17	137	62	131	07
803	3	2	1	½	34.2	180	44	177	49	168	30	164	04	157	48	144	35	137	79	131	23
804	3	2	2	·	17.·	180	67	177	71	168	51	164	24	157	68	144	53	137	96	131	39
805	3	2	2	·	35.9	180	89	177	93	168	72	164	45	157	87	144	71	138	13	131	56
806	3	2	2	¼	18.7	181	12	178	15	168	93	164	65	158	07	144	89	138	30	131	72
807	3	2	3	·	1.5	181	34	178	38	169	14	164	86	158	26	145	07	138	48	131	88
808	3	2	3	·	20.3	181	57	178	60	169	35	165	06	158	46	145	25	138	65	132	05
809	3	2	3	½	3.2	181	79	178	82	169	56	165	27	158	66	145	43	138	82	132	21
810	3	2	3	½	22.·	182	02	179	04	169	77	165	47	158	85	145	61	138	99	132	37
811	3	2	4	·	4.8	182	24	179	26	169	98	165	67	159	05	145	79	139	16	132	54
812	3	2	4	·	23.6	182	47	179	48	170	19	165	88	159	24	145	97	139	33	132	70
813	3	2	4	½	6.5	182	69	179	70	170	40	166	08	159	44	146	15	139	51	132	86
814	3	2	4	¾	25.3	182	92	179	92	170	61	166	29	159	64	146	33	139	68	133	03
815	3	2	5	·	8.1	183	14	180	14	170	82	166	49	159	83	146	51	139	85	133	19
816	3	2	5	·	26.9	183	37	180	36	171	03	166	70	160	03	146	69	140	02	133	36
817	3	2	5	¼	9.8	183	59	180	58	171	24	166	90	160	22	146	87	140	19	133	52
818	3	2	5	½	28.6	183	82	180	81	171	45	167	10	160	42	147	05	140	36	133	68
819	3	2	6	·	11.4	184	04	181	05	171	66	167	31	160	62	147	23	140	54	133	84
820	3	2	6	·	30.3	184	26	181	28	171	87	167	51	160	81	147	41	140	71	134	01
821	3	2	6	¼	13.1	184	49	181	47	172	08	167	72	161	01	147	59	140	88	134	17
822	3	2	6	½	31.9	184	71	181	69	172	29	167	92	161	21	147	77	141	05	134	33
823	3	2	7	·	14.7	184	94	181	91	172	50	168	13	161	40	147	93	141	22	134	50
824	3	2	7	·	33.6	185	16	182	13	172	71	168	33	161	60	148	13	141	39	134	66
825	3	2	7	¼	16.4	185	39	182	36	172	92	168	53	161	79	148	31	141	57	134	82
826	3	2	7	½	35.2	185	61	182	58	173	12	168	74	161	99	148	49	141	74	134	99
827	3	3	·	·	18.·	185	84	182	80	173	33	168	94	162	19	148	66	141	91	135	18
828	3	3	·	½	·0	186	06	183	04	173	54	169	15	162	36	148	84	142	06	135	52

Table heading: DIVERSES VALEURS DU GRAMME D'APRÈS LES PRIX SUIVANS DU MARC D'ARGENT.

*Conversion des GRAMMES en poids de MARC, suivie des différentes valeurs
d'un ou plusieurs objets en ARGENT à l'un des poids ci-dessous.*

DIVERSES VALEURS DU GRAMME D'APRÈS LES PRIX SUIVANS DU MARC D'ARGENT (fr. c.)

GRAMMES	Marcs	Onces	Gros	Demi-Gros	Grains	Divisions	à 55f	1er Titre contrôlé 54f 16e	1er Titre non contr. 51f 30e	à 50f	2e Titre contrôlé 48f	2e Titre non contr. 44f	à 42f	à 40f
829	3	3	·	¼	19	7	186 29	185 24	173 76	169 35	162 58	149 02	142 24	135 49
830	3	3	1	·	2	5	186 51	185 46	173 97	169 56	162 77	149 20	142 42	135 65
831	3	3	1	·	21	4	186 74	185 68	174 17	169 76	162 97	149 38	142 60	135 82
832	3	3	1	¼	4	2	186 96	185 90	174 38	169 96	163 17	149 56	142 77	135 98
833	3	3	1	½	23	·	187 19	186 12	174 59	170 17	163 36	149 74	142 94	136 14
834	3	3	2	·	5	8	187 41	186 34	174 80	170 37	163 56	149 92	143 11	136 30
835	3	3	2	·	24	7	187 64	186 56	175 01	170 58	163 76	150 10	143 28	136 47
836	3	3	2	¼	7	5	187 86	186 78	175 22	170 78	163 96	150 28	143 45	136 63
837	3	3	2	½	26	5	188 09	187 01	175 43	170 99	164 15	150 46	143 62	136 79
838	3	3	3	·	9	1	188 31	187 23	175 64	171 19	164 34	150 64	143 80	136 96
839	3	3	3	·	28	·	188 53	187 45	175 85	171 39	164 54	150 82	143 97	137 12
840	3	3	3	¼	10	8	188 76	187 67	176 06	171 60	164 74	151 00	144 14	137 28
841	3	3	3	½	29	6	188 98	187 89	176 27	171 80	164 95	151 18	144 31	137 45
842	3	3	4	·	12	5	189 21	188 11	176 48	172 01	165 13	151 36	144 48	137 61
843	3	3	4	·	31	3	189 43	188 33	176 69	172 21	165 32	151 54	144 65	137 77
844	3	3	4	¼	14	1	189 66	188 55	176 90	172 42	165 52	151 72	144 83	137 94
845	3	3	4	½	32	9	189 88	188 77	177 10	172 62	165 72	151 90	145 00	138 10
846	3	3	5	·	15	8	190 11	188 99	177 31	172 82	165 91	152 08	145 17	138 26
847	3	3	5	·	34	6	190 33	189 22	177 52	173 03	166 11	152 26	145 34	138 43
848	3	3	5	¼	17	4	190 56	189 44	177 73	173 23	166 30	152 44	145 51	138 59
849	3	3	6	·	·	2	190 78	189 66	177 94	173 44	166 50	152 62	145 68	138 75
850	3	3	6	·	19	1	191 01	189 88	178 15	173 64	166 70	152 80	145 86	138 92
851	3	3	6	¼	1	9	191 23	190 10	178 36	173 85	166 89	152 98	146 03	139 08
852	3	3	6	½	20	7	191 46	190 32	178 57	174 05	167 09	153 16	146 20	139 24
853	3	3	7	·	3	6	191 68	190 54	178 78	174 25	167 29	153 34	146 37	139 40
854	3	3	7	·	22	4	191 91	190 76	178 99	174 46	167 48	153 52	146 54	139 57
855	3	3	7	¼	5	2	192 13	190 98	179 20	174 66	167 68	153 70	146 71	139 73
856	3	3	7	½	24	·	192 36	191 21	179 41	174 87	167 87	153 88	146 88	139 89
857	3	4	·	·	6	9	192 58	191 43	179 62	175 07	168 07	154 06	147 06	140 06
858	3	4	·	·	25	7	192 80	191 65	179 83	175 28	168 27	154 24	147 23	140 22
859	3	4	·	¼	8	5	193 03	191 87	180 04	175 48	168 46	154 42	147 40	140 38
860	3	4	·	½	27	3	193 25	192 09	180 25	175 68	168 66	154 60	147 57	140 55
861	3	4	1	·	10	2	193 48	192 31	180 46	175 89	168 86	154 78	147 74	140 71
862	3	4	1	·	29	·	193 70	192 53	180 67	176 09	169 05	154 96	147 91	140 87
863	3	4	1	¼	11	8	193 93	192 75	180 88	176 30	169 25	155 14	148 09	141 03
864	3	4	1	½	30	7	194 15	192 97	181 09	176 50	169 44	155 32	148 26	141 20

Conversion des GRAMMES en poids de MARC, suivie des différentes valeurs d'un ou plusieurs objets en ARGENT à l'un des poids ci-dessous.

DIVERSES VALEURS DU GRAMME D'APRÈS LES PRIX SUIVANS DU MARC D'ARGENT

GRAMMES	Marc	Onces	Gros	Demi-Gros	Grains	Primes	à 55f	1er Titre contrôlé à 54f 40c	1er Titre non contr. à 54f 30c	à 50f	2e Titre contrôlé à 48f	2e Titre non contr. à 44f	à 42f	à 40f
865	3	4	2	·	13	5	194 38	191 19	181 30	176 71	169 64	155 50	148 43	141 36
866	3	4	2	·	32	3	194 60	191 42	181 51	176 91	169 83	155 68	148 60	141 53
867	3	4	2	½	15	1	194 83	191 64	181 72	177 11	170 03	155 86	148 77	141 69
868	3	4	2	½	34	·	195 05	191 86	181 93	177 32	170 23	156 04	148 94	141 85
869	3	4	3	·	16	8	195 28	192 08	182 14	177 52	170 43	156 22	149 12	142 02
870	3	4	3	·	35	6	195 50	192 30	182 35	177 73	170 63	156 39	149 29	142 18
871	3	4	3	½	18	4	195 73	192 52	182 56	177 94	170 82	156 57	149 46	142 34
872	3	4	4	·	1	3	195 94	192 74	182 77	178 14	171 01	156 75	149 63	142 51
873	3	4	4	·	20	1	196 17	192 96	182 98	178 34	171 21	156 93	149 80	142 67
874	3	4	4	½	2	9	196 40	193 18	183 19	178 54	171 40	157 11	149 97	142 83
875	3	4	4	½	21	8	196 62	193 41	183 40	178 75	171 60	157 29	150 15	143 00
876	3	4	5	·	4	6	196 85	193 63	183 60	178 95	171 80	157 47	150 32	143 16
877	3	4	5	·	23	4	197 07	193 85	183 81	179 16	171 99	157 65	150 49	143 32
878	3	4	5	½	6	2	197 30	194 07	184 02	179 36	172 19	157 85	150 66	143 49
879	3	4	5	½	25	1	197 52	194 29	184 23	179 57	172 38	158 01	150 83	143 65
880	3	4	6	·	7	9	197 75	194 51	184 44	179 77	172 58	158 19	151 00	143 81
881	3	4	6	·	26	7	197 97	194 75	184 65	179 97	172 78	158 37	151 17	143 98
882	3	4	6	½	9	5	198 20	194 95	184 86	180 18	172 97	158 55	151 35	144 14
883	3	4	6	½	28	4	198 42	195 17	185 07	180 38	173 17	158 73	151 52	144 30
884	3	4	7	·	11	2	198 65	195 50	185 28	180 59	173 36	158 91	151 69	144 47
885	3	4	7	·	30	·	198 87	195 62	185 49	180 79	173 56	159 09	151 86	144 65
886	3	4	7	½	12	8	199 10	195 84	185 70	180 99	173 76	159 27	152 05	144 79
887	3	4	7	½	31	7	199 32	196 06	185 91	181 20	173 95	159 45	152 20	144 96
888	3	5	·	·	14	5	199 55	196 28	186 12	181 40	174 15	159 63	152 38	145 12
889	3	5	·	·	33	3	199 77	196 50	186 33	181 61	174 35	159 81	152 55	145 28
890	3	5	·	½	16	2	200 00	196 72	186 54	181 81	174 54	159 99	152 72	145 43
891	3	5	·	½	35	·	200 22	196 94	186 75	182 02	174 74	160 17	152 89	145 61
892	3	5	1	·	17	9	200 44	197 16	186 96	182 22	174 93	160 35	153 06	145 77
893	3	5	1	½	·	6	200 67	197 38	187 17	182 43	175 13	160 53	153 23	145 94
894	3	5	1	½	19	5	200 89	197 60	187 38	182 63	175 33	160 71	153 41	146 10
895	3	5	2	·	2	3	201 12	197 82	187 59	182 83	175 52	160 89	153 58	146 26
896	3	5	2	·	21	1	201 33	198 05	187 80	183 04	175 72	161 07	153 75	146 43
897	3	5	2	½	3	9	201 57	198 27	188 01	183 24	175 91	161 25	153 92	146 59
898	3	5	2	½	22	8	201 79	198 49	188 22	183 45	176 11	161 43	154 00	146 76
899	3	5	3	·	5	6	202 02	198 71	188 43	183 65	176 31	161 61	154 26	146 92
900	3	5	3	·	24	4	202 24	198 93	188 64	183 86	176 50	161 79	154 44	147 08

Conversion des GRAMMES en poids de MARC, suivie des différentes valeurs d'un ou plusieurs objets en ARGENT, à l'un des poids ci-dessous.

DIVERSES VALEURS DU GRAMME D'APRÈS LES PRIX SUIVANS DU MARC D'ARGENT (valeurs en fr. c.)

GRAMMES	Marcs	Onces	Gros	Demi-Gros	Grains	à 55f	1er Titre contrôlé 54f 10c	1er Titre non contr. 51f 30c	à 50f	2e Titre contrôlé 48f	2e Titre non contr. 44f	à 42f	à 40f
901	3	5	3	½	7.5	202.47	199.15	188.84	184.05	176.70	161.97	154.61	147.25
902	3	5	3	½	26.1	202.69	199.37	189.05	184.26	176.90	162.15	154.78	147.41
903	3	5	4		8.9	202.92	199.59	189.26	184.47	177.09	162.33	154.95	147.57
904	3	5	4		27.7	203.14	199.82	189.47	184.67	177.29	162.51	155.12	147.74
905	3	5	4	½	10.6	203.37	200.04	189.68	184.88	177.48	162.69	155.29	147.90
906	3	5	4	½	29.4	203.59	200.26	189.89	185.08	177.68	162.87	155.46	148.06
907	3	5	5		12.2	203.82	200.48	190.10	185.29	177.88	163.05	155.64	148.23
908	3	5	5		31.0	204.04	200.70	190.31	185.49	178.07	163.23	155.81	148.39
909	3	5	5	½	13.9	204.26	200.92	190.52	185.69	178.27	163.41	155.98	148.55
910	3	5	5	½	32.7	204.49	201.14	190.73	185.90	178.46	163.60	156.15	148.72
911	3	5	6		15.5	204.71	201.36	190.94	186.10	178.66	163.77	156.32	148.88
912	3	5	6		34.3	204.94	201.58	191.15	186.31	178.86	163.95	156.49	149.04
913	3	5	6	½	17.2	205.16	201.80	191.36	186.51	179.05	164.13	156.67	149.21
914	3	5	7			205.39	202.03	191.57	186.72	179.25	164.30	156.84	149.37
915	3	5	7		18.8	205.61	202.25	191.78	186.92	179.44	164.48	157.01	149.55
916	3	5	7	½	1.7	205.84	202.47	191.99	187.12	179.64	164.66	157.18	149.70
917	3	5	7	½	20.5	206.06	202.69	192.20	187.32	179.84	164.85	157.36	149.87
918	3	6			3.3	206.29	202.91	192.41	187.52	180.03	165.03	157.53	150.03
919	3	6			22.1	206.51	203.14	192.62	187.73	180.23	165.21	157.70	150.19
920	3	6		½	4.9	206.74	203.36	192.83	187.93	180.43	165.39	157.87	150.36
921	3	6		½	25.6	206.96	203.58	193.04	188.14	180.62	165.57	158.05	150.52
922	3	6	1		6.6	207.19	203.80	193.25	188.34	180.82	165.75	158.22	150.68
923	3	6	1		25.4	207.41	204.02	193.46	188.55	181.02	165.93	158.39	150.85
924	3	6	1	½	8.3	207.64	204.24	193.67	188.75	181.21	166.11	158.56	151.01
925	3	6	1	½	27.1	207.86	204.46	193.88	188.95	181.41	166.29	158.73	151.17
926	3	6	2		0.9	208.09	204.68	194.09	189.16	181.60	166.47	158.90	151.34
927	3	6	2		28.8	208.31	204.90	194.30	189.36	181.80	166.65	159.07	151.50
928	3	6	2	½	11.6	208.54	205.12	194.51	189.57	182.00	166.83	159.25	151.66
929	3	6	2	½	30.4	208.76	205.35	194.72	189.77	182.19	167.01	159.42	151.83
930	3	6	3		13.2	208.99	205.57	194.93	189.98	182.39	167.19	159.59	151.99
931	3	6	3		32.1	209.21	205.79	195.14	190.18	182.58	167.37	159.76	152.15
932	3	6	3	½	14.9	209.43	206.01	195.35	190.38	182.78	167.55	159.93	152.32
933	3	6	3	½	33.7	209.66	206.23	195.56	190.59	182.98	167.73	160.10	152.48
934	3	6	4		16.5	209.88	206.45	195.77	190.79	183.17	167.91	160.28	152.64
935	3	6	4		35.4	210.11	206.67	195.98	190.99	183.37	168.09	160.45	152.81
936	3	6	4	½	18.2	210.33	206.89	196.19	191.20	183.56	168.27	160.62	152.97

DE 937 A 972 GRAMMES.

Conversion des GRAMMES en poids de MARC, suivie des différentes valeurs
d'un ou plusieurs objets en ARGENT à l'un des poids ci-dessous.

DIVERSES VALEURS DU GRAMME D'APRÈS LES PRIX SUIVANS DE MARC D'ARGENT

GRAMMES	Marcs	Onces	Gros	Demi-Gros	Grains	Décimes	à 55f 2c	1er Titre contrôlé 54f 10c	1er Titre non contr. 51f 30c	à 50f 4c	2e Titre contrôlé 48f 4c	2e Titre non contr. 44f 4c	à 42f 4c	à 40f 4c
937	3	6	5	»	1	»	210 56	207 11	196 39	191 41	183 76	168 44	160 78	153 13
938	3	6	5	»	19	9	210 78	207 33	196 60	191 62	183 96	168 62	160 96	153 29
939	3	6	5	½	2	7	211 01	207 55	196 81	191 82	184 15	168 80	161 13	153 46
940	3	6	5	½	21	5	211 23	207 77	197 02	192 03	184 35	168 98	161 30	153 62
941	3	6	6	»	4	3	211 46	207 99	197 23	192 23	184 54	169 16	161 47	153 78
942	3	6	6	»	23	2	211 68	208 21	197 44	192 44	184 74	169 34	161 64	153 95
943	3	6	6	½	6	»	211 91	208 43	197 65	192 64	184 94	169 52	161 81	154 11
944	3	6	6	½	24	8	212 13	208 65	197 86	192 84	185 13	169 70	161 99	154 27
945	3	6	7	»	7	7	212 36	208 87	198 07	193 05	185 33	169 88	162 16	154 44
946	3	6	7	»	26	3	212 58	209 10	198 28	193 25	185 53	170 06	162 33	154 60
947	3	6	7	½	9	3	212 80	209 32	198 49	193 46	185 72	170 24	162 50	154 76
948	3	6	7	½	28	1	213 03	209 54	198 70	193 66	185 92	170 42	162 67	154 93
949	3	7	»	»	11	»	213 25	209 76	198 91	193 87	186 12	170 60	162 84	155 09
950	3	7	»	»	29	8	213 48	209 98	199 12	194 07	186 31	170 78	163 02	155 25
951	3	7	»	½	12	6	213 70	210 20	199 33	194 27	186 51	170 96	163 19	155 42
952	3	7	»	½	31	4	213 93	210 42	199 54	194 48	186 70	171 14	163 36	155 58
953	3	7	1	»	14	3	214 15	210 64	199 74	194 68	186 90	171 32	163 53	155 74
954	3	7	1	»	33	1	214 38	210 86	199 95	194 89	187 10	171 50	163 70	155 91
955	3	7	1	½	15	9	214 60	211 08	200 16	195 09	187 29	171 68	163 87	156 07
956	3	7	1	½	34	7	214 83	211 30	200 37	195 30	187 49	171 86	164 04	156 23
957	3	7	2	»	17	6	215 05	211 52	200 58	195 50	187 68	172 03	164 21	156 40
958	3	7	2	½	»	4	215 28	211 74	200 79	195 71	187 88	172 21	164 39	156 56
959	3	7	2	½	19	2	215 50	211 96	201 00	195 91	188 08	172 39	164 56	156 72
960	3	7	3	»	2	1	215 73	212 18	201 21	196 11	188 27	172 57	164 73	156 89
961	3	7	3	»	20	9	215 95	212 40	201 42	196 32	188 47	172 75	164 90	157 05
962	3	7	3	½	3	7	216 17	212 62	201 63	196 52	188 66	172 93	165 07	157 21
963	3	7	3	½	22	5	216 40	212 84	201 84	196 73	188 86	173 11	165 24	157 38
964	3	7	4	»	5	4	216 62	213 06	202 05	196 93	189 06	173 29	165 42	157 54
965	3	7	4	»	24	2	216 85	213 28	202 26	197 13	189 25	173 47	165 59	157 70
966	3	7	4	½	7	»	217 07	213 50	202 47	197 34	189 45	173 65	165 76	157 87
967	3	7	4	½	25	8	217 30	213 72	202 68	197 54	189 64	173 83	165 93	158 03
968	3	7	5	»	8	7	217 52	213 94	202 89	197 75	189 84	174 01	166 10	158 20
969	3	7	5	»	27	5	217 75	214 17	203 10	197 95	190 04	174 19	166 28	158 36
970	3	7	5	½	10	3	217 97	214 39	203 31	198 16	190 23	174 37	166 45	158 52
971	3	7	5	½	29	2	218 20	214 61	203 52	198 36	190 43	174 55	166 62	158 69
972	3	7	6	»	12	»	218 42	214 83	203 73	198 56	190 62	174 73	166 79	158 85

Conversion des GRAMMES en poids de MARC, suivie des différentes valeurs d'un ou plusieurs objets en ARGENT à l'un des poids ci-dessous.

DIVERSES VALEURS DU GRAMME D'APRÈS LES PRIX SUIVANS DU MARC D'ARGENT

GRAMMES	Marcs	Onces	Gros	Demi-Gros	Grains	à 55f 2e	1er Titre contrôlé 54f 10c	1er Titre non contr. 51f 30c	à 50f 2e	2e Titre contrôlé 48f 2e	2e Titre non contr. 44f 2e	à 42f 2e	à 40f 2e
975	3	7	6	»	30.3	218 65	215 07	203 04	198 77	190 83	174 91	166 96	159 01
974	3	7	6	½	13.6	218 87	215 29	204 15	198 97	191 03	175 09	167 15	159 18
975	3	7	6	¾	32.3	219 10	215 51	204 36	199 18	191 24	175 27	167 31	159 34
976	3	7	7	»	15.3	219 31	215 73	204 56	199 38	191 41	175 45	167 48	159 50
977	3	7	7	»	34.1	219 55	215 95	204 77	199 59	191 60	175 65	167 65	159 67
978	3	7	7	¼	16.9	219 77	216 17	204 98	199 70	191 80	175 81	167 82	159 83
979	3	7	7	¾	35.3	220 00	216 39	205 19	199 90	192 00	175 99	167 99	159 99
980	4	»	»	»	18.6	220 22	216 61	205 40	200 20	192 19	176 17	168 16	160 16
981	4	»	»	¼	1.4	220 44	216 84	205 61	200 40	192 39	176 35	168 33	160 32
982	4	»	»	½	20.3	220 67	217 06	205 82	200 61	192 58	176 53	168 51	160 48
983	4	»	1	»	3.1	220 89	217 28	206 03	200 81	192 78	176 71	168 68	160 63
984	4	»	1	»	21.9	221 12	217 50	206 24	201 02	192 98	176 89	168 85	160 81
985	4	»	1	¼	4.7	221 34	217 72	206 45	201 22	193 17	177 07	169 02	160 97
986	4	»	1	½	23.6	221 57	217 94	206 66	201 42	193 37	177 25	169 19	161 14
987	4	»	2	»	6.4	221 79	218 16	206 87	201 63	193 57	177 43	169 36	161 30
988	4	»	2	»	25.2	222 02	218 38	207 08	201 83	193 76	177 61	169 54	161 46
989	4	»	2	½	8.»	222 24	218 60	207 29	202 04	193 96	177 79	169 71	161 63
990	4	»	2	¾	28.9	222 47	218 82	207 50	202 24	194 15	177 97	169 88	161 79
991	4	»	3	»	8.7	222 69	219 03	207 71	202 45	194 35	178 15	170 05	161 95
992	4	»	3	»	28.3	222 92	219 27	207 92	202 65	194 55	178 33	170 23	162 12
993	4	»	3	½	11.4	223 14	219 49	208 13	202 85	194 74	178 51	170 39	162 36
994	4	»	3	¾	30.2	223 37	219 71	208 34	203 06	194 94	178 69	170 57	162 45
995	4	»	4	»	13.»	223 59	219 93	208 55	203 26	195 13	178 87	170 74	162 61
996	4	»	4	»	31.8	223 82	220 15	208 76	203 47	195 33	179 05	170 91	162 77
997	4	»	4	½	14.7	224 04	220 37	208 97	203 67	195 53	179 23	171 08	162 93
998	4	»	4	¾	33.5	224 26	220 59	209 18	203 88	195 72	179 41	171 25	163 10
999	4	»	5	»	16.3	224 49	220 81	209 39	204 08	195 92	179 59	171 42	163 26
Kilos 1	4	»	5	»	35.1	224 72	221 04	209 60	204 29	196 11	179 77	171 60	163 43
2	8	1	2	¼	34.3	449 44	442 07	419 19	408 57	392 23	359 54	343 20	326 86
3	12	2	»	»	33.4	674 16	663 12	628 79	612 86	588 34	539 32	514 80	490 30
4	16	2	5	½	32.6	898 88	884 16	838 39	817 15	784 46	719 09	686 40	653 72
5	20	3	3	»	31.7	1123 60	1105 19	1047 99	1021 44	980 58	898 86	858 00	817 15
6	24	4	»	¼	50.9	1348 32	1326 23	1257 59	1225 72	1176 69	1078 64	1029 60	980 58
7	28	4	6	»	30.»	1573 04	1547 27	1467 19	1430 01	1372 81	1258 41	1201 20	1144 01
8	32	5	3	½	29.2	1797 76	1768 31	1676 79	1634 30	1568 93	1438 18	1372 90	1307 44

CHAPITRE IV.

DE LA CONVERSION DES POIDS DE MARC EN POIDS DÉCIMAUX,
ET DE LEURS DIFFÉRENTES VALEURS D'APRÈS LES PRIX DU MARC D'ARGENT,
QUI SONT LE PLUS EN USAGE DANS LE COMMERCE.

La colonne des centigrammes représente tout à la fois les décigrammes et centi-grammes; ainsi quand je dis 15 centigrammes, c'est comme si je disais 1 décigramme 5 centigrammes.

DE 1 À 24 GRAINS.

Conversion des GRAINS, poids de marc, en CENTIGRAMMES et GRAMMES, suivie des différentes valeurs d'un ou plusieurs objets en ARGENT, à l'un des poids ci-dessous.

POIDS de MARC.	CONVERS.		DIVERSES VALEURS DES GRAINS D'APRÈS LES PRIX SUIVANS DU MARC D'ARGENT							
	Grammes.	Centigram.	à 55f »c	1er Titre contrôlé 54f 40c	1er Titre non contr. 51f 30c	à 50f »c	2e Titre contrôlé à 48f »c	2e Titre non contr. à 44f »c	à 42f »c	à 40f »c
Grains.			fr. c.	fr. c.	fr. c.	fr. c.	fr. c.	fr. c.	fr. c.	fr. c.
1	»	5	0 1	0 1	0 1	0 1	0 1	0 1	0 1	0 1
2	»	10	0 2	0 2	0 2	0 2	0 2	0 2	0 2	0 2
3	»	15	0 4	0 3	0 3	0 3	0 3	0 3	0 3	0 3
4	»	21	0 5	0 5	0 4	0 4	0 4	0 4	0 4	0 3
5	»	26	0 6	0 6	0 6	0 5	0 5	0 5	0 5	0 4
6	»	34	0 7	0 7	0 7	0 6	0 6	0 6	0 5	0 5
7	»	37	0 8	0 8	0 8	0 8	0 7	0 7	0 6	0 6
8	»	42	0 10	0 9	0 9	0 9	0 8	0 8	0 7	0 7
9	»	47	0 11	0 11	0 10	0 10	0 9	0 9	0 8	0 8
10	»	53	0 12	0 12	0 11	0 11	0 10	0 10	0 9	0 9
11	»	58	0 13	0 13	0 12	0 12	0 11	0 10	0 10	0 10
12	»	63	0 14	0 14	0 13	0 13	0 12	0 11	0 11	0 10
13	»	69	0 16	0 15	0 14	0 14	0 13	0 12	0 12	0 11
14	»	74	0 17	0 16	0 16	0 15	0 15	0 15	0 13	0 12
15	»	79	0 18	0 18	0 17	0 16	0 16	0 14	0 14	0 13
16	»	85	0 19	0 19	0 18	0 17	0 17	0 15	0 15	0 14
17	»	90	0 20	0 20	0 19	0 18	0 18	0 16	0 15	0 15
18	»	95	0 22	0 21	0 20	0 19	0 19	0 17	0 16	0 16
19	1.	00	0 23	0 22	0 21	0 21	0 20	0 18	0 17	0 17
20	1.	06	0 24	0 23	0 22	0 22	0 21	0 19	0 18	0 17
21	1.	11	0 25	0 23	0 23	0 23	0 22	0 20	0 19	0 18
22	1.	16	0 26	0 26	0 24	0 24	0 23	0 21	0 20	0 19
23	1.	22	0 28	0 27	0 26	0 25	0 24	0 22	0 21	0 20
24	1.	27	0 29	0 28	0 27	0 26	0 25	0 23	0 22	0 21

Conversion des DEMI-GROS et GRAINS en GRAMMES et CENTIGRAMMES, suivie
des différentes valeurs d'un ou plusieurs objets en ARGENT, à l'un des poids ci-dessous.

POIDS de MARC.	CONVERS. Grammes.	Centigram.	à 55f..	1er Titre contrôlé 54f 10c	1er Titre non contr. 51f 30c	à 50f..	2e Titre contrôlé à 48f..	2e Titre non contr. 44f..	à 42f..	à 40f..
			fr. c.	fr. c.	fr. c.	fr. c.	fr. c.	fr. c.	fr. c.	fr. c.
25	1.	52	0 30	0 29	0 28	0 27	0 26	0 24	0 23	0 22
26	1.	58	0 31	0 31	0 29	0 28	0 27	0 25	0 24	0 23
27	1.	43	0 32	0 32	0 30	0 29	0 28	0 26	0 25	0 23
28	1.	48	0 34	0 33	0 31	0 30	0 29	0 27	0 26	0 24
29	1.	54	0 33	0 34	0 32	0 31	0 30	0 28	0 26	0 25
30	1.	59	0 36	0 35	0 33	0 32	0 31	0 29	0 27	0 26
31	1.	64	0 37	0 36	0 34	0 34	0 32	0 30	0 28	0 27
32	1.	69	0 38	0 38	0 36	0 35	0 33	0 31	0 29	0 28
33	1.	75	0 40	0 39	0 37	0 36	0 34	0 31	0 30	0 29
34	1.	80	0 41	0 40	0 38	0 37	0 35	0 32	0 31	0 30
35	1.	85	0 42	0 41	0 39	0 38	0 36	0 33	0 32	0 30
Demi-gros.										
½ ·	1.	91	0 43	0 42	0 40	0 39	0 37	0 34	0 33	0 31
½ 1	1.	96	0 44	0 43	0 41	0 40	0 38	0 35	0 34	0 32
½ 2	2.	01	0 45	0 45	0 42	0 41	0 40	0 36	0 35	0 33
½ 3	2.	07	0 47	0 46	0 43	0 42	0 41	0 37	0 35	0 34
½ 4	2.	12	0 48	0 47	0 44	0 43	0 42	0 38	0 36	0 35
½ 5	2.	17	0 49	0 48	0 45	0 44	0 43	0 39	0 37	0 36
½ 6	2.	25	0 50	0 49	0 46	0 46	0 44	0 40	0 38	0 36
½ 7	2.	28	0 51	0 50	0 48	0 47	0 45	0 41	0 39	0 37
½ 8	2.	33	0 53	0 52	0 49	0 48	0 46	0 42	0 40	0 38
½ 9	2.	38	0 54	0 53	0 50	0 49	0 47	0 43	0 41	0 39
½ 10	2.	44	0 55	0 54	0 51	0 50	0 48	0 44	0 42	0 40
½ 11	2.	49	0 56	0 55	0 52	0 51	0 49	0 45	0 43	0 41
½ 12	2.	54	0 57	0 56	0 53	0 52	0 50	0 46	0 44	0 42
½ 13	2.	60	0 59	0 57	0 54	0 53	0 51	0 47	0 45	0 43
½ 14	2.	65	0 60	0 59	0 55	0 54	0 52	0 48	0 46	0 43
½ 15	2.	70	0 61	0 60	0 57	0 55	0 53	0 49	0 46	0 44
½ 16	2.	76	0 62	0 61	0 58	0 56	0 54	0 50	0 47	0 45
½ 17	2.	81	0 63	0 62	0 59	0 58	0 55	0 51	0 48	0 46
½ 18	2.	86	0 65	0 63	0 60	0 59	0 56	0 52	0 49	0 47
½ 19	2.	92	0 66	0 64	0 61	0 60	0 57	0 52	0 50	0 48
½ 20	2.	97	0 67	0 66	0 62	0 61	0 58	0 53	0 51	0 49
½ 21	3.	02	0 68	0 67	0 63	0 62	0 59	0 54	0 52	0 49
½ 22	3.	07	0 69	0 68	0 64	0 63	0 60	0 55	0 53	0 50
½ 23	3.	13	0 71	0 69	0 65	0 64	0 61	0 56	0 54	0 51

Conversion des DEMI-GROS, GROS, ONCES et MARCS en GRAMMES et CENTIGRAMMES, suivie des différentes valeurs d'un ou plusieurs objets en ARGENT à l'un des poids ci-dessous.

POIDS de MARC	CONVERS. Kilogr.	Grammes	Centigr.	à 55f	1er Titre contrôlé 54f 10c	1er Titre non contr. 51f 30c	à 50f	1er Titre contrôlé 48f	1er Titre non contr. 44f	à 42f	à 40f
24	»	3	18	0 72	0 70	0 66	0 65	0 62	0 57	0 55	0 52
25	»	3	24	0 73	0 72	0 63	0 66	0 65	0 58	0 56	0 53
26	»	3	29	0 74	0 73	0 69	0 67	0 63	0 59	0 56	0 54
27	»	3	34	0 75	0 74	0 70	0 68	0 66	0 60	0 57	0 55
28	»	3	39	0 77	0 75	0 71	0 69	0 67	0 61	0 58	0 56
29	»	3	45	0 78	0 76	0 72	0 71	0 68	0 62	0 59	0 56
30	»	3	50	0 79	0 77	0 73	0 72	0 69	0 63	0 60	0 57
31	»	3	55	0 80	0 79	0 74	0 73	0 70	0 64	0 61	0 58
32	»	3	61	0 81	0 80	0 75	0 74	0 71	0 65	0 62	0 59
33	»	3	66	0 83	0 81	0 76	0 75	0 72	0 66	0 63	0 60
34	»	3	71	0 84	0 82	0 78	0 76	0 73	0 67	0 64	0 61
35	»	3	77	0 85	0 83	0 79	0 77	0 74	0 68	0 65	0 62
Gros.											
1	»	3	82	0 86	0 85	0 80	0 78	0 75	0 69	0 66	0 63
2	»	7	64	1 72	1 69	1 60	1 56	1 50	1 37	1 31	1 25
3	»	11	47	2 58	2 54	2 40	2 34	2 25	2 06	1 97	1 87
4	»	15	29	3 44	3 38	3 21	3 12	3 00	2 75	2 62	2 50
5	»	19	12	4 30	4 23	4 01	3 91	3 75	3 44	3 28	3 12
6	»	22	94	5 16	5 07	4 81	4 69	4 50	4 12	3 94	3 75
7	»	26	76	6 02	5 92	5 61	5 47	5 25	4 81	4 59	4 37
Onces.											
1	»	30	59	6 87	6 76	6 41	6 25	6 00	5 50	5 25	5 00
2	»	61	18	13 75	13 52	12 82	12 50	12 00	11 00	10 50	10 00
3	»	91	78	20 62	20 29	19 23	18 75	18 00	16 50	15 75	15 00
4	»	122	37	27 50	27 05	25 63	25 00	24 00	22 00	21 00	20 00
5	»	152	97	34 37	33 81	32 03	31 25	30 00	27 50	26 25	25 00
6	»	183	56	41 25	40 57	38 47	37 50	36 00	33 00	31 50	30 00
7	»	214	15	48 12	47 34	44 88	43 75	42 00	38 50	36 75	35 00
Marcs.											
1	»	244	75	55 00	54 10	51 30	50 00	48 00	44 00	42 00	40 00
2	»	489	50	110 00	108 20	102 60	100 00	96 00	88 00	84 00	80 00
3	»	734	25	165 00	162 30	153 90	150 00	144 00	132 00	126 00	120 00
4	»	979	01	220 00	216 40	205 20	200 00	192 00	176 00	168 00	160 00
5	1	223	76	275 00	270 50	256 50	250 00	240 00	220 00	210 00	200 00
6	1	468	51	330 00	324 60	307 80	300 00	288 00	264 00	252 00	240 00
7	1	713	27	385 00	378 70	359 10	350 00	336 00	308 00	294 00	280 00
8	1	958	02	440 00	432 80	410 40	400 00	384 00	352 00	336 00	320 00

Conversion des **MARCS** *en* **KILOGRAMMES**, **GRAMMES** *et* **CENTIGRAMMES**, *suivie des différentes valeurs d'un ou plusieurs objets en* **ARGENT** *à l'un des poids ci-dessous.*

POIDS de MARC.	CONVERS. Kilog.	Grammes.	Centigram.	DIVERSES VALEURS DU MARC D'ARGENT à 55f ..e fr. c.	1er Titre contrôlé 54f 10e fr. c.	1er Titre non contr. 51f 30e fr. c.	à 50f ..e fr. c.	2e Titre contrôlé 48f ..e fr. c.	2e Titre non contr. 44f ..e fr. c.	à 42f ..e fr. c.	à 40f ..e fr. c.
9	2.	302.	77	495 00	486 90	461 70	450 00	432 00	396 00	378 00	360 00
10	2.	447.	82	550 00	541 00	513 00	500 00	480 00	440 05	420 00	400 00
20	4.	895.	65	1100 00	1082 00	1026 00	1000 00	960 00	880 00	840 00	800 00
50	7.	342.	80	1650 00	1623 00	1539 00	1500 00	1440 00	1320 00	1260 00	1200 00

CHAPITRE V.

DE LA CONVERSION DES MILLIÈMES EN KARATS, POUR L'OR, ET EN DENIERS POUR L'ARGENT, AINSI QUE DE LA CONVERSION DES MILLIÈMES EN GRAINS DE FIN CONTENUS PAR MARC D'OR OU D'ARGENT, ET DES DIFFÉRENTES VALEURS D'UNE ONCE D'OR, D'UN MARC D'ARGENT ET DE L'ONCE, APRÈS ESSAI, SUIVANT LES DIFFÉRENS PRIX DE L'ONCE D'OR FIN ET DU MARC D'ARGENT FIN.

Le Tarif suivant, le plus complet de tous ceux de ce genre, offre la solution de toutes les opérations qui ont rapport aux dorés :

1° Il donne la conversion des milliémes en karats et trente-deux pour l'or, et en deniers, grains et demi-grains pour l'argent. On observera de répéter aux milliémes, devant lesquels il n'y a pas de conversion, la conversion précédente ; ces espaces blancs indiquent des fractions de trente-deux et de demi-grain que les essayeurs négligent ordinairement ;

2° Il donne, pour l'or et l'argent, la conversion des milliémes en grains de fin, et la conversion des grains de fin en onces, gros, demi-gros, grains et fractions de grain d'or ou d'argent fin contenus dans un marc, après essai. Cette conversion est très-utile pour les échanges de lingots d'or, d'argent et de doré, contre de l'or ou de l'argent fin. Exemple : j'ai un lingot contenant or et argent ; il est d'après son bulletin d'essai à 635 milliémes pour or, et à 253 milliémes pour argent ; je désire savoir combien je dois recevoir d'or fin et d'argent fin. par marc de mon lingot ; je trouve à 635 milliémes, 2920 grains 1 dixième, ou 5 onces, ¼ gros, 10 grains, 1 dixième d'or fin contenus dans chaque marc de mon lingot. Je trouve à 253 milliémes, 1165 grains, 8 dixièmes ou 2 onces, 13 grains, 8 dixièmes d'argent fin contenus dans chaque marc de mon lingot ; ainsi donc, je recevrai en échange de mon lingot, et pour chaque marc, 5 onces, ¼ gros, 10 grains, 1 dixième d'or fin, et 2 onces, 13 grains, 8 dixièmes d'argent fin ; de cette manière, je rentre dans tout le fin contenu dans mon lingot, et je ne dois que les frais d'affinage qui sont de 1 fr. 50 cent. par marc et de 19 cent. par once ;

3° Il donne la valeur d'une once d'or, d'un marc d'argent et de l'once, depuis 1 millième jusqu'à 1000 milliémes, calculée d'après tous les cours de l'once d'or fin et du marc d'argent fin. Comme il m'a été impossible de les réunir dans un même tableau, par la quantité de colonnes que cela exigeait, j'ai donné au bas de chaque page la valeur qu'il faut ajouter à toutes les sommes qui y sont contenues, dans le cas où le prix de l'or fin et de l'argent fin serait supérieur de quelques centimes à l'un de ceux exprimés dans ce tarif. Cette valeur, d'un millième à l'autre, est si minime qu'elle ne peut être exprimée; en effet, cette valeur, pour chaque page contenant 28 millièmes, n'est que de 1 dixième de centime pour une différence de 5 centimes sur les prix de l'or fin et de l'argent fin, de 3 dixièmes de centime pour une différence de 10 centimes, de 4 dixièmes de centime pour une différence de 15 centimes et de 6 dixièmes de centime pour une différence de 20 centimes. On voit par là combien la progression de cette valeur est insensible par chaque page contenant 28 millièmes, et qu'elle peut être ajoutée, sans exception, à toutes les sommes qui y sont contenues. On observera de prendre, pour les onces d'argent, le huitième de la valeur à ajouter aux marcs d'argent. Voici deux exemples qui démontrent combien il est facile, à l'aide de ce tarif, de connaître la valeur d'un lingot d'or ou de doré, quels que soient son titre et le prix de l'once d'or fin et du marc d'argent fin. Exemple : j'ai un lingot d'or; il est au titre de 601 millièmes; je désire en connaître la valeur à raison de 105 fr. 65 cent. l'once d'or fin. Au titre 601 millièmes, à la colonne de 105 fr. 50 cent. qui est le prix de l'or fin le plus près de celui dont j'ai besoin, je trouve 63 francs 40 centimes l'once. La différence entre le prix de 105 fr. 50 cent. et celui de 105 fr. 65 cent., est donc de 15 centimes; je vois au bas de la page dans laquelle se trouve le titre de 601 millièmes, qu'il faut ajouter à toutes les sommes qui y sont contenues, 9 centimes 2 dixièmes, pour une différence en plus de 15 centimes sur les prix de l'or fin, exprimés dans ce chapitre.

J'additionne ces deux sommes ensemble : 63 fr. 40 cent.

9 cent. 2 dixièmes.

Total . . 63 fr. 49 cent. 2 dixièmes, valeur d'une once de mon lingot, à raison de 105 fr. 65 cent. l'once de fin.

Si le lingot contient or et argent, je fais la même opération pour l'argent que pour l'or, ayant soin de ne prendre que la valeur de l'once d'argent pour l'ajouter à celle de l'once d'or. Exemple : j'ai un lingot de doré ; il est d'après son bulletin d'essai à 553 millièmes pour or, et à 149 millièmes pour argent; je désire en connaître la valeur à raison de 106 francs l'once d'or fin et de 53 fr. 75 cent. le marc d'argent fin. Au titre 553 millièmes pour or, à la colonne de 106 fr., je trouve 58 fr. 61 cent. valeur d'une once de ce lingot; au titre 149 millièmes pour argent, à la colonne de 53 fr. 75 cent. le marc d'argent fin, et à la colonne des onces, je trouve 1 fr. valeur de l'argent contenu dans chaque once dudit lingot.

J'additionne ces deux sommes ensemble : 58 fr. 61 cent.

1 fr.

Total . . 59 fr. 61 cent., valeur d'une once de ce doré.

Moyen facile de connaître la quantité d'or ou d'argent fin contenu dans un lingot, d'après son bulletin d'essai, et pesé en poids de gramme. Le nombre de millièmes, soit pour or ou argent porté sur un bulletin d'essai représente le même nombre de grammes d'or ou d'argent fin contenu dans un kilo. ou 1000 grammes; ainsi, par exemple : j'ai un lingot d'or ou d'argent à 725 millièmes; il pèse 1000 grammes; mon lingot contient juste, 725 grammes d'or ou d'argent fin. Second exemple : j'ai un lingot d'or à 658 millièmes; il pèse 225 grammes, 6 décigrammes; je multiplie 225.6 par 658, ce qui me donne pour produit 148 grammes, 44 centigrammes, 48 centièmes de centigrammes d'or fin contenu dans la totalité de mon lingot. On emploie le même moyen pour connaître la valeur en espèces d'un lingot d'or, d'argent ou de doré d'après le cours de l'or ou de l'argent fin. Exemple : j'ai un lingot d'or à 560 millièmes; le cours de l'or fin est à 105 fr. 50 cent., je multiplie 105.50 par 560, ce qui me donne pour produit 59 fr. 8 cent., valeur d'une once de mon lingot. On trouve au chapitre suivant ces comptes tout faits.

DE 1 A 28 MILLIÈMES.

Conversion des MILLIÈMES en KARATS et TRENTE-DEUX, et en GRAINS DE FIN contenus dans un MARC d'or à l'un des titres ci-dessous, suivie des différentes valeurs d'une ONCE d'OR à l'un de ces mêmes titres.

CONVERSION en Karats et en Grains de fin. — DIVERSES VALEURS D'UNE ONCE D'OR D'APRÈS LES PRIX SUIVANS DE L'ONCE D'OR FIN (à fr. c.).

MILLIÈMES	Karats	Trente-Deux	Grains	Millièmes	Onces	Gros	Demi-Gros	Grains	Dixièmes	à 106 50	à 106 25	à 106 »	à 105 75	à 105 50	à 105 25	à 105 »
1	»	1	4	6	»	»	»	4	6	0 10	0 10	0 10	0 10	0 10	0 10	0 10
2	»	»	9	2	»	»	»	9	2	0 21	0 21	0 21	0 21	0 21	0 21	0 21
3	»	2	13	8	»	»	»	13	9	0 31	0 31	0 31	0 31	0 31	0 31	0 31
4	»	3	18	4	»	»	»	18	4	0 42	0 42	0 42	0 42	0 42	0 42	0 42
5	»	4	23	»	»	»	»	23	»	0 53	0 53	0 53	0 52	0 52	0 52	0 52
6	»	»	27	6	»	»	»	27	6	0 63	0 63	0 63	0 63	0 63	0 63	0 63
7	»	5	32	3	»	»	»	32	3	0 74	0 74	0 74	0 74	0 73	0 73	0 73
8	»	6	36	9	»	»	½	»	9	0 85	0 85	0 84	0 84	0 84	0 84	0 84
9	»	7	41	5	»	»	½	5	5	0 95	0 95	0 95	0 95	0 94	0 94	0 94
10	»	8	46	1	»	»	½	10	1	1 06	1 06	1 06	1 05	1 05	1 05	1 05
11	»	»	50	7	»	»	½	14	7	1 17	1 16	1 16	1 16	1 16	1 15	1 15
12	»	9	55	3	»	»	½	19	3	1 27	1 27	1 27	1 26	1 26	1 26	1 26
13	»	10	59	9	»	»	½	23	9	1 38	1 38	1 37	1 37	1 37	1 36	1 36
14	»	11	64	5	»	»	½	28	5	1 49	1 48	1 48	1 48	1 47	1 47	1 47
15	»	»	69	1	»	»	½	33	1	1 59	1 59	1 59	1 58	1 58	1 57	1 57
16	»	12	73	7	»	1	»	1	7	1 70	1 70	1 69	1 69	1 68	1 68	1 68
17	»	13	78	3	»	1	»	6	3	1 81	1 80	1 80	1 79	1 79	1 78	1 78
18	»	14	82	9	»	1	»	10	9	1 91	1 91	1 90	1 90	1 89	1 89	1 89
19	»	»	87	6	»	1	»	15	6	2 02	2 01	2 01	2 00	2 00	1 99	1 99
20	»	15	92	2	»	1	»	20	2	2 13	2 12	2 12	2 11	2 11	2 10	2 10
21	»	16	96	8	»	1	»	24	8	2 23	2 23	2 22	2 22	2 21	2 21	2 20
22	»	17	101	4	»	1	»	29	4	2 34	2 33	2 33	2 32	2 32	2 31	2 31
23	»	18	106	»	»	1	»	34	»	2 44	2 44	2 43	2 43	2 42	2 42	2 41
24	»	»	110	6	»	1	½	2	6	2 55	2 55	2 54	2 53	2 53	2 52	2 52
25	»	19	115	2	»	1	½	7	2	2 66	2 65	2 65	2 64	2 63	2 63	2 62
26	»	20	119	8	»	1	½	11	6	2 76	2 76	2 75	2 74	2 74	2 73	2 73
27	»	21	124	4	»	1	½	16	4	2 87	2 86	2 86	2 85	2 84	2 84	2 83
28	»	»	129	»	»	1	½	21	»	2 98	2 97	2 96	2 96	2 95	2 94	2 94

Lorsque le prix de l'or fin est supérieur de quelques centimes à ceux donnés dans ce chapitre, ajoutez pour chaque différence, à toutes les sommes sans exception, contenues dans cette page, les centimes et fractions de centime ci-dessous, et de la manière suivante* :

	cent.	dix.			cent.	dix.
Pour une différence de 5 cent.	»	1		Pour une différence de 15 cent.	»	4
Pour une différence de 10 cent.	»	3		Pour une différence de 20 cent.	»	6

* Voyez la page 44 ligne 22 pour plus ample explication.

Conversion des MILLIÈMES en DENIERS, GRAINS et DEMI-GRAINS, suivie des différentes valeurs d'un MARC et de l'ONCE d'ARGENT à l'un des titres ci-dessous.

MILLIÈMES	CONV.			DIVERSES VALEURS D'UN MARC ET DE L'ONCE D'ARGENT D'APRÈS LES PRIX SUIVANS DU MARC D'ARGENT FIN									
				à 54f .e		à 53f 75e		à 53f 50e		à 53f 25e		à 53f .e	
	Deniers	Grains	Demi-Grains	Marcs.	Onces.	Marcs.	Onces.	Marcs.	Onces.	Marcs.	Onces.	Marcs.	Onces.
				f. c.	f. c.	f. c.	f. c.	f. c.	f. c.	f. c.	f. c.	f. c.	f. c.
1	.	.	.	0 05	0 00	0 05	0 00	0 05	0 00	0 05	0 00	0 05	0 00
2	.	.	.	0 10	0 01	0 10	0 01	0 10	0 01	0 10	0 01	0 10	0 01
3	.	1	.	0 16	0 02	0 16	0 02	0 16	0 02	0 15	0 01	0 15	0 01
4	.	.	.	0 21	0 02	0 21	0 02	0 21	0 02	0 21	0 02	0 21	0 02
5	.	1	½	0 27	0 03	0 26	0 03	0 26	0 03	0 26	0 03	0 26	0 03
6	.	.	.	0 32	0 04	0 32	0 04	0 32	0 04	0 31	0 03	0 31	0 03
7	.	2	.	0 37	0 04	0 37	0 04	0 37	0 04	0 37	0 04	0 37	0 04
8	.	.	.	0 43	0 05	0 45	0 05	0 42	0 05	0 42	0 05	0 42	0 05
9	.	2	½	0 48	0 06	0 48	0 06	0 48	0 06	0 47	0 05	0 47	0 05
10	.	3	.	0 54	0 06	0 53	0 06	0 53	0 06	0 53	0 06	0 53	0 06
11	.	.	.	0 59	0 07	0 59	0 07	0 59	0 07	0 58	0 07	0 58	0 07
12	.	3	½	0 64	0 08	0 64	0 08	0 64	0 08	0 63	0 07	0 63	0 07
13	.	.	.	0 70	0 08	0 69	0 08	0 69	0 08	0 69	0 08	0 69	0 08
14	.	4	.	0 75	0 09	0 75	0 09	0 74	0 09	0 74	0 09	0 74	0 09
15	.	.	.	0 81	0 10	0 80	0 10	0 80	0 10	0 79	0 09	0 79	0 09
16	.	4	½	0 86	0 10	0 86	0 10	0 85	0 10	0 85	0 10	0 84	0 10
17	.	5	.	0 91	0 11	0 91	0 11	0 90	0 11	0 90	0 11	0 90	0 11
18	.	.	.	0 97	0 12	0 96	0 12	0 96	0 12	0 95	0 11	0 95	0 11
19	.	5	½	1 02	0 12	1 02	0 12	1 01	0 12	1 01	0 12	1 00	0 12
20	.	.	.	1 08	0 13	1 07	0 13	1 07	0 13	1 06	0 13	1 06	0 13
21	.	6	.	1 13	0 14	1 12	0 14	1 12	0 14	1 11	0 13	1 11	0 13
22	.	.	.	1 18	0 14	1 18	0 14	1 17	0 14	1 17	0 14	1 16	0 14
23	.	6	½	1 24	0 15	1 23	0 15	1 23	0 15	1 22	0 15	1 21	0 15
24	.	7	.	1 29	0 16	1 29	0 16	1 28	0 16	1 27	0 15	1 27	0 15
25	.	.	.	1 35	0 16	1 34	0 16	1 33	0 16	1 33	0 16	1 32	0 16
26	.	7	½	1 40	0 17	1 39	0 17	1 39	0 17	1 38	0 17	1 37	0 17
27	.	.	.	1 45	0 18	1 45	0 18	1 44	0 18	1 43	0 17	1 43	0 17
28	.	8	.	1 51	0 18	1 50	0 18	1 49	0 18	1 49	0 18	1 48	0 18

Lorsque le prix de l'argent fin est supérieur de quelques centimes à ceux donnés dans ce chapitre, ajoutez pour chaque différence, à toutes les sommes placées dans les colonnes de marcs, et contenues dans cette page, les centimes et fractions de centime ci-dessous, et seulement le huitième aux sommes placées dans les colonnes des onces *.

	cent.	dix.	huitiè.		cent.	dix.	huitiè.
Différence de 5 centimes	.	1	. .	Différence de 15 centimes	.	4	. .
Différence de 10 centimes	.	3	. .	Différence de 20 centimes	.	6	. .

* Voyez la page 44 ligne 21 pour plus ample explication.

Conversion des MILLIEMES en KARATS et TRENTE DEUX, et en GRAINS D… FIN contenus dans un MARC d'or à l'un des titres ci-dessous, suivie des different… valeurs d'une ONCE d'OR à l'un de ces mêmes titres.

MILLIÈMES.	CONVERSION en Karats et en Grains de fin.									DIVERSES VALEURS D'UNE ONCE D'OR D'APRÈS LES PRIX SUIVANS DE L'ONCE D'OR FIN						
	Karats.	Trente-Deux.	Grains.	Dixièmes.	Onces.	Gros.	Demi-Gros.	Grains.	Dixièmes.	à fr. c. 106 50	à fr. c. 106 25	à fr. c. 106 »	à fr. c. 105 75	à fr. c. 105 50	à fr. c. 105 25	à fr. c. 105 …
										fr. c.	fr. c.	fr. c.	fr. c.	fr. c.	fr. c.	fr. c.
29	»	22	133.	6	»	1.	½	23.	6	3 09	3 08	3 07	3 06	3 05	3 05	3 0…
30	»	23	138.	2	»	1.	½	30.	2	3 19	3 18	3 18	3 17	3 16	3 15	3 1…
31	»	24	142.	8	»	1.	½	34.	8	3 30	3 29	3 28	3 27	3 27	3 26	3 2…
32	»	»	147.	5	»	2.	»	3.	5	3 41	3 40	3 39	3 38	3 37	3 36	3 3…
33	»	25	152.	1	»	2.	»	8.	1	3 51	3 50	3 49	3 48	3 48	3 47	3 4…
34	»	26	156.	7	»	2.	»	12.	7	3 62	3 61	3 60	3 59	3 58	3 57	3 5…
35	»	27	161.	3	»	2.	»	17.	3	3 72	3 71	3 71	3 70	3 69	3 68	3 6…
36	»	28	165.	9	»	2.	»	21.	9	3 83	3 82	3 81	3 80	3 79	3 78	3 7…
37	»	»	170.	5	»	2.	»	26.	5	3 94	3 93	3 92	3 91	3 90	3 89	3 8…
38	»	29	175.	1	»	2.	»	31.	1	4 04	4 03	4 02	4 01	4 00	3 99	3 9…
39	»	30	179.	7	»	2.	»	35.	7	4 15	4 14	4 13	4 12	4 11	4 10	4 0…
40	»	31	184.	3	»	2.	½	4.	3	4 26	4 25	4 24	4 23	4 22	4 21	4 2…
41	»	»	188.	9	»	2.	½	8.	9	4 36	4 35	4 34	4 33	4 32	4 31	4 3…
42	1.	»	193.	5	»	2.	½	13.	5	4 47	4 46	4 45	4 44	4 43	4 42	4 4…
43	1.	1	198.	1	»	2.	½	18.	1	4 57	4 56	4 55	4 54	4 53	4 52	4 5…
44	1.	2	202.	8	»	2.	½	22.	8	4 68	4 67	4 66	4 65	4 64	4 63	4 6…
45	1.	2	207.	4	»	2.	½	27.	4	4 79	4 78	4 77	4 75	4 74	4 73	4 7…
46	1.	3	212.	»	»	2.	½	32.	»	4 89	4 88	4 87	4 86	4 85	4 84	4 8…
47	1.	4	216.	6	»	3.	»	»	6	5 00	4 99	4 98	4 97	4 95	4 94	4 9…
48	1.	5	221.	2	»	3.	»	5.	2	5 11	5 10	5 08	5 07	5 06	5 05	5 0…
49	1.	6	225.	8	»	3.	»	9.	8	5 21	5 20	5 19	5 18	5 16	5 15	5 1…
50	»	»	230.	4	»	3.	»	14.	4	5 32	5 31	5 30	5 28	5 27	5 26	5 2…
51	1.	7	235.	»	»	3.	»	19.	»	5 43	5 41	5 40	5 39	5 38	5 36	5 3…
52	1.	8	239.	6	»	3.	»	23.	6	5 53	5 52	5 51	5 49	5 48	5 47	5 4…
53	1.	9	244.	2	»	3.	»	28.	2	5 64	5 63	5 61	5 60	5 59	5 57	5 5…
54	»	»	248.	8	»	3.	»	32.	8	5 75	5 73	5 72	5 71	5 69	5 68	5 6…
55	1	10	253.	4	»	3.	½	1.	4	5 85	5 84	5 83	5 81	5 80	5 78	5 7…
56	1.	11	258.	»	»	3.	½	6	»	5 96	5 95	5 93	5 92	5 90	5 89	5 8…

Lorsque le prix de l'or fin est supérieur de quelques centimes à ceux donné… dans ce chapitre, ajoutez pour chaque différence à toutes les sommes, sans exception… contenues dans cette page, les centimes et fractions de centime ci-dessous, et d… la manière suivante :

	cent.	dix.		cent.
Pour une différence de 5 cent.	»	3	Pour une différence de 15 cent.	»
Pour une différence de 10 cent.	»	6	Pour une différence de 20 cent.	1

Conversion des MILLIÈMES en DENIERS, GRAINS, et DEMI-GRAINS, suivie des différentes valeurs d'un MARC et de l'ONCE d'ARGENT à l'un des titres ci-dessous.

MILLIÈMES	CONV. Deniers	Grains	Demi-Grains	à 54f 0c Marcs (fr. c.)	Onces (fr. c.)	à 53f 75c Marcs	Onces	à 53f 50c Marcs	Onces	à 53f 25c Marcs	Onces	à 53f 0c Marcs	Onces
29				1 58	0 19	1 55	0 19	1 55	0 19	1 54	0 19	1 53	0 19
30	·	8	½	1 62	0 20	1 61	0 20	1 60	0 20	1 59	0 19	1 59	0 19
31	·	9	·	1 67	0 20	1 66	0 20	1 65	0 20	1 63	0 20	1 64	0 20
32				1 72	0 21	1 72	0 21	1 71	0 21	1 70	0 21	1 69	0 21
33	·	9	½	1 78	0 22	1 77	0 22	1 76	0 22	1 75	0 21	1 74	0 21
34				1 83	0 22	1 82	0 22	1 81	0 22	1 81	0 22	1 80	0 22
35	·	10	·	1 89	0 23	1 88	0 23	1 87	0 23	1 86	0 23	1 85	0 23
36	·	10	½	1 94	0 24	1 93	0 24	1 92	0 24	1 91	0 23	1 90	0 23
37				1 99	0 24	1 98	0 24	1 97	0 24	1 97	0 24	1 96	0 24
38	·	11	·	2 05	0 25	2 04	0 25	2 03	0 25	2 02	0 25	2 01	0 25
39				2 10	0 26	2 09	0 26	2 08	0 26	2 07	0 25	2 06	0 25
40	·	11	½	2 16	0 27	2 15	0 26	2 14	0 26	2 13	0 26	2 12	0 26
41				2 21	0 27	2 20	0 27	2 19	0 27	2 18	0 27	2 17	0 27
42	·	12	·	2 26	0 28	2 25	0 28	2 24	0 28	2 23	0 27	2 22	0 27
43	·	12	½	2 32	0 29	2 31	0 28	2 30	0 28	2 28	0 28	2 27	0 28
44				2 37	0 29	2 56	0 29	2 35	0 29	2 34	0 29	2 33	0 28
45	·	13	·	2 43	0 30	2 41	0 30	2 40	0 30	2 39	0 29	2 38	0 29
46				2 48	0 31	2 47	0 30	2 46	0 30	2 44	0 30	2 43	0 30
47	·	13	½	2 53	0 31	2 52	0 31	2 51	0 31	2 50	0 31	2 49	0 31
48				2 59	0 32	2 58	0 32	2 56	0 32	2 55	0 31	2 54	0 31
49	·	14	·	2 64	0 33	2 63	0 32	2 62	0 32	2 60	0 32	2 59	0 32
50	·	14	½	2 70	0 33	2 68	0 33	2 67	0 33	2 66	0 33	2 65	0 33
51				2 75	0 34	2 74	0 34	2 72	0 34	2 71	0 33	2 70	0 33
52	·	15	·	2 80	0 35	2 79	0 34	2 78	0 34	2 76	0 34	2 75	0 34
53				2 86	0 35	2 84	0 35	2 83	0 35	2 82	0 35	2 80	0 35
54	·	15	½	2 91	0 36	2 90	0 36	2 88	0 36	2 87	0 35	2 86	0 35
55				2 97	0 37	2 95	0 36	2 94	0 36	2 92	0 36	2 91	0 36
56	·	16	·	3 02	0 37	3 01	0 37	2 99	0 37	2 98	0 37	2 96	0 37

Table title: DIVERSES VALEURS D'UN MARC ET DE L'ONCE D'ARGENT D'APRÈS LES PRIX SUIVANS DU MARC D'ARGENT FIN.

Lorsque le prix de l'argent fin est supérieur de quelques centimes à ceux donnés dans ce chapitre, ajoutez pour chaque différence, à toutes les sommes placées dans les colonnes de marcs, et contenues dans cette page, les centimes et fractions de centime ci-dessous, et seulement le huitième aux sommes placées dans les colonnes d'onces.

	cent. dix.	hoité.		cent. dix.	hoité.
Différence de 5 centimes.	· 3	· ·	Différence de 15 centimes.	· 8	· ·
Différence de 10 centimes.	· 6	· ·	Différence de 20 centimes.	1 1	· 1

Conversion des MILLIÈMES en KARATS et TRENTE-DEUX, et en GRAINS D[...] FIN contenus dans un MARC d'or à l'un des titres ci-dessous, suivie des différent[es] valeurs d'une ONCE D'OR à l'un de ces mêmes titres.

CONVERSION en Karats et en Grains de fin.

MILLIÈMES	Karats	Trente-Deux	Grains	Primes	Onces	Gros	Demi-Gros	Grains	Dixièmes
57	1.	12	262.	7	»	3	⅛	10.	7
58			267.	5	»	3	¼	15.	5
59	1.	13	271.	9	»	3	⅜	19.	0
60	1.	14	276.	3	»	3	½	24.	3
61	1.	15	281.	1	»	3	⅝	29.	1
62			285.	7	»	3	¾	33.	7
63	1.	16	290.	3	»	4	»	2.	3
64	1.	17	294.	9	»	4	»	6.	9
65	1.	18	299.	5	»	4	»	11.	5
66	1.	19	304.	1	»	4	»	16.	1
67			308.	7	»	4	»	20.	7
68	1.	20	313.	3	»	4	»	23.	3
69	1.	21	318.	»	»	4	»	30.	»
70	1.	22	322.	6	»	4	»	34.	6
71			327.	2	»	4	⅛	3.	2
72	1.	23	331.	8	»	4	¼	7.	3
73	1.	24	336.	4	»	4	⅜	12.	4
74	1.	25	341.	»	»	4	½	17.	»
75			345.	6	»	4	⅝	21.	6
76	1.	26	350.	2	»	4	¾	26.	2
77	1.	27	354.	8	»	4	⅞	30.	3
78	1.	28	359.	4	»	4	½	35.	4
79	1.	29	364.	»	»	5	»	4.	»
80			368.	6	»	5	»	8.	6
81	1.	30	373.	2	»	5	»	13.	2
82	1.	31	377.	9	»	5	»	17.	9
83	2.	»	382.	5	»	5	»	22.	3
84			387.	1	»	5	»	27.	4

DIVERSES VALEURS D'UNE ONCE D'OR, d'après les prix suivans de l'once d'or fin.

MILLIÈMES	à 106 50	à 106 25	à 106 »	à 105 75	à 105 50	à 105 25	à 105 »
	fr. c.	fr. c.	fr. c.	fr. c.	fr. c.	fr. c.	fr. c.
57	6 07	6 04	6 04	6 02	6 01	5 99	5 9[...]
58	6 17	6 16	6 14	6 13	6 11	6 10	6 0[...]
59	6 28	6 26	6 25	6 23	6 22	6 20	6 1[...]
60	6 39	6 37	6 36	6 34	6 33	6 31	6 3[...]
61	6 49	6 48	6 46	6 45	6 43	6 42	6 4[...]
62	6 60	6 58	6 57	6 55	6 54	6 52	6 5[...]
63	6 70	6 69	6 67	6 66	6 64	6 63	6 6[...]
64	6 81	6 80	6 78	6 76	6 75	6 73	6 7[...]
65	6 92	6 90	6 89	6 87	6 85	6 84	6 8[...]
66	7 02	7 01	6 99	6 97	6 96	6 94	6 9[...]
67	7 13	7 11	7 10	7 08	7 06	7 05	7 0[...]
68	7 24	7 22	7 20	7 19	7 17	7 15	7 1[...]
69	7 34	7 33	7 31	7 29	7 27	7 26	7 2[...]
70	7 45	7 43	7 42	7 40	7 38	7 36	7 3[...]
71	7 56	7 54	7 52	7 50	7 49	7 47	7 4[...]
72	7 66	7 65	7 63	7 61	7 59	7 57	7 5[...]
73	7 77	7 75	7 73	7 71	7 70	7 68	7 6[...]
74	7 88	7 86	7 84	7 82	7 80	7 78	7 7[...]
75	7 98	7 96	7 95	7 93	7 91	7 89	7 8[...]
76	8 09	8 07	8 05	8 03	8 01	7 99	7 9[...]
77	8 20	8 18	8 16	8 14	8 12	8 10	8 0[...]
78	8 30	8 28	8 26	8 24	8 22	8 20	8 1[...]
79	8 41	8 39	8 37	8 35	8 34	8 31	8 2[...]
80	8 52	8 50	8 48	8 46	8 44	8 42	8 4[...]
81	8 62	8 60	8 58	8 56	8 54	8 52	8 5[...]
82	8 73	8 71	8 69	8 67	8 65	8 63	8 6[...]
83	8 83	8 81	8 79	8 77	8 75	8 73	8 7[...]
84	8 94	8 92	8 90	8 88	8 86	8 84	8 8[...]

Lorsque le prix de l'or fin est supérieur de quelques centimes à ceux donné[s] dans ce chapitre, ajoutez pour chaque différence, à toutes les sommes sans exception, contenues dans cette page, les centimes et fractions de centime ci-dessous, et de la manière suivante :

	cent.	dix.			cent.	dix.
Pour une différence de 5 cent.	»	4		Pour une différence de 15 cent.	1	2
Pour une différence de 10 cent.	»	8		Pour une différence de 20 cent.	1	7

Conversion des MILLIÈMES en DENIERS, GRAINS et DEMI-GRAINS, suivie des différentes valeurs d'un MARC et de l'ONCE d'ARGENT à l'un des titres ci-dessous.

MILLIÈMES.	CONV. (Deniers, Grains, Demi-Grains.)	DIVERSES VALEURS D'UN MARC ET DE L'ONCE D'ARGENT D'APRÈS LES PRIX SUIVANS DU MARC D'ARGENT FIN.									
		à 54f 2e		à 53f 75e		à 53f 50e		à 53f 25e		à 53f e	
		Marcs.	Onces.	Marcs.	Onces.	Marcs.	Onces.	Marcs.	Onces.	Marcs.	Onces.
		f. c.	f. c.	f. c.	f. c.	f. c.	f. c.	f. c.	f. c.	f. c.	f. c.
57	. 16. ½	3 07	0 38	3 06	0 38	3 04	0 38	3 03	0 37	3 02	0 37
58		3 13	0 39	3 11	0 38	3 10	0 38	3 08	0 38	3 07	0 38
59	. 17. .	3 18	0 39	3 17	0 39	3 15	0 39	3 14	0 39	3 12	0 39
60		3 24	0 40	3 22	0 40	3 21	0 40	3 19	0 39	3 18	0 39
61	. 17. ½	3 29	0 41	3 27	0 40	3 26	0 40	3 24	0 40	3 23	0 40
62		3 34	0 41	3 33	0 41	3 31	0 41	3 30	0 41	3 28	0 41
63	. 18. .	3 40	0 42	3 38	0 42	3 37	0 42	3 35	0 41	3 33	0 41
64	. 18. ½	3 45	0 43	3 44	0 43	3 42	0 42	3 40	0 42	3 39	0 42
65		3 51	0 43	3 49	0 43	3 47	0 43	3 46	0 43	3 44	0 43
66	. 19. .	3 56	0 44	3 54	0 44	3 53	0 44	3 51	0 43	3 49	0 43
67		3 61	0 45	3 60	0 45	3 58	0 44	3 56	0 44	3 55	0 44
68	. 19. ½	3 67	0 45	3 65	0 45	3 63	0 45	3 61	0 45	3 60	0 45
69	. 20. .	3 72	0 46	3 70	0 46	3 69	0 46	3 67	0 45	3 65	0 45
70		3 78	0 47	3 76	0 47	3 74	0 46	3 72	0 46	3 71	0 46
71	. 20. ½	3 83	0 47	3 81	0 47	3 79	0 47	3 78	0 47	3 76	0 47
72		3 88	0 48	3 87	0 48	3 85	0 48	3 83	0 47	3 81	0 47
73	. 21. .	3 94	0 49	3 92	0 49	3 90	0 48	3 88	0 48	3 86	0 48
74		3 99	0 49	3 97	0 49	3 95	0 49	3 94	0 49	3 92	0 49
75	. 21. ½	4 05	0 50	4 03	0 50	4 01	0 50	3 99	0 49	3 97	0 49
76	. 22. .	4 10	0 51	4 08	0 51	4 06	0 50	4 04	0 50	4 02	0 50
77		4 15	0 51	4 13	0 51	4 11	0 51	4 10	0 51	4 08	0 51
78	. 22. ½	4 21	0 52	4 19	0 52	4 17	0 52	4 15	0 51	4 13	0 51
79		4 26	0 53	4 24	0 53	4 22	0 52	4 20	0 52	4 18	0 52
80	. 23. .	4 32	0 54	4 30	0 53	4 28	0 53	4 26	0 53	4 24	0 53
81		4 37	0 54	4 35	0 54	4 33	0 54	4 31	0 53	4 29	0 53
82	. 23. ½	4 42	0 55	4 40	0 55	4 38	0 54	4 36	0 54	4 34	0 54
83	1. . .	4 48	0 56	4 45	0 55	4 44	0 55	4 41	0 55	4 39	0 54
84		4 53	0 56	4 51	0 56	4 49	0 56	4 47	0 55	4 43	0 55

Lorsque le prix de l'argent fin est supérieur de quelques centimes à ceux donnés dans ce chapitre, ajoutez pour chaque différence, à toutes les sommes placées dans les colonnes de marcs, et contenues dans cette page, les centimes et fractions de centime ci-dessous, et seulement le huitième aux sommes placées dans les colonnes d'onces.

	cent.	diz.	huiti.			cent.	diz.	huiti.
Différence de 5 centimes	.	4	.	.	Différence de 15 centimes	1	5	. 2
Différence de 10 centimes	.	8	.	1	Différence de 20 centimes	1	7	. 2

Conversion des MILLIÈMES en KARATS et TRENTE DEUX, et en GRAINS DE FIN contenus dans un MARC d'or à l'un des titres ci-dessous, suivie des différentes valeurs d'une ONCE d'OR à l'un de ces mêmes titres.

MILLIÈMES	CONVERSION en Karats et en Grains de fin									DIVERSES VALEURS D'UNE ONCE D'OR — D'APRÈS LES PRIX SUIVANS DE L'ONCE D'OR FIN						
	Karats	Trente-Deux	Grains	Dixièmes	Onces	Gros	Demi-Gros	Grains	Dixièmes	à 106 50	à 106 25	à 106 »	à 105 75	à 105 50	à 105 25	à 105 »
85	2	1	394	7	»	5	»	34	7	9 05	9 03	9 01	8 98	8 96	8 94	8 92
86	2	2	399	3	»	5	½	»	3	9 15	9 13	9 11	9 09	9 07	9 05	9 03
87	2	3	404	9	»	5	½	4	9	9 26	9 24	9 22	9 20	9 17	9 15	9 13
88			408	5	»	5	½	9	5	9 37	9 35	9 32	9 30	9 28	9 26	9 24
89	2	4	410	1	»	5	½	14	1	9 47	9 45	9 43	9 41	9 38	9 36	9 34
90	2	5	414	7	»	5	½	18	7	9 58	9 56	9 54	9 51	9 49	9 47	9 45
91	2	6	419	3	»	5	½	23	3	9 69	9 66	9 64	9 62	9 60	9 57	9 55
92	2	7	423	9	»	5	½	27	9	9 79	9 77	9 75	9 72	9 70	9 68	9 66
93			428	5	»	5	½	32	5	9 90	9 88	9 85	9 83	9 81	9 78	9 76
94	2	8	433	2	»	6	»	1	2	10 01	9 98	9 96	9 94	9 91	9 89	9 87
95	2	9	437	8	»	6	»	5	8	10 11	10 09	10 07	10 04	10 02	9 99	9 97
96	2	10	442	4	»	6	»	10	4	10 22	10 20	10 17	10 15	10 12	10 10	10 08
97			447	»	»	6	»	15	»	10 33	10 30	10 28	10 25	10 23	10 20	10 18
98	2	11	451	6	»	6	»	19	6	10 43	10 41	10 38	10 36	10 33	10 31	10 29
99	2	12	456	2	»	6	»	24	2	10 54	10 51	10 49	10 46	10 44	10 41	10 39
100	2	13	460	8	»	6	»	28	8	10 65	10 62	10 60	10 57	10 55	10 52	10 50
101			465	4	»	6	»	33	4	10 75	10 73	10 70	10 68	10 65	10 63	10 60
102	2	14	470	»	»	6	½	2	»	10 86	10 83	10 81	10 78	10 76	10 75	10 71
103	2	15	474	6	»	6	½	6	6	10 96	10 94	10 91	10 89	10 86	10 84	10 81
104	2	16	479	2	»	6	½	11	2	11 07	11 05	11 02	10 99	10 97	10 94	10 92
105	2	17	483	8	»	6	½	15	8	11 18	11 15	11 13	11 10	11 07	11 05	11 02
106			488	4	»	6	½	20	4	11 28	11 26	11 23	11 20	11 18	11 15	11 13
107	2	18	493	1	»	6	½	24	1	11 39	11 36	11 34	11 31	11 28	11 26	11 23
108	2	19	497	7	»	6	½	29	7	11 50	11 47	11 44	11 42	11 39	11 36	11 34
109	2	20	502	3	»	6	½	34	3	11 60	11 58	11 55	11 52	11 49	11 47	11 44
110			506	9	»	7	»	2	9	11 71	11 68	11 66	11 63	11 60	11 57	11 55
111	2	21	511	5	»	7	»	7	5	11 81	11 79	11 76	11 73	11 71	11 68	11 65
112	2	22	516	1	»	7	»	12	1	11 92	11 90	11 87	11 84	11 81	11 78	11 76

Lorsque le prix de l'or fin est supérieur de quelques centimes à ceux donnés dans ce chapitre, ajoutez pour chaque différence à toutes les sommes, sans exception, contenues dans cette page, les centimes et fractions de centime ci-dessous, et de la manière suivante :

	cent. dix.			cent. dix.
Pour une différence de 5 cent.	» 6	Pour une différence de 15 cent.	1 7
Pour une différence de 10 cent.	1 1	Pour une différence de 20 cent.	2 2

Conversion des MILLIÈMES en DENIERS, GRAINS, et DEMI-GRAINS, suivie des différentes valeurs d'un MARC et de l'ONCE d'ARGENT à l'un des titres ci-dessous.

MILL.	CONV.			DIVERSES VALEURS D'UN MARC ET DE L'ONCE D'ARGENT D'APRÈS LES PRIX SUIVANS DU MARC D'ARGENT FIN									
				à 54f ..		à 53f 75c		à 53f 50c		à 53f 25c		à 53f ..	
	Deniers	Grains	Demi-Grains	Marcs	Onces	Marcs	Onces	Marcs	Onces	Marcs	Onces	Marcs	Onces
				fr. c.	fr. c.	fr. c.	fr. c.	fr. c.	fr. c.	fr. c.	fr. c.	fr. c.	fr. c.
	1.	*	⅓	4 59	0 57	4 56	0 57	4 54	0 56	4 52	0 56	4 50	0 56
				4 64	0 58	4 62	0 57	4 60	0 57	4 57	0 57	4 55	0 56
	1.	1.	*	4 69	0 58	4 67	0 58	4 65	0 58	4 63	0 57	4 61	0 57
				4 75	0 59	4 73	0 59	4 70	0 58	4 68	0 58	4 66	0 58
	1.	1.	½	4 80	0 60	4 78	0 59	4 76	0 59	4 73	0 59	4 71	0 58
	1.	2.	*	4 86	0 60	4 83	0 60	4 81	0 60	4 79	0 59	4 77	0 59
				4 91	0 61	4 89	0 61	4 86	0 60	4 84	0 60	4 82	0 60
	1.	2.	½	4 96	0 62	4 94	0 61	4 92	0 61	4 89	0 61	4 87	0 60
				5 02	0 62	4 99	0 62	4 97	0 62	4 95	0 61	4 92	0 61
	1.	3.	*	5 07	0 63	5 05	0 63	5 02	0 62	5 00	0 62	4 90	0 62
	1.	3.	½	5 13	0 64	5 10	0 63	5 08	0 63	5 06	0 63	5 03	0 62
				5 18	0 64	5 16	0 64	5 13	0 64	5 11	0 63	5 09	0 63
	1.	4.	*	5 23	0 65	5 21	0 65	5 18	0 64	5 16	0 64	5 14	0 64
				5 29	0 66	5 26	0 65	5 24	0 65	5 21	0 65	5 19	0 64
	1.	4.	½	5 34	0 66	5 32	0 66	5 29	0 66	5 27	0 65	5 24	0 65
				5 40	0 67	5 37	0 67	5 35	0 66	5 32	0 66	5 30	0 66
	1.	5.	*	5 45	0 68	5 42	0 67	5 40	0 67	5 37	0 67	5 35	0 66
	1.	5.	½	5 50	0 68	5 48	0 68	5 45	0 68	5 43	0 67	5 40	0 67
				5 56	0 69	5 53	0 69	5 51	0 68	5 48	0 68	5 46	0 68
	1.	6.	*	5 61	0 70	5 59	0 69	5 56	0 69	5 53	0 69	5 51	0 68
				5 67	0 70	5 64	0 70	5 61	0 70	5 59	0 69	5 56	0 69
	1.	6.	½	5 72	0 71	5 69	0 71	5 67	0 70	5 64	0 70	5 61	0 70
				5 77	0 72	5 75	0 71	5 72	0 71	5 69	0 71	5 67	0 70
	1.	7.	*	5 83	0 72	5 80	0 72	5 77	0 72	5 75	0 71	5 72	0 71
	1.	7.	½	5 88	0 73	5 85	0 73	5 83	0 72	5 80	0 72	5 77	0 72
				5 94	0 74	5 91	0 73	5 88	0 73	5 85	0 73	5 83	0 72
	1.	8.	*	5 99	0 74	5 96	0 74	5 93	0 74	5 91	0 73	5 80	0 73
				6 04	0 75	6 02	0 73	5 99	0 74	5 96	0 74	5 93	0 74

Lorsque le prix de l'argent fin est supérieur de quelques centimes à ceux donnés dans ce chapitre, ajoutez pour chaque différence, à toutes les sommes placées dans les colonnes de marcs, et contenues dans cette page, les centimes et fractions de centime ci-dessous, et seulement le huitième aux sommes placées dans les colonnes d'onces.

	cent.	dix.	huiti.		cent.	dix.	huiti.
Différence de 5 centimes	.	6	. .	Différence de 15 centimes	1	7	. 9
Différence de 10 centimes	1	1	. 1	Différence de 20 centimes	2	2	. 3

Conversion des *MILLIÈMES* en *KARATS* et *TRENTE-DEUX*, et en *GRAINS DE FIN* contenus dans un *MARC* d'or à l'un des titres ci-dessous, suivie des différentes valeurs d'une *ONCE d'OR* à l'un de ces mêmes titres.

MILLIÈMES	CONVERSION en Karats et en Grains de fin									DIVERSES VALEURS D'UNE ONCE D'OR d'après les prix suivants de l'once d'or fin						
	Karats	Trente-Deux	Grains	[Half-Grain]	Onces	Gros	Demi-Gros	Grains	Fraction	fr. c. 106 50	fr. c. 106 25	fr. c. 106	fr. c. 105 75	fr. c. 105 50	fr. c. 105 25	fr. c. 105
113	2.23	[illegible]	[illegible]	[illegible]	[illegible]	[illegible]	[illegible]	[illegible]	[illegible]	[illegible]	[illegible]	[illegible]	[illegible]	[illegible]	[illegible]	[illegible]
114		[illegible]	[illegible]	[illegible]	[illegible]	[illegible]	[illegible]	[illegible]	[illegible]	[illegible]	[illegible]	[illegible]	[illegible]	[illegible]	[illegible]	[illegible]
115	2.24	[illegible]	[illegible]	[illegible]	[illegible]	[illegible]	[illegible]	[illegible]	[illegible]	[illegible]	[illegible]	[illegible]	[illegible]	[illegible]	[illegible]	[illegible]
116	2.25	[illegible]	[illegible]	[illegible]	[illegible]	[illegible]	[illegible]	[illegible]	[illegible]	[illegible]	[illegible]	[illegible]	[illegible]	[illegible]	[illegible]	[illegible]
117	2.26	[illegible]	[illegible]	[illegible]	[illegible]	[illegible]	[illegible]	[illegible]	[illegible]	[illegible]	[illegible]	[illegible]	[illegible]	[illegible]	[illegible]	[illegible]
118	2.27	[illegible]	[illegible]	[illegible]	[illegible]	[illegible]	[illegible]	[illegible]	[illegible]	[illegible]	[illegible]	[illegible]	[illegible]	[illegible]	[illegible]	[illegible]
119		[illegible]	[illegible]	[illegible]	[illegible]	[illegible]	[illegible]	[illegible]	[illegible]	[illegible]	[illegible]	[illegible]	[illegible]	[illegible]	[illegible]	[illegible]
120	2.28	[illegible]	[illegible]	[illegible]	[illegible]	[illegible]	[illegible]	[illegible]	[illegible]	[illegible]	[illegible]	[illegible]	[illegible]	[illegible]	[illegible]	[illegible]
121	2.29	[illegible]	[illegible]	[illegible]	[illegible]	[illegible]	[illegible]	[illegible]	[illegible]	[illegible]	[illegible]	[illegible]	[illegible]	[illegible]	[illegible]	[illegible]
122	2.30	[illegible]	[illegible]	[illegible]	[illegible]	[illegible]	[illegible]	[illegible]	[illegible]	[illegible]	[illegible]	[illegible]	[illegible]	[illegible]	[illegible]	[illegible]
123		[illegible]	[illegible]	[illegible]	[illegible]	[illegible]	[illegible]	[illegible]	[illegible]	[illegible]	[illegible]	[illegible]	[illegible]	[illegible]	[illegible]	[illegible]
124	2.31	[illegible]	[illegible]	[illegible]	[illegible]	[illegible]	[illegible]	[illegible]	[illegible]	[illegible]	[illegible]	[illegible]	[illegible]	[illegible]	[illegible]	[illegible]
125	3.	[illegible]	[illegible]	[illegible]	[illegible]	[illegible]	[illegible]	[illegible]	[illegible]	[illegible]	[illegible]	[illegible]	[illegible]	[illegible]	[illegible]	[illegible]
126	3. 1	[illegible]	[illegible]	[illegible]	[illegible]	[illegible]	[illegible]	[illegible]	[illegible]	[illegible]	[illegible]	[illegible]	[illegible]	[illegible]	[illegible]	[illegible]
127		[illegible]	[illegible]	[illegible]	[illegible]	[illegible]	[illegible]	[illegible]	[illegible]	[illegible]	[illegible]	[illegible]	[illegible]	[illegible]	[illegible]	[illegible]
128	3. 2	[illegible]	[illegible]	[illegible]	[illegible]	[illegible]	[illegible]	[illegible]	[illegible]	[illegible]	[illegible]	[illegible]	[illegible]	[illegible]	[illegible]	[illegible]
129	3. 3	[illegible]	[illegible]	[illegible]	[illegible]	[illegible]	[illegible]	[illegible]	[illegible]	[illegible]	[illegible]	[illegible]	[illegible]	[illegible]	[illegible]	[illegible]
130	3. 4	[illegible]	[illegible]	[illegible]	[illegible]	[illegible]	[illegible]	[illegible]	[illegible]	[illegible]	[illegible]	[illegible]	[illegible]	[illegible]	[illegible]	[illegible]
131		[illegible]	[illegible]	[illegible]	[illegible]	[illegible]	[illegible]	[illegible]	[illegible]	[illegible]	[illegible]	[illegible]	[illegible]	[illegible]	[illegible]	[illegible]
132	3. 5	[illegible]	[illegible]	[illegible]	[illegible]	[illegible]	[illegible]	[illegible]	[illegible]	[illegible]	[illegible]	[illegible]	[illegible]	[illegible]	[illegible]	[illegible]
133	3. 6	[illegible]	[illegible]	[illegible]	[illegible]	[illegible]	[illegible]	[illegible]	[illegible]	[illegible]	[illegible]	[illegible]	[illegible]	[illegible]	[illegible]	[illegible]
134	3. 7	[illegible]	[illegible]	[illegible]	[illegible]	[illegible]	[illegible]	[illegible]	[illegible]	[illegible]	[illegible]	[illegible]	[illegible]	[illegible]	[illegible]	[illegible]
135	3. 8	[illegible]	[illegible]	[illegible]	[illegible]	[illegible]	[illegible]	[illegible]	[illegible]	[illegible]	[illegible]	[illegible]	[illegible]	[illegible]	[illegible]	[illegible]
136		[illegible]	[illegible]	[illegible]	[illegible]	[illegible]	[illegible]	[illegible]	[illegible]	[illegible]	[illegible]	[illegible]	[illegible]	[illegible]	[illegible]	[illegible]
137	3. 9	[illegible]	[illegible]	[illegible]	[illegible]	[illegible]	[illegible]	[illegible]	[illegible]	[illegible]	[illegible]	[illegible]	[illegible]	[illegible]	[illegible]	[illegible]
138	3. 10	[illegible]	[illegible]	[illegible]	[illegible]	[illegible]	[illegible]	[illegible]	[illegible]	[illegible]	[illegible]	[illegible]	[illegible]	[illegible]	[illegible]	[illegible]
139	3. 11	[illegible]	[illegible]	[illegible]	[illegible]	[illegible]	[illegible]	[illegible]	[illegible]	[illegible]	[illegible]	[illegible]	[illegible]	[illegible]	[illegible]	[illegible]
140		[illegible]	[illegible]	[illegible]	[illegible]	[illegible]	[illegible]	[illegible]	[illegible]	[illegible]	[illegible]	[illegible]	[illegible]	[illegible]	[illegible]	[illegible]

Lorsque le prix de l'or fin est supérieur de quelques centimes à ceux donnés dans ce chapitre, ajoutez pour chaque différence, à toutes les sommes sans exception, contenues dans cette page, les centimes et fractions de centime ci-dessous, et de la manière suivante:

	cent. dix.			cent. dix.
Pour une différence de 5 cent.	. 7		Pour une différence de 15 cent.	2 1
Pour une différence de 10 cent.	1 4		Pour une différence de 20 cent.	2 4

Conversion des MILLIÈMES en DENIERS, GRAINS et DEMI-GRAINS, suivie des différentes valeurs d'un MARC et de l'ONCE d'ARGENT à l'un des titres ci-dessous.

MILLIÈMES	CONV. Deniers. Grains. Demi-Grains	DIVERSES VALEURS D'UN MARC ET DE L'ONCE D'ARGENT D'APRÈS LES PRIX SUIVANS DU MARC D'ARGENT FIN								
		à 54f 0e		à 53f 75e		à 53f 50e		à 53f 25e		à 53f 0e	
		Marcs.	Onces.	Marcs.	Onces.	Marcs.	Onces.	Marcs.	Onces.	Marcs.	Onces.
		fr. c.	fr. c.	fr. c.	fr. c.	fr. c.	fr. c.	fr. c.	fr. c.	fr. c.	fr. c.
113	1. 8. ½	6 10	0 76	6 07	0 75	6 04	0 75	6 01	0 75	5 98	0 74
114		6 15	0 76	6 12	0 76	6 09	0 76	6 07	0 75	6 04	0 75
115	1. 9. .	6 21	0 77	6 18	0 77	6 15	0 76	6 12	0 76	6 09	0 76
116	1. 9. ½	6 26	0 78	6 23	0 77	6 20	0 77	6 17	0 77	6 14	0 76
117		6 31	0 78	6 28	0 78	6 25	0 78	6 23	0 77	6 20	0 77
118	1. 10. .	6 37	0 79	6 34	0 79	6 31	0 78	6 28	0 78	6 25	0 78
119		6 42	0 80	6 39	0 79	6 36	0 79	6 33	0 79	6 30	0 78
120	1. 10. ½	6 48	0 81	6 43	0 80	6 42	0 80	6 39	0 79	6 36	0 79
121		6 53	0 81	6 50	0 81	6 47	0 80	6 44	0 80	6 41	0 80
122	1. 11. .	6 58	0 82	6 55	0 81	6 52	0 81	6 49	0 81	6 46	0 80
123	1. 11. ½	6 64	0 83	6 61	0 82	6 58	0 82	6 54	0 81	6 51	0 81
124		6 69	0 83	6 66	0 83	6 63	0 82	6 60	0 82	6 57	0 82
125	1. 12. .	6 75	0 84	6 71	0 83	6 68	0 83	6 64	0 83	6 62	0 82
126		6 80	0 85	6 77	0 84	6 74	0 84	6 70	0 83	6 67	0 83
127	1. 12. ½	6 85	0 85	6 82	0 85	6 79	0 84	6 76	0 84	6 73	0 84
128	1. 13. .	6 91	0 86	6 88	0 86	6 84	0 85	6 81	0 85	6 78	0 84
129		6 96	0 87	6 93	0 86	6 90	0 86	6 86	0 86	6 83	0 85
130	1. 13. ½	7 02	0 87	6 98	0 87	6 95	0 86	6 92	0 86	6 89	0 86
131		7 07	0 88	7 04	0 88	7 00	0 87	6 97	0 87	6 94	0 86
132	1. 14. .	7 12	0 89	7 09	0 88	7 06	0 88	7 02	0 87	6 99	0 87
133		7 18	0 89	7 14	0 89	7 11	0 88	7 08	0 88	7 04	0 88
134	1. 14. ½	7 23	0 90	7 20	0 90	7 16	0 89	7 13	0 89	7 10	0 88
135	1. 15. .	7 29	0 91	7 25	0 90	7 22	0 90	7 18	0 89	7 15	0 89
136		7 34	0 91	7 31	0 91	7 27	0 90	7 24	0 90	7 20	0 90
137	1. 15. ½	7 39	0 92	7 36	0 92	7 32	0 91	7 29	0 91	7 26	0 90
138		7 45	0 93	7 41	0 92	7 38	0 92	7 34	0 91	7 31	0 91
139	1. 16. .	7 50	0 93	7 47	0 93	7 43	0 92	7 40	0 92	7 36	0 92
140		7 56	0 94	7 52	0 94	7 49	0 93	7 45	0 93	7 42	0 92

Lorsque le prix de l'argent fin est supérieur de quelques centimes à ceux donnés dans ce chapitre, ajoutez pour chaque différence, à toutes les sommes placées dans les colonnes de marcs, et contenues dans cette page, les centimes et fractions de centime ci-dessous, et seulement le huitième aux sommes placées dans les colonnes d'onces.

	cent.	dix.	huitié.		cent.	dix.	huitié.
Différence de 5 centimes.	.	7	. 1	Différence de 15 centimes.	2	1	. 3
Différence de 10 centimes.	1	4	. 2	Différence de 20 centimes.	2	8	. 3

Conversion des MILLIÈMES en KARATS et TRENTE-DEUX, et en GRAINS DE FIN contenus dans un MARC d'or à l'un des titres ci-dessous, suivie des différentes valeurs d'une ONCE D'OR à l'un de ces mêmes titres.

CONVERSION en Karats et en Grains de fin.

Millièmes	Karats	Trente-Deux	Grains	Dixièmes	Onces	Gros	Demi-Gros	Grains	Dixièmes
141	3	12	649	7	1	1	»	1	7
142	3	13	654	3	1	1	»	6	3
143	3	14	658	9	1	1	»	10	9
144			663	6	1	1	»	15	6
145	3	15	668	2	1	1	»	20	2
146	3	16	672	8	1	1	»	24	8
147	3	17	677	4	1	1	»	29	4
148	3	18	682	»	1	1	»	34	»
149			686	6	1	1	½	2	6
150	3	19	691	2	1	1	½	7	2
151	3	20	695	8	1	1	½	11	8
152	3	21	700	4	1	1	½	16	4
153			705	»	1	1	½	21	»
154	3	22	709	6	1	1	½	25	6
155	3	23	714	2	1	1	½	30	2
156	3	24	718	8	1	1	½	34	8
157			723	5	1	2	»	3	5
158	3	25	728	1	1	2	»	8	1
159	3	26	732	7	1	2	»	12	7
160	3	27	737	3	1	2	»	17	3
161	3	28	741	9	1	2	»	21	9
162			746	5	1	2	»	26	5
163	3	29	751	1	1	2	»	31	1
164	3	30	755	7	1	2	»	35	7
165	3	31	760	3	1	2	½	4	3
166			764	9	1	2	½	8	9
167	4	»	769	5	1	2	½	13	5
168	4	1	774	1	1	2	½	18	1

DIVERSES VALEURS D'UNE ONCE D'OR d'après les prix suivans de l'once d'or fin

Millièmes	à 106 50	à 106 25	à 106 »	à 105 75	à 105 50	à 105 25	à 105 »
141	15 01	14 98	14 94	14 91	14 87	14 84	14 80
142	15 12	15 08	15 05	15 01	14 98	14 94	14 91
143	15 22	15 19	15 15	15 12	15 08	15 05	15 01
144	15 33	15 30	15 26	15 22	15 19	15 15	15 12
145	15 44	15 40	15 37	15 33	15 29	15 26	15 22
146	15 54	15 51	15 47	15 43	15 40	15 36	15 33
147	15 65	15 61	15 58	15 54	15 50	15 47	15 43
148	15 76	15 72	15 68	15 65	15 61	15 57	15 54
149	15 86	15 83	15 79	15 75	15 71	15 68	15 64
150	15 97	15 93	15 90	15 86	15 82	15 78	15 75
151	16 08	16 04	16 00	15 96	15 93	15 89	15 85
152	16 18	16 15	16 11	16 07	16 03	15 99	15 96
153	16 29	16 25	16 21	16 17	16 14	16 10	16 06
154	16 40	16 36	16 32	16 29	16 24	16 20	16 17
155	16 50	16 46	16 43	16 39	16 35	16 31	16 27
156	16 61	16 57	16 53	16 49	16 45	16 41	16 37
157	16 72	16 68	16 64	16 60	16 56	16 52	16 48
158	16 82	16 78	16 74	16 70	16 66	16 63	16 59
159	16 93	16 89	16 85	16 81	16 77	16 73	16 69
160	17 04	17 00	16 96	16 92	16 88	16 84	16 80
161	17 14	17 10	17 06	17 02	16 98	16 94	16 90
162	17 23	17 21	17 17	17 13	17 09	17 05	17 01
163	17 33	17 31	17 27	17 23	17 18	17 15	17 11
164	17 46	17 42	17 38	17 34	17 30	17 26	17 22
165	17 57	17 53	17 49	17 44	17 40	17 36	17 32
166	17 67	17 63	17 59	17 55	17 51	17 47	17 43
167	17 78	17 74	17 70	17 66	17 62	17 58	17 54
168	17 89	17 85	17 81	17 77	17 72	17 68	17 64

Lorsque le prix de l'or fin est supérieur de quelques centimes à ceux donnés dans ce chapitre, ajoutez pour chaque différence à toutes les sommes, sans exception, contenues dans cette page, les centimes et fractions de centime ci-dessous, et de la manière suivante :

	cent.	dix.			cent.	dix.
Pour une différence de 5 cent.	»	8		Pour une différence de 15 cent.	2	5
Pour une différence de 10 cent.	1	7		Pour une différence de 20 cent.	3	4

Conversion des MILLIÈMES en DENIERS, GRAINS, et DEMI-GRAINS, suivie des différentes valeurs d'un MARC et de l'ONCE d'ARGENT à l'un des titres ci-dessous.

MILLIÈMES	CONV. Deniers. Grains. Demi-Grains.	à 54f » Marcs. fr. c.	à 54f » Onces. fr. c.	à 53f 75c Marcs.	à 53f 75c Onces.	à 53f 50c Marcs.	à 53f 50c Onces.	à 53f 25c Marcs.	à 53f 25c Onces.	à 53f » Marcs.	à 53f » Onces.
141	1. 16. ½	7 61	0 95	7 58	0 94	7 54	0 94	7 50	0 93	7 47	0 93
142	1. 17. »	7 66	0 95	7 63	0 95	7 59	0 94	7 56	0 94	7 52	0 94
143		7 72	0 96	7 68	0 96	7 65	0 95	7 61	0 95	7 57	0 94
144	1. 17. ½	7 77	0 97	7 74	0 96	7 70	0 96	7 66	0 95	7 63	0 95
145		7 83	0 97	7 79	0 97	7 75	0 96	7 72	0 96	7 68	0 96
146	1. 18. »	7 88	0 98	7 84	0 98	7 81	0 97	7 77	0 97	7 73	0 96
147		7 93	0 99	7 90	0 98	7 86	0 98	7 82	0 97	7 79	0 97
148	1. 18. ½	7 99	0 99	7 95	0 99	7 91	0 98	7 88	0 98	7 84	0 98
149	1. 19. »	8 04	1 00	8 00	1 00	7 97	0 99	7 93	0 99	7 89	0 98
150		8 10	1 01	8 06	1 00	8 02	1 00	7 98	0 99	7 95	0 99
151	1. 19. ½	8 15	1 01	8 11	1 01	8 07	1 00	8 04	1 00	8 00	1 00
152		8 20	1 02	8 17	1 02	8 13	1 01	8 09	1 01	8 05	1 00
153	1. 20. »	8 26	1 03	8 22	1 02	8 18	1 02	8 14	1 01	8 10	1 01
154		8 31	1 03	8 27	1 03	8 23	1 02	8 20	1 02	8 16	1 02
155	1. 20. ½	8 37	1 04	8 33	1 04	8 29	1 03	8 25	1 03	8 21	1 02
156	1. 21. »	8 42	1 05	8 38	1 04	8 34	1 04	8 30	1 03	8 26	1 03
157		8 47	1 05	8 43	1 05	8 39	1 04	8 36	1 04	8 32	1 04
158	1. 21. ½	8 53	1 06	8 49	1 06	8 45	1 05	8 41	1 05	8 37	1 04
159		8 58	1 07	8 54	1 06	8 50	1 06	8 46	1 05	8 42	1 05
160	1. 22. »	8 64	1 08	8 60	1 07	8 56	1 07	8 52	1 06	8 48	1 06
161	1. 22. ½	8 69	1 08	8 65	1 08	8 61	1 07	8 57	1 07	8 53	1 06
162		8 74	1 09	8 70	1 08	8 66	1 08	8 62	1 07	8 58	1 07
163	1. 23. »	8 80	1 10	8 76	1 09	8 72	1 09	8 67	1 08	8 63	1 07
164		8 85	1 10	8 81	1 10	8 77	1 09	8 73	1 09	8 69	1 08
165	1. 23. ½	8 91	1 11	8 86	1 10	8 82	1 10	8 78	1 09	8 74	1 09
166		8 96	1 12	8 92	1 11	8 88	1 11	8 83	1 10	8 79	1 09
167	2. ». »	9 01	1 12	8 97	1 12	8 93	1 11	8 89	1 11	8 85	1 10
168	2. ». ½	9 07	1 13	9 03	1 12	8 98	1 12	8 94	1 11	8 90	1 11

The header spanning the five price columns reads: **DIVERSES VALEURS D'UN MARC ET DE L'ONCE D'ARGENT D'APRÈS LES PRIX SUIVANS DU MARC D'ARGENT FIN**.

Lorsque le prix de l'argent fin est supérieur de quelques centimes à ceux donnés dans ce chapitre, ajoutez pour chaque différence, à toutes les sommes placées dans les colonnes de marcs, et contenues dans cette page, les centimes et fractions de centime ci-dessous, et seulement le huitième aux sommes placées dans les colonnes d'onces.

	cent.	dix.	huitié.		cent.	dix.	huitié.
Différence de 5 centimes.	»	8	» 1	Différence de 15 centimes.	2	5	» 3
Différence de 10 centimes.	1	7	» 2	Différence de 20 centimes.	3	4	» 4

DE 169 A 196 MILLIÈMES.

Conversion des MILLIÈMES en KARATS et TRENTE-DEUX, et en GRAINS DE FIN contenus dans un MARC d'or à l'un des titres ci-dessous, suivie des différentes valeurs d'une ONCE d'OR à l'un de ces mêmes titres.

Sous **CONVERSION en Karats et en Grains de fin** : colonnes Karats, Trente-Deux, Grains, dixièmes, puis Onces, Gros, Demi-Gros, Grains, dixièmes. Sous **DIVERSES VALEURS D'UNE ONCE D'OR, d'après les prix suivans de l'once d'or fin** (en fr. c.) : à 106 50, à 106 25, à 106 », à 105 75, à 105 50, à 105 25, à 105 ».

MILLIÈMES	Karats	Trente-Deux	Grains	dix.	Onces	Gros	Demi-Gros	Grains	dix.	à 106 50	à 106 25	à 106 »	à 105 75	à 105 50	à 105 25	à 105 »
169	4	2	778	8	1	2	½	22	8	17 93	17 93	17 91	17 87	17 83	17 78	17 74
170			783	4	1	2	½	27	4	18 10	18 06	18 02	17 97	17 93	17 89	17 85
171	4	3	788	»	1	2	½	32	»	18 21	18 16	18 12	18 08	18 04	17 99	17 95
172	4	4	792	6	1	3	»	»	6	18 31	18 27	18 23	18 18	18 14	18 10	18 06
173	4	5	797	2	1	3	»	5	2	18 42	18 38	18 33	18 29	18 25	18 20	18 16
174	4	6	801	8	1	3	»	9	8	18 53	18 48	18 44	18 40	18 35	18 31	18 27
175			806	4	1	3	»	14	4	18 65	18 59	18 55	18 50	18 46	18 41	18 37
176	4	7	811	»	1	3	»	19	»	18 74	18 70	18 65	18 61	18 56	18 52	18 48
177	4	8	815	6	1	3	»	23	6	18 85	18 80	18 76	18 71	18 67	18 62	18 58
178	4	9	820	2	1	3	»	28	2	18 96	18 91	18 86	18 82	18 77	18 73	18 69
179			824	8	1	3	»	32	8	19 06	19 01	18 97	18 92	18 88	18 83	18 79
180	4	10	829	4	1	3	½	1	4	19 17	19 12	19 08	19 03	18 99	18 94	18 90
181	4	11	834	»	1	3	½	6	»	19 27	19 23	19 18	19 14	19 09	19 05	19 00
182	4	12	838	7	1	3	½	10	7	19 38	19 33	19 29	19 24	19 20	19 15	19 11
183			843	3	1	3	½	15	3	19 48	19 44	19 39	19 35	19 30	19 26	19 21
184	4	13	847	9	1	3	½	19	9	19 59	19 55	19 50	19 45	19 41	19 36	19 32
185	4	14	852	5	1	3	½	24	5	19 70	19 65	19 61	19 56	19 51	19 47	19 42
186	4	15	857	1	1	3	½	29	1	19 80	19 76	19 71	19 66	19 62	19 57	19 53
187			861	7	1	3	½	33	7	19 91	19 86	19 82	19 77	19 72	19 68	19 63
188	4	16	866	3	1	4	»	2	3	20 02	19 97	19 92	19 88	19 83	19 78	19 74
189	4	17	870	9	1	4	»	6	9	20 12	20 08	20 03	19 98	19 93	19 89	19 84
190	4	18	875	5	1	4	»	11	5	20 23	20 18	20 14	20 09	20 04	19 99	19 95
191	4	19	880	1	1	4	»	16	1	20 34	20 29	20 24	20 19	20 15	20 10	20 06
192			884	7	1	4	»	20	7	20 44	20 40	20 35	20 30	20 25	20 20	20 16
193	4	20	889	3	1	4	»	25	3	20 55	20 50	20 45	20 40	20 36	20 31	20 26
194	4	21	894	»	1	4	»	30	»	20 66	20 61	20 56	20 51	20 46	20 41	20 37
195	4	22	898	6	1	4	»	34	6	20 76	20 71	20 67	20 62	20 57	20 52	20 47
196			903	2	1	4	½	3	2	20 87	20 82	20 77	20 72	20 67	20 62	20 58

Lorsque le prix de l'or fin est supérieur de quelques centimes à ceux donnés dans ce chapitre, ajoutez pour chaque différence, à toutes les sommes sans exception, contenues dans cette page, les centimes et fractions de centime ci-dessous, et de la manière suivante :

	cent.	dix.			cent.	dix.
Pour une différence de 5 cent.	1	»		Pour une différence de 15 cent.	2	»
Pour une différence de 10 cent.	2	»		Pour une différence de 20 cent.	3	»

*...version des MILLIÈMES en DENIERS, GRAINS et DEMI-GRAINS, suivie des
...férentes valeurs d'un MARC et de l'ONCE d'ARGENT à l'un des titres ci-dessous.*

MILLIÈMES	CONV. Deniers	Grains	Demi-Grains	DIVERSES VALEURS D'UN MARC ET DE L'ONCE D'ARGENT D'APRÈS LES PRIX SUIVANS DU MARC D'ARGENT FIN									
				à 54f ·c Marcs	Onces	à 53f 75c Marcs	Onces	à 53f 50c Marcs	Onces	à 53f 25c Marcs	Onces	à 53f ·c Marcs	Onces
169				9 12	1 14	9 08	1 13	9 04	1 13	8 99	1 12	8 95	1 11
170	2	1	·	9 18	1 14	9 13	1 14	9 09	1 13	9 05	1 13	9 01	1 12
171				9 23	1 15	9 19	1 14	9 14	1 14	9 10	1 13	9 06	1 13
172	2	1	½	9 28	1 16	9 24	1 15	9 20	1 15	9 15	1 14	9 11	1 13
173				9 34	1 16	9 29	1 16	9 25	1 15	9 21	1 15	9 16	1 14
174	2	2	·	9 39	1 17	9 35	1 16	9 30	1 16	9 26	1 15	9 22	1 15
175	2	2	½	9 45	1 18	9 40	1 17	9 36	1 17	9 31	1 16	9 27	1 15
176				9 50	1 18	9 46	1 18	9 41	1 17	9 37	1 17	9 32	1 16
177	2	3	·	9 55	1 19	9 51	1 18	9 46	1 18	9 42	1 17	9 38	1 17
178				9 61	1 20	9 56	1 19	9 52	1 19	9 47	1 18	9 43	1 17
179	2	3	½	9 66	1 20	9 62	1 20	9 57	1 19	9 53	1 19	9 48	1 18
180				9 72	1 21	9 67	1 20	9 63	1 20	9 58	1 19	9 54	1 19
181	2	4	·	9 77	1 22	9 72	1 21	9 68	1 21	9 63	1 20	9 59	1 19
182	2	4	½	9 82	1 22	9 78	1 22	9 73	1 21	9 69	1 21	9 64	1 20
183				9 88	1 23	9 83	1 22	9 79	1 22	9 74	1 21	9 69	1 21
184	2	5	·	9 93	1 24	9 89	1 23	9 84	1 23	9 79	1 22	9 75	1 21
185				9 99	1 24	9 94	1 24	9 89	1 23	9 85	1 23	9 80	1 22
186	2	5	½	10 04	1 25	9 99	1 24	9 95	1 24	9 90	1 23	9 85	1 23
187				10 09	1 26	10 05	1 25	10 00	1 25	9 95	1 24	9 91	1 23
188	2	6	·	10 15	1 26	10 10	1 26	10 05	1 25	10 01	1 25	9 96	1 24
189	2	6	½	10 20	1 27	10 15	1 26	10 11	1 26	10 06	1 25	10 01	1 25
190				10 26	1 28	10 21	1 27	10 16	1 27	10 11	1 26	10 07	1 25
191	2	7	·	10 31	1 28	10 26	1 28	10 21	1 27	10 17	1 27	10 12	1 26
192				10 36	1 29	10 32	1 29	10 27	1 28	10 22	1 27	10 17	1 27
193	2	7	½	10 42	1 30	10 37	1 29	10 32	1 29	10 27	1 28	10 22	1 27
194	2	8	·	10 47	1 30	10 42	1 30	10 37	1 29	10 33	1 29	10 28	1 28
195				10 53	1 31	10 48	1 31	10 43	1 30	10 38	1 29	10 33	1 29
196	2	8	½	10 58	1 32	10 53	1 31	10 48	1 31	10 43	1 30	10 38	1 29

Lorsque le prix de l'argent fin est supérieur de quelques centimes à ceux donnés dans ce chapitre, ajoutez pour chaque différence, à toutes les sommes placées dans les colonnes de marcs, et contenues dans cette page, les centimes et fractions de centime ci-dessous, et seulement le huitième aux sommes placées dans les colonnes d'onces.

	cent.	dix.	huit.		cent.	dix.	huit.
Différence de 5 centimes.	·	·	½	Différence de 15 centimes.	2	0	· 1
Différence de 10 centimes.	2	·	· 2	Différence de 20 centimes.	3	0	· 2

Conversion des MILLIÈMES en KARATS et TRENTE-DEUX, et en GRAINS D FIN contenus dans un MARC d'or à l'un des titres ci-dessous, suivie des différent valeurs d'une ONCE d'OR à l'un de ces mêmes titres.

MILLIÈMES.	CONVERSION en Karats et en Grains de fin.									DIVERSES VALEURS D'UNE ONCE D'OR D'APRÈS LES PRIX SUIVANS DE L'ONCE D'OR FIN						
	Karats.	Trente-Deux.	Grains.	Dixièmes.	Onces.	Gros.	Demi-Gros.	Grains.	Dixièmes.	à fr. c. 106 50	à fr. c. 106 25	à fr. c. 106 »	à fr. c. 105 75	à fr. c. 105 50	à fr. c. 105 25	à fr. c. 105 »
										fr. c.	fr. c.	fr. c.	fr. c.	fr. c.	fr. c.	fr. c.
197	4.	23	907.	8	1.	4.	½	7.	8	20 98	20 93	20 88	20 83	20 78	20 73	20
198	4.	24	912.	4	1.	4.	½	12.	4	21 08	21 03	20 98	20 93	20 88	20 83	20
199	4.	25	917.	»	1.	4.	½	17.	»	21 19	21 14	21 09	21 04	20 99	20 94	20
200			921.	6	1.	4.	½	21.	6	21 30	21 25	21 20	21 15	21 10	21 05	21
201	4.	26	926.	2	1.	4.	½	26.	2	21 40	21 35	21 30	21 25	21 20	21 15	21
202	4.	27	930.	8	1.	4.	½	30.	8	21 51	21 46	21 41	21 36	21 31	21 26	21
203	4.	28	935.	4	1.	4.	½	35.	4	21 61	21 56	21 51	21 46	21 41	21 36	21
204	4.	29	940.	»	1.	5.	»	4.	»	21 72	21 67	21 62	21 57	21 52	21 47	21
205			944.	6	1.	5.	»	8.	6	21 83	21 78	21 73	21 67	21 62	21 57	21
206	4.	30	949.	2	1.	5.	»	13.	2	21 93	21 88	21 83	21 78	21 73	21 68	21
207	4.	31	953.	9	1.	5.	»	17.	9	22 04	21 99	21 94	21 89	21 83	21 78	21
208	5.	»	958.	5	1.	5.	»	22.	5	22 15	22 10	22 04	21 99	21 94	21 89	21
209			963.	1	1.	5.	»	27.	1	22 25	22 20	22 15	22 10	22 04	21 99	21
210	5.	1	967.	7	1.	5.	»	31.	7	22 36	22 31	22 26	22 20	22 15	22 10	22
211	5.	2	972.	3	1.	5.	½	»	3	22 47	22 41	22 36	22 31	22 26	22 20	22
212	5.	3	976.	9	1.	5.	½	4.	9	22 57	22 52	22 47	22 41	22 36	22 31	22
213			981.	5	1.	5.	½	9.	5	22 68	22 63	22 57	22 52	22 47	22 41	22
214	5.	4	986.	1	1.	5.	½	14.	1	22 79	22 73	22 68	22 63	22 57	22 52	22
215	5.	5	990.	7	1.	5.	½	18.	7	22 89	22 84	22 79	22 73	22 68	22 62	22
216	5.	6	995.	3	1.	5.	½	23.	3	23 00	22 95	22 89	22 84	22 78	22 73	22
217	5.	7	999.	9	1.	5.	½	27.	9	23 11	23 05	23 00	22 94	22 89	22 83	22
218			1004.	5	1.	5.	½	32.	5	23 21	23 16	23 10	23 05	22 99	22 94	22
219	5.	8	1009.	2	1.	6.	»	1.	2	23 32	23 26	23 21	23 15	23 10	23 04	22
220	5.	9	1013.	8	1.	6.	»	5.	8	23 43	23 37	23 32	23 26	23 21	23 15	23
221	5.	10	1018.	4	1.	6.	»	10.	4	23 53	23 48	23 42	23 37	23 31	23 26	23
222			1023.	»	1.	6.	»	15.	»	23 64	23 58	23 53	23 47	23 42	23 36	23
223	5.	11	1027.	6	1.	6.	»	19.	6	23 74	23 69	23 63	23 58	23 52	23 47	23
224	5.	12	1032.	2	1.	6.	»	24.	2	23 85	23 80	23 74	23 68	23 63	23 57	23

Lorsque le prix de l'or fin est supérieur de quelques centimes à ceux donné dans ce chapitre, ajoutez pour chaque différence à toutes les sommes, sans exception contenues dans cette page, les centimes et fractions de centime ci-dessous, et d la manière suivante :

	cent.	dix.		cent.
Pour une différence de 5 cent.	1	1	Pour une différence de 15 cent.	3
Pour une différence de 10 cent.	2	2	Pour une différence de 20 cent.	4

nversion des MILLIÈMES en DENIERS, GRAINS, et DEMI-GRAINS, suivie des ifférentes valeurs d'un MARC et de l'ONCE d'ARGENT à l'un des titres ci-dessous.

MILLIÈMES.	CONV. Deniers. Grains. Demi-Grains.	DIVERSES VALEURS D'UN MARC ET DE L'ONCE D'ARGENT D'APRÈS LES PRIX SUIVANS DU MARC D'ARGENT FIN — à 54f »c Marcs.	à 54f »c Onces.	à 53f 75c Marcs.	à 53f 75c Onces.	à 53f 50c Marcs.	à 53f 50c Onces.	à 53f 25c Marcs.	à 53f 25c Onces.	à 53f »c Marcs.	à 53f »c Onces.
		fr. c.	fr. c.	fr. c.	fr. c.	fr. c.	fr. c.	fr. c.	fr. c.	fr. c.	fr. c.
197		10 63	1 32	10 58	1 32	10 53	1 31	10 49	1 31	10 44	1 30
198	2. 9. »	10 69	1 33	10 64	1 33	10 59	1 32	10 54	1 31	10 49	1 31
199		10 74	1 34	10 69	1 33	10 64	1 33	10 59	1 32	10 54	1 31
200	2. 9. ½	10 80	1 35	10 75	1 34	10 70	1 33	10 65	1 33	10 60	1 32
201	2. 10. »	10 85	1 35	10 80	1 35	10 75	1 34	10 70	1 33	10 65	1 33
202		10 90	1 36	10 85	1 35	10 80	1 35	10 75	1 34	10 70	1 33
203	2. 10. ½	10 96	1 37	10 91	1 36	10 86	1 35	10 80	1 35	10 75	1 34
204		11 01	1 37	10 96	1 37	10 91	1 36	10 86	1 35	10 81	1 35
205	2. 11. »	11 07	1 38	11 01	1 37	10 96	1 37	10 91	1 36	10 86	1 35
206		11 12	1 39	11 07	1 38	11 02	1 37	10 96	1 37	10 91	1 36
207	2. 11. ½	11 17	1 39	11 12	1 39	11 07	1 38	11 02	1 37	10 97	1 37
208	2. 12. »	11 23	1 40	11 18	1 39	11 12	1 39	11 07	1 38	11 02	1 37
209		11 28	1 41	11 23	1 40	11 18	1 39	11 12	1 39	11 07	1 38
210	2. 12. ½	11 34	1 41	11 28	1 41	11 23	1 40	11 18	1 39	11 13	1 39
211		11 39	1 42	11 34	1 41	11 28	1 41	11 23	1 40	11 18	1 39
212	2. 13. »	11 44	1 43	11 39	1 42	11 34	1 41	11 28	1 41	11 23	1 40
213		11 50	1 43	11 44	1 43	11 39	1 42	11 34	1 41	11 28	1 41
214	2. 13. ½	11 55	1 44	11 50	1 43	11 44	1 43	11 39	1 42	11 34	1 41
215	2. 14. »	11 61	1 45	11 55	1 44	11 50	1 43	11 44	1 43	11 39	1 42
216	2. » »	11 66	1 45	11 61	1 45	11 55	1 44	11 50	1 43	11 44	1 43
217	2. 14. ½	11 71	1 46	11 66	1 45	11 60	1 45	11 55	1 44	11 50	1 43
218		11 77	1 47	11 71	1 46	11 66	1 45	11 60	1 45	11 55	1 44
219	2. 15. »	11 82	1 47	11 77	1 47	11 71	1 46	11 66	1 45	11 60	1 45
220	2. 15. ½	11 88	1 48	11 82	1 47	11 77	1 47	11 71	1 46	11 66	1 45
221		11 93	1 49	11 87	1 48	11 82	1 47	11 76	1 47	11 71	1 46
222	2. 16. »	11 98	1 49	11 93	1 49	11 87	1 48	11 82	1 47	11 76	1 47
223		12 04	1 50	11 98	1 49	11 93	1 49	11 87	1 48	11 81	1 47
224	2. 16. ½	12 09	1 51	12 04	1 50	11 98	1 49	11 92	1 49	11 87	1 48

Lorsque le prix de l'argent fin est supérieur de quelques centimes à ceux donnés dans ce chapitre, ajoutez pour chaque différence, à toutes les sommes placées dans les colonnes de marcs, et contenues dans cette page, les centimes et fractions de centime ci-dessous, et seulement le huitième aux sommes placées dans les colonnes d'onces.

	cent.	dix.	huitiè.		cent.	dix.	huitiè.
Différence de 5 centimes.	1	1	» 1	Différence de 15 centimes.	3	4	» 4
Différence de 10 centimes.	2	2	» 3	Différence de 20 centimes.	4	5	» 6

DE 225 A 252 MILLIÈMES.

Conversion des MILLIÈMES en KARATS et TRENTE-DEUX, et en GRAINS D[E] FIN contenus dans un MARC d'or à l'un des titres ci-dessous, suivie des différent[es] valeurs d'une ONCE d'OR à l'un de ces mêmes titres.

MILLIÈMES	CONVERSION en Karats et en Grains de fin.									DIVERSES VALEURS D'UNE ONCE D'OR D'APRÈS LES PRIX SUIVANS DE L'ONCE D'OR FIN						
	Karats	Trente-Deux	Grains	Dixièmes	Onces	Gros	Huit-Gros	Grains	Dixièmes	à 106 50	à 106 25	à 106 .	à 105 75	à 105 50	à 105 25	à 105 .
										fr. c.	fr. c.	fr. c.	fr. c.	fr. c.	fr. c.	fr. c.
225	3	15	1036	6	1	6		28	6	25 06	25 00	24 95	24 79	24 73	24 68	24 62
226			1041	4	1	6		33	4	24 08	24 01	23 95	23 89	23 84	23 78	23 73
227	3	16	1046		1	6	¼	2		24 17	24 11	24 05	24 00	23 94	23 89	23 83
228	3	16	1050	6	1	6	½	6	6	24 28	24 22	24 16	24 11	24 05	23 99	23 94
229	3	16	1055	2	1	6	¾	11	2	24 38	24 33	24 27	24 21	24 15	24 10	24 04
230	3	17	1059	9	1	6	¾	15	6	24 49	24 45	24 38	24 32	24 26	24 20	24 15
231			1064	4	1	6		20	4	24 69	24 64	24 58	24 52	24 57	24 51	24 45
232	3	18	1068	1	1	6		25	1	24 70	24 65	24 59	24 53	24 47	24 41	24 36
233	3	19	1073	7	1	6	¼	29	7	24 81	24 75	24 69	24 63	24 58	24 52	24 46
234	3	20	1078	3	1	6	½	34	5	24 92	24 86	24 80	24 74	24 68	24 62	24 57
235			1082	9	1	7		2	9	25 03	24 96	24 91	24 85	24 79	24 73	24 67
236	3	21	1087	5	1	7		7	8	25 13	25 07	25 01	24 95	24 89	24 83	24 78
237	3	22	1092	1	1	7		12	4	25 24	25 18	25 12	25 06	25 00	24 94	24 89
238	3	23	1096	7	1	7		16	7	25 34	25 28	25 22	25 16	25 10	25 04	24 98
239			1101	3	1	7		21	3	25 44	25 39	25 33	25 27	25 21	25 15	25 09
240	3	24	1105	9	1	7		25	9	25 56	25 50	25 44	25 38	25 32	25 26	25 20
241	3	25	1110	5	1	7		30	5	25 66	25 60	25 54	25 48	25 42	25 36	25 30
242	3	26	1115	1	1	7		35	1	25 77	25 71	25 65	25 59	25 53	25 47	25 41
243	3	27	1119	7	1	7	¼	5	7	25 87	25 81	25 75	25 69	25 63	25 57	25 51
244			1124	4	1	7	½	3	4	25 98	25 92	25 86	25 80	25 74	25 68	25 62
245	3	28	1129		1	7	½	13		26 09	26 03	25 97	25 90	25 84	25 78	25 72
246	3	29	1133	6	1	7	½	17	6	26 19	26 13	26 07	26 01	25 95	25 89	25 83
247	3	30	1138	2	1	7	½	22	2	26 30	26 24	26 18	26 12	26 06	26 00	25 94
248			1142	8	1	7	¾	26	8	26 41	26 35	26 28	26 22	26 16	26 10	26 04
249	3	31	1147	4	1	7	¾	31	4	26 51	26 45	26 39	26 33	26 27	26 20	26 15
250	6		1152		2					26 62	26 56	26 50	26 43	26 37	26 31	26 25
251	6	1	1156	6	2			4	6	26 73	26 66	26 60	26 54	26 48	26 41	26 35
252			1161	2	2			8	2	26 83	26 77	26 71	26 64	26 58	26 52	26 46

Lorsque le prix de l'or fin est supérieur de quelques centimes à ceux donnés dans ce chapitre, ajoutez pour chaque différence, à toutes les sommes sans exception, contenues dans cette page, les centimes et fractions de centime ci-dessous, et de la manière suivante :

	cent.	dix.			cent.	dix.
Pour une différence de 5 cent.	1	5	Pour une différence de 15 cent.		3	6
Pour une différence de 10 cent.	2	5	Pour une différence de 20 cent.		5	.

Conversion des MILLIÈMES en DENIERS, GRAINS et DEMI-GRAINS, suivie des différentes valeurs d'un MARC et de l'ONCE d'ARGENT à l'un des titres ci-dessous.

MILLIÈMES	CONV. (Deniers. Grains. Demi-Grains.)	à 54f »c Marcs	Onces	à 53f 75c Marcs	Onces	à 53f 50c Marcs	Onces	à 53f 25c Marcs	Onces	à 53f »c Marcs	Onces
225		12 15	1 51	12 09	1 51	12 03	1 50	11 98	1 49	11 92	1 49
226	2. 17. »	12 20	1 52	12 14	1 51	12 09	1 51	12 05	1 50	11 97	1 49
227	2. 17. ½	12 25	1 53	12 20	1 52	12 14	1 51	12 08	1 51	12 03	1 50
228		12 31	1 53	12 23	1 53	12 19	1 52	12 11	1 51	12 08	1 51
229	2. 18. »	12 36	1 54	12 30	1 53	12 23	1 53	12 19	1 53	12 13	1 51
230		12 42	1 55	12 36	1 54	12 30	1 53	12 24	1 53	12 19	1 52
231	2. 18. ½	12 47	1 55	12 41	1 55	12 35	1 54	12 30	1 53	12 24	1 53
232		12 53	1 56	12 47	1 55	12 41	1 53	12 35	1 54	12 29	1 53
233	2. 19. »	12 58	1 57	12 52	1 56	12 46	1 55	12 40	1 55	12 34	1 54
234	2. 19. ½	12 63	1 57	12 57	1 57	12 51	1 56	12 46	1 54	12 40	1 55
235		12 69	1 58	12 63	1 57	12 57	1 57	12 51	1 56	12 45	1 55
236	2. 20. »	12 74	1 59	12 68	1 58	12 62	1 57	12 56	1 57	12 50	1 56
237		12 79	1 59	12 73	1 59	12 67	1 58	12 62	1 57	12 56	1 57
238	2. 20. ½	12 85	1 60	12 79	1 59	12 73	1 59	12 67	1 58	12 61	1 57
239		12 90	1 61	12 84	1 60	12 78	1 59	12 72	1 59	12 66	1 58
240	2. 21. »	12 96	1 62	12 90	1 61	12 84	1 60	12 78	1 59	12 72	1 59
241	2. 21. ½	13 01	1 62	12 95	1 61	12 89	1 61	12 83	1 60	12 77	1 59
242		13 06	1 63	13 00	1 62	12 94	1 61	12 88	1 61	12 82	1 60
243	2. 22. »	13 12	1 64	13 06	1 63	13 00	1 62	12 93	1 61	12 87	1 61
244		13 17	1 64	13 11	1 63	13 05	1 63	12 99	1 62	12 93	1 61
245	2. 22. ½	13 23	1 65	13 16	1 64	13 10	1 63	13 04	1 63	12 98	1 62
246		13 28	1 66	13 22	1 65	13 16	1 64	13 09	1 63	13 03	1 62
247	2. 23. »	13 33	1 66	13 27	1 65	13 21	1 65	13 15	1 64	13 09	1 63
248	2. 23. ½	13 39	1 67	13 33	1 66	13 26	1 65	13 20	1 64	13 14	1 64
249		13 44	1 68	13 38	1 67	13 32	1 66	13 25	1 65	13 19	1 64
250	3. » »	13 50	1 68	13 43	1 67	13 37	1 67	13 31	1 66	13 25	1 65
251		13 55	1 69	13 49	1 68	13 42	1 67	13 36	1 67	13 30	1 66
252	3. » ½	13 60	1 70	13 54	1 69	13 48	1 68	13 41	1 67	13 35	1 66

Lorsque le prix de l'argent fin est supérieur de quelques centimes à ceux donné. dans ce chapitre, ajoutez pour chaque différence, à toutes les sommes placées dans les colonnes de marcs, et contenues dans cette page, les centimes et fractions de centime ci-dessous, et seulement le huitième aux sommes placées dans les colonnes d'onces.

	cent.	diz.	huiti.		cent.	diz.	huiti.
Différence de 5 centimes	1	3	» 2	Différence de 15 centimes	3	8	» 5
Différence de 10 centimes	2	5	» 5	Différence de 20 centimes	5	»	» 6

Conversion des MILLIÈMES en KARATS et TRENTE-DEUX, et en GRAINS [DE]
FIN contenus dans un MARC d'or à l'un des titres ci-dessous, suivie des different[es]
valeurs d'une ONCE d'OR à l'un de ces mêmes titres.

CONVERSION en Karats et en Grains de fin.

MILLIÈMES	Karats	Trente-Deux	Grains	Huitièmes	Onces	Gros	Demi-Gros	Grains	Huitièmes
253	6	2	1165	8	2	»	»	13	8
254	6	3	1170	4	2	»	»	18	4
255	6	4	1175	»	2	»	»	23	»
256			1179	6	2	»	»	27	6
257	6	5	1184	3	2	»	»	32	3
258	6	6	1188	9	2	»	½	»	9
259	6	7	1193	5	2	»	½	5	5
260	6	8	1198	1	2	»	½	10	1
261			1202	7	2	»	½	14	7
262	6	9	1207	3	2	»	½	19	3
263	6	10	1211	9	2	»	½	23	9
264	6	11	1216	5	2	»	½	28	5
265			1221	1	2	»	½	33	1
266	6	12	1225	7	2	1	»	1	7
267	6	13	1230	3	2	1	»	6	3
268	6	14	1234	9	2	1	»	10	9
269			1239	6	2	1	»	15	6
270	6	15	1244	2	2	1	»	20	2
271	6	16	1248	8	2	1	»	24	8
272	6	17	1253	4	2	1	»	29	4
273	6	18	1258	»	2	1	»	34	»
274			1262	6	2	1	½	2	6
275	6	19	1267	2	2	1	½	7	2
276	6	20	1271	8	2	1	½	11	8
277	6	21	1276	4	2	1	½	16	4
278			1281	»	2	1	½	21	»
279	6	22	1285	6	2	1	½	25	6
280	6	23	1290	2	2	1	½	30	2

DIVERSES VALEURS D'UNE ONCE D'OR d'après les prix suivans de l'once d'or fin (fr. c.) :

MILLIÈMES	à 106 50	à 106 25	à 106 »	à 105 75	à 105 50	à 105 25	à 105 »
253	26 94	26 88	26 81	26 75	26 69	26 62	[illegible]
254	27 05	26 98	26 92	26 86	26 79	26 73	[illegible]
255	27 15	27 09	27 03	26 96	26 90	26 83	[illegible]
256	27 26	27 20	27 13	27 07	27 00	26 94	[illegible]
257	27 37	27 30	27 24	27 17	27 11	27 04	[illegible]
258	27 47	27 41	27 34	27 28	27 21	27 15	[illegible]
259	27 58	27 51	27 45	27 38	27 32	27 25	[illegible]
260	27 69	27 62	27 56	27 49	27 43	27 36	[illegible]
261	27 79	27 73	27 66	27 60	27 53	27 47	[illegible]
262	27 90	27 83	27 77	27 70	27 64	27 57	[illegible]
263	28 00	27 94	27 87	27 81	27 74	27 68	[illegible]
264	28 11	28 05	27 98	27 91	27 85	27 78	[illegible]
265	28 22	28 15	28 09	28 02	27 96	27 89	[illegible]
266	28 32	28 26	28 19	28 12	28 06	27 99	[illegible]
267	28 43	28 36	28 30	28 23	28 16	28 10	[illegible]
268	28 54	28 47	28 40	28 34	28 27	28 20	[illegible]
269	28 64	28 58	28 51	28 44	28 37	28 31	[illegible]
270	28 75	28 68	28 62	28 55	28 48	28 41	[illegible]
271	28 86	28 79	28 72	28 65	28 59	28 52	[illegible]
272	28 96	28 90	28 83	28 76	28 69	28 62	[illegible]
273	29 07	29 00	28 93	28 86	28 80	28 73	[illegible]
274	29 18	29 11	29 04	28 97	28 90	28 83	[illegible]
275	29 28	29 21	29 15	29 08	29 01	28 94	[illegible]
276	29 39	29 32	29 25	29 18	29 11	29 04	[illegible]
277	29 50	29 43	29 36	29 29	29 22	29 15	[illegible]
278	29 60	29 53	29 46	29 39	29 32	29 25	[illegible]
279	29 71	29 64	29 57	29 50	29 43	29 36	[illegible]
280	29 82	29 75	29 68	29 61	29 54	29 47	[illegible]

Lorsque le prix de l'or fin est supérieur de quelques centimes à ceux donn[és]
dans ce chapitre, ajoutez pour chaque différence à toutes les sommes, sans exception[,]
contenues dans cette page, les centimes et fractions de centime ci-dessous, et d[e]
la manière suivante :

	cent.	dix.		cent.	dix.
Pour une différence de 5 cent.	1	4	Pour une différence de 15 cent.	4	[illegible]
Pour une différence de 10 cent.	2	2	Pour une différence de 20 cent.	5	[illegible]

...nversion des MILLIÈMES en DENIERS, GRAINS, et DEMI-GRAINS, suivie des différentes valeurs d'un MARC et de l'ONCE d'ARGENT à l'un des titres ci-dessous.

DIVERSES VALEURS D'UN MARC ET DE L'ONCE D'ARGENT D'APRÈS LES PRIX SUIVANS DU MARC D'ARGENT FIN

Millièmes	Den.	Gr.	½Gr.	54f ·c Marcs	Onces	53f 75c Marcs	Onces	53f 50c Marcs	Onces	53f 25c Marcs	Onces	53f ·c Marcs	Onces
253	3.	1.	·	13 66	1 70	13 59	1 69	13 53	1 69	13 47	1 68	13 40	1 67
254				13 71	1 71	13 65	1 70	13 58	1 69	13 52	1 69	13 46	1 68
255	3.	1.	½	13 77	1 72	13 70	1 71	13 64	1 70	13 57	1 69	13 51	1 68
256				13 82	1 72	13 76	1 72	13 69	1 71	13 63	1 70	13 56	1 69
257	3.	2.	·	13 87	1 73	13 81	1 72	13 74	1 71	13 68	1 71	13 62	1 70
258				13 93	1 74	13 86	1 73	13 80	1 72	13 73	1 71	13 67	1 70
259	3.	2.	½	13 98	1 74	13 92	1 74	13 85	1 73	13 79	1 72	13 72	1 71
260	3.	3.	·	14 04	1 75	13 97	1 74	13 91	1 73	13 84	1 73	13 78	1 72
261				14 09	1 76	14 02	1 75	13 96	1 74	13 89	1 73	13 83	1 72
262	3.	3.	½	14 15	1 76	14 08	1 76	14 01	1 75	13 95	1 74	13 88	1 73
263				14 20	1 77	14 13	1 76	14 07	1 75	14 00	1 75	13 93	1 74
264	3.	4.	·	14 25	1 78	14 19	1 77	14 12	1 76	14 05	1 76	13 99	1 74
265				14 31	1 78	14 24	1 78	14 17	1 77	14 11	1 76	14 04	1 75
266	3.	4.	½	14 36	1 79	14 29	1 78	14 23	1 77	14 16	1 77	14 09	1 76
267	3.	5.	·	14 41	1 80	14 35	1 79	14 28	1 78	14 21	1 77	14 15	1 76
268				14 47	1 80	14 40	1 80	14 33	1 79	14 27	1 78	14 20	1 77
269	3.	5.	½	14 52	1 81	14 45	1 80	14 39	1 79	14 32	1 79	14 25	1 78
270				14 58	1 82	14 51	1 81	14 44	1 80	14 37	1 79	14 31	1 78
271	3.	6.	·	14 63	1 82	14 56	1 82	14 49	1 81	14 43	1 80	14 36	1 79
272				14 68	1 83	14 62	1 82	14 55	1 81	14 48	1 81	14 41	1 80
273	3.	6.	½	14 74	1 84	14 67	1 83	14 60	1 82	14 53	1 81	14 46	1 80
274	3.	7.	·	14 79	1 84	14 72	1 84	14 65	1 83	14 59	1 82	14 52	1 81
275				14 85	1 85	14 78	1 84	14 71	1 83	14 64	1 83	14 57	1 82
276	3.	7.	½	14 90	1 86	14 83	1 85	14 76	1 84	14 69	1 83	14 62	1 82
277				14 95	1 86	14 89	1 86	14 81	1 85	14 75	1 84	14 68	1 83
278	3.	8.	·	15 01	1 87	14 94	1 86	14 87	1 86	14 80	1 85	14 73	1 84
279				15 06	1 88	14 99	1 87	14 92	1 86	14 85	1 85	14 78	1 84
280	3.	8.	½	15 12	1 89	15 05	1 88	14 98	1 87	14 91	1 87	14 84	1 85

Lorsque le prix de l'argent fin est supérieur de quelques centimes à ceux donnés dans ce chapitre, ajoutez pour chaque différence, à toutes les sommes placées dans les colonnes de marcs, et contenues dans cette page, les centimes et fractions de centime ci-dessous, et seulement le huitième aux sommes placées dans les colonnes d'onces.

	cent. dix.	huit.		cent. dix.	huit.
Différence de 5 centimes.	4 4	· 2	Différence de 15 centimes.	? 2	· ?
Différence de 10 centimes.	9 8	· 3	Différence de 20 centimes.	6 ?	· ?

DE 281 A 308 MILLIÈMES.

Conversion des MILLIÈMES en KARATS et TRENTE-DEUX, et en GRAINS [DE OR] FIN contenus dans un MARC d'or à l'un des titres ci-dessous, suivie des différen[tes] valeurs d'une ONCE d'OR à l'un de ces mêmes titres.

MILLIÈMES.	CONVERSION en Karats et en Grains de fin.									DIVERSES VALEURS D'UNE ONCE D'OR d'après les prix suivans de l'once d'or fin.						
	Karats	Trente-Deux	Grains	Dixièmes	Onces	Gros	½ Demi-Gros	Grains	Dixièmes	à fr. c. 106 50	à 106 25	à 106 »	à 105 75	à 105 50	à 105 25	à 105 »
281	6	24	1294	8	2	1	»	34	6	29 92	29 85	29 78	29 71	29 64	29 57	29 [cut]
282			1299	5	2	2	»	3	6	30 03	29 96	29 89	29 82	29 75	29 68	29 [cut]
283	6	25	1304	1	2	2	»	8	1	30 15	30 08	30 01	29 94	29 85	29 78	29 [cut]
284	6	26	1308	7	2	2	»	12	7	30 24	30 17	30 10	30 05	29 96	29 90	29 [cut]
285	6	27	1313	3	2	2	»	17	3	30 33	30 28	30 21	30 13	30 06	29 99	29 [cut]
286	6	28	1317	9	2	2	»	21	9	30 45	30 38	30 31	30 24	30 17	30 10	30 [cut]
287			1322	5	2	2	»	26	5	30 56	30 49	30 42	30 35	30 27	30 20	30 [cut]
288	6	29	1327	1	2	2	»	31	1	30 67	30 60	30 52	30 45	30 38	30 31	30 [cut]
289	6	30	1331	7	2	2	»	35	7	30 77	30 70	30 63	30 56	30 48	30 41	30 [cut]
290	6	31	1336	3	2	2	½	4	3	30 88	30 81	30 74	30 66	30 59	30 52	30 [cut]
291			1341	9	2	2	½	9	9	30 99	30 91	30 84	30 77	30 70	30 63	30 [cut]
292	7	»	1345	5	2	2	½	13	5	31 09	31 02	30 95	30 87	30 80	30 73	30 [cut]
293	7	1	1350	1	2	2	½	18	1	31 20	31 13	31 06	30 98	30 91	30 83	30 [cut]
294	7	2	1354	8	2	2	½	22	8	31 31	31 25	31 18	31 09	31 01	30 94	30 [cut]
295			1359	4	2	2	½	27	4	31 41	31 34	31 27	31 19	31 12	31 04	30 [cut]
296	7	3	1364	»	2	2	½	32	»	31 52	31 45	31 37	31 30	31 22	31 15	31 [cut]
297	7	4	1368	6	2	3	»	»	6	31 63	31 55	31 48	31 40	31 33	31 25	31 [cut]
298	7	5	1373	2	2	3	»	5	2	31 73	31 66	31 58	31 51	31 43	31 36	31 [cut]
299	7	6	1377	8	2	3	»	9	8	31 84	31 76	31 69	31 61	31 54	31 46	31 [cut]
300			1382	4	2	3	»	14	4	31 95	31 87	31 80	31 72	31 65	31 57	31 [cut]
301	7	7	1387	»	2	3	»	19	»	32 05	31 98	31 90	31 83	31 75	31 68	31 [cut]
302	7	8	1391	6	2	3	»	23	6	32 16	32 08	32 01	31 93	31 86	31 78	31 [cut]
303	7	9	1396	2	2	3	»	28	2	32 26	32 19	32 11	32 04	31 96	31 89	31 [cut]
304			1400	8	2	3	»	32	8	32 37	32 30	32 22	32 14	32 07	31 99	31 [cut]
305	7	10	1405	4	2	3	½	1	4	32 48	32 40	32 33	32 25	32 17	32 10	32 [cut]
306	7	11	1410	»	2	3	½	6	»	32 58	32 51	32 43	32 36	32 28	32 20	32 [cut]
307	7	12	1414	7	2	3	½	10	7	32 69	32 61	32 54	32 46	32 38	32 31	32 [cut]
308			1419	3	2	3	½	15	3	32 80	32 72	32 64	32 57	32 49	32 41	32 [cut]

Lorsque le prix de l'or fin est supérieur de quelques centimes à ceux donné[s] dans ce chapitre, ajoutez pour chaque différence, à toutes les sommes sans exception[s] contenues dans cette page, les centimes et fractions de centime ci-dessous, et d[e] la manière suivante :

	cent.	dix.			cent.	dix.
Pour une différence de 5 cent.	1	5		Pour une différence de 15 cent.	4	[cut]
Pour une différence de 10 cent.	3	1		Pour une différence de 20 cent.	6	[cut]

Conversion des MILLIÈMES en DENIERS, GRAINS et DEMI-GRAINS, suivie des différentes valeurs d'un MARC et de l'ONCE d'ARGENT à l'un des titres ci-dessous.

MILLIÈMES	CONV.			DIVERSES VALEURS D'UN MARC ET DE L'ONCE D'ARGENT D'APRÈS LES PRIX SUIVANS DU MARC D'ARGENT FIN									
	Deniers	Grains	Demi-Grains	à 54f ..e		à 53f 75e		à 53f 50e		à 53f 25e		à 53f ..e	
				Marcs	Onces	Marcs	Onces	Marcs	Onces	Marcs	Onces	Marcs	Onces
				fr. c.	fr. c.	fr. c.	fr. c.	fr. c.	fr. c.	fr. c.	fr. c.	fr. c.	fr. c.
281	5	9	·	15 17	1 89	15 10	1 88	15 05	1 87	14 96	1 87	14 89	1 86
282				15 22	1 90	15 15	1 89	15 08	1 88	15 01	1 87	14 94	1 86
283	5	9	½	15 28	1 91	15 21	1 90	15 14	1 89	15 06	1 88	14 99	1 87
284				15 33	1 91	15 26	1 90	15 19	1 89	15 12	1 89	15 05	1 88
285	5	10	·	15 39	1 92	15 31	1 91	15 24	1 90	15 17	1 89	15 10	1 88
286	5	10	½	15 44	1 93	15 37	1 92	15 30	1 91	15 22	1 90	15 15	1 89
287				15 49	1 93	15 42	1 92	15 35	1 91	15 28	1 91	15 21	1 90
288	5	11	·	15 53	1 94	15 48	1 93	15 40	1 92	15 35	1 91	15 26	1 90
289				15 60	1 95	15 53	1 94	15 46	1 93	15 38	1 92	15 31	1 91
290	5	11	½	15 66	1 95	15 58	1 94	15 51	1 93	15 44	1 93	15 37	1 92
291				15 71	1 96	15 64	1 95	15 56	1 94	15 49	1 93	15 42	1 92
292	5	12	·	15 76	1 97	15 69	1 96	15 62	1 95	15 54	1 94	15 47	1 93
293	5	12	½	15 82	1 97	15 74	1 96	15 67	1 95	15 60	1 95	15 52	1 94
294				15 87	1 98	15 80	1 97	15 72	1 96	15 63	1 95	15 58	1 94
295	5	13	·	15 93	1 99	15 85	1 98	15 78	1 97	15 70	1 96	15 63	1 95
296				15 98	1 99	15 91	1 98	15 83	1 97	15 76	1 97	15 69	1 95
297	5	13	½	16 03	2 00	15 96	1 99	15 88	1 98	15 81	1 97	15 74	1 96
298				16 09	2 01	16 01	2 00	15 94	1 99	15 86	1 98	15 79	1 97
299	5	14	·	16 14	2 01	16 07	2 00	15 99	1 99	15 92	1 99	15 84	1 98
300	5	14	½	16 20	2 02	16 12	2 01	16 05	2 00	15 97	1 99	15 90	1 98
301				16 25	2 03	16 17	2 02	16 10	2 01	16 02	2 00	15 95	1 99
302	5	15	·	16 30	2 03	16 23	2 02	16 15	2 01	16 08	2 01	16 00	2 00
303				16 36	2 04	16 28	2 03	16 21	2 02	16 13	2 01	16 05	2 00
304	5	15	½	16 41	2 05	16 34	2 04	16 26	2 03	16 18	2 02	16 11	2 01
305				16 47	2 05	16 39	2 04	16 31	2 03	16 24	2 03	16 16	2 02
306	5	16	·	16 52	2 06	16 44	2 05	16 37	2 04	16 29	2 03	16 21	2 02
307	5	16	½	16 57	2 07	16 50	2 06	16 42	2 05	16 34	2 04	16 27	2 03
308				16 63	2 07	16 55	2 06	16 47	2 05	16 40	2 05	16 32	2 04

Lorsque le prix de l'argent fin est supérieur de quelques centimes à ceux donnés dans ce chapitre, ajoutez pour chaque différence, à toutes les sommes placées dans les colonnes de marcs, et contenues dans cette page, les centimes et fractions de centime ci-dessous, et seulement le huitième aux sommes placées dans les colonnes d'onces.

	cent.	dix.	huiti.		cent.	dix.	huiti.
Différence de 5 centimes.	1	5	· 2	Différence de 15 centimes.	4	6	· 6
Différence de 10 centimes.	3	1	· 4	Différence de 20 centimes.	6	2	· 8

DE 309 A 336 MILLIÈMES.

Conversion des MILLIÈMES en KARATS et TRENTE-DEUX, et en GRAINS DE FIN contenus dans un MARC d'or a l'un des titres ci-dessous, suivie des différentes valeurs d'une ONCE d'OR à l'un de ces mêmes titres.

MILLIÈMES	CONVERSION en Karats et en Grains de fin.									DIVERSES VALEURS D'UNE ONCE D'OR d'après les prix suivants de l'once d'or fin						
	Karats	Trente-Deux	Grains	Dixièmes	Onces	Gros	Demi-Gros	Grains	Dixièmes	à 106 50	à 106 25	à 106 »	à 105 75	à 105 50	à 105 25	à 105 »
309	7	13	1423	9	2	3	½	19	9	32 90	32 83	32 75	32 67	32 59	32 52	32 44
310	7	14	1428	5	2	3	½	24	5	33 01	32 93	32 86	32 78	32 70	32 62	32 55
311	7	15	1433	1	2	3	½	29	1	33 12	33 04	32 96	32 88	32 81	32 73	32 65
312			1437	7	2	3	½	33	7	33 22	33 15	33 07	32 99	32 91	32 83	32 76
313	7	16	1442	3	2	4	»	2	3	33 33	33 25	33 17	33 09	33 02	32 94	32 86
314	7	17	1446	9	2	4	»	6	9	33 44	33 36	33 28	33 20	33 12	33 04	32 97
315	7	18	1451	5	2	4	»	11	5	33 54	33 46	33 39	33 31	33 23	33 15	33 07
316	7	19	1456	1	2	4	»	16	1	33 65	33 57	33 49	33 41	33 33	33 25	33 18
317			1460	7	2	4	»	20	7	33 76	33 68	33 60	33 52	33 44	33 36	33 28
318	7	20	1465	3	2	4	»	25	3	33 86	33 78	33 70	33 62	33 54	33 46	33 39
319	7	21	1470	»	2	4	»	30	»	33 97	33 89	33 81	33 73	33 65	33 57	33 49
320	7	22	1474	6	2	4	»	34	6	34 08	34 00	33 92	33 84	33 76	33 68	33 60
321			1479	2	2	4	⅛	3	2	34 18	34 10	34 02	33 94	33 86	33 78	33 70
322	7	23	1483	8	2	4	⅛	7	8	34 29	34 21	34 13	34 05	33 97	33 89	33 81
323	7	24	1488	4	2	4	⅛	12	4	34 39	34 31	34 23	34 15	34 07	33 99	33 91
324	7	25	1493	»	2	4	⅛	17	»	34 50	34 42	34 34	34 26	34 18	34 10	34 02
325			1497	6	2	4	⅜	21	6	34 61	34 53	34 45	34 36	34 28	34 20	34 12
326	7	26	1502	2	2	4	⅜	26	2	34 71	34 63	34 55	34 47	34 39	34 31	34 23
327	7	27	1506	8	2	4	⅜	30	8	34 82	34 74	34 66	34 58	34 49	34 41	34 33
328	7	28	1511	4	2	4	⅜	35	4	34 93	34 85	34 76	34 68	34 60	34 52	34 44
329	7	29	1516	»	2	5	»	4	»	35 03	34 95	34 87	34 79	34 70	34 62	34 54
330			1520	6	2	5	»	8	6	35 14	35 06	34 98	34 89	34 81	34 73	34 65
331	7	30	1525	2	2	5	»	13	2	35 25	35 16	35 08	35 00	34 92	34 85	34 75
332	7	31	1529	8	2	5	»	17	8	35 35	35 27	35 19	35 10	35 02	34 94	34 86
333	8	»	1534	3	2	5	»	22	3	35 46	35 38	35 29	35 21	35 13	35 04	34 96
334			1539	1	2	5	»	27	1	35 57	35 48	35 40	35 32	35 23	35 15	35 07
335	8	1	1543	7	2	5	»	31	7	35 67	35 59	35 51	35 43	35 34	35 26	35 17
336	8	2	1548	3	2	5	⅛	»	3	35 78	35 70	35 61	35 53	35 44	35 36	35 28

Lorsque le prix de l'or fin est supérieur de quelques centimes à ceux donnés dans ce chapitre, ajoutez pour chaque différence à toutes les sommes, sans exception, contenues dans cette page, les centimes et fractions de centime ci-dessous, et de la manière suivante :

	cent.	dix.		cent.	dix.
Pour une différence de 5 cent.	1	7	Pour une différence de 15 cent.	5	»
Pour une différence de 10 cent.	3	4	Pour une différence de 20 cent.	6	7

Conversion des *MILLIÈMES* en *DENIERS, GRAINS,* et *DEMI-GRAINS,* suivie des différentes valeurs d'un *MARC* et de l'*ONCE d'ARGENT* à l'un des titres ci-dessous.

MILLIÈMES	CONV. (Deniers. Grains. Demi-grains)	à 54f » Marcs	Onces	à 53f 75c Marcs	Onces	à 53f 50c Marcs	Onces	à 53f 25c Marcs	Onces	à 53f » Marcs	Onces
309	3. 17. »	16 68	2 08	16 60	2 07	16 53	2 06	16 45	2 05	16 37	2 04
310		16 74	2 09	16 66	2 08	16 58	2 07	16 50	2 06	16 43	2 05
311	3. 17. ½	16 79	2 09	16 71	2 08	16 63	2 07	16 56	2 07	16 48	2 06
312		16 84	2 10	16 77	2 09	16 69	2 08	16 61	2 07	16 53	2 06
313	3. 18. »	16 90	2 11	16 82	2 10	16 74	2 09	16 66	2 08	16 58	2 07
314	3. 18. ½	16 95	2 11	16 87	2 10	16 79	2 09	16 72	2 09	16 64	2 08
315		17 01	2 12	16 93	2 11	16 85	2 10	16 77	2 09	16 69	2 08
316	3. 19. »	17 06	2 13	16 98	2 12	16 90	2 11	16 82	2 10	16 74	2 09
317		17 11	2 13	17 05	2 12	16 96	2 11	16 88	2 11	16 80	2 10
318	3. 19. ½	17 17	2 14	17 09	2 13	17 01	2 12	16 93	2 11	16 85	2 10
319	3. 20. »	17 22	2 15	17 14	2 14	17 06	2 13	16 98	2 12	16 90	2 11
320		17 28	2 16	17 20	2 15	17 12	2 14	17 04	2 13	16 96	2 12
321	3. 20. ½	17 33	2 16	17 25	2 15	17 17	2 14	17 09	2 13	17 01	2 12
322		17 38	2 17	17 30	2 16	17 22	2 15	17 14	2 14	17 06	2 13
323	3. 21. »	17 44	2 18	17 36	2 17	17 28	2 16	17 19	2 14	17 11	2 13
324		17 49	2 18	17 41	2 17	17 33	2 16	17 25	2 15	17 17	2 14
325	3. 21. ½	17 55	2 19	17 46	2 18	17 38	2 17	17 30	2 16	17 22	2 15
326	3. 22. »	17 60	2 20	17 52	2 19	17 44	2 18	17 35	2 16	17 27	2 15
327		17 65	2 20	17 57	2 19	17 49	2 19	17 41	2 17	17 33	2 16
328	3. 22. ½	17 71	2 21	17 65	2 20	17 54	2 19	17 46	2 18	17 38	2 17
329		17 76	2 22	17 68	2 21	17 60	2 20	17 51	2 19	17 43	2 17
330	3. 23. »	17 82	2 22	17 73	2 21	17 65	2 20	17 57	2 19	17 49	2 18
331		17 87	2 23	17 79	2 22	17 70	2 21	17 62	2 20	17 54	2 19
332	3. 23. ½	17 92	2 24	17 84	2 23	17 76	2 22	17 67	2 20	17 59	2 19
333	4. » . »	17 98	2 24	17 89	2 23	17 81	2 22	17 73	2 21	17 64	2 20
334		18 03	2 25	17 95	2 24	17 86	2 23	17 78	2 22	17 70	2 21
335	4. » . ½	18 09	2 26	18 00	2 25	17 92	2 24	17 83	2 22	17 75	2 21
336		18 14	2 26	18 06	2 25	17 97	2 24	17 89	2 23	17 80	2 22

Lorsque le prix de l'argent fin est supérieur de quelques centimes à ceux donnés dans ce chapitre, ajoutez pour chaque différence, à toutes les sommes placées dans les colonnes de marcs, et contenues dans cette page, les centimes et fractions de centime ci-dessous, et seulement le huitième aux sommes placées dans les colonnes d'onces.

	cent.	dix.	huiti.		cent.	dix.	huiti.
Différence de 5 centimes.	1	7	» 2	**Différence de 15 centimes.**	5	»	» 6
Différence de 10 centimes.	3	4	» 1	**Différence de 20 centimes.**	6	7	» 6

Conversion des MILLIÈMES en KARATS et TRENTE-DEUX, et en GRAINS DE FIN contenus dans un MARC d'or à l'un des titres ci-dessous, suivie des différentes valeurs d'une ONCE d'OR à l'un de ces mêmes titres.

CONVERSION en Karats et en Grains de fin.

MILLIÈMES	Karats	Trente-Deux	Grains	Dixièmes	Onces	Gros	Demi-Gros	Grains	Dixièmes
337	8	3	1552	9	2	5	»	4	9
338			1557	5	2	5	»	9	5
339	8	4	1562	1	2	5	¼	14	1
340	8	5	1566	7	2	5	¼	18	7
341	8	6	1571	3	2	5	¼	23	3
342	8	7	1575	9	2	5	½	27	0
343			1580	5	2	5	½	32	5
344	8	8	1585	2	2	6	»	1	2
345	8	9	1589	8	2	6	»	5	8
346	8	10	1594	4	2	6	»	10	4
347			1599	»	2	6	»	15	»
348	8	11	1603	6	2	6	»	19	6
349	8	12	1608	2	2	6	»	24	2
350	8	13	1612	8	2	6	»	28	8
351			1617	4	2	6	»	33	4
352	8	14	1622	»	2	6	½	2	»
353	8	15	1626	6	2	6	½	6	6
354	8	16	1631	2	2	6	½	11	2
355	8	17	1635	8	2	6	¾	15	8
356			1640	4	2	6	¾	20	4
357	8	18	1645	1	2	6	¾	25	1
358	8	19	1649	7	2	6	¾	29	7
359	8	20	1654	3	2	6	¾	34	5
360			1658	9	2	7	»	2	9
361	8	21	1663	5	2	7	»	7	5
362	8	22	1668	1	2	7	»	12	1
363	8	23	1672	7	2	7	»	16	7
364			1677	3	2	7	»	21	3

DIVERSES VALEURS D'UNE ONCE D'OR d'après les prix suivants de l'once d'or fin.

MILLIÈMES	à 106 50 fr. c.	à 106 25 fr. c.	à 106 » fr. c.	à 105 75 fr. c.	à 105 50 fr. c.	à 105 25 fr. c.	à 105 » fr. c.
337	35 89	35 80	35 72	35 65	35 55	35 46	35 38
338	35 99	35 91	35 82	35 74	35 65	35 57	35 49
339	36 10	36 01	35 93	35 84	35 76	35 67	35 59
340	36 21	36 12	36 04	35 95	35 87	35 78	35 70
341	36 31	36 23	36 14	36 06	35 97	35 89	35 80
342	36 42	36 33	36 25	36 16	36 08	35 99	35 91
343	36 52	36 44	36 35	36 27	36 18	36 10	36 01
344	36 63	36 55	36 46	36 37	36 29	36 20	36 12
345	36 74	36 65	36 57	36 48	36 39	36 31	36 22
346	36 84	36 76	36 67	36 58	36 50	36 41	36 33
347	36 93	36 86	36 78	36 69	36 60	36 52	36 43
348	37 06	36 97	36 88	36 80	36 71	36 62	36 54
349	37 16	37 08	36 99	36 90	36 81	36 73	36 64
350	37 27	37 18	37 10	37 01	36 92	36 83	36 75
351	37 38	37 29	37 20	37 11	37 03	36 94	36 85
352	37 48	37 40	37 31	37 22	37 13	37 04	36 96
353	37 59	37 50	37 41	37 32	37 24	37 15	37 06
354	37 70	37 61	37 52	37 43	37 34	37 25	37 17
355	37 80	37 71	37 63	37 54	37 45	37 36	37 27
356	37 91	37 82	37 73	37 64	37 55	37 46	37 38
357	38 02	37 93	37 84	37 75	37 66	37 57	37 48
358	38 12	38 03	37 94	37 86	37 76	37 67	37 59
359	38 25	38 14	38 05	37 96	37 87	37 78	37 69
360	38 34	38 25	38 16	38 07	37 98	37 89	37 80
361	38 44	38 35	38 26	38 17	38 08	37 99	37 90
362	38 55	38 46	38 37	38 28	38 19	38 10	38 01
363	38 65	38 56	38 47	38 38	38 29	38 20	38 11
364	38 76	38 67	38 58	38 49	38 40	38 31	38 22

Lorsque le prix de l'or fin est supérieur de quelques centimes à ceux donnés dans ce chapitre, ajoutez pour chaque différence, à toutes les sommes sans exception, contenues dans cette page, les centimes et fractions de centime ci-dessous, et de la manière suivante:

	cent.	dix.			cent.	dix.
Pour une différence de 5 cent.	1	8		Pour une différence de 15 cent.	5	5
Pour une différence de 10 cent	3	6		Pour une différence de 20 cent.	7	3

...nversion des ***MILLIÈMES*** *en* ***DENIERS, GRAINS*** *et* ***DEMI-GRAINS*** *, suivie des ...fférentes valeurs d'un* **MARC** *et de l'***ONCE d'ARGENT** *à l'un des titres ci-dessous.*

Millièmes.	CONV. Deniers.	Grains.	Demi-Grains.	à 54f »c Marcs.	à 54f »c Onces.	à 53f 75c Marcs.	à 53f 75c Onces.	à 53f 50c Marcs.	à 53f 50c Onces.	à 53f 25c Marcs.	à 53f 25c Onces.	à 53f »c Marcs.	à 53f »c Onces.
				fr. c.	fr. c.	fr. c.	fr. c.	fr. c.	fr. c.	fr. c.	fr. c.	fr. c.	fr. c.
337	4.	1.	»	18 19	2 27	18 11	2 26	18 02	2 25	17 94	2 24	17 86	2 23
338				18 25	2 28	18 16	2 27	18 08	2 26	17 99	2 24	17 91	2 23
339	4.	1.	½	18 30	2 28	18 22	2 27	18 13	2 26	18 05	2 25	17 96	2 24
340	4.	2.	»	18 36	2 29	18 27	2 28	18 19	2 27	18 10	2 26	18 02	2 25
341				18 41	2 30	18 32	2 29	18 24	2 28	18 15	2 26	18 07	2 25
342	4.	2.	½	18 46	2 30	18 38	2 29	18 29	2 28	18 21	2 27	18 12	2 26
343				18 52	2 31	18 43	2 30	18 35	2 29	18 26	2 28	18 17	2 27
344	4.	3.	»	18 57	2 32	18 49	2 31	18 40	2 30	18 31	2 28	18 23	2 27
345	4.	3.	½	18 63	2 32	18 54	2 31	18 45	2 30	18 37	2 29	18 28	2 28
346				18 68	2 33	18 59	2 32	18 51	2 31	18 42	2 30	18 33	2 29
347	4.	4.	»	18 73	2 34	18 65	2 33	18 56	2 32	18 47	2 30	18 39	2 29
348				18 79	2 34	18 70	2 33	18 61	2 32	18 53	2 31	18 44	2 30
349	4.	4.	½	18 84	2 35	18 75	2 34	18 67	2 33	18 58	2 32	18 49	2 31
350				18 90	2 36	18 81	2 35	18 72	2 34	18 63	2 32	18 55	2 31
351	4.	5.	»	18 95	2 36	18 86	2 35	18 77	2 34	18 69	2 33	18 60	2 32
352	4.	5.	½	19 00	2 37	18 92	2 36	18 83	2 35	18 74	2 34	18 65	2 33
353				19 06	2 38	18 97	2 37	18 88	2 36	18 79	2 34	18 70	2 33
354	4.	6.	»	19 11	2 38	19 02	2 37	18 93	2 36	18 85	2 35	18 76	2 34
355				19 17	2 39	19 08	2 38	18 99	2 37	18 90	2 36	18 81	2 35
356	4.	6.	½	19 22	2 40	19 13	2 39	19 04	2 38	18 95	2 36	18 86	2 35
357				19 27	2 40	19 18	2 39	19 09	2 38	19 01	2 37	18 92	2 36
358	4.	7.	»	19 33	2 41	19 24	2 40	19 15	2 39	19 06	2 38	18 97	2 37
359	4.	7.	½	19 38	2 42	19 29	2 41	19 20	2 40	19 11	2 38	19 02	2 37
360				19 44	2 43	19 35	2 41	19 26	2 40	19 17	2 39	19 08	2 38
361	4.	8.	»	19 49	2 43	19 40	2 42	19 31	2 41	19 22	2 40	19 13	2 39
362				19 54	2 44	19 45	2 43	19 36	2 42	19 27	2 40	19 18	2 39
363	4.	8.	½	19 60	2 45	19 51	2 43	19 42	2 42	19 32	2 41	19 23	2 40
364				19 65	2 45	19 56	2 44	19 47	2 43	19 38	2 42	19 29	2 41

Lorsque le prix de l'argent fin est supérieur de quelques centimes à ceux donnés dans ce chapitre, ajoutez pour chaque différence, à toutes les sommes placées dans les colonnes de marcs, et contenues dans cette page, les centimes et fractions de centime ci-dessous, et seulement le huitième aux sommes placées dans les colonnes d'onces.

	cent.	dix.	huitiè.
Différence de 5 centimes.	1	8	» 2
Différence de 10 centimes.	3	6	» 5
Différence de 15 centimes.	5	5	» 7
Différence de 20 centimes.	7	3	» 9

DE 365 A 392 MILLIÈMES.

Conversion des MILLIÈMES en KARATS et TRENTE-DEUX, et en GRAINS DE FIN contenus dans un MARC d'or à l'un des titres ci-dessous, suivie des différentes valeurs d'une ONCE d'OR à l'un de ces mêmes titres.

MILLIÈMES	CONVERSION en Karats et en Grains de fin.									DIVERSES VALEURS D'UNE ONCE D'OR, D'APRÈS LES PRIX SUIVANS DE L'ONCE D'OR FIN						
	Karats	Trente-Deux	Grains	Dixièmes	Onces	Gros	Demi-Gros	Grains	Décièmes	à 106 50	à 106 25	à 106 »	à 105 75	à 105 50	à 105 25	à 105 »
										fr. c.	fr. c.	fr. c.	fr. c.	fr. c.	fr. c.	fr. c.
365	8	24	1681	9	2	7	»	25	9	38 87	38 73	38 69	38 59	38 50	38 41	38 32
366	8	25	1686	5	2	7	»	30	5	38 97	38 88	38 79	38 70	38 61	38 52	38 43
367	8	26	1691	1	2	7	»	35	1	39 08	38 99	38 90	38 81	38 71	38 62	38 53
368	8	27	1695	7	2	7	½	3	7	39 19	39 10	39 00	38 91	38 82	38 73	38 63
369			1700	4	2	7	½	8	4	39 29	39 20	39 11	39 02	38 92	38 83	38 74
370	8	28	1705	»	2	7	½	13	»	39 40	39 31	39 22	39 12	39 03	38 94	38 85
371	8	29	1709	6	2	7	½	17	6	39 51	39 41	39 32	39 23	39 14	39 04	38 95
372	8	30	1714	2	2	7	½	22	2	39 61	39 52	39 43	39 33	39 24	39 15	39 06
373			1718	8	2	7	¾	26	8	39 72	39 63	39 53	39 44	39 35	39 25	39 16
374	8	31	1723	4	2	7	¾	31	4	39 83	39 73	39 64	39 55	39 45	39 36	39 27
375	9	»	1728	»	3	»	»	»	»	39 93	39 84	39 75	39 65	39 56	39 46	39 37
376	9	1	1732	6	3	»	»	4	6	40 04	39 93	39 85	39 76	39 66	39 57	39 47
377			1737	2	3	»	»	9	2	40 15	40 03	39 96	39 86	39 77	39 67	39 58
378	9	2	1741	8	3	»	»	13	8	40 25	40 16	40 06	39 97	39 87	39 78	39 68
379	9	3	1746	4	3	»	»	18	4	40 36	40 26	40 17	40 07	39 98	39 88	39 79
380	9	4	1751	»	3	»	»	23	»	40 47	40 37	40 28	40 18	40 09	39 99	39 90
381			1755	6	3	»	»	27	6	40 57	40 48	40 38	40 29	40 19	40 10	40 00
382	9	5	1760	3	3	»	»	32	3	40 68	40 58	40 49	40 39	40 30	40 20	40 11
383	9	6	1764	9	3	»	½	»	9	40 78	40 69	40 59	40 50	40 40	40 31	40 21
384	9	7	1769	5	3	»	½	5	5	40 89	40 80	40 70	40 60	40 51	40 41	40 32
385	9	8	1774	1	3	»	½	10	1	41 00	40 90	40 81	40 71	40 61	40 52	40 42
386			1778	7	3	»	½	14	7	41 10	41 01	40 91	40 81	40 72	40 62	40 53
387	9	9	1783	3	3	»	½	19	3	41 21	41 11	41 02	40 92	40 83	40 73	40 63
388	9	10	1787	9	3	»	½	23	9	41 32	41 22	41 12	41 03	40 93	40 83	40 74
389	9	11	1792	5	3	»	½	28	5	41 42	41 33	41 23	41 13	41 03	40 94	40 84
390			1797	1	3	»	½	33	1	41 53	41 43	41 34	41 24	41 14	41 04	40 95
391	9	12	1801	7	3	1	»	1	7	41 64	41 54	41 44	41 34	41 25	41 15	41 05
392	9	13	1806	3	3	1	»	6	3	41 74	41 64	41 55	41 45	41 35	41 25	41 15

Lorsque le prix de l'or fin est supérieur de quelques centimes à ceux donnés dans ce chapitre, ajoutez pour chaque différence à toutes les sommes, sans exception, contenues dans cette page, les centimes et fractions de centime ci-dessous, et de la manière suivante :

	cent.	dix.			cent.	dix.
Pour une différence de 5 cent.	2	»		Pour une différence de 15 cent.	5	»
Pour une différence de 10 cent.	3	9		Pour une différence de 20 cent.	7	»

…nversion des MILLIÈMES en DENIERS, GRAINS, et DEMI-GRAINS, suivie des
…férentes valeurs d'un MARC et de l'ONCE d'ARGENT à l'un des titres ci-dessous.

| CONV. | | | DIVERSES VALEURS D'UN MARC ET DE L'ONCE D'ARGENT D'APRÈS LES PRIX SUIVANS DU MARC D'ARGENT FIN | | | | | | | | | |
Den.	Gr.	½G.	à 54f 00c Marcs	Onces	à 53f 75c Marcs	Onces	à 53f 50c Marcs	Onces	à 53f 25c Marcs	Onces	à 53f 00c Marcs	Onces
4	9	·	19 71	2 46	19 61	2 45	19 52	2 44	19 43	2 42	19 34	2 41
4	9	½	19 76	2 47	19 67	2 45	19 58	2 44	19 48	2 43	19 39	2 42
			19 81	2 47	19 72	2 46	19 63	2 45	19 54	2 44	19 45	2 43
4	10	·	19 87	2 48	19 78	2 47	19 68	2 46	19 59	2 44	19 50	2 43
			19 92	2 49	19 85	2 47	19 74	2 46	19 64	2 45	19 55	2 44
4	10	½	19 98	2 49	19 88	2 48	19 79	2 46	19 70	2 46	19 61	2 45
			20 03	2 50	19 94	2 49	19 84	2 48	19 75	2 46	19 66	2 45
4	11	·	20 08	2 51	19 99	2 49	19 90	2 48	19 80	2 47	19 71	2 46
4	11	½	20 14	2 51	20 04	2 50	19 95	2 49	19 86	2 48	19 76	2 47
			20 19	2 52	20 10	2 51	20 00	2 50	19 91	2 48	19 82	2 47
4	12	·	20 25	2 53	20 15	2 51	20 06	2 50	19 96	2 49	19 87	2 48
			20 30	2 53	20 21	2 53	20 11	2 51	20 02	2 50	19 92	2 49
4	12	½	20 35	2 54	20 26	2 53	20 16	2 52	20 07	2 50	19 98	2 49
4	13	·	20 41	2 55	20 31	2 53	20 23	2 52	20 12	2 51	20 03	2 50
			20 46	2 55	20 37	2 54	20 27	2 53	20 18	2 52	20 08	2 51
4	13	½	20 52	2 56	20 42	2 55	20 33	2 54	20 23	2 52	20 14	2 51
			20 57	2 57	20 47	2 55	20 38	2 54	20 28	2 53	20 19	2 52
4	14	·	20 62	2 57	20 53	2 56	20 43	2 54	20 34	2 54	20 24	2 53
			20 68	2 58	20 58	2 57	20 49	2 56	20 39	2 54	20 29	2 53
4	14	½	20 73	2 59	20 64	2 58	20 54	2 56	20 44	2 55	20 35	2 54
4	15	·	20 79	2 59	20 69	2 58	20 59	2 57	20 49	2 56	20 40	2 55
			20 84	2 60	20 74	2 59	20 65	2 58	20 55	2 56	20 45	2 55
4	15	½	20 89	2 61	20 80	2 60	20 70	2 58	20 60	2 57	20 51	2 56
			20 95	2 61	20 85	2 60	20 75	2 59	20 66	2 58	20 56	2 57
4	16	·	21 00	2 62	20 90	2 61	20 81	2 60	20 71	2 58	20 61	2 57
			21 06	2 63	20 96	2 62	20 86	2 60	20 76	2 59	20 67	2 58
4	16	½	21 11	2 63	21 01	2 62	20 91	2 61	20 82	2 60	20 72	2 59
4	17	·	21 16	2 64	21 07	2 63	20 97	2 62	20 87	2 60	20 77	2 59

Lorsque le prix de l'argent fin est supérieur de quelques centimes à ceux donnés
…ans ce chapitre, ajoutez pour chaque différence, à toutes les sommes placées
…ans les colonnes de marcs, et contenues dans cette page, les centimes et
…actions de centime ci-dessous, et seulement le huitième aux sommes placées
…ans les colonnes d'onces.

	cent.	dix.	huit.		cent.	dix.	huit.
Différence de 5 centimes.	2	·	· 2	Différence de 15 centimes	5	9	· 7
Différence de 10 centimes	3	9	· 4	Différence de 20 centimes	7	8	1 ·

DE 393 A 420 MILLIÈMES.

Conversion des MILLIÈMES en KARATS et TRENTE-DEUX, et en GRAINS DE FIN contenus dans un MARC d'or à l'un des titres ci-dessous, suivie des différentes valeurs d'une ONCE d'OR à l'un de ces mêmes titres.

CONVERSION en Karats et en Grains de fin.

MILLIÈMES	Karats	Trente-Deux	Grains	Dixièmes	Onces	Gros	Demi-Gros	Grains	Dixièmes
393	9	14	1810	9	3	1	»	10	9
394			1815	6	3	1	»	15	6
395	9	15	1820	2	3	1	»	20	2
396	9	16	1824	8	3	1	»	24	8
397	9	17	1829	4	3	1	»	29	4
398	9	18	1834	»	3	1	»	34	»
399			1838	6	3	1	½	2	6
400	9	19	1843	2	3	1	½	7	2
401	9	20	1847	8	3	1	½	11	8
402	9	21	1852	4	3	1	½	16	4
403			1857	»	3	1	½	21	»
404	9	22	1861	6	3	1	½	25	6
405	9	23	1866	2	3	1	¾	30	2
406	9	24	1870	8	3	1	¾	34	8
407			1875	5	3	2	»	3	5
408	9	25	1880	1	3	2	»	8	1
409	9	26	1884	7	3	2	»	12	7
410	9	27	1889	3	3	2	»	17	3
411	9	28	1895	9	3	2	»	21	9
412			1898	8	3	2	»	26	8
413	9	29	1903	1	3	2	»	31	1
414	9	30	1907	7	3	2	»	35	7
415	9	31	1912	3	3	2	½	4	3
416			1916	9	3	2	½	8	9
417	10	»	1921	5	3	2	½	13	5
418	10	1	1926	1	3	2	½	18	1
419	10	2	1930	8	3	2	½	22	8
420			1935	4	3	2	½	27	4

DIVERSES VALEURS D'UNE ONCE D'OR d'après les prix suivans de l'once d'or fin (fr. c.)

MILLIÈMES	à 106 50	à 106 25	à 106 »	à 105 75	à 105 50	à 105 25	à 105 »
393	41 85	41 75	41 63	41 55	41 46	41 36	41 26
394	41 96	41 86	41 76	41 66	41 56	41 46	41 37
395	42 06	41 96	41 87	41 77	41 67	41 57	41 47
396	42 17	42 07	41 97	41 87	41 77	41 67	41 58
397	42 28	42 18	42 08	41 98	41 88	41 78	41 68
398	42 38	42 28	42 18	42 08	41 98	41 88	41 79
399	42 49	42 39	42 29	42 19	42 09	41 99	41 89
400	42 60	42 50	42 40	42 30	42 20	42 10	42 00
401	42 70	42 60	42 50	42 40	42 30	42 20	42 10
402	42 81	42 71	42 61	42 51	[illegible]	[illegible]	[illegible]
403	42 91	42 81	42 71	42 61	[illegible]	[illegible]	[illegible]
404	43 02	42 92	42 82	42 72	[illegible]	[illegible]	[illegible]
405	43 13	43 05	42 93	42 83	[illegible]	[illegible]	[illegible]
406	43 23	43 15	43 03	42 93	[illegible]	[illegible]	[illegible]
407	43 34	43 24	43 14	43 04	[illegible]	[illegible]	[illegible]
408	43 45	43 35	43 24	43 14	[illegible]	[illegible]	[illegible]
409	43 55	43 45	43 35	43 25	[illegible]	[illegible]	[illegible]
410	43 66	43 56	43 46	43 36	[illegible]	[illegible]	[illegible]
411	43 77	43 66	43 56	43 46	[illegible]	[illegible]	[illegible]
412	43 87	43 77	43 67	43 56	[illegible]	[illegible]	[illegible]
413	43 98	43 88	43 77	43 67	[illegible]	[illegible]	[illegible]
414	44 09	43 98	43 88	43 78	[illegible]	[illegible]	[illegible]
415	44 19	44 09	43 99	43 88	43 78	43 67	43 57
416	44 30	44 20	44 09	43 99	43 82	43 78	43 68
417	44 41	44 30	44 20	44 09	43 99	43 88	43 78
418	44 51	44 41	44 30	44 20	44 09	43 99	43 89
419	44 62	44 51	44 41	44 30	44 20	44 09	43 99
420	44 73	44 62	44 52	44 41	44 31	44 20	44 10

Lorsque le prix de l'or fin est supérieur de quelques centimes à ceux donnés dans ce chapitre, ajoutez pour chaque différence, à toutes les sommes sans exception contenues dans cette page, les centimes et fractions de centime ci-dessous, et de la manière suivante:

	cent.	dix.			cent.	dix.
Pour une différence de 5 cent.	2	1		Pour une différence de 15 cent.	6	[illegible]
Pour une différence de 10 cent.	4	2		Pour une différence de 20 cent.	8	[illegible]

Conversion des MILLIÈMES en DENIERS, GRAINS et DEMI-GRAINS, suivie des différentes valeurs d'un MARC et de l'ONCE D'ARGENT à l'un des titres ci-dessous.

MILLIÈMES	CONV. (Deniers. Grains. Demi-Grains.)	à 54f Marcs.	Onces.	à 53f 75c Marcs.	Onces.	à 53f 50c Marcs.	Onces.	à 53f 25c Marcs.	Onces.	à 53f Marcs.	Onces.
		fr. c.	fr. c.	fr. c.	fr. c.	fr. c.	fr. c.	fr. c.	fr. c.	fr. c.	fr. c.
393		21 23	2 65	21 12	2 64	21 02	2 62	20 92	2 61	20 82	2 60
394	4. 17. ½	21 27	2 63	21 17	2 64	21 07	2 63	20 98	2 62	20 88	2 61
395		21 33	2 66	21 23	2 65	21 13	2 64	21 03	2 62	20 93	2 61
396	4. 18. ·	21 38	2 67	21 28	2 66	21 18	2 64	21 08	2 63	20 98	2 62
397		21 43	2 67	21 33	2 66	21 23	2 65	21 14	2 64	21 04	2 63
398	4. 18. ½	21 49	2 68	21 39	2 67	21 29	2 66	21 19	2 64	21 09	2 63
399	4. 19. ·	21 54	2 69	21 44	2 68	21 34	2 66	21 24	2 65	21 14	2 64
400		21 60	2 70	21 50	2 68	21 40	2 67	21 30	2 66	21 20	2 65
401	4. 19. ½	21 65	2 70	21 55	2 69	21 45	2 68	21 35	2 66	21 25	2 65
402		21 70	2 71	21 60	2 70	21 50	2 68	21 40	2 67	21 30	2 66
403	4. 20. ·	21 76	2 72	21 66	2 70	21 56	2 69	21 45	2 68	21 35	2 66
404		21 81	2 72	21 71	2 71	21 61	2 70	21 51	2 68	21 41	2 67
405	4. 20. ½	21 87	2 73	21 76	2 72	21 66	2 70	21 56	2 69	21 46	2 68
406	4. 21. ·	21 92	2 74	21 82	2 73	21 72	2 71	21 61	2 70	21 51	2 68
407		21 97	2 74	21 87	2 73	21 77	2 72	21 67	2 70	21 57	2 69
408	4. 21. ½	22 03	2 75	21 93	2 74	21 82	2 72	21 72	2 71	21 62	2 70
409		22 08	2 76	21 98	2 74	21 88	2 73	21 77	2 72	21 67	2 70
410	4. 22. ·	22 14	2 76	22 03	2 75	21 93	2 74	21 83	2 71	21 73	2 71
411	4. 22. ½	22 19	2 77	22 09	2 76	21 98	2 74	21 88	2 73	21 78	2 71
412		22 24	2 78	22 14	2 76	22 04	2 75	21 93	2 74	21 83	2 72
413	4. 23. ·	22 30	2 78	22 19	2 77	22 09	2 76	21 99	2 74	21 88	2 73
414		22 35	2 79	22 25	2 78	22 14	2 76	22 04	2 75	21 94	2 74
415	4. 23. ½	22 41	2 80	22 30	2 78	22 20	2 77	22 09	2 76	21 99	2 74
416		22 46	2 80	22 36	2 79	22 25	2 78	22 15	2 76	22 05	2 75
417	5. · ·	22 51	2 81	22 41	2 80	22 30	2 78	22 20	2 77	22 10	2 76
418	5. · ½	22 57	2 82	22 46	2 80	22 36	2 79	22 25	2 78	22 15	2 76
419		22 62	2 82	22 52	2 81	22 41	2 80	22 31	2 78	22 20	2 77
420	5. 1. ·	22 68	2 83	22 57	2 82	22 47	2 80	22 36	2 79	22 26	2 78

Lorsque le prix de l'argent fin est supérieur de quelques centimes à ceux donnés dans ce chapitre, ajoutez pour chaque différence, à toutes les sommes placées dans les colonnes de marcs, et contenues dans cette page, les centimes et fractions de centime ci-dessous, et seulement le huitième aux sommes placées dans les colonnes d'onces.

	cent.	dix.	huit.		cent.	dix.	huit.
Différence de 5 centimes.	2	1	· · 3	Différence de 15 centimes	6	3	· · 9
Différence de 10 centimes.	4	2	· · 3	Différence de 20 centimes	8	4	1 · ·

*Conversion des **MILLIÈMES** en **KARATS** et **TRENTE-DEUX**, et en **GRAINS DE FIN** contenus dans un **MARC** d'or à l'un des titres ci-dessous, suivie des différentes valeurs d'une **ONCE** d'**OR** à l'un de ces mêmes titres.*

MILLIÈMES	CONVERSION en Karats et en Grains de fin.								
	Karats	Trente-Deux	Grains	Dixièmes	Onces	Gros	Demi-Gros	Grains	Dixièmes
421	10	3	1940	„	3	2	„	52	„
422	10	4	1944	6	3	3	„	„	6
423	10	5	1949	2	3	3	„	8	2
424	10	6	1953	8	3	3	„	9	8
425			1958	4	3	3	„	14	4
426	10	7	1963	„	3	3	„	19	„
427	10	8	1967	6	3	3	„	23	6
428	10	9	1972	2	3	3	„	28	2
429			1976	8	3	3	„	52	8
430	10	10	1981	4	3	3	½	1	4
431	10	11	1986	„	3	3	½	6	„
432	10	12	1990	7	3	3	½	10	7
433			1995	3	3	3	½	15	3
434	10	13	1999	9	3	3	½	19	9
435	10	14	2004	5	3	3	½	24	5
436	10	15	2009	1	3	3	½	29	1
437			2013	7	3	3	½	33	7
438	10	16	2018	3	3	4	„	2	5
439	10	17	2022	9	3	4	„	6	9
440	10	18	2027	5	3	4	„	11	5
441	10	19	2032	1	3	4	„	16	1
442			2036	7	3	4	„	20	7
443	10	20	2041	3	3	4	„	25	3
444	10	21	2046	„	3	4	„	30	„
445	10	22	2050	6	3	4	„	34	6
446			2055	2	3	4	½	3	2
447	10	23	2059	8	3	4	½	7	8
448	10	24	2064	4	3	4	½	12	4

DIVERSES VALEURS D'UNE ONCE D'OR D'APRÈS LES PRIX SUIVANS DE L'ONCE D'OR FIN

MILLIÈMES	à 106 50 fr. c.	à 106 25 fr. c.	à 106 „ fr. c.	à 105 75 fr. c.	à 105 50 fr. c.	à 105 25 fr. c.	à 105 „ fr. c.
421	44 85	44 73	44 62	44 52	44 41	44 31	44 20
422	44 94	44 83	44 73	44 63	44 53	44 41	44 31
423	45 04	44 94	44 83	44 73	44 63	44 52	44 41
424	45 15	45 05	44 94	44 85	44 73	44 62	44 52
425	45 26	45 15	45 05	44 94	44 83	44 73	44 62
426	45 36	45 26	45 15	45 04	44 94	44 83	44 75
427	45 47	45 36	45 26	45 16	45 04	44 94	44 83
428	45 58	45 47	45 36	45 26	45 15	45 04	44 94
429	45 68	45 58	45 47	45 36	45 26	45 15	45 04
430	45 79	45 68	45 58	45 47	45 36	45 26	45 15
431	45 90	45 79	45 68	45 57	45 47	45 36	45 25
432	46 00	45 90	45 79	45 68	45 57	45 46	45 36
433	46 11	46 00	45 89	45 78	45 68	45 57	45 46
434	46 22	46 11	46 00	45 89	45 78	45 67	45 57
435	46 32	46 21	46 11	46 00	45 89	45 78	45 67
436	46 43	46 32	46 21	46 10	45 99	45 88	45 78
437	46 54	46 43	46 32	46 21	46 10	45 99	45 88
438	46 64	46 53	46 42	46 31	46 20	46 09	45 99
439	46 75	46 64	46 53	46 42	46 31	46 20	46 09
440	46 86	46 75	46 64	46 53	46 42	46 31	46 20
441	46 96	46 85	46 74	46 63	46 52	46 41	46 30
442	47 07	46 96	46 85	46 74	46 63	46 52	46 41
443	47 17	47 06	46 95	46 84	46 73	46 62	46 51
444	47 28	47 17	47 06	46 95	46 84	46 73	46 62
445	47 39	47 28	47 17	47 05	46 94	46 83	46 72
446	47 49	47 38	47 27	47 16	47 04	46 94	46 83
447	47 60	47 49	47 38	47 27	47 15	47 04	46 93
448	47 71	47 60	47 48	47 37	47 26	47 15	47 04

Lorsque le prix de l'or fin est supérieur de quelques centimes à ceux donnés dans ce chapitre, ajoutez pour chaque différence à toutes les sommes, sans exception, contenues dans cette page, les centimes et fractions de centime ci-dessous, et de la manière suivante :

	cent.	dix.		cent.	dix.
Pour une différence de 5 cent.	2	2	Pour une différence de 15 cent.	6	7
Pour une différence de 10 cent.	4	5	Pour une différence de 20 cent.	9	„

Conversion des MILLIÈMES en DENIERS, GRAINS, et DEMI-GRAINS, suivie des différentes valeurs d'un MARC et de l'ONCE d'ARGENT à l'un des titres ci-dessous.

DIVERSES VALEURS D'UN MARC ET DE L'ONCE D'ARGENT
D'APRÈS LES PRIX SUIVANTS DU MARC D'ARGENT FIN

Millièmes	CONV. Deniers	Grains	Demi-Grains	à 54f » — Marcs	Onces	à 53f 75c — Marcs	Onces	à 53f 50c — Marcs	Onces	à 53f 25c — Marcs	Onces	à 53f » — Marcs	Onces
421				22 73	2 84	22 62	2 82	22 52	2 81	22 41	2 80	22 31	2 78
422	5	1	½	22 78	2 84	22 68	2 83	22 57	2 82	22 47	2 80	22 36	2 79
423				22 84	2 85	22 73	2 84	22 63	2 82	22 52	2 81	22 41	2 80
424	5	2	»	22 89	2 86	22 79	2 84	22 68	2 83	22 57	2 82	22 47	2 80
425	5	2	½	22 95	2 86	22 84	2 85	22 73	2 84	22 63	2 82	22 52	2 81
426				23 00	2 87	22 89	2 86	22 79	2 84	22 68	2 83	22 57	2 82
427	5	3	»	23 05	2 88	22 95	2 86	22 84	2 85	22 73	2 84	22 63	2 82
428				23 11	2 88	23 00	2 87	22 89	2 86	22 79	2 84	22 68	2 83
429	5	3	½	23 16	2 89	23 05	2 88	22 95	2 86	22 84	2 85	22 73	2 84
430				23 22	2 90	23 11	2 88	23 00	2 87	22 89	2 86	22 79	2 84
431	5	4	»	23 27	2 90	23 16	2 89	23 05	2 88	22 95	2 86	22 84	2 85
432	5	4	½	23 32	2 91	23 22	2 90	23 11	2 88	23 00	2 87	22 89	2 86
433				23 38	2 92	23 27	2 90	23 16	2 89	23 05	2 88	22 94	2 86
434	5	5	»	23 43	2 92	23 32	2 91	23 21	2 90	23 11	2 88	23 00	2 87
435				23 49	2 93	23 38	2 92	23 27	2 90	23 16	2 89	23 05	2 88
436	5	5	½	23 54	2 94	23 43	2 92	23 32	2 91	23 21	2 90	23 10	2 88
437				23 59	2 94	23 48	2 93	23 37	2 92	23 27	2 90	23 16	2 89
438	5	6	»	23 65	2 95	23 54	2 94	23 43	2 92	23 32	2 91	23 21	2 90
439	5	6	½	23 70	2 96	23 59	2 94	23 48	2 93	23 37	2 92	23 26	2 90
440				23 76	2 97	23 65	2 95	23 54	2 94	23 43	2 92	23 32	2 91
441	5	7	»	23 81	2 97	23 70	2 96	23 59	2 94	23 48	2 93	23 37	2 92
442				23 86	2 98	23 75	2 96	23 64	2 95	23 53	2 94	23 42	2 92
443	5	7	½	23 92	2 99	23 81	2 97	23 70	2 96	23 59	2 94	23 47	2 93
444	5	8	»	23 97	2 99	23 86	2 98	23 75	2 96	23 64	2 95	23 53	2 94
445				24 03	3 00	23 91	2 98	23 80	2 97	23 69	2 96	23 58	2 94
446	5	8	½	24 08	3 01	23 97	2 99	23 86	2 98	23 74	2 96	23 63	2 95
447				24 13	3 01	24 02	3 00	23 91	2 98	23 80	2 97	23 69	2 96
448	5	9	»	24 19	3 02	24 08	3 01	23 96	2 99	23 85	2 98	23 74	2 96

Lorsque le prix de l'argent fin est supérieur de quelques centimes à ceux donnés dans ce chapitre, ajoutez pour chaque différence, à toutes les sommes placées dans les colonnes de marcs, et contenues dans cette page, les centimes et fractions de centime ci-dessous, et seulement le huitième aux sommes placées dans les colonnes d'onces.

	cent.	dix.	huit.		cent.	dix.	huit.
Différence de 5 centimes	»	2	» 3	Différence de 15 centimes	6	7	» 8
Différence de 10 centimes	4	»	» 5	Différence de 20 centimes	9	»	1 1½

Conversion des MILLIÈMES en KARATS et TRENTE-DEUX, et en GRAINS DE FIN contenus dans un MARC d'or ou d'argent à l'un des titres ci-dessous, suivie des différentes valeurs d'une ONCE D'OR à l'un de ces mêmes titres.

MILLIÈMES.	CONVERSION en Karats et en Grains de fin.									DIVERSES VALEURS D'UNE ONCE D'OR D'APRÈS LES PRIX SUIVANS DE L'ONCE D'OR FIN						
	Karats	Trente-Deux	Grains	Dixièmes	Onces	Gros	Demi-Gros	Grains	Baisièmes	à 106 50	à 106 25	à 106 .	à 105 75	à 105 50	à 105 25	à 105 .
										fr. c.	fr. c.	fr. c.	fr. c.	fr. c.	fr. c.	fr. c.
449	10	25	2069	.	5	4	¼	17	.	47 81	47 70	47 59	47 48	47 36	47 25	47 14
450			2073	6	5	4	½	21	6	47 92	47 81	47 70	47 59	47 47	47 36	47 25
451	10	26	2078	2	5	4	¾	26	2	48 03	47 91	47 80	47 69	47 58	47 46	47 35
452	10	27	2082	8	5	4	¾	30	8	48 13	48 01	47 91	47 79	47 68	47 57	47 46
453	10	28	2087	4	5	4	¼	35	4	48 24	48 13	48 01	47 90	47 79	47 67	47 56
454	10	29	2092	.	5	5	.	4	.	48 35	48 25	48 12	48 01	47 89	47 78	47 67
455			2096	6	5	5	.	8	6	48 45	48 34	48 23	48 11	48 00	47 88	47 77
456	10	30	2101	2	5	5	.	13	2	48 56	48 45	48 33	48 22	48 10	47 99	47 88
457	10	31	2105	9	5	5	.	17	9	48 67	48 55	48 44	48 32	48 21	48 09	47 98
458	11	.	2110	5	5	5	.	22	5	48 77	48 66	48 54	48 43	48 31	48 20	48 09
459			2115	1	5	5	.	27	1	48 88	48 76	48 65	48 53	48 42	48 30	48 19
460	11	1	2119	7	5	5	.	31	7	48 99	48 87	48 76	48 64	48 53	48 41	48 30
461	11	2	2124	3	5	5	½	.	3	49 09	48 98	48 86	48 75	48 63	48 52	48 40
462	11	3	2128	9	5	5	½	4	9	49 20	49 08	48 97	48 85	48 74	48 62	48 51
463			2133	5	5	5	½	9	5	49 30	49 19	49 07	48 96	48 84	48 73	48 61
464	11	4	2138	1	5	5	½	14	1	49 41	49 30	49 18	49 06	48 95	48 83	48 72
465	11	5	2142	7	5	5	½	18	7	49 52	49 40	49 29	49 17	49 05	48 94	48 82
466	11	6	2147	3	5	5	½	23	3	49 62	49 51	49 39	49 27	49 16	49 04	48 92
467	11	7	2151	9	5	5	½	27	9	49 73	49 61	49 50	49 38	49 26	49 15	49 03
468			2156	5	5	5	½	32	5	49 84	49 72	49 60	49 49	49 37	49 25	49 13
469	11	8	2161	1	5	6	.	1	1	49 94	49 83	49 71	49 59	49 47	49 36	49 24
470	11	9	2165	7	5	6	.	5	7	50 05	49 93	49 82	49 70	49 58	49 46	49 35
471	11	10	2170	4	5	6	.	10	4	50 16	50 04	49 92	49 80	49 69	49 57	49 45
472			2175	.	5	6	.	15	.	50 26	50 15	50 03	49 91	49 79	49 67	49 56
473	11	11	2179	6	5	6	.	19	6	50 37	50 26	50 13	50 01	49 90	49 78	49 66
474	11	12	2184	2	5	6	.	24	2	50 48	50 36	50 24	50 12	50 00	49 88	49 77
475	11	13	2188	8	5	6	.	28	8	50 58	50 46	50 35	50 23	50 11	49 99	49 88
476			2193	4	5	6	.	33	4	50 69	50 57	50 45	50 33	50 21	50 09	49 97

Lorsque le prix de l'or fin est supérieur de quelques centimes à ceux donnés dans ce chapitre, ajoutez pour chaque différence, à toutes les sommes sans exception contenues dans cette page, les centimes et fractions de centime ci-dessous, et de la manière suivante:

	cent.	dix.		cent.	dix.
Pour une différence de 5 cent.	2	4	Pour une différence de 15 cent.	7	
Pour une différence de 10 cent.	4	8	Pour une différence de 20 cent.	9	

*Conversion des **MILLIÈMES** en **DENIERS, GRAINS** et **DEMI-GRAINS**, suivie des différentes valeurs d'un **MARC** et de l'**ONCE d'ARGENT** à l'un des titres ci-dessous.*

Millièmes	Conv.	DIVERSES VALEURS D'UN MARC ET DE L'ONCE D'ARGENT D'APRÈS LES PRIX SUIVANS DU MARC D'ARGENT FIN									
		à 54f .c		à 53f 75c		à 53f 50c		à 53f 25c		à 53f .c	
	Deniers. Grains. Demi-Grains.	Marcs.	Onces.	Marcs.	Onces.	Marcs.	Onces.	Marcs.	Onces.	Marcs.	Onces.
		fr. c.	fr. c.	fr. c.	fr. c.	fr. c.	fr. c.	fr. c.	fr. c.	fr. c.	fr. c.
449		24 24	3 03	24 13	3 01	24 02	3 00	23 90	2 98	23 79	2 97
450	5. 9. ½	24 30	3 03	24 18	3 02	24 07	3 00	23 96	2 99	23 85	2 98
451	5. 10. »	24 35	3 04	24 24	3 03	24 12	3 01	24 01	3 00	23 90	2 98
452		24 40	3 05	24 29	3 03	24 18	3 02	24 06	3 00	23 95	2 99
453	5. 10. ½	24 46	3 05	24 34	3 04	24 23	3 02	24 12	3 01	24 00	3 00
454		24 51	3 06	24 40	3 05	24 28	3 03	24 17	3 02	24 06	3 00
455	5. 11. »	24 57	3 07	24 45	3 05	24 34	3 04	24 22	3 02	24 11	3 01
456		24 62	3 07	24 51	3 06	24 39	3 04	24 28	3 03	24 16	3 02
457	5. 11. ½	24 67	3 08	24 56	3 07	24 44	3 05	24 33	3 04	24 22	3 02
458	5. 12. »	24 73	3 09	24 61	3 07	24 50	3 06	24 38	3 04	24 27	3 03
459		24 78	3 09	24 67	3 08	24 55	3 06	24 44	3 05	24 32	3 04
460	5. 12. ½	24 84	3 10	24 72	3 09	24 61	3 07	24 49	3 06	24 38	3 04
461		24 89	3 11	24 77	3 09	24 66	3 08	24 54	3 06	24 43	3 05
462	5. 13. »	24 94	3 11	24 83	3 10	24 71	3 08	24 60	3 07	24 48	3 06
463		25 00	3 12	24 88	3 11	24 77	3 09	24 65	3 08	24 53	3 06
464	5. 13. ½	25 05	3 13	24 94	3 11	24 82	3 10	24 70	3 08	24 59	3 07
465	5. 14. »	25 11	3 13	24 99	3 12	24 87	3 10	24 76	3 09	24 64	3 08
466		25 16	3 14	25 04	3 13	24 93	3 11	24 81	3 10	24 69	3 08
467	5. 14. ½	25 21	3 15	25 10	3 13	24 98	3 12	24 86	3 10	24 75	3 09
468		25 27	3 15	25 15	3 14	25 03	3 12	24 92	3 11	24 80	3 10
469	5. 15. »	25 32	3 16	25 20	3 15	25 09	3 13	24 97	3 12	24 86	3 10
470	5. 15. ½	25 38	3 17	25 26	3 15	25 14	3 14	25 02	3 12	24 91	3 11
471		25 43	3 17	25 31	3 16	25 19	3 14	25 08	3 13	24 96	3 12
472	5. 16. »	25 48	3 18	25 37	3 17	25 25	3 15	25 13	3 14	25 01	3 12
473		25 54	3 19	25 42	3 17	25 30	3 16	25 18	3 14	25 06	3 13
474	5. 16. ½	25 59	3 19	25 47	3 18	25 35	3 16	25 24	3 15	25 12	3 14
475		25 65	3 20	25 53	3 19	25 41	3 17	25 29	3 16	25 17	3 14
476	5. 17. »	25 70	3 21	25 58	3 19	25 46	3 18	25 34	3 16	25 22	3 15

Lorsque le prix de l'argent fin est supérieur de quelques centimes à ceux donnés dans ce chapitre, ajoutez pour chaque différence, à toutes les sommes placées dans les colonnes de marcs, et contenues dans cette page, les centimes et fractions de centime ci-dessous, et seulement le huitième aux sommes placées dans les colonnes d'onces.

	cent.	dix.	huit.			cent.	dix.	huit.
Différence de 5 centimes.	2	4	» 3		Différence de 15 centimes	7	1	» 9
Différence de 10 centimes.	4	8	» 6		Différence de 20 centimes	9	5	1 2

DE 477 À 504 MILLIÈMES.

Conversion des MILLIÈMES en KARATS et TRENTE DEUX, et en GRAINS DE FIN contenus dans un MARC d'or ou d'argent à l'un des titres ci-dessous, suivie de différentes valeurs d'une ONCE d'OR à l'un de ces mêmes titres.

MILLIÈMES	CONVERSION en Karats et en Grains de fin.							DIVERSES VALEURS D'UNE ONCE D'OR D'APRÈS LES PRIX SUIVANS DE L'ONCE D'OR FIN						
	Karats	Trente-Deux	Grains	Gros	Deniers	Demi-Gros	Grains	à 106 50	à 106 25	à 106 »	à 105 75	à 105 50	à 105 25	à 105 »
								fr. c.	fr. c.	fr. c.	fr. c.	fr. c.	fr. c.	fr. c.
477	11	14	2198 »	3	6	¼	2 »	50 80	50 68	50 56	50 44	50 32	50 20	50 [cut]
478	11	15	2202 6	3	6	½	6 6	50 90	50 78	50 66	50 54	50 42	50 30	50 [cut]
479	11	16	2207 2	3	6	¾	11 2	51 01	50 89	50 77	50 65	50 53	50 41	50 [cut]
480	11	17	2211 8	3	6	¾	15 8	51 12	51 00	50 88	50 76	50 64	50 52	50 [cut]
481			2216 4	3	6	¼	20 4	51 22	51 10	50 98	50 86	50 74	50 62	50 [cut]
482	11	18	2221 1	3	6	½	24 1	51 33	51 21	51 09	50 97	50 85	50 73	50 [cut]
483	11	19	2225 7	3	6	¾	29 7	51 43	51 31	51 19	51 07	50 95	50 83	50 [cut]
484	11	20	2230 3	3	6	½	34 3	51 54	51 42	51 30	51 18	51 06	50 94	50 [cut]
485			2234 9	3	7	»	2 9	51 65	51 53	51 41	51 28	51 16	51 04	50 [cut]
486	11	21	2239 5	3	7	»	7 5	51 75	51 63	51 51	51 39	51 27	51 15	51 [cut]
487	11	22	2244 1	3	7	»	12 1	51 86	51 74	51 62	51 50	51 37	51 25	51 [cut]
488	11	23	2248 7	3	7	»	16 7	51 97	51 85	51 72	51 60	51 48	51 36	51 [cut]
489			2253 3	3	7	»	21 3	52 07	51 95	51 83	51 71	51 58	51 46	51 [cut]
490	11	24	2257 9	3	7	»	25 9	52 18	52 06	51 94	51 81	51 69	51 57	51 [cut]
491	11	25	2262 5	3	7	»	30 5	52 29	52 16	52 04	51 92	51 80	51 67	51 [cut]
492	11	26	2267 1	3	7	»	35 1	52 39	52 27	52 15	52 02	51 90	51 78	51 [cut]
493	11	27	2271 7	3	7	¼	3 7	52 50	52 38	52 25	52 13	52 01	51 88	51 [cut]
494			2276 4	3	7	¼	8 3	52 61	52 48	52 36	52 24	52 11	51 99	51 [cut]
495	11	28	2281 »	3	7	½	13 »	52 71	52 59	52 47	52 34	52 22	52 09	51 [cut]
496	11	29	2285 6	3	7	½	17 6	52 82	52 70	52 57	52 45	52 32	52 20	52 [cut]
497	11	30	2290 2	3	7	½	22 2	52 93	52 80	52 68	52 55	52 43	52 30	52 [cut]
498			2294 8	3	7	¾	26 8	53 03	52 91	52 78	52 66	52 53	52 41	52 [cut]
499	11	31	2299 4	3	7	¾	31 4	53 14	53 01	52 89	52 76	52 64	52 51	52 [cut]
500	12	»	2304 »	4	»	»	» »	53 25	53 12	53 00	52 87	52 75	52 62	52 [cut]
501	12	1	2308 6	4	»	»	4 6	53 35	53 23	53 10	52 98	52 85	52 73	52 [cut]
502			2313 2	4	»	»	9 2	53 46	53 33	53 21	53 08	52 96	52 83	52 [cut]
503	12	2	2317 8	4	»	»	13 8	53 56	53 44	53 31	53 19	53 06	52 94	52 [cut]
504	12	3	2322 4	4	»	»	18 4	53 67	53 55	53 42	53 29	53 17	53 04	52 [cut]

Lorsque le prix de l'or fin est supérieur de quelques centimes à ceux donnés dans ce chapitre, ajoutez pour chaque différence à toutes les sommes, sans exception, contenues dans cette page, les centimes et fractions de centime ci-dessous, et de la manière suivante :

	cent. dix.			cent.
Pour une différence de 5 cent.	2 »		Pour une différence de 15 cent.	7
Pour une différence de 10 cent.	5 »		Pour une différence de 20 cent.	1[0]

nversion des MILLIÈMES en DENIERS, GRAINS, et DEMI-GRAINS, suivie des ifférentes valeurs d'un MARC et de l'ONCE d'ARGENT à l'un des titres ci-dessous

MILLIÈMES.	CONV. Deniers. Grains. Demi-Grains.	DIVERSES VALEURS D'UN MARC ET DE L'ONCE D'ARGENT D'APRÈS LES PRIX SUIVANS DU MARC D'ARGENT FIN — à 54f »c Marcs.	à 54f »c Onces.	à 53f 75c Marcs.	à 53f 75c Onces.	à 53f 50c Marcs.	à 53f 50c Onces.	à 53f 25c Marcs.	à 53f 25c Onces.	à 53f »c Marcs.	à 53f »c Onces.
		fr. c.	fr. c.	fr. c.	fr. c.	fr. c.	fr. c.	fr. c.	fr. c.	fr. c.	fr. c.
477	5. 17. ½	25 73	3 21	25 63	3 20	25 51	3 18	25 40	3 17	25 28	3 16
478		25 81	3 22	25 69	3 21	25 57	3 19	25 45	3 18	25 33	3 16
479	5. 18. »	25 86	3 23	25 74	3 21	25 62	3 20	25 50	3 18	25 38	3 17
480		25 92	3 24	25 80	3 22	25 68	3 21	25 56	3 19	25 44	3 18
481	5. 18. ½	25 97	3 24	25 85	3 23	25 73	3 21	25 61	3 20	25 49	3 18
482		26 02	3 25	25 90	3 23	25 78	3 22	25 66	3 20	25 54	3 19
483	5. 19. »	26 08	3 26	25 96	3 24	25 84	3 23	25 71	3 21	25 59	3 19
484	5. 19. ½	26 13	3 26	26 01	3 25	25 89	3 23	25 77	3 22	25 65	3 20
485		26 19	3 27	26 06	3 25	25 94	3 24	25 82	3 22	25 70	3 21
486	5. 20. »	26 24	3 28	26 12	3 26	26 00	3 25	25 87	3 23	25 75	3 21
487		26 29	3 28	26 17	3 27	26 05	3 25	25 93	3 24	25 81	3 22
488	5. 20. ½	26 35	3 29	26 23	3 27	26 10	3 26	25 98	3 24	25 86	3 23
489		26 40	3 30	26 28	3 28	26 16	3 27	26 03	3 25	25 91	3 23
490	5. 21. »	26 46	3 30	26 33	3 29	26 21	3 27	26 09	3 26	25 97	3 24
491	5. 21. ½	26 51	3 31	26 39	3 29	26 26	3 28	26 14	3 26	26 02	3 25
492		26 56	3 32	26 44	3 30	26 32	3 29	26 19	3 27	26 07	3 25
493	5. 22. »	26 62	3 32	26 49	3 31	26 37	3 29	26 25	3 28	26 12	3 26
494		26 67	3 33	26 55	3 31	26 42	3 30	26 30	3 28	26 18	3 27
495	5. 22. ½	26 73	3 34	26 60	3 32	26 48	3 31	26 35	3 29	26 23	3 27
496		26 78	3 34	26 66	3 33	26 53	3 31	26 41	3 30	26 28	3 28
497	5. 23. »	26 83	3 35	26 71	3 33	26 58	3 32	26 46	3 30	26 34	3 29
498	5. 23. ½	26 89	3 36	26 76	3 34	26 64	3 33	26 51	3 31	26 39	3 29
499		26 94	3 36	26 82	3 35	26 69	3 33	26 57	3 32	26 44	3 30
500	6. » »	27 00	3 37	26 87	3 35	26 75	3 34	26 62	3 32	26 50	3 31
501		27 05	3 38	26 92	3 36	26 80	3 35	26 67	3 33	26 55	3 31
502	6. » ½	27 10	3 38	26 98	3 37	26 85	3 35	26 73	3 34	26 60	3 32
503	6. 1. »	27 16	3 39	27 03	3 37	26 91	3 36	26 78	3 34	26 65	3 33
504		27 21	3 40	27 09	3 38	26 96	3 37	26 83	3 35	26 71	3 33

Lorsque le prix de l'argent fin est supérieur de quelques centimes à ceux donnés ans ce chapitre, ajoutez pour chaque différence, à toutes les sommes placées ans les colonnes de marcs, et contenues dans cette page, les centimes et ractions de centime ci-dessous, et seulement le huitième aux sommes placées ans les colonnes d'onces.

	cent.	dix.	huitiè.	huitiè.
Différence de 5 centimes.	2	5	»	3
Différence de 10 centimes	5	»	»	6
Différence de 15 centimes.	7	6	»	9
Différence de 20 centimes.	10	1	1	3

Conversion des MILLIÈMES en KARATS et TRENTE-DEUX, et en GRAINS D[E FIN contenus dans un MARC d'or ou d'argent à l'un des titres ci-dessous, suivie de[s] différentes valeurs d'une ONCE d'OR à l'un de ces mêmes titres.

CONVERSION en Karats et en Grains de fin.

MILLIÈMES	Karats	Trente-Deux	Grains	Dixièmes	Onces	Gros	Demi-Gros	Grains	Dixièmes
505	12	4	2327.	»	4.	»	»	23.	»
506			2331.	6	4.	»	»	27.	6
507	12	5	2336.	3	4.	»	»	32.	3
508	12	6	2340.	9	4.	»	¼		9
509	12	7	2345.	5	4.	»	½	5.	5
510	12	8	2350.	1	4.	»	¼	10.	1
511			2354.	7	4.	»	¼	14.	7
512	12	9	2359.	3	4.	»	¼	19.	3
513	12	10	2363.	9	4.	»	¼	23.	9
514	12	11	2368.	5	4.	»	¼	28.	5
515			2373.	1	4.	»	½	33.	1
516	12	12	2377.	7	4.	1.	»	1.	7
517	12	13	2382.	3	4.	1.	»	6.	3
518	12	14	2386.	9	4.	1.	»	10.	9
519			2391.	5	4.	1.	»	15.	5
520	12	15	2396.	2	4.	1.	»	20.	2
521	12	16	2400.	8	4.	1.	»	24.	8
522	12	17	2405.	4	4.	1.	»	29.	4
523	12	18	2410.	»	4.	1.	»	34.	»
524			2414.	6	4.	1.	½	2.	6
525	12	19	2419.	2	4.	1.	¼	7.	2
526	12	20	2423.	8	4.	1.	¼	11.	8
527	12	21	2428.	4	4.	1.	¼	16.	4
528			2433.	»	4.	1.	¼	21.	»
529	12	22	2437.	6	4.	1.	¼	25.	6
530	12	23	2442.	2	4.	1.	¼	30.	2
531	12	24	2446.	9	4.	1.	¼	34.	9
532			2451.	5	4.	2.	»	5.	5

DIVERSES VALEURS D'UNE ONCE D'OR D'APRÈS LES PRIX SUIVANS DE L'ONCE D'OR FIN

MILLIÈMES	à 106 50	à 106 25	à 106 »	à 105 75	à 105 50	à 105 25	à 105 »
505	53 78	53 65	53 53	53 40	53 27	53 15	53 02
506	53 88	53 76	53 63	53 50	53 38	53 25	53 13
507	53 99	53 84	53 74	53 61	53 48	53 36	53 22
508	54 10	53 97	53 84	53 72	53 59	53 46	53 33
509	54 20	54 08	53 95	53 82	53 69	53 57	53 44
510	54 31	54 18	54 06	53 93	53 80	53 67	53 54
511	54 42	54 29	54 16	54 03	53 91	53 78	53 65
512	54 52	54 40	54 27	54 14	54 01	53 88	53 76
513	54 63	54 50	54 37	54 24	54 12	53 99	53 86
514	54 74	54 61	54 48	54 35	54 22	54 09	53 97
515	54 84	54 71	54 59	54 46	54 33	54 20	54 07
516	54 95	54 82	54 69	54 56	54 43	54 30	54 18
517	55 06	54 93	54 80	54 67	54 54	54 41	54 29
518	55 16	55 03	54 90	54 77	54 64	54 51	54 39
519	55 27	55 14	55 01	54 88	54 75	54 62	54 50
520	55 38	55 25	55 12	54 99	54 86	54 73	54 60
521	55 48	55 35	55 22	55 09	54 96	54 85	54 71
522	55 59	55 46	55 33	55 20	55 07	54 94	54 81
523	55 69	55 56	55 43	55 30	55 17	55 04	54 92
524	55 80	55 67	55 54	55 41	55 28	55 15	55 02
525	55 91	55 78	55 65	55 51	55 38	55 25	55 13
526	56 01	55 88	55 75	55 62	55 49	55 36	55 23
527	56 12	55 99	55 86	55 73	55 59	55 46	55 34
528	56 23	56 10	55 96	55 83	55 70	55 57	55 44
529	56 33	56 20	56 07	55 94	55 80	55 67	55 54
530	56 44	56 31	56 18	56 04	55 91	55 78	55 65
531	56 63	56 41	56 28	56 15	56 02	55 89	55 76
532	56 63	56 52	56 39	56 26	56 12	55 99	55 86

Lorsque le prix de l'or fin est supérieur de quelques centimes à ceux donnés dans ce chapitre, ajoutez pour chaque différence, à toutes les sommes sans exception contenues dans cette page, les centimes et fractions de centime ci-dessous, et de la manière suivante:

	cent.	dix.			cent.	d[ix].
Pour une différence de 5 cent.	2	7		Pour une différence de 15 cent.	8	
Pour une différence de 10 cent.	5	5		Pour une différence de 20 cent.	10	

DIVERSES VALEURS D'UN MARC ET DE L'ONCE D'ARGENT
D'APRÈS LES PRIX SUIVANS DU MARC D'ARGENT FIN

CONV. Deniers	Grains	Demi-Grains	à 54f »c Marcs (fr. c.)	à 54f »c Onces (fr. c.)	à 53f 75c Marcs	à 53f 75c Onces	à 53f 50c Marcs	à 53f 50c Onces	à 53f 25c Marcs	à 53f 25c Onces	à 53f »c Marcs	à 53f »c Onces
6	1	½	27 27	3 40	27 14	3 39	27 01	3 37	26 89	3 36	26 76	3 34
			27 32	3 41	27 19	3 39	27 07	3 38	26 94	3 36	26 81	3 35
6	2	»	27 37	3 42	27 24	3 40	27 12	3 39	26 99	3 37	26 87	3 35
			27 43	3 42	27 30	3 41	27 17	3 39	27 05	3 38	26 92	3 36
6	2	½	27 48	3 43	27 35	3 41	27 23	3 40	27 10	3 38	26 97	3 37
6	3	»	27 54	3 44	27 41	3 42	27 28	3 41	27 15	3 39	27 03	3 37
			27 59	3 44	27 46	3 43	27 33	3 41	27 21	3 40	27 08	3 38
6	3	½	27 64	3 45	27 52	3 44	27 39	3 42	27 26	3 40	27 13	3 39
			27 70	3 46	27 57	3 44	27 44	3 43	27 31	3 41	27 18	3 39
6	4	»	27 75	3 46	27 62	3 45	27 49	3 43	27 37	3 42	27 24	3 40
			27 81	3 47	27 68	3 46	27 55	3 44	27 42	3 42	27 29	3 41
6	4	½	27 86	3 48	27 73	3 46	27 60	3 45	27 47	3 43	27 34	3 41
6	5	»	27 91	3 48	27 78	3 47	27 65	3 45	27 53	3 44	27 40	3 42
			27 97	3 49	27 84	3 48	27 71	3 46	27 58	3 44	27 45	3 43
6	5	½	28 02	3 50	27 89	3 48	27 76	3 47	27 63	3 45	27 50	3 43
			28 08	3 51	27 95	3 49	27 82	3 47	27 69	3 46	27 56	3 44
6	6	»	28 13	3 51	28 00	3 50	27 87	3 48	27 74	3 46	27 61	3 45
			28 18	3 52	28 05	3 50	27 92	3 49	27 79	3 47	27 66	3 45
6	6	½	28 24	3 53	28 11	3 51	27 98	3 49	27 84	3 48	27 71	3 46
6	7	»	28 29	3 53	28 16	3 52	28 03	3 50	27 90	3 48	27 77	3 47
			28 35	3 54	28 21	3 52	28 08	3 51	27 95	3 49	27 82	3 47
6	7	½	28 40	3 55	28 27	3 53	28 14	3 51	28 00	3 50	27 87	3 48
			28 45	3 56	28 32	3 54	28 19	3 52	28 06	3 50	27 93	3 49
6	8	»	28 51	3 56	28 38	3 54	28 24	3 53	28 11	3 51	27 98	3 49
			28 56	3 57	28 43	3 55	28 30	3 53	28 16	3 52	28 03	3 50
6	8	½	28 62	3 57	28 48	3 56	28 35	3 54	28 22	3 52	28 09	3 51
6	9	»	28 67	3 58	28 54	3 56	28 40	3 55	28 27	3 53	28 14	3 51
			28 72	3 59	28 59	3 57	28 46	3 55	28 32	3 54	28 19	3 52

Lorsque le prix de l'argent fin est supérieur de quelques centimes à ceux donnés dans ce chapitre, ajoutez pour chaque différence, à toutes les sommes placées dans les colonnes de marcs, et contenues dans cette page, les centimes et fractions de centime ci-dessous, et seulement le huitième aux sommes placées dans les colonnes d'onces.

	cent.	dix.	huiti.		cent.	dix.	huiti.
Différence de 5 centimes	2	7	. 2	Différence de 15 centimes	8	.	1 .
Différence de 10 centimes	5	5	. 7	Différence de 20 centimes	10	6	1 5

DE 533 A 560 MILLIÈMES.

Conversion des MILLIÈMES en KARATS et TRENTE-DEUX, et en GRAINS [de] FIN contenus dans un MARC d'or ou d'argent à l'un des titres ci-dessous, suivie [des] différentes valeurs d'une ONCE d'OR à l'un de ces mêmes titres.

MILLIÈMES	Karats	Trente-Deux	Grains	Dix.	Onces	Gros	Demi-Gros	Grains	Dix.	à 106 50	à 106 25	à 106 "	à 105 75	à 105 50	à 105 25	à 105 "
533	12	25	2456.	1	4.	2.	·	8.	1	56 76	56 63	56 49	56 36	56 23	56 09	55 9[..]
534	12	26	2460.	7	4.	2.	·	12.	7	56 87	56 73	56 60	56 47	56 33	56 20	56 0[..]
535	12	27	2465.	3	4.	2.	·	17.	3	56 97	56 84	56 71	56 57	56 44	56 30	56 1[..]
536	12	28	2469.	9	4.	2.	·	21.	9	57 08	56 95	56 81	56 68	56 54	56 41	56 2[..]
537			2474.	3	4.	2.	·	26.	5	57 19	57 05	56 92	56 78	56 65	56 51	56 3[..]
538	12	29	2479.	1	4.	2.	·	31.	1	57 29	57 16	57 02	56 89	56 75	56 62	56 4[..]
539	12	30	2483.	7	4.	2.	·	35.	7	57 40	57 26	57 13	56 99	56 86	56 72	56 5[..]
540	12	31	2488.	3	4.	2.	¼	4.	3	57 51	57 37	57 24	57 10	56 97	56 83	56 7[..]
541			2492.	9	4.	2.	¼	8.	9	57 61	57 48	57 34	57 21	57 07	56 94	56 8[..]
542	13	·	2497.	5	4.	2.	¼	13.	5	57 72	57 58	57 45	57 31	57 18	57 04	56 9[..]
543	13	1	2502.	1	4.	2.	½	18.	1	57 82	57 69	57 55	57 42	57 28	57 15	57 0[..]
544	13	2	2506.	9	4.	2.	½	22.	8	57 93	57 80	57 66	57 52	57 39	57 25	57 1[..]
545			2511.	4	4.	2.	¾	27.	4	58 01	57 90	57 77	57 63	57 49	57 36	57 2[..]
546	13	3	2516.	·	4.	2.	¾	32.	·	58 14	58 01	57 87	57 73	57 60	57 46	57 3[..]
547	13	4	2520.	6	4.	3.	·	·	6	58 23	58 11	57 98	57 84	57 70	57 57	57 4[..]
548	13	5	2525.	2	4.	3.	·	5.	2	58 36	58 22	58 08	57 95	57 81	57 67	57 5[..]
549	13	6	2529.	8	4.	3.	·	9.	8	58 46	58 35	58 19	58 05	57 91	57 78	57 6[..]
550			2534.	4	4.	3.	·	14.	4	58 57	58 45	58 30	58 16	58 02	57 88	57 7[..]
551	13	7	2539.	·	4.	3.	·	19.	·	58 68	58 54	58 40	58 26	58 13	57 99	57 8[..]
552	13	8	2543.	6	4.	3.	·	23.	6	58 78	58 63	58 51	58 37	58 23	58 09	57 9[..]
553	13	9	2548.	2	4.	3.	·	28.	2	58 89	58 73	58 61	58 47	58 34	58 20	58 0[..]
554			2552.	8	4.	3.	·	32.	8	59 00	58 86	58 72	58 58	58 44	58 30	58 1[..]
555	13	10	2557.	4	4.	3.	¼	1.	4	59 10	58 96	58 83	58 69	58 55	58 41	58 2[..]
556	13	11	2562.	1	4.	3.	½	6.	1	59 21	59 07	58 93	58 79	58 65	58 51	58 3[..]
557	13	12	2566.	7	4.	3.	½	10.	7	59 32	59 18	59 04	58 90	58 76	58 62	58 4[..]
558			2571.	3	4.	3.	½	15.	3	59 42	59 28	59 14	59 00	58 80	58 72	58 5[..]
559	13	13	2575.	9	4.	3.	½	19.	9	59 53	59 39	59 25	59 11	58 97	58 83	58 6[..]
560	13	14	2580.	5	4.	3.	½	24.	5	59 64	59 50	59 36	59 22	59 08	58 94	58 7[..]

Lorsque le prix de l'or fin est supérieur de quelques centimes à ceux donné[s] dans ce chapitre, ajoutez pour chaque différence à toutes les sommes, sans exception contenues dans cette page, les centimes et fractions de centime ci-dessous, et d[e] la manière suivante :

	cent.	dix.		cent.	dix.
Pour une différence de 5 cent.	2	8	Pour une différence de 15 cent.	8	
Pour une différence de 10 cent.	5	6	Pour une différence de 20 cent.	11	

Conversion des MILLIÈMES en DENIERS, GRAINS, et DEMI-GRAINS, suivie des différentes valeurs d'un MARC et de l'ONCE d'ARGENT à l'un des titres ci-dessous.

MILLIÈMES	CONV. (Deniers, Grains, Demi-Grains.)	DIVERSES VALEURS D'UN MARC ET DE L'ONCE D'ARGENT D'APRÈS LES PRIX SUIVANS DU MARC D'ARGENT FIN									
		à 54f		à 53f 75c		à 53f 50c		à 53f 25c		à 53f	
		Marcs.	Onces.	Marcs.	Onces.	Marcs.	Onces.	Marcs.	Onces.	Marcs.	Onces.
		fr. c.	fr. c.	fr. c.	fr. c.	fr. c.	fr. c.	fr. c.	fr. c.	fr. c.	fr. c.
533	6. 9. ½	28 78	3 59	28 64	3 58	28 51	3 56	28 38	3 54	28 24	3 53
534		28 83	3 60	28 70	3 58	28 56	3 57	28 43	3 55	28 30	3 53
535	6. 10. »	28 89	3 61	28 75	3 59	28 62	3 57	28 48	3 56	28 35	3 54
536	6. 10. ½	28 94	3 61	28 81	3 60	28 67	3 58	28 54	3 56	28 40	3 55
537		28 99	3 62	28 86	3 60	28 72	3 59	28 59	3 57	28 46	3 55
538	6. 11. »	29 05	3 63	28 91	3 61	28 78	3 59	28 64	3 58	28 51	3 56
539		29 10	3 63	28 97	3 62	28 83	3 60	28 70	3 58	28 56	3 57
540	6. 11. ½	29 16	3 64	29 02	3 62	28 89	3 61	28 75	3 59	28 62	3 57
541		29 21	3 65	29 07	3 63	28 94	3 61	28 80	3 60	28 67	3 58
542	6. 12. »	29 26	3 65	29 13	3 64	28 99	3 62	28 86	3 60	28 72	3 59
543	6. 12. ½	29 32	3 66	29 18	3 64	29 05	3 63	28 91	3 61	28 77	3 59
544		29 37	3 67	29 24	3 65	29 10	3 63	28 96	3 62	28 83	3 60
545	6. 13. »	29 43	3 67	29 29	3 66	29 15	3 64	29 02	3 62	28 88	3 61
546		29 48	3 68	29 34	3 66	29 21	3 65	29 07	3 63	28 93	3 61
547	6. 13. ½	29 53	3 69	29 40	3 67	29 26	3 65	29 12	3 64	28 99	3 62
548		29 59	3 69	29 45	3 68	29 31	3 66	29 18	3 64	29 04	3 63
549	6. 14. »	29 64	3 70	29 50	3 68	29 37	3 67	29 23	3 65	29 09	3 63
550	6. 14. ½	29 70	3 71	29 56	3 69	29 42	3 67	29 28	3 66	29 15	3 64
551		29 75	3 71	29 61	3 70	29 47	3 68	29 34	3 66	29 20	3 65
552	6. 15. »	29 80	3 72	29 67	3 70	29 53	3 69	29 39	3 67	29 25	3 65
553		29 86	3 73	29 72	3 71	29 58	3 69	29 44	3 68	29 30	3 66
554	6. 15. ½	29 91	3 73	29 77	3 72	29 63	3 70	29 50	3 68	29 36	3 67
555		29 97	3 74	29 83	3 72	29 69	3 71	29 55	3 69	29 41	3 67
556	6. 16. »	30 02	3 75	29 88	3 73	29 74	3 71	29 60	3 70	29 46	3 68
557	6. 16. ½	30 07	3 75	29 93	3 74	29 79	3 72	29 66	3 70	29 52	3 69
558		30 13	3 76	29 99	3 74	29 85	3 73	29 71	3 71	29 57	3 69
559	6. 17. »	30 18	3 77	30 04	3 75	29 90	3 73	29 76	3 72	29 62	3 70
560		30 24	3 78	30 10	3 76	29 96	3 74	29 82	3 72	29 68	3 71

Lorsque le prix de l'argent fin est supérieur de quelques centimes à ceux donnés dans ce chapitre, ajoutez pour chaque différence, à toutes les sommes placées dans les colonnes de marcs, et contenues dans cette page, les centimes et fractions de centime ci-dessous, et seulement le huitième aux sommes placées dans les colonnes d'onces.

	cent.	dix.	huiti.		cent.	dix.	huiti.
Différence de 5 centimes	2	8	» 3	Différence de 15 centimes	8	4	1 »
Différence de 10 centimes	5	6	» 7	Différence de 20 centimes	11	2	1 4

Conversion des MILLIÈMES en KARATS et TRENTE-DEUX, et en GRAINS D[E] FIN contenus dans un MARC d'or ou d'argent à l'un des titres ci-dessous, suivie d[es] différentes valeurs d'une ONCE d'OR à l'un de ces mêmes titres.

CONVERSION en Karats et en Grains de fin. — DIVERSES VALEURS D'UNE ONCE D'OR D'APRÈS LES PRIX SUIVANS DE L'ONCE D'OR FIN.

MILLIÈMES	Karats	Trente-Deux	Grains	Dix.	Onces	Gros	½ Gros	Grains	Dix.	à 106 50 fr. c.	à 106 25 fr. c.	à 106 ·· fr. c.	à 105 75 fr. c.	à 105 50 fr. c.	à 105 25 fr. c.	à 105 ·· fr. c.	à [105 ··]
561	13	15	2585	1	4	3	½	24	1	59 74	59 60	59 46	59 32	59 18	59 04	58 90	[illegible]
562			2589	7	4	3	½	33	7	59 84	59 71	59 57	59 43	59 29	59 15	59 01	[illegible]
563	13	16	2594	3	4	4	·	2	3	59 96	59 81	59 67	59 53	59 39	59 25	59 11	[illegible]
564	13	17	2598	9	4	4	·	6	9	60 06	59 92	59 78	59 64	59 50	59 36	59 22	[illegible]
565	13	18	2603	5	4	4	·	11	5	60 17	60 03	59 89	59 74	59 60	59 46	59 32	[illegible]
566	13	19	2608	1	4	4	·	16	1	60 27	60 13	59 99	59 85	59 71	59 57	59 43	[illegible]
567			2612	7	4	4	·	20	7	60 38	60 24	60 10	59 96	59 81	59 67	59 53	[illegible]
568	13	20	2617	3	4	4	·	25	3	60 49	60 35	60 20	60 06	59 92	59 78	59 64	[illegible]
569	13	21	2621	·	4	4	·	29	·	60 59	60 45	60 31	60 17	60 02	59 88	59 74	[illegible]
570	13	22	2626	6	4	4	·	34	6	60 70	60 56	60 42	60 27	60 13	59 99	59 85	[illegible]
571			2631	2	4	4	½	3	2	60 81	60 66	60 52	60 38	60 24	60 09	59 95	[illegible]
572	13	23	2635	8	4	4	½	7	8	60 91	60 77	60 63	60 48	60 34	60 20	60 06	[illegible]
573	13	24	2640	4	4	4	½	12	4	61 02	60 88	60 73	60 59	60 45	60 30	60 16	[illegible]
574	13	25	2645	·	4	4	½	17	·	61 13	60 98	60 84	60 70	60 55	60 41	60 27	[illegible]
575			2649	6	4	4	½	21	6	61 23	61 09	60 95	60 80	60 66	60 51	60 37	[illegible]
576	13	26	2654	2	4	4	½	26	2	61 34	61 20	61 05	60 91	60 76	60 62	60 48	[illegible]
577	13	27	2658	8	4	4	½	30	8	61 45	61 30	61 16	61 01	60 87	60 72	60 58	[illegible]
578	13	28	2663	4	4	4	½	35	4	61 55	61 41	61 26	61 12	60 97	60 83	60 69	[illegible]
579	13	29	2668	·	4	5	·	4	·	61 66	61 51	61 37	61 22	61 08	60 93	60 79	[illegible]
580			2672	6	4	5	·	8	6	61 77	61 62	61 48	61 33	61 19	61 04	60 90	[illegible]
581	13	30	2677	2	4	5	·	13	2	61 87	61 73	61 58	61 44	61 29	61 15	61 00	[illegible]
582	13	31	2681	9	4	5	·	17	9	61 98	61 83	61 69	61 54	61 40	61 25	61 11	[illegible]
583	14	·	2686	5	4	5	·	22	5	62 08	61 94	61 79	61 65	61 50	61 36	61 21	[illegible]
584			2691	1	4	5	·	27	1	62 19	62 04	61 90	61 75	61 61	61 46	61 32	[illegible]
585	14	1	2695	7	4	5	·	31	7	62 29	62 15	62 01	61 86	61 71	61 57	61 42	[illegible]
586	14	2	2700	3	4	5	½	·	5	62 40	62 26	62 11	61 96	61 82	61 67	61 53	[illegible]
587	14	3	2704	9	4	5	½	4	9	62 51	62 36	62 22	62 07	61 92	61 78	61 63	[illegible]
588			2709	5	4	5	½	9	5	62 62	62 47	62 32	62 18	62 03	61 89	61 74	[illegible]

Lorsque le prix de l'or fin est supérieur de quelques centimes à ceux donné[s] dans ce chapitre, ajoutez pour chaque différence, à toutes les sommes sans exception contenues dans cette page, les centimes et fractions de centime ci-dessous, et d[e] la manière suivante:

	cent.	dix.		cent.	d[ix.]
Pour une différence de 5 cent.	2	9	Pour une différence de 15 cent.	8	[illegible]
Pour une différence de 10 cent.	5	9	Pour une différence de 20 cent.	11	[illegible]

Conversion des MILLIÈMES en DENIERS, GRAINS et DEMI-GRAINS, suivie des différentes valeurs d'un MARC et de l'ONCE d'ARGENT à l'un des titres ci-dessous.

MILLIÈMES	CONV.			DIVERSES VALEURS D'UN MARC ET DE L'ONCE D'ARGENT D'APRÈS LES PRIX SUIVANS DU MARC D'ARGENT FIN									
				à 54ᶠ »ᵉ		à 53ᶠ 75ᵉ		à 53ᶠ 50ᵉ		à 53ᶠ 25ᵉ		à 53ᶠ »ᵉ	
	Deniers	Grains	Demi-Grains	Marcs	Onces	Marcs	Onces	Marcs	Onces	Marcs	Onces	Marcs	Onces
				fr. c.	fr. c.	fr. c.	fr. c.	fr. c.	fr. c.	fr. c.	fr. c.	fr. c.	fr. c.
561	6	17	½	30 29	3 78	30 13	3 76	30 01	3 75	29 87	3 73	29 73	3 71
562				30 34	3 79	30 20	3 77	30 06	3 75	29 92	3 74	29 78	3 72
563	6	18		30 40	3 80	30 26	3 78	30 12	3 76	29 97	3 74	29 83	3 72
564	6	18	½	30 45	3 80	30 31	3 78	30 17	3 77	30 03	3 75	29 89	3 73
565				30 51	3 81	30 36	3 79	30 22	3 77	30 08	3 76	29 94	3 74
566	6	19		30 56	3 82	30 42	3 80	30 28	3 78	30 13	3 76	29 99	3 74
567				30 61	3 82	30 47	3 80	30 33	3 79	30 19	3 77	30 05	3 75
568	6	19	½	30 67	3 83	30 53	3 81	30 38	3 79	30 24	3 78	30 10	3 76
569	6	20		30 72	3 84	30 58	3 82	30 44	3 80	30 29	3 78	30 15	3 76
570				30 78	3 84	30 63	3 82	30 49	3 81	30 35	3 79	30 21	3 77
571	6	20	½	30 83	3 85	30 69	3 83	30 54	3 81	30 40	3 80	30 26	3 78
572				30 88	3 86	30 74	3 84	30 60	3 82	30 45	3 80	30 31	3 78
573	6	21		30 94	3 86	30 79	3 84	30 65	3 83	30 51	3 81	30 36	3 79
574				30 99	3 87	30 85	3 85	30 70	3 83	30 56	3 82	30 42	3 80
575	6	21	½	31 05	3 88	30 90	3 86	30 76	3 84	30 61	3 82	30 47	3 80
576	6	22		31 10	3 88	30 96	3 87	30 81	3 85	30 67	3 83	30 53	3 81
577				31 15	3 89	31 01	3 87	30 86	3 85	30 72	3 84	30 58	3 82
578	6	22	½	31 21	3 90	31 06	3 88	30 92	3 86	30 77	3 84	30 63	3 82
579				31 26	3 90	31 12	3 89	30 97	3 87	30 83	3 85	30 69	3 83
580	6	23		31 32	3 91	31 17	3 89	31 03	3 87	30 88	3 86	30 74	3 84
581				31 37	3 92	31 22	3 90	31 08	3 88	30 93	3 86	30 79	3 84
582	6	23	½	31 42	3 92	31 28	3 91	31 13	3 89	30 99	3 87	30 84	3 85
583	7			31 48	3 93	31 33	3 91	31 19	3 89	31 04	3 88	30 89	3 86
584				31 53	3 94	31 39	3 92	31 24	3 90	31 09	3 88	30 95	3 86
585	7		½	31 59	3 94	31 44	3 93	31 29	3 91	31 15	3 89	31 00	3 87
586				31 64	3 95	31 49	3 93	31 35	3 91	31 20	3 90	31 05	3 88
587	7	1		31 69	3 96	31 55	3 94	31 40	3 92	31 25	3 90	31 11	3 88
588				31 74	3 96	31 60	3 95	31 45	3 93	31 31	3 91	31 16	3 89

Lorsque le prix de l'argent fin est supérieur de quelques centimes à ceux donnés dans ce chapitre, ajoutez pour chaque différence, à toutes les sommes placées dans les colonnes de marcs, et contenues dans cette page, les centimes et fractions de centime ci-dessous, et seulement le huitième aux sommes placées dans les colonnes d'onces.

	cent.	dix.	huité.			cent.	dix.	huité.	
Différence de 5 centimes	2	9	»	4	Différence de 15 centimes	8	8	1	1
Différence de 10 centimes	5	9	»	7	Différence de 20 centimes	11	8	1	5

DE 589 A 616 MILLIEMES.

Conversion des MILLIÈMES en KARATS et TRENTE-DEUX, et en GRAINS DE FIN contenus dans un MARC d'or ou d'argent à l'un des titres ci-dessous, suivie des différentes valeurs d'une ONCE d'OR à l'un de ces mêmes titres.

MILLIÈMES	CONVERSION en Karats et en Grains de fin.									DIVERSES VALEURS D'UNE ONCE D'OR d'après les prix suivans de l'once d'or fin						
	Karats	Trente-Deux	Grains	Dixièmes	Onces	Gros	Demi-Gros	Grains	Dixièmes	à fr. c. 106 50	à fr. c. 106 25	à fr. c. 106 »	à fr. c. 105 75	à fr. c. 105 50	à fr. c. 105 25	à fr. c. 105 »
589	14	4	2714	1	4	5	½	14	1	62 72	62 58	62 43	62 28	62 13	61 99	61 84
590	14	5	2718	7	4	5	½	18	7	62 83	62 68	62 54	62 39	62 24	62 09	61 95
591	14	6	2723	3	4	5	½	23	3	62 94	62 79	62 64	62 49	62 35	62 20	62 05
592	14	7	2727	9	4	5	½	27	9	63 04	62 90	62 75	62 60	62 45	62 30	62 16
593			2732	5	4	5	½	32	5	63 15	63 00	62 85	62 70	62 56	62 41	62 26
594	14	8	2737	2	4	6	»	1	2	63 26	63 11	62 96	62 81	62 66	62 51	62 37
595	14	9	2741	8	4	6	»	5	8	63 36	63 21	63 07	62 92	62 77	62 62	62 47
596	14	10	2746	4	4	6	»	10	4	63 47	63 32	63 17	63 02	62 87	62 72	62 58
597			2751	»	4	6	»	15	»	63 58	63 43	63 28	63 13	62 98	62 83	62 68
598	14	11	2755	6	4	6	»	19	6	63 68	63 53	63 38	63 23	63 08	62 93	62 79
599	14	12	2760	2	4	6	»	24	2	63 79	63 64	63 49	63 34	63 19	63 04	62 89
600	14	13	2764	8	4	6	»	28	8	63 90	63 75	63 60	63 45	63 30	63 15	63 00
601			2769	4	4	6	»	33	4	64 00	63 85	63 70	63 55	63 40	63 25	63 10
602	14	14	2774	»	4	6	½	2	»	64 11	63 96	63 81	63 66	63 51	63 36	63 21
603	14	15	2778	6	4	6	½	6	6	64 21	64 06	63 91	63 76	63 61	63 46	63 31
604	14	16	2783	2	4	6	½	11	2	64 32	64 17	64 02	63 87	63 72	63 57	63 42
605	14	17	2787	8	4	6	½	15	8	64 43	64 28	64 13	63 97	63 82	63 67	63 52
606			2792	5	4	6	½	20	5	64 53	64 38	64 23	64 08	63 93	63 78	63 63
607	14	18	2797	1	4	6	½	25	1	64 64	64 49	64 34	64 19	64 03	63 88	63 73
608	14	19	2801	7	4	6	½	29	7	64 74	64 60	64 44	64 29	64 14	63 99	63 84
609	14	20	2806	3	4	6	½	34	3	64 85	64 70	64 55	64 40	64 24	64 09	63 94
610			2810	9	4	7	»	2	9	64 96	64 81	64 66	64 50	64 35	64 20	64 05
611	14	21	2815	5	4	7	»	7	5	65 07	64 91	64 76	64 61	64 46	64 30	64 15
612	14	22	2820	1	4	7	»	12	1	65 17	65 02	64 87	64 71	64 56	64 41	64 26
613	14	23	2824	7	4	7	»	16	7	65 28	65 13	64 97	64 82	64 67	64 51	64 36
614			2829	3	4	7	»	21	3	65 39	65 23	65 08	64 93	64 77	64 62	64 47
615	14	24	2833	9	4	7	»	25	9	65 49	65 34	65 19	65 03	64 88	64 72	64 57
616	14	25	2838	5	4	7	»	30	5	65 60	65 45	65 29	65 14	64 98	64 85	64 68

Lorsque le prix de l'or fin est supérieur de quelques centimes à ceux donnés dans ce chapitre, ajoutez pour chaque différence à toutes les sommes, sans exception, contenues dans cette page, les centimes et fractions de centime ci-dessous, et de la manière suivante :

	cent.	diz.		cent.	diz.
Pour une différence de 5 cent.	3	1	Pour une différence de 15 cent.	9	2
Pour une différence de 10 cent.	6	2	Pour une différence de 20 cent.	12	3

Conversion des MILLIÈMES en DENIERS, GRAINS, et DEMI-GRAINS, suivie des différentes valeurs d'un MARC et de l'ONCE d'ARGENT à l'un des titres ci-dessous.

DIVERSES VALEURS D'UN MARC ET DE L'ONCE D'ARGENT
D'APRÈS LES PRIX SUIVANS DU MARC D'ARGENT FIN

MILLIÈMES	CONV. Den.	Gr.	½Gr.	à 54f »e Marcs	Onces	à 53f 75e Marcs	Onces	à 53f 50e Marcs	Onces	à 53f 25e Marcs	Onces	à 53f »e Marcs	Onces
				fr. c.	fr. c.	fr. c.	fr. c.	fr. c.	fr. c.	fr. c.	fr. c.	fr. c.	fr. c.
589	7.	1.	½	31 80	3 97	31 65	3 95	31 51	3 95	31 36	3 93	31 21	3 90
590	7.	2.	»	31 86	3 98	31 71	3 96	31 56	3 94	31 41	3 92	31 27	3 90
591				31 91	3 99	31 76	3 97	31 61	3 95	31 47	3 93	31 32	3 91
592	7.	2.	½	31 96	3 99	31 82	3 97	31 67	3 95	31 52	3 94	31 37	3 92
593				32 02	4 00	31 87	3 98	31 72	3 96	31 57	3 94	31 42	3 92
594	7.	3.	»	32 07	4 01	31 92	3 99	31 77	3 97	31 63	3 95	31 48	3 93
595	7.	3.	½	32 13	4 01	31 98	3 99	31 83	3 97	31 68	3 96	31 53	3 94
596				32 18	4 02	32 03	4 00	31 88	3 98	31 73	3 96	31 59	3 94
597	7.	4.	»	32 23	4 02	32 08	4 01	31 93	3 99	31 79	3 97	31 64	3 95
598				32 29	4 03	32 14	4 01	31 99	3 99	31 84	3 98	31 69	3 96
599	7.	4.	½	32 34	4 04	32 19	4 02	32 04	4 00	31 89	3 98	31 74	3 96
600				32 40	4 05	32 25	4 03	32 10	4 01	31 95	3 99	31 80	3 97
601	7.	5.	»	32 45	4 05	32 30	4 03	32 15	4 01	32 00	4 00	31 85	3 98
602	7.	5.	½	32 50	4 06	32 35	4 04	32 20	4 02	32 05	4 00	31 90	3 98
603				32 56	4 07	32 41	4 05	32 26	4 03	32 10	4 01	31 95	3 99
604	7.	6.	»	32 61	4 07	32 46	4 05	32 31	4 03	32 16	4 02	32 01	4 00
605				32 67	4 08	32 51	4 06	32 36	4 04	32 21	4 03	32 06	4 00
606	7.	6.	½	32 72	4 09	32 57	4 07	32 42	4 05	32 26	4 03	32 11	4 01
607				32 77	4 09	32 62	4 07	32 47	4 05	32 32	4 04	32 17	4 02
608	7.	7.	»	32 83	4 10	32 68	4 08	32 52	4 06	32 37	4 04	32 22	4 02
609	7.	7.	½	32 88	4 11	32 73	4 09	32 58	4 07	32 42	4 05	32 27	4 03
610				32 94	4 11	32 78	4 09	32 63	4 07	32 48	4 06	32 33	4 04
611	7.	8.	»	32 99	4 12	32 84	4 10	32 68	4 08	32 53	4 06	32 38	4 04
612				33 04	4 13	32 89	4 11	32 74	4 09	32 58	4 07	32 45	4 05
613	7.	8.	½	33 10	4 13	32 94	4 11	32 79	4 09	32 64	4 08	32 48	4 06
614				33 15	4 14	33 00	4 12	32 84	4 10	32 69	4 08	32 54	4 06
615	7.	9.	»	33 21	4 15	33 05	4 13	32 90	4 11	32 74	4 09	32 59	4 07
616	7.	9.	½	33 26	4 15	33 11	4 13	32 95	4 11	32 80	4 10	32 64	4 08

Lorsque le prix de l'argent fin est supérieur de quelques centimes à ceux donnés dans ce chapitre, ajoutez pour chaque différence, à toutes les sommes placées dans les colonnes de marcs, et contenues dans cette page, les centimes et fractions de centime ci-dessous, et seulement le huitième aux sommes placées dans les colonnes d'onces.

	cent.	dix.	huit.		cent.	dix.	huit.
Différence de 5 centimes.	3	1	» 4	Différence de 15 centimes.	9	2	1 1
Différence de 10 centimes.	6	2	» 8	Différence de 20 centimes.	12	3	1 8

Conversion des MILLIÈMES en KARATS et TRENTE-DEUX, et en GRAINS DE FIN contenus dans un MARC d'or ou d'argent à l'un des titres ci-dessous, suivie des différentes valeurs d'une ONCE d'OR à l'un de ces mêmes titres.

CONVERSION en Karats et en Grains de fin. — DIVERSES VALEURS D'UNE ONCE D'OR D'APRÈS LES PRIX SUIVANS DE L'ONCE D'OR FIN.

Millièmes	Karats	Trente-Deux	Grains	Dixièmes	Onces	Gros	Demi-Gros	Grains	Dixièmes	à 106 50	à 106 25	à 106 »	à 105 75	à 105 50	à 105 25	à 105 »
617	14	28	2843	1	4	7	»	33	1	65 71	65 55	65 40	65 24	65 09	64 93	64 78
618	14	27	2847	7	4	7	¼	5	7	65 81	65 66	65 50	65 35	65 19	65 04	64 8[?]
619			2852	4	4	7	½	8	4	65 92	65 76	65 61	65 45	65 30	65 14	64 9[?]
620	14	26	2857	»	4	7	¾	13	»	66 03	65 87	65 72	65 56	65 41	65 26	65 1[?]
621	14	29	2861	6	4	7	¼	17	6	66 13	65 98	65 82	65 67	65 51	65 36	65 2[?]
622	14	30	2866	2	4	7	½	22	2	66 24	66 08	65 93	65 77	65 62	65 46	65 3[?]
623			2870	8	4	7	½	26	8	66 34	66 19	66 03	65 88	65 72	65 57	65 4[?]
624	14	31	2875	4	4	7	½	31	4	66 45	66 30	66 14	65 98	65 83	65 67	65 5[?]
625	15	»	2880	»	5	»	»	»	»	66 55	66 40	66 25	66 09	65 93	65 78	65 6[?]
626	15	1	2884	6	5	»	»	4	6	66 66	66 51	66 35	66 19	66 04	65 88	65 7[?]
627			2889	2	5	»	»	9	2	66 77	66 61	66 46	66 30	66 14	65 99	65 8[?]
628	15	2	2893	8	5	»	»	13	8	66 88	66 72	66 56	66 41	66 25	66 09	65 9[?]
629	15	3	2898	4	5	»	»	18	4	66 98	66 83	66 67	66 51	66 35	66 20	66 0[?]
630	15	4	2903	»	5	»	»	23	»	67 09	66 95	66 78	66 62	66 46	66 30	66 1[?]
631			2907	7	5	»	»	27	7	67 20	67 04	66 88	66 72	66 57	66 41	66 2[?]
632	15	5	2912	3	5	»	»	32	3	67 30	67 13	66 99	66 83	66 67	66 51	66 3[?]
633	15	6	2916	9	5	»	½	»	9	67 41	67 25	67 09	66 93	66 78	66 62	66 4[?]
634	15	7	2921	5	5	»	¼	5	5	67 52	67 36	67 20	67 04	66 88	66 72	66 5[?]
635	15	8	2926	1	5	»	⅜	10	1	67 62	67 46	67 31	67 15	66 99	66 83	66 6[?]
636			2930	7	5	»	⅜	14	7	67 73	67 57	67 41	67 25	67 09	66 94	66 7[?]
637	15	9	2935	3	5	»	¼	19	3	67 84	67 68	67 52	67 36	67 20	67 04	66 8[?]
638	15	10	2939	9	5	»	½	23	9	67 94	67 78	67 62	67 46	67 30	67 14	66 9[?]
639	15	11	2944	5	5	»	¾	28	5	68 05	67 89	67 73	67 57	67 41	67 21	67 0[?]
640	15	12	2949	1	5	»	⅞	33	1	68 16	68 00	67 84	67 68	67 52	67 36	67 2[?]
641			2953	7	5	1	»	1	7	68 26	68 10	67 94	67 78	67 62	67 46	67 3[?]
642	15	13	2958	3	5	1	»	6	3	68 37	68 21	68 05	67 89	67 73	67 57	67 4[?]
643	15	14	2962	9	5	1	»	10	9	68 47	68 31	68 15	67 99	67 83	67 67	67 5[?]
644			2967	6	5	1	»	15	6	68 58	68 42	68 26	68 10	67 94	67 78	67 6[?]

Lorsque le prix de l'or fin est supérieur de quelques centimes à ceux donnés dans ce chapitre, ajoutez pour chaque différence, à toutes les sommes sans exception contenues dans cette page, les centimes et fractions de centime ci-dessous, et de la manière suivante:

	cent.	dix.			cent.	dix.
Pour une différence de 5 cent.	3	2		Pour une différence de 15 cent.	9	2
Pour une différence de 10 cent.	6	4		Pour une différence de 20 cent.	12	»

Conversion des MILLIÈMES en DENIERS, GRAINS et DEMI-GRAINS, suivie des différentes valeurs d'un MARC et de l'ONCE d'ARGENT à l'un des titres ci-dessous.

MILLIÈMES.	CONV. Deniers. Grains. Demi-Grains.	DIVERSES VALEURS D'UN MARC ET DE L'ONCE D'ARGENT D'APRÈS LES PRIX SUIVANS DU MARC D'ARGENT FIN — à 54f »c		à 53f 75c		à 53f 50c		à 53f 25c		à 53f »	
		Marcs.	Onces.	Marcs.	Onces.	Marcs.	Onces.	Marcs.	Onces.	Marcs.	Onces.
		fr. c.	fr. c.	fr. c.	fr. c.	fr. c.	fr. c.	fr. c.	fr. c.	fr. c.	fr. c.
617		33 31	4 16	33 16	4 14	33 00	4 12	32 85	4 10	32 70	4 08
618	7. 10. »	33 37	4 17	33 21	4 15	33 06	4 13	32 90	4 11	32 75	4 09
619		33 42	4 17	33 27	4 16	33 11	4 13	32 96	4 12	32 80	4 10
620	7. 10. ½	33 48	4 18	33 32	4 16	33 17	4 14	33 01	4 12	32 86	4 10
621		33 53	4 19	33 37	4 17	33 22	4 15	33 06	4 13	32 91	4 11
622	7. 11. »	33 58	4 19	33 43	4 17	33 27	4 15	33 12	4 14	32 96	4 12
623	7. 11. ½	33 64	4 20	33 48	4 18	33 33	4 16	33 17	4 14	33 01	4 12
624		33 69	4 21	33 54	4 19	33 38	4 17	33 22	4 15	33 07	4 13
625	7. 12. »	33 75	4 21	33 59	4 19	33 43	4 17	33 28	4 16	33 12	4 14
626		33 80	4 22	33 64	4 20	33 49	4 18	33 33	4 16	33 17	4 14
627	7. 12. ½	33 85	4 23	33 70	4 21	33 54	4 19	33 38	4 17	33 23	4 15
628	7. 13. »	33 91	4 23	33 75	4 21	33 59	4 19	33 44	4 18	33 28	4 16
629		33 96	4 24	33 80	4 22	33 65	4 20	33 49	4 18	33 33	4 16
630	7. 13. ½	34 02	4 25	33 86	4 23	33 70	4 21	33 54	4 19	33 39	4 17
631		34 07	4 25	33 91	4 23	33 75	4 21	33 60	4 20	33 44	4 18
632	7. 14. »	34 12	4 26	33 97	4 24	33 81	4 22	33 65	4 20	33 49	4 18
633		34 18	4 27	34 02	4 25	33 86	4 23	33 70	4 21	33 54	4 19
634	7. 14. ½	34 23	4 27	34 07	4 25	33 91	4 23	33 76	4 22	33 60	4 20
635	7. 15. »	34 29	4 28	34 13	4 26	33 97	4 24	33 81	4 22	33 65	4 20
636		34 34	4 29	34 18	4 27	34 02	4 25	33 86	4 23	33 70	4 21
637	7. 15. ½	34 39	4 29	34 23	4 27	34 07	4 25	33 92	4 24	33 76	4 22
638		34 45	4 30	34 29	4 28	34 13	4 26	33 97	4 24	33 81	4 22
639	7. 16. »	34 50	4 31	34 34	4 29	34 18	4 27	34 02	4 25	33 86	4 23
640		34 56	4 32	34 40	4 30	34 24	4 28	34 08	4 26	33 92	4 24
641	7. 16. ½	34 61	4 32	34 45	4 30	34 29	4 28	34 13	4 26	33 97	4 24
642	7. 17. »	34 66	4 33	34 50	4 31	34 34	4 29	34 18	4 27	34 02	4 25
643		34 72	4 34	34 56	4 32	34 40	4 30	34 23	4 27	34 07	4 25
644	7. 17. ½	34 77	4 34	34 61	4 32	34 45	4 30	34 29	4 28	34 13	4 26

Lorsque le prix de l'argent fin est supérieur de quelques centimes à ceux donnés dans ce chapitre, ajoutez pour chaque différence, à toutes les sommes placées dans les colonnes de marcs, et contenues dans cette page, les centimes et fractions de centime ci-dessous, et seulement le huitième aux sommes placées dans les colonnes d'onces.

	cent.	dix.	huitiè.			cent.	dix.	huitiè.	
Différence de 5 centimes.	3	2	»	4	Différence de 15 centimes.	9	7	1	2
Différence de 10 centimes.	6	4	»	8	Différence de 20 centimes.	12	9	1	6

DE 645 À 672 MILLIÈMES.

Conversion des MILLIÈMES en KARATS et TRENTE-DEUX, et en GRAINS DE FIN contenus dans un MARC d'or ou d'argent à l'un des titres ci-dessous, suivie des différentes valeurs d'une ONCE d'OR à l'un de ces mêmes titres.

MILLIÈMES	CONVERSION en Karats et en Grains de fin.									DIVERSES VALEURS D'UNE ONCE D'OR D'APRÈS LES PRIX SUIVANS DE L'ONCE D'OR FIN						
	Karats	Trente-Deux	Grains	Décimes	Onces	Gros	Demi-Gros	Grains	Décimes	à 106.50	à 106.25	à 106.	à 105.75	à 105.50	à 105.25	à 105.
645	13	15	2972	2	5	1	.	20	2	68 69	68 55	68 37	68 20	68 04	67 88	67 72
646	13	16	2976	8	5	1	.	24	8	68 79	68 65	68 47	68 31	68 15	67 99	67 83
647	13	17	2981	4	5	1	.	29	4	68 96	68 74	68 58	68 42	68 25	68 09	67 93
648	13	18	2986	.	5	1	.	34	.	69 01	68 85	68 68	68 52	68 36	68 20	68 04
649			2990	6	5	1	¼	2	6	69 11	68 95	68 79	68 63	68 46	68 30	68 14
650	13	19	2995	2	5	1	¼	7	2	69 22	69 06	68 90	68 73	68 57	68 41	68 25
651	13	20	2999	8	5	1	¼	11	8	69 35	69 16	69 00	68 84	68 68	68 51	68 35
652	13	21	3004	4	5	1	¼	16	4	69 43	69 27	69 11	68 94	68 78	68 62	68 46
653			3009	.	5	1	½	21	.	69 54	69 38	69 21	69 05	68 89	68 72	68 56
654	13	22	3013	6	5	1	½	25	6	69 65	69 48	69 32	69 16	68 99	68 83	68 67
655	13	23	3018	2	5	1	½	30	2	69 75	69 59	69 43	69 26	69 10	68 93	68 77
656	13	24	3022	9	5	1	½	34	9	69 86	69 70	69 53	69 37	69 20	69 04	68 88
657			3027	5	5	2	.	5	5	69 97	69 80	69 64	69 47	69 31	69 14	68 98
658	13	25	3032	1	5	2	.	8	1	70 07	69 91	69 74	69 58	69 41	69 25	69 09
659	13	26	3036	7	5	2	.	12	7	70 18	70 01	69 85	69 68	69 52	69 33	69 19
660	13	27	3041	3	5	2	.	17	3	70 29	70 12	69 96	69 79	69 65	69 46	69 30
661	13	28	3045	9	5	2	.	21	9	70 39	70 23	70 06	69 90	69 75	69 57	69 40
662			3050	5	5	2	.	26	5	70 50	70 33	70 17	70 00	69 84	69 67	69 51
663	13	29	3055	1	5	2	.	31	1	70 60	70 44	70 27	70 11	69 94	69 78	69 61
664	13	30	3059	7	5	2	.	34	7	70 71	70 55	70 38	70 21	70 04	69 88	69 72
665	13	31	3064	3	5	2	¼	4	3	70 82	70 65	70 49	70 32	70 15	69 99	69 82
666			3068	9	5	2	¼	8	9	70 92	70 76	70 59	70 42	70 26	70 09	69 93
667	16	00	3073	5	5	2	¼	13	5	71 03	70 86	70 70	70 53	70 36	70 20	70 03
668	16	1	3078	1	5	2	¼	18	1	71 14	70 97	70 80	70 64	70 47	70 30	70 14
669	16	2	3082	8	5	2	½	22	8	71 24	71 08	70 91	70 74	70 57	70 41	70 24
670			3087	4	5	2	½	27	4	71 35	71 18	71 02	70 85	70 68	70 51	70 35
671	16	3	3092	.	5	2	½	32	.	71 46	71 29	71 12	70 95	70 79	70 62	70 45
672	16	01	3096	6	5	3	.	.	6	71 56	71 40	71 23	71 06	70 89	70 72	70 56

Lorsque le prix de l'or fin est supérieur de quelques centimes à ceux donnés dans ce chapitre, ajoutez pour chaque différence, à toutes les sommes sans exception, contenues dans cette page, les centimes et fractions de centime ci-dessous, et de la manière suivante :

	cent.	dix.		cent.	dix.
Pour une différence de 5 cent.	5	4	Pour une différence de 15 cent.	10	1
Pour une différence de 10 cent.	6	7	Pour une différence de 20 cent.	13	4

Conversion des MILLIÈMES en DENIERS, GRAINS et DEMI-GRAINS, suivie des différentes valeurs d'un MARC et de l'ONCE d'ARGENT à l'un des titres ci-dessous.

MILLIÈMES	CONV. Deniers	CONV. Grains. Demi-Grains	DIVERSES VALEURS D'UN MARC ET DE L'ONCE D'ARGENT D'APRÈS LES PRIX SUIVANS DU MARC D'ARGENT FIN — à 54f . Marcs. fr. c.	à 54f . Onces. fr. c.	à 53f 75c Marcs. fr. c.	à 53f 75c Onces. fr. c.	à 53f 50c Marcs. fr. c.	à 53f 50c Onces. fr. c.	à 53f 25c Marcs. fr. c.	à 53f 25c Onces. fr. c.	à 53f . Marcs. fr. c.	à 53f . Onces. fr. c.
645			34 83	4 35	34 66	4 33	34 50	4 31	34 34	4 29	34 18	4 27
646	7.	18. .	34 88	4 36	34 72	4 34	34 56	4 32	34 39	4 29	34 23	4 27
647			34 95	4 36	34 77	4 34	34 61	4 32	34 45	4 30	34 29	4 28
648	7.	18. ½	35 00	4 37	34 83	4 35	34 66	4 33	34 50	4 31	34 34	4 29
649	7.	19. .	35 04	4 38	34 88	4 36	34 72	4 34	34 55	4 31	34 39	4 29
650			35 10	4 38	34 93	4 36	34 77	4 34	34 61	4 32	34 45	4 30
651	7.	19. ½	35 15	4 39	34 99	4 37	34 82	4 35	34 66	4 33	34 50	4 31
652			35 20	4 40	35 04	4 38	34 88	4 36	34 71	4 33	34 55	4 31
653	7.	20. .	35 26	4 40	35 09	4 38	34 93	4 36	34 77	4 34	34 60	4 32
654			35 31	4 41	35 13	4 39	34 98	4 37	34 82	4 35	34 66	4 33
655	7.	20. ½	35 37	4 42	35 20	4 40	35 04	4 38	34 87	4 35	34 71	4 33
656	7.	21. .	35 42	4 43	35 26	4 40	35 09	4 38	34 93	4 36	34 78	4 35
657			35 47	4 43	35 31	4 41	35 14	4 39	34 98	4 37	34 82	4 35
658	7.	21. ½	35 53	4 44	35 36	4 42	35 20	4 40	35 05	4 37	34 87	4 35
659			35 58	4 44	35 42	4 42	35 25	4 40	35 09	4 38	34 92	4 36
660	7.	22. .	35 64	4 45	35 47	4 43	35 31	4 41	35 14	4 39	34 96	4 37
661	7.	22. ½	35 69	4 46	35 52	4 44	35 36	4 42	35 19	4 39	35 03	4 37
662			35 74	4 46	35 58	4 44	35 41	4 42	35 23	4 40	35 08	4 38
663	7.	23. .	35 80	4 47	35 63	4 45	35 47	4 43	35 30	4 41	35 13	4 39
664			35 86	4 48	35 69	4 46	35 52	4 44	35 35	4 41	35 19	4 39
665	7.	23. ½	35 91	4 48	35 74	4 46	35 57	4 44	35 41	4 42	35 24	4 40
666			35 96	4 49	35 79	4 47	35 63	4 45	35 46	4 43	35 29	4 41
667	8.	. .	36 01	4 50	35 85	4 48	35 68	4 46	35 51	4 43	35 35	4 41
668	8.	. ½	36 07	4 50	35 90	4 48	35 73	4 46	35 57	4 44	35 40	4 42
669			36 12	4 51	35 95	4 49	35 79	4 47	35 62	4 45	35 45	4 43
670	8.	1. .	36 18	4 52	36 01	4 50	35 84	4 48	35 67	4 45	35 51	4 43
671			36 23	4 52	36 06	4 50	35 89	4 48	35 73	4 46	35 56	4 44
672	8.	1. ¼	36 28	4 53	36 12	4 51	35 95	4 49	35 78	4 47	35 61	4 45

Lorsque le prix de l'argent fin est supérieur de quelques centimes à ceux donnés dans ce chapitre, ajoutez pour chaque différence, à toutes les sommes placées dans les colonnes de marcs, et contenues dans cette page, les centimes et fractions de centime ci-dessous, et seulement le huitième aux sommes placées dans les colonnes d'onces.

	cent.	dix.	huit.			cent.	dix.	huit.
Différence de 5 centimes.	5	4	. 4		Différence de 15 centimes.	10	1	1 5
Différence de 10 centimes.	6	7	. 9		Différence de 20 centimes.	13	4	1 7

DE 673 A 700 MILLIÈMES.

Conversion des MILLIÈMES en KARATS et TRENTE-DEUX, et en GRAINS DE FIN contenus dans un MARC d'or ou d'argent à l'un des titres ci-dessous, suivie des différentes valeurs d'une ONCE D'OR à l'un de ces mêmes titres.

CONVERSION en Karats et en Grains de fin.

MILLIÈMES	Karats	Trente-Deux	Grains	Onces	Gros	Demi-Gros	Grain	Dixième
673	16	3	3101.9	5	3	»	3	2
674	16	6	3106.5	5	3	»	9	8
675			3110.4	5	3	»	14	4
676	16	7	3115.0	5	3	»	19	»
677	16	8	3119.6	5	3	»	23	6
678	16	9	3124.2	5	3	»	28	2
679			3128.8	5	3	»	32	8
680	16	10	3133.4	5	3	½	1	4
681	16	11	3138.1	5	3	½	6	1
682	16	12	3142.7	5	3	½	10	7
683			3147.3	5	3	½	15	3
684	16	13	3151.0	5	3	½	19	9
685	16	14	3156.3	5	3	½	24	5
686	16	15	3161.1	5	3	½	29	1
687			3165.7	5	3	½	33	7
688	16	16	3170.3	5	4	»	2	3
689	16	17	3174.0	5	4	»	6	9
690	16	18	3179.5	5	4	»	11	5
691	16	19	3184.1	5	4	»	16	1
692			3188.7	5	4	»	20	7
693	16	20	3193.3	5	4	»	25	3
694	16	21	3198.0	5	4	»	30	»
695	16	22	3202.6	5	4	»	34	6
696			3207.2	5	4	½	3	2
697	16	23	3211.8	5	4	½	7	8
698	16	24	3216.4	5	4	½	12	4
699	16	25	3221.0	5	4	½	17	»
700			3225.6	5	4	½	21	6

DIVERSES VALEURS D'UNE ONCE D'OR D'APRÈS LES PRIX SUIVANS DE L'ONCE D'OR FIN

MILLIÈMES	à 106 50	à 106 25	à 106 »	à 105 75	à 105 50	à 105 25	à 105 »
	fr. c.	fr. c.	fr. c.	fr. c.	fr. c.	fr. c.	fr. c.
673	71 67	71 50	71 33	71 16	71 00	70 83	70 66
674	71 76	71 61	71 44	71 27	71 10	70 93	70 77
675	71 88	71 71	71 55	71 38	71 21	71 04	70 87
676	71 99	71 82	71 65	71 48	71 31	71 14	70 98
677	72 10	71 95	71 76	71 59	71 42	71 25	71 08
678	72 20	72 03	71 86	71 69	71 52	71 35	71 19
679	72 31	72 14	71 97	71 80	71 63	71 46	71 29
680	72 42	72 25	72 08	71 91	71 74	71 57	71 40
681	72 52	72 35	72 18	72 01	71 84	71 67	71 50
682	72 63	72 46	72 29	72 12	71 95	71 78	71 61
683	72 73	72 56	72 39	72 22	72 05	71 88	71 71
684	72 84	72 67	72 50	72 33	72 16	71 99	71 82
685	72 95	72 78	72 61	72 44	72 26	72 09	71 92
686	73 05	72 88	72 71	72 54	72 37	72 20	72 03
687	73 16	72 99	72 82	72 65	72 47	72 30	72 13
688	73 27	73 10	72 92	72 75	72 58	72 41	72 24
689	73 37	73 20	73 03	72 86	72 68	72 51	72 34
690	73 48	73 31	73 14	72 96	72 79	72 62	72 45
691	73 59	73 41	73 24	73 07	72 90	72 72	72 55
692	73 69	73 52	73 35	73 17	73 00	72 83	72 66
693	73 80	73 63	73 45	73 28	73 11	72 93	72 76
694	73 91	73 73	73 56	73 39	73 21	73 04	72 87
695	74 01	73 84	73 67	73 49	73 32	73 14	72 97
696	74 12	73 94	73 77	73 60	73 42	73 25	73 08
697	74 23	74 05	73 88	73 70	73 53	73 35	73 18
698	74 33	74 16	73 98	73 81	73 63	73 46	73 29
699	74 44	74 26	74 09	73 91	73 74	73 56	73 39
700	74 55	74 37	74 20	74 02	73 85	73 67	73 50

Lorsque le prix de l'or fin est supérieur de quelques centimes à ceux donnés dans ce chapitre, ajoutez pour chaque différence à toutes les sommes, sans exception, contenues dans cette page, les centimes et fractions de centime ci-dessous, et de la manière suivante :

	cent.	dix.		cent.	dix.
Pour une différence de 5 cent.	3	3	Pour une différence de 15 cent.	10	»
Pour une différence de 10 cent.	7	»	Pour une différence de 20 cent.	14	»

nversion des MILLIÈMES en DENIERS, GRAINS, et DEMI-GRAINS, suivie des fférentes valeurs d'un MARC et de l'ONCE d'ARGENT à l'un des titres ci-dessous.

	CONV. Deniers.	Grains. Demi-Grains.	à 54f »c Marcs. fr. c.	Onces. fr. c.	à 53f 75c Marcs. fr. c.	Onces. fr. c.	à 53f 50c Marcs. fr. c.	Onces. fr. c.	à 53f 25c Marcs. fr. c.	Onces. fr. c.	à 53f »c Marcs. fr. c.	Onces. fr. c.
3			36 34	4 54	36 17	4 52	36 00	4 50	35 83	4 47	35 66	4 45
4	8.	2. »	36 39	4 54	36 22	4 52	36 06	4 50	35 89	4 48	35 72	4 46
5	8.	2. ½	36 45	4 55	36 28	4 53	36 11	4 51	35 94	4 49	35 77	4 47
6			36 50	4 56	36 33	4 54	36 16	4 52	35 99	4 49	35 82	4 47
7	8.	3. »	36 55	4 56	36 38	4 54	36 21	4 52	36 05	4 50	35 88	4 48
8			36 61	4 57	36 44	4 55	36 27	4 53	36 10	4 51	35 93	4 49
9	8.	3. ½	36 66	4 58	36 49	4 56	36 32	4 54	36 15	4 51	35 98	4 49
0			36 72	4 59	36 55	4 56	36 38	4 54	36 21	4 52	36 04	4 50
1	8.	4. »	36 77	4 59	36 60	4 57	36 43	4 55	36 26	4 53	36 09	4 51
2	8.	4. ½	36 82	4 60	36 65	4 58	36 48	4 56	36 31	4 53	36 14	4 51
3			36 88	4 61	36 71	4 58	36 54	4 56	36 36	4 54	36 19	4 52
4	8.	5. »	36 93	4 61	36 76	4 59	36 59	4 57	36 42	4 55	36 25	4 53
5			36 99	4 62	36 81	4 60	36 64	4 58	36 47	4 55	36 30	4 53
6	8.	5. ½	37 04	4 63	36 87	4 60	36 70	4 58	36 52	4 56	36 35	4 54
7			37 09	4 63	36 92	4 61	36 75	4 59	36 58	4 57	36 41	4 55
8	8.	6. »	37 15	4 64	36 98	4 62	36 80	4 60	36 63	4 57	36 46	4 55
9	8.	6. ½	37 20	4 65	37 03	4 62	36 86	4 60	36 68	4 58	36 51	4 56
0			37 26	4 65	37 08	4 63	36 91	4 61	36 74	4 59	36 57	4 57
1	8.	7. »	37 31	4 66	37 14	4 64	36 96	4 62	36 79	4 59	36 62	4 57
2			37 36	4 67	37 19	4 64	37 02	4 62	36 84	4 60	36 67	4 58
3	8.	7. ½	37 42	4 67	37 24	4 65	37 07	4 63	36 90	4 61	36 72	4 59
4	8.	8. »	37 47	4 68	37 30	4 66	37 12	4 64	36 95	4 61	36 78	4 59
5			37 53	4 69	37 35	4 66	37 18	4 64	37 00	4 62	36 83	4 60
6	8.	8. ½	37 58	4 69	37 41	4 67	37 23	4 65	37 06	4 63	36 88	4 61
7			37 63	4 70	37 46	4 68	37 28	4 66	37 11	4 63	36 94	4 61
8	8.	9. »	37 69	4 71	37 51	4 68	37 34	4 66	37 16	4 64	36 99	4 62
9			37 74	4 71	37 57	4 69	37 39	4 67	37 22	4 65	37 04	4 63
0	8.	9. ½	37 80	4 72	37 62	4 70	37 45	4 68	37 27	4 65	37 10	4 63

Table heading: DIVERSES VALEURS D'UN MARC ET DE L'ONCE D'ARGENT D'APRÈS LES PRIX SUIVANS DU MARC D'ARGENT FIN

Lorsque le prix de l'argent fin est supérieur de quelques centimes à ceux donnés dans ce chapitre, ajoutez pour chaque différence, à toutes les sommes placées dans les colonnes de marcs, et contenues dans cette page, les centimes et fractions de centime ci-dessous, et seulement le huitième aux sommes placées dans les colonnes d'onces.

	cent.	dix.	huitiè.		cent.	dix.	huitiè.
Différence de 5 centimes.	3	8	» 4	Différence de 15 centimes.	10	8	1 3
Différence de 10 centimes.	7	»	» 9	Différence de 20 centimes.	14	»	1 7

Conversion des MILLIEMES en KARATS et TRENTE-DEUX, et en GRAINS DE FIN contenus dans un MARC d'or ou d'argent à l'un des titres ci-dessous, suivie de différentes valeurs d'une ONCE d'OR à l'un de ces mêmes titres.

| MILLIÈMES | CONVERSION en Karats et en Grains de fin. | | | | | | | | | DIVERSES VALEURS D'UNE ONCE D'OR D'APRÈS LES PRIX SUIVANS DE L'ONCE D'OR FIN | | | | | | |
	Karats	Trente-Deux	Grains	Dixièmes	Onces	Gros	Demi-Gros	Grains	Dixièmes	à 106 50	à 106 25	à 106 »	à 105 75	à 105 50	à 105 25	à 105
701	16	26	3230	9	5	4	¼	26	2	74 63	74 48	74 30	74 13	73 96	73 78	73 60
702	16	27	3234	8	5	4	½	50	8	74 76	74 58	74 41	74 25	74 06	73 88	73 71
703	16	28	3238	4	5	4	¾	55	4	74 88	74 69	74 51	74 34	74 16	73 99	73 81
704	16	29	3244	»	5	5	»	4	»	74 97	74 80	74 62	74 44	74 27	74 09	73 92
705			3248	6	5	5	»	8	6	75 06	74 90	74 73	74 55	74 37	74 20	74 02
706	16	30	3253	3	5	5	»	13	3	75 18	75 01	74 85	74 65	74 48	74 30	74 12
707	16	31	3257	9	5	5	»	17	9	75 29	75 11	74 94	74 76	74 58	74 41	74 23
708	17	»	3262	5	5	5	»	22	5	75 40	75 22	75 04	74 87	74 69	74 51	74 33
709			3267	1	5	5	»	27	1	75 50	75 35	75 15	74 97	74 79	74 62	74 44
710	17	1	3271	7	5	5	»	31	7	75 61	75 45	75 26	75 08	74 90	74 72	74 54
711	17	2	3276	3	5	5	¼	»	3	75 72	75 54	75 36	75 18	75 01	74 83	74 65
712	17	3	3280	9	5	5	½	4	9	75 82	75 65	75 47	75 29	75 11	74 93	74 75
713			3285	5	5	5	¾	9	3	75 93	75 75	75 57	75 39	75 22	75 04	74 86
714	17	4	3290	1	5	5	½	14	1	76 04	75 86	75 68	75 50	75 32	75 14	74 96
715	17	5	3294	7	5	5	¾	18	7	76 14	75 96	75 79	75 61	75 43	75 25	75 07
716	17	6	3299	3	5	5	½	23	3	76 25	76 07	75 89	75 71	75 53	75 35	75 17
717	17	7	3303	9	5	5	¾	27	9	76 36	76 18	76 00	75 82	75 64	75 46	75 28
718			3308	5	5	5	½	52	5	76 46	76 28	76 10	75 92	75 74	75 56	75 38
719	17	8	3313	2	5	6	»	1	2	76 57	76 39	76 21	76 03	75 85	75 67	75 49
720	17	9	3317	8	5	6	»	5	8	76 68	76 50	76 32	76 14	75 96	75 78	75 60
721	17	10	3322	4	5	6	»	10	4	76 78	76 60	76 42	76 24	76 06	75 88	75 70
722			3327	»	5	6	»	15	»	76 89	76 71	76 53	76 35	76 17	75 99	75 81
723	17	11	3331	6	5	6	»	19	6	76 99	76 81	76 63	76 45	76 27	76 09	75 91
724	17	12	3336	2	5	6	»	24	2	77 10	76 92	76 74	76 56	76 38	76 20	76 02
725	17	13	3340	8	5	6	»	28	8	77 21	77 03	76 85	76 66	76 48	76 30	76 12
726			3345	4	5	6	»	33	4	77 32	77 15	76 98	76 77	76 59	76 41	76 23
727	17	14	3350	»	5	6	½	2	»	77 42	77 24	77 06	76 88	76 69	76 51	76 33
728	17	15	3354	6	5	6	¾	6	6	77 53	77 35	77 16	76 98	76 80	76 62	76 44

Lorsque le prix de l'or fin est supérieur de quelques centimes a ceux donnés dans ce chapitre, ajoutez pour chaque différence, à toutes les sommes sans exception contenues dans cette page, les centimes et fractions de centime ci-dessous, et de la manière suivante:

	cent.	dix.			cent.
Pour une différence de 5 cent.	3	6		Pour une différence de 15 cent.	10
Pour une différence de 10 cent.	7	3		Pour une différence de 20 cent.	14

[Con]version des MILLIÈMES en DENIERS, GRAINS et DEMI-GRAINS, suivie des [di]fférentes valeurs d'un MARC et de l'ONCE d'ARGENT à l'un des titres ci-dessus.

DIVERSES VALEURS D'UN MARC ET DE L'ONCE D'ARGENT
D'APRÈS LES PRIX SUIVANS DU MARC D'ARGENT FIN

MILLIÈMES	CONV. Deniers. Grains. Demi-Grains	à 54f 9e Marcs	Onces	à 53f 75e Marcs	Onces	à 53f 50e Marcs	Onces	à 53f 25e Marcs	Onces	à 53f Marcs	Onces
01	8. 10. .	37 83	4 72	37 67	4 70	37 50	4 68	37 32	4 66	37 15	4 64
02		37 90	4 73	37 73	4 71	37 55	4 69	37 37	4 67	37 20	4 65
03	8. 10. ½	37 96	4 74	37 78	4 72	37 61	4 70	37 43	4 67	37 26	4 65
04		38 01	4 75	37 84	4 73	37 66	4 70	37 48	4 68	37 31	4 66
05	8. 11. .	38 07	4 75	37 89	4 73	37 71	4 71	37 54	4 69	37 36	4 67
06		38 12	4 76	37 94	4 74	37 77	4 72	37 59	4 69	37 41	4 67
07	8. 11. ½	38 17	4 77	38 00	4 75	37 82	4 72	37 64	4 70	37 47	4 68
08	8. 12. .	38 23	4 77	38 03	4 75	37 87	4 73	37 70	4 71	37 52	4 69
09		38 28	4 78	38 10	4 76	37 93	4 74	37 75	4 71	37 57	4 69
10	8. 12. ½	38 34	4 79	38 16	4 77	37 98	4 74	37 80	4 72	37 63	4 70
11		38 39	4 79	38 21	4 77	38 04	4 75	37 86	4 73	37 68	4 71
12	8. 13. .	38 44	4 80	38 27	4 78	38 09	4 76	37 91	4 73	37 73	4 71
13		38 50	4 81	38 32	4 79	38 15	4 76	37 96	4 74	37 78	4 72
14	8. 13. ½	38 55	4 81	38 37	4 79	38 19	4 77	38 02	4 75	37 84	4 73
15	8. 14. .	38 61	4 82	38 45	4 80	38 25	4 78	38 07	4 75	37 89	4 73
16		38 66	4 83	38 48	4 81	38 30	4 78	38 12	4 76	37 94	4 71
17	8. 14. ½	38 71	4 83	38 53	4 81	38 35	4 79	38 18	4 77	38 00	4 73
18		38 77	4 84	38 59	4 82	38 41	4 80	38 23	4 77	38 05	4 73
19	8. 15. .	38 82	4 85	38 64	4 83	38 46	4 80	38 28	4 78	38 10	4 76
20	8. 15. ½	38 88	4 86	38 70	4 84	38 52	4 81	38 34	4 79	38 16	4 77
21		38 93	4 86	38 75	4 84	38 57	4 81	38 39	4 79	38 21	4 77
22	8. 16. .	38 98	4 87	38 80	4 84	38 62	4 82	38 44	4 80	38 26	4 78
23		39 04	4 88	38 86	4 85	38 68	4 83	38 49	4 81	38 31	4 78
24	8. 16. ½	39 09	4 88	38 91	4 86	38 73	4 84	38 53	4 81	38 37	4 79
25		39 15	4 89	38 96	4 87	38 78	4 84	38 60	4 82	38 42	4 80
26	8. 17. .	39 20	4 90	39 02	4 87	38 84	4 85	38 65	4 83	38 47	4 80
27	8. 17. ½	39 26	4 90	39 07	4 88	38 89	4 85	38 71	4 85	38 53	4 81
28		39 31	4 91	39 15	4 89	38 94	4 86	38 76	4 84	38 58	4 82

Lorsque le prix de l'argent fin est supérieur de quelques centimes à ceux donnés dans ce chapitre, ajoutez pour chaque différence, à toutes les sommes placées dans les colonnes de marcs, et contenues dans cette page, les centimes et fractions de centime ci-dessous, et seulement le huitième aux sommes placées dans les colonnes d'onces.

	cent.	dix.	huit.	
Différence de 5 centimes.	3	6	.	4
Différence de 10 centimes.	7	3	.	9
Différence de 15 centimes.	10	9	1	4
Différence de 20 centimes.	14	6	1	8

DE 729 A 756 MILLIÈMES.

Conversion des MILLIÈMES en KARATS et TRENTE-DEUX, et en GRAINS D'OR FIN contenus dans un MARC d'or ou d'argent à l'un des titres ci-dessous, suivie des différentes valeurs d'une ONCE d'OR à l'un de ces mêmes titres.

CONVERSION en Karats et en Grains de fin.

MILLIÈMES	Karats	Trente-Deux	Grains	Dixièmes	Onces	Gros	Demi-Gros	Grains	Dixièmes
729	17	16	3559	2	5	6	½	11	2
730	17	17	3563	8	5	6	⅜	15	8
731			3568	5	5	6	¼	20	5
732	17	18	3573	1	5	6	½	25	1
733	17	19	3577	7	5	6	⅝	29	7
734	17	20	3582	3	5	6	¾	34	3
735			3586	9	5	7	»	2	9
736	17	21	3591	5	5	7	»	7	8
737	17	22	3596	1	5	7	»	12	4
738	17	23	3600	7	5	7	»	16	7
739			3605	3	5	7	»	21	3
740	17	24	3609	9	5	7	»	25	9
741	17	25	3614	5	5	7	»	30	5
742	17	26	3619	1	5	7	»	35	4
743	17	27	3623	7	5	7	½	3	7
744			3628	4	5	7	½	8	4
745	17	28	3633	»	5	7	¼	13	»
746	17	29	3637	6	5	7	⅜	17	6
747	17	30	3642	2	5	7	½	22	2
748			3646	8	5	7	½	26	8
749	17	31	3651	4	5	7	½	31	4
750	18	»	3656	»	6	»	»	»	»
751	18	1	3660	6	6	»	»	4	6
752			3665	2	6	»	»	9	2
753	18	2	3669	8	6	»	»	13	8
754	18	3	3674	4	6	»	»	18	4
755	18	4	3679	»	6	»	»	23	»
756			3683	7	6	»	»	27	7

DIVERSES VALEURS D'UNE ONCE D'OR D'APRÈS LES PRIX SUIVANS DE L'ONCE D'OR FIN (fr. c.)

MILLIÈMES	à 106 50	à 106 25	à 106 »	à 105 75	à 105 50	à 105 25	à 105 »
729	77 65	77 45	77 27	77 09	76 90	76 72	76 54
730	77 74	77 56	77 38	77 19	77 01	76 83	76 64
731	77 85	77 66	77 48	77 30	77 12	76 93	76 75
732	77 96	77 77	77 59	77 40	77 22	77 04	76 85
733	78 06	77 88	77 69	77 51	77 33	77 14	76 96
734	78 17	77 98	77 80	77 62	77 43	77 25	77 07
735	78 27	78 09	77 91	77 72	77 54	77 35	77 17
736	78 38	78 20	78 01	77 83	77 64	77 46	77 28
737	78 49	78 30	78 12	77 93	77 75	77 56	77 38
738	78 59	78 41	78 22	78 04	77 85	77 67	77 49
739	78 70	78 51	78 33	78 14	77 96	77 77	77 59
740	78 81	78 62	78 44	78 25	78 07	77 88	77 70
741	78 91	78 73	78 54	78 36	78 17	77 99	77 80
742	79 02	78 83	78 65	78 46	78 28	78 09	77 91
743	79 12	78 94	78 75	78 57	78 38	78 20	78 02
744	79 23	79 05	78 86	78 67	78 49	78 30	78 12
745	79 34	79 15	78 97	78 78	78 59	78 41	78 23
746	79 44	79 26	79 07	78 88	78 70	78 51	78 33
747	79 55	79 36	79 18	78 99	78 80	78 62	78 44
748	79 66	79 47	79 28	79 10	78 91	78 72	78 54
749	79 76	79 58	79 39	79 20	79 01	78 83	78 65
750	79 87	79 68	79 50	79 31	79 12	78 93	78 75
751	79 98	79 79	79 60	79 41	79 23	79 04	78 86
752	80 08	79 90	79 71	79 52	79 33	79 14	78 96
753	80 19	80 00	79 81	79 62	79 44	79 25	79 07
754	80 30	80 11	79 92	79 73	79 54	79 35	79 17
755	80 40	80 21	80 03	79 84	79 65	79 46	79 28
756	80 51	80 32	80 13	79 94	79 75	79 56	79 38

Lorsque le prix de l'or fin est supérieur de quelques centimes à ceux donnés dans ce chapitre, ajoutez pour chaque différence à toutes les sommes, sans exception, contenues dans cette page, les centimes et fractions de centime ci-dessous, et de la manière suivante :

	cent.	dix.		cent.
Pour une différence de 5 cent.	3	3	Pour une différence de 15 cent.	11
Pour une différence de 10 cent.	7	6	Pour une différence de 20 cent.	15

Conversion des MILLIÈMES en DENIERS, GRAINS, et DEMI-GRAINS, suivie des différentes valeurs d'un MARC et de l'ONCE d'ARGENT à l'un des titres ci-dessous.

MILLIÈMES	CONV. (Deniers. Grains. Demi-Grains.)	à 54f		à 53f 75c		à 53f 50c		à 53f 25c		à 53f	
		Marcs.	Onces.	Marcs.	Onces.	Marcs.	Onces.	Marcs.	Onces.	Marcs.	Onces.
		fr. c.	fr. c.	fr. c.	fr. c.	fr. c.	fr. c.	fr. c.	fr. c.	fr. c.	fr. c.
729	8. 18. *	39 38	4 92	39 18	4 89	39 00	4 87	38 81	4 85	38 63	4 82
730		39 42	4 92	39 23	4 90	39 05	4 88	38 87	4 85	38 69	4 83
731	8. 18. ½	39 47	4 93	39 29	4 91	39 10	4 88	38 92	4 86	38 74	4 84
732		39 52	4 94	39 34	4 91	39 16	4 89	38 97	4 87	38 79	4 84
733	8. 19. *	39 58	4 94	39 39	4 92	39 21	4 90	39 03	4 87	38 84	4 85
734	8. 19. ½	39 63	4 95	39 45	4 93	39 26	4 90	39 08	4 88	38 90	4 86
735		39 69	4 96	39 50	4 93	39 32	4 91	39 13	4 89	38 95	4 86
736	8. 20. *	39 74	4 96	39 56	4 94	39 37	4 92	39 19	4 89	39 00	4 87
737		39 79	4 97	39 61	4 95	39 42	4 92	39 24	4 90	39 06	4 88
738	8. 20. ½	39 85	4 98	39 66	4 95	39 48	4 93	39 29	4 91	39 11	4 88
739		39 90	4 98	39 72	4 96	39 53	4 94	39 35	4 91	39 16	4 89
740	8. 21. *	39 96	4 99	39 77	4 97	39 59	4 94	39 40	4 92	39 22	4 90
741	8. 21. ½	40 01	5 00	39 82	4 97	39 64	4 95	39 45	4 93	39 27	4 90
742		40 06	5 01	39 88	4 98	39 69	4 96	39 51	4 93	39 32	4 91
743	8. 22. *	40 12	5 01	39 93	4 99	39 75	4 96	39 56	4 94	39 37	4 92
744		40 17	5 02	39 99	4 99	39 80	4 97	39 61	4 95	39 43	4 92
745	8. 22. ½	40 23	5 03	40 04	5 00	39 85	4 98	39 67	4 95	39 48	4 93
746		40 28	5 03	40 09	5 01	39 91	4 98	39 72	4 96	39 53	4 94
747	8. 23. *	40 33	5 04	40 15	5 01	39 96	4 99	39 77	4 97	39 59	4 94
748	8. 23. ½	40 39	5 04	40 20	5 02	40 01	5 00	39 83	4 97	39 64	4 95
749		40 44	5 05	40 25	5 03	40 07	5 00	39 88	4 98	39 69	4 96
750	9. * *	40 50	5 06	40 31	5 03	40 12	5 01	39 93	4 99	39 75	4 96
751		40 55	5 06	40 36	5 04	40 17	5 02	39 99	4 99	39 80	4 97
752	9. * ½	40 60	5 07	40 42	5 05	40 23	5 02	40 04	5 00	39 85	4 98
753	9. 1. *	40 66	5 08	40 47	5 05	40 28	5 03	40 09	5 01	39 90	4 98
754		40 71	5 08	40 52	5 06	40 33	5 04	40 15	5 01	39 96	4 99
755	9. 1. ½	40 77	5 09	40 58	5 07	40 39	5 04	40 20	5 02	40 01	5 00
756		40 82	5 10	40 63	5 07	40 44	5 05	40 25	5 03	40 06	5 00

Lorsque le prix de l'argent fin est supérieur de quelques centimes à ceux donnés dans ce chapitre, ajoutez pour chaque différence, à toutes les sommes placées dans les colonnes de marcs, et contenues dans cette page, les centimes et fractions de centime ci-dessous, et seulement le huitième aux sommes placées dans les colonnes d'onces.

	cent.	dix.	huité.			cent.	dix.	huité.
Différence de 5 centimes	3	3	* 5		Différence de 15 centimes	11	3	1 4
Différence de 10 centimes	7	6	* 3		Différence de 20 centimes	15	1	1 9

DE 757 A 784 MILLIÈMES.

Conversion des MILLIÈMES en KARATS et TRENTE-DEUX, et en GRAINS DE FIN contenus dans un MARC d'or ou d'argent à l'un des titres ci-dessous, suivie des différentes valeurs d'une ONCE d'OR à l'un de ces mêmes titres.

| MILLIÈMES | CONVERSION en Karats et en Grains de fin. | | | | | | | | | DIVERSES VALEURS D'UNE ONCE D'OR d'après les prix suivans de l'once d'or fin: | | | | | | |
	Karats	Trente-Deux	Grains	Dixièmes	Onces	Gros	Demi-Gros	Grains	Dixièmes	à 106 50	à 106 25	à 106 »	à 105 75	à 105 50	à 105 25	à 105 »
757	18	5	3488.	5	6.	»	»	32.	5	80 62	80 43	80 24	80 05	79 86	79 67	79 48
758	18	6	3492.	9	6.	»	½	»	9	80 72	80 53	80 34	80 15	79 96	79 77	79 58
759	18	7	3497.	5	6.	»	¼	8.	8	80 83	80 64	80 45	80 26	80 07	79 88	79 69
760	18	8	3502.	1	6.	»	¼	10.	1	80 94	80 75	80 56	80 37	80 18	79 99	79 80
761			3506.	7	6.	»	½	14.	7	81 04	80 85	80 66	80 47	80 28	80 09	79 90
762	18	9	3511.	3	6.	»	½	19.	3	81 15	80 96	80 77	80 58	80 39	80 20	80 01
763	18	10	3515.	9	6.	»	½	25.	9	81 25	81 06	80 87	80 68	80 49	80 30	80 11
764	18	11	3520.	5	6.	»	½	28.	5	81 36	81 17	80 98	80 79	80 60	80 41	80 22
765			3525.	1	6.	»	½	33.	1	81 47	81 28	81 09	80 89	80 70	80 51	80 32
766	18	12	3529.	7	6.	1	»	1.	7	81 57	81 38	81 19	81 00	80 81	80 62	80 43
767	18	13	3534.	3	6.	1	»	6.	3	81 68	81 49	81 30	81 11	80 91	80 72	80 53
768	18	14	3539.	9	6.	1	»	11.	9	81 79	81 60	81 40	81 21	81 02	80 83	80 64
769			3543.	6	6.	1	»	15.	6	81 89	81 70	81 51	81 32	81 12	80 93	80 74
770	18	15	3548.	2	6.	1	»	20.	2	82 00	81 81	81 62	81 42	81 23	81 04	80 85
771	18	16	3552.	8	6.	1	»	24.	8	82 11	81 91	81 72	81 53	81 34	81 14	80 95
772	18	17	3557.	4	6.	1	»	29.	4	82 21	82 02	81 83	81 63	81 44	81 25	81 06
773	18	18	3562.	»	6.	1	»	34.	»	82 32	82 13	81 93	81 74	81 55	81 35	81 16
774			3566.	6	6.	1	¼	2.	6	82 43	82 23	82 04	81 85	81 65	81 46	81 27
775	18	19	3571.	2	6.	1	½	7.	2	82 53	82 34	82 15	81 95	81 76	81 56	81 37
776	18	20	3575.	8	6.	1	½	11.	8	82 64	82 45	82 25	82 06	81 86	81 67	81 48
777	18	21	3580.	4	6.	1	½	16.	4	82 75	82 55	82 36	82 16	81 97	81 77	81 58
778			3585.	»	6.	1	½	21.	»	82 85	82 66	82 46	82 27	82 07	81 88	81 68
779	18	22	3589.	6	6.	1	½	25.	6	82 96	82 76	82 57	82 37	82 18	81 98	81 79
780	18	23	3594.	2	6.	1	½	30.	2	83 07	82 87	82 68	82 48	82 29	82 09	81 90
781	18	24	3598.	9	6.	1	½	34.	9	83 17	82 98	82 78	82 58	82 39	82 20	82 00
782			3603.	5	6.	2	»	3.	5	83 28	83 08	82 89	82 69	82 50	82 30	82 11
783	18	25	3608.	1	6.	2	»	8.	1	83 38	83 19	82 99	82 80	82 60	82 41	82 21
784	18	26	3612.	7	6.	2	»	12.	7	83 49	83 30	83 10	82 90	82 71	82 51	82 32

Lorsque le prix de l'or fin est supérieur de quelques centimes à ceux donnés dans ce chapitre, ajoutez pour chaque différence, à toutes les sommes sans exception, contenues dans cette page, les centimes et fractions de centime ci-dessous, et de la manière suivante:

	cent.	dix.			cent.	dix.
Pour une différence de 5 cent.	3	9		Pour une différence de 15 cent.	11	8
Pour une différence de 10 cent.	7	8		Pour une différence de 20 cent.	15	7

...version des MILLIÈMES en DENIERS, GRAINS et DEMI-GRAINS, suivie des
...férentes valeurs d'un MARC et de l'ONCE d'ARGENT à la fin des titres ci-dessous.

CONV.			DIVERSES VALEURS D'UN MARC ET DE L'ONCE D'ARGENT D'APRÈS LES PRIX SUIVANS DU MARC D'ARGENT FIN									
			à 54f »		à 53f 75c		à 53f 50c		à 53f 25c		à 53f »	
Deniers	Grains	Demi-Grains	Marcs.	Onces.	Marcs.	Onces.	Marcs.	Onces.	Marcs.	Onces.	Marcs.	Onces.
			fr. c.	fr. c.	fr. c.	fr. c.	fr. c.	fr. c.	fr. c.	fr. c.	fr. c.	fr. c.
9	1	*	40 87	5 10	40 68	5 08	40 49	5 06	40 51	5 03	40 12	5 01
			40 95	5 11	40 74	5 09	40 55	5 06	40 36	5 04	40 17	5 02
9	2	½	40 99	5 12	40 79	5 09	40 60	5 07	40 41	5 05	40 22	5 02
9	3	*	41 01	5 13	40 83	5 10	40 66	5 08	40 47	5 05	40 28	5 03
			41 09	5 13	40 89	5 11	40 71	5 08	40 52	5 06	40 33	5 04
9	3	½	41 14	5 14	40 96	5 11	40 76	5 09	40 57	5 07	40 38	5 04
9	4	*	41 20	5 15	41 01	5 12	40 82	5 10	40 62	5 07	40 43	5 05
			41 23	5 15	41 06	5 13	40 87	5 10	40 68	5 08	40 49	5 06
9	4	½	41 31	5 16	41 11	5 13	40 92	5 11	40 73	5 09	40 54	5 06
9	5	*	41 36	5 17	41 17	5 14	40 98	5 12	40 78	5 09	40 59	5 07
			41 41	5 17	41 22	5 15	41 03	5 12	40 84	5 10	40 65	5 08
9	5	½	41 47	5 18	41 28	5 16	41 08	5 13	40 89	5 11	40 70	5 08
9	6	*	41 52	5 19	41 33	5 16	41 14	5 14	40 94	5 11	40 75	5 09
			41 58	5 19	41 38	5 17	41 19	5 14	41 00	5 12	40 81	5 10
9	6	½	41 63	5 20	41 44	5 18	41 24	5 15	41 05	5 13	40 86	5 10
			41 68	5 21	41 49	5 18	41 30	5 16	41 10	5 13	40 91	5 11
9	6	½	41 74	5 21	41 54	5 19	41 35	5 16	41 16	5 14	40 96	5 12
9	7	*	41 79	5 22	41 60	5 20	41 40	5 17	41 21	5 15	41 02	5 12
			41 85	5 23	41 65	5 20	41 46	5 18	41 26	5 15	41 07	5 13
9	7	½	41 90	5 23	41 71	5 21	41 51	5 18	41 32	5 16	41 12	5 14
			41 95	5 24	41 76	5 22	41 56	5 19	41 37	5 17	41 18	5 14
9	8	*	42 01	5 25	41 81	5 22	41 62	5 20	41 42	5 17	41 23	5 15
			42 06	5 25	41 87	5 23	41 67	5 20	41 48	5 18	41 28	5 16
9	8	½	42 12	5 26	41 92	5 24	41 73	5 21	41 53	5 19	41 34	5 16
9	9	*	42 17	5 27	41 97	5 24	41 78	5 22	41 58	5 19	41 39	5 17
			42 22	5 27	42 03	5 25	41 83	5 22	41 64	5 20	41 44	5 18
9	9	½	42 28	5 28	42 08	5 26	41 89	5 23	41 69	5 21	41 49	5 18
			42 33	5 29	42 14	5 26	41 94	5 24	41 74	5 21	41 55	5 19

Lorsque le prix de l'argent fin est supérieur de quelques centimes à ceux donnés dans ce chapitre, ajoutez pour chaque différence, à toutes les sommes placées dans les colonnes de marcs, et contenues dans cette page, les centimes et fractions de centime ci-dessous, et seulement le huitième aux sommes placées dans les colonnes d'onces.

	cent.	dix.	huit.		cent.	dix.	huit.
Différence de 5 centimes.	5	9	» 6	Différence de 15 centimes	11	3	1 6
Différence de 10 centimes.	7	8	1 »	Différence de 20 centimes	15	7	2 »

*Conversion des MILLIÈMES en KARATS et TRENTE-DEUX, et en GRAINS D'[OR]
FIN contenus dans un MARC d'or ou d'argent à l'un des titres ci-dessous, suivie de[s]
différentes valeurs d'une ONCE D'OR à l'eu de ces mêmes titres.*

MILLIÈMES	CONVERSION en Karats et en Grains de fin.								
	Karats	Trente-Deux	Grains	Dixièmes	Onces	Gros	Demi-Gros	Grains	Dixièmes
785	18	27	3617	3	6	2	»	17	3
786	18	28	3621	9	6	2	»	21	9
787			3626	5	6	2	»	26	5
788	18	29	3631	1	6	2	»	31	1
789	18	30	3635	7	6	2	»	35	7
790	18	31	3640	3	6	2	⅛	4	3
791			3644	9	6	2	¼	8	9
792	19	»	3649	5	6	2	⅜	13	5
793	19	1	3654	1	6	2	¼	18	1
794	19	2	3658	8	6	2	½	22	8
795			3663	4	6	2	⅝	27	4
796	19	3	3668	»	6	2	¾	32	»
797	19	4	3672	6	6	3	»	»	6
798	19	5	3677	2	6	3	»	5	2
799	19	6	3681	8	6	3	»	9	8
800			3686	4	6	3	»	14	4
801	19	7	3691	»	6	3	»	19	»
802	19	8	3695	6	6	3	»	23	6
803	19	9	3700	2	6	3	»	28	2
804			3704	8	6	3	»	32	8
805	19	10	3709	4	6	3	⅛	1	4
806	19	11	3714	1	6	3	¼	6	1
807	19	12	3718	7	6	3	⅜	10	7
808			3723	3	6	3	¼	15	3
809	19	13	3727	9	6	3	½	19	9
810	19	14	3732	5	6	3	⅝	24	5
811	19	15	3737	1	6	3	¾	29	1
812			3741	7	6	3	½	33	7

DIVERSES VALEURS D'UNE ONCE D'OR d'après les prix suivans de l'once d'or fin :

MILLIÈMES	à 106 50	à 106 25	à 106 »	à 105 75	à 105 50	à 105 25	à 105 »
785	83 60	83 40	83 21	83 01	82 81	82 62	82 42
786	83 70	83 51	83 31	83 11	82 92	82 72	82 5[.]
787	83 81	83 61	83 41	83 22	83 02	82 83	82 63
788	83 92	83 72	83 52	83 33	83 13	82 93	82 7[.]
789	84 02	83 83	83 63	83 43	83 23	83 04	82 8[.]
790	84 13	83 93	83 74	83 54	83 34	83 14	82 9[.]
791	84 24	84 04	83 84	83 64	83 44	83 25	83 0[.]
792	84 34	84 15	83 95	83 75	83 55	83 35	83 1[.]
793	84 45	84 25	84 05	83 85	83 66	83 46	83 2[.]
794	84 56	84 36	84 16	83 96	83 76	83 56	83 3[.]
795	84 66	84 46	84 27	84 07	83 87	83 67	83 4[.]
796	84 77	84 57	84 37	84 17	83 97	83 77	83 5[.]
797	84 88	84 68	84 48	84 28	84 08	83 88	83 6[.]
798	84 98	84 78	84 58	84 38	84 18	83 98	83 7[.]
799	85 09	84 89	84 69	84 49	84 29	84 09	83 8[.]
800	85 20	85 00	84 80	84 60	84 40	84 20	84 0[.]
801	85 30	85 10	84 90	84 70	84 50	84 30	84 [..]
802	85 41	85 21	85 01	84 81	84 61	84 41	84 [..]
803	85 51	85 31	85 11	84 91	84 71	84 51	84 [..]
804	85 62	85 42	85 22	85 02	84 82	84 62	84 [..]
805	85 73	85 53	85 33	85 13	84 92	84 72	84 [..]
806	85 83	85 63	85 43	85 23	85 03	84 83	84 [..]
807	85 94	85 74	85 54	85 34	85 13	84 95	84 [..]
808	86 05	85 85	85 61	85 44	85 24	85 04	84 [..]
809	86 15	85 95	85 75	85 55	85 34	85 14	84 [..]
810	86 26	86 06	85 86	85 65	85 45	85 25	85 [..]
811	86 37	86 16	85 96	85 76	85 56	85 35	85 [..]
812	86 47	86 27	86 07	85 86	85 66	85 46	85 [..]

Lorsque le prix de l'or fin est supérieur de quelques centimes à ceux donn[és]
dans ce chapitre, ajoutez pour chaque différence à toutes les sommes, sans exceptio[n]
contenues dans cette page, les centimes et fractions de centime ci-dessous, et [de]
la manière suivante :

	cent.	dix.			cent.	dix.
Pour une différence de 5 cent.	4	1		Pour une différence de 15 cent.	12	
Pour une différence de 10 cent.	8	1		Pour une différence de 20 cent.	16	

Conversion des MILLIÈMES en DENIERS, GRAINS, et DEMI-GRAINS, suivie des différentes valeurs d'un MARC et de l'ONCE d'ARGENT à l'un des titres ci-dessous.

MILLIÈMES	CONV.	DIVERSES VALEURS D'UN MARC ET DE L'ONCE D'ARGENT, D'APRÈS LES PRIX SUIVANS DU MARC D'ARGENT FIN									
	Deniers. Grains. Demi-Grains.	à 54f *		à 53f 75c		à 53f 50c		à 53f 25c		à 53f *	
		Marcs. fr. c.	Onces. fr. c.	Marcs. fr. c.	Onces. fr. c.	Marcs. fr. c.	Onces. fr. c.	Marcs. fr. c.	Onces. fr. c.	Marcs. fr. c.	Onces. fr. c.
785	9. 10. ·	42 39	5 29	42 19	5 27	41 89	5 24	41 80	5 22	41 60	5 20
786	9. 10. ½	42 44	5 30	42 24	5 28	42 05	5 25	41 85	5 23	41 65	5 20
787		42 49	5 31	42 30	5 28	42 10	5 26	41 90	5 23	41 71	5 21
788	9. 11. ·	42 55	5 31	42 35	5 29	42 15	5 26	41 95	5 24	41 76	5 22
789		42 60	5 32	42 40	5 30	42 21	5 27	42 01	5 25	41 81	5 22
790	9. 11. ½	42 66	5 33	42 46	5 30	42 26	5 28	42 06	5 25	41 87	5 23
791		42 71	5 33	42 51	5 31	42 31	5 28	42 12	5 26	41 92	5 24
792	9. 12. ·	42 76	5 34	42 57	5 32	42 37	5 29	42 17	5 27	41 97	5 24
793	9. 12. ½	42 82	5 35	42 62	5 32	42 42	5 30	42 22	5 27	42 02	5 25
794		42 87	5 35	42 67	5 33	42 47	5 30	42 28	5 28	42 08	5 26
795	9. 13. ·	42 93	5 36	42 73	5 34	42 53	5 31	42 33	5 29	42 13	5 26
796		42 98	5 37	42 78	5 34	42 58	5 32	42 38	5 29	42 19	5 27
797	9. 13. ½	43 05	5 37	42 83	5 35	42 63	5 32	42 44	5 30	42 24	5 28
798		43 09	5 38	42 89	5 36	42 69	5 33	42 49	5 31	42 29	5 28
799	9. 14. ·	43 14	5 39	42 94	5 36	42 74	5 34	42 54	5 31	42 34	5 29
800	9. 14. ½	43 20	5 40	43 00	5 37	42 80	5 35	42 60	5 32	42 40	5 30
801		43 25	5 40	43 05	5 38	42 85	5 35	42 65	5 33	42 45	5 30
802	9. 15. ·	43 30	5 41	43 10	5 38	42 90	5 36	42 70	5 33	42 50	5 31
803		43 36	5 42	43 16	5 39	42 96	5 37	42 75	5 34	42 55	5 31
804	9. 15. ½	43 41	5 42	43 21	5 40	43 01	5 37	42 81	5 35	42 61	5 32
805		43 47	5 43	43 26	5 40	43 06	5 38	42 86	5 35	42 66	5 33
806	9. 16. ·	43 52	5 44	43 32	5 41	43 12	5 39	42 91	5 36	42 71	5 33
807	9. 16. ½	43 57	5 44	43 37	5 42	43 17	5 39	42 97	5 37	42 77	5 34
808		43 63	5 45	43 43	5 42	43 22	5 40	43 02	5 37	42 82	5 35
809	9. 17. ·	43 68	5 46	43 48	5 43	43 28	5 41	43 07	5 38	42 87	5 35
810		43 74	5 46	43 53	5 44	43 33	5 41	43 13	5 39	42 93	5 36
811	9. 17. ½	43 79	5 47	43 59	5 44	43 38	5 42	43 18	5 39	42 98	5 37
812		43 84	5 48	43 64	5 43	43 44	5 43	43 23	5 40	43 03	5 37

Lorsque le prix de l'argent fin est supérieur de quelques centimes à ceux donnés dans ce chapitre, ajoutez pour chaque différence, à toutes les sommes placées dans les colonnes de marcs, et contenues dans cette page, les centimes et fractions de centime ci-dessous, et seulement le huitième aux sommes placées dans les colonnes d'onces.

	cent.	diz.	huiti.			cent.	diz.	huiti.
Différence de 5 centimes.	4	1	» 5		Différence de 15 centimes.	12	2	1 »
Différence de 10 centimes.	8	1	1 »		Différence de 20 centimes.	16	2	2 ·

DE 813 A 840 MILLIÈMES.

Conversion des MILLIÈMES en KARATS et TRENTE-DEUX, et en GRAINS DE FIN contenus dans un MARC d'or ou d'argent à l'un des titres ci-dessous, suivie des différentes valeurs d'une ONCE d'OR à l'un de ces mêmes titres.

MILLIÈMES	Karats	Trente-Deux	Grains	Onces	Gros	Demi-Gros	Grains	Dixièmes	à 106 50	à 106 25	à 106 »	à 105 75	à 105 50	à 105 25	à 105 »
813	19	16	5748. 5	6	4	»	2	5	86 58	86 38	86 17	85 97	85 77	85 56	85 36
814	19	17	5753. 0	6	4	»	7	1	86 69	86 48	86 28	86 08	85 87	85 67	85 47
815	19	18	5755. 5	6	4	»	11	5	86 79	86 59	86 39	86 18	85 98	85 77	85 57
816	19	19	5760. 1	6	4	»	16	1	86 90	86 70	86 49	86 29	86 08	85 88	85 68
817			5764. 7	6	4	»	20	7	87 01	86 80	86 60	86 39	86 19	85 98	85 78
818	19	20	5769. 3	6	4	»	25	3	87 11	86 91	86 70	86 50	86 29	86 09	85 89
819	19	21	5774. »	6	4	»	30	»	87 22	87 01	86 81	86 60	86 40	86 19	85 99
820	19	22	5778. 6	6	4	»	34	6	87 33	87 12	86 92	86 71	86 51	86 30	86 10
821			5783. 2	6	4	½	3	2	87 43	87 23	87 02	86 82	86 61	86 41	86 20
822	19	23	5787. 8	6	4	½	7	8	87 54	87 33	87 13	86 92	86 72	86 51	86 31
823	19	24	5791. 4	6	4	½	12	4	87 64	87 44	87 23	87 03	86 82	86 62	86 41
824	19	25	5797. »	6	4	½	17	»	87 75	87 55	87 34	87 13	86 93	86 72	86 52
825			5801. 6	6	4	½	21	6	87 86	87 65	87 45	87 24	87 03	86 83	86 62
826	19	26	5806. 2	6	4	½	26	2	87 96	87 76	87 55	87 34	87 14	86 93	86 73
827	19	27	5810. 9	6	4	½	30	8	88 07	87 86	87 66	87 45	87 24	87 04	86 83
828	19	28	5815. 4	6	4	½	35	4	88 18	87 97	87 76	87 56	87 35	87 14	86 94
829	19	29	5820. »	6	5	»	4	»	88 28	88 08	87 87	87 66	87 45	87 25	87 04
830			5824. 6	6	5	»	8	6	88 39	88 18	87 98	87 77	87 56	87 36	87 15
831	19	30	5828. 3	6	5	»	13	3	88 50	88 29	88 08	87 87	87 67	87 46	87 25
832	19	31	5833. 9	6	5	»	17	9	88 60	88 40	88 19	87 98	87 77	87 56	87 36
833	20	»	5838. 3	6	5	»	22	5	88 71	88 50	88 29	88 08	87 88	87 67	87 46
834			5843. 1	6	5	»	27	1	88 82	88 61	88 40	88 19	87 98	87 77	87 56
835	20	1	5847. 7	6	5	»	31	7	88 92	88 71	88 51	88 30	88 09	87 88	87 67
836	20	2	5852. 3	6	5	½	»	3	89 03	88 82	88 61	88 40	88 19	87 98	87 78
837	20	3	5856. 9	6	5	½	4	9	89 14	88 93	88 72	88 51	88 30	88 09	87 88
838			5861. 5	6	5	½	9	5	89 24	89 03	88 82	88 61	88 40	88 19	87 99
839	20	4	5866. 1	6	5	½	14	1	89 35	89 14	88 93	88 72	88 51	88 30	88 09
840	20	5	5870. 7	6	5	½	18	7	89 46	89 25	89 04	88 83	88 62	88 41	88 20

Lorsque le prix de l'or fin est supérieur de quelques centimes à ceux donnés dans ce chapitre, ajoutez pour chaque différence, à toutes les sommes sans exception, contenues dans cette page, les centimes et fractions de centime ci-dessous, et de la manière suivante :

	cent.	dix.		cent.	dix.
Pour une différence de 5 cent.	4	2	Pour une différence de 15 cent.	12	6
Pour une différence de 10 cent.	8	4	Pour une différence de 20 cent.	16	8

Conversion des MILLIEMES en DENIERS, GRAINS et DEMI-GRAINS, suivie des différentes valeurs d'un MARC et de l'ONCE d'ARGENT à l'un des titres ci-dessous.

MILLIÈMES	CONV. Deniers. Grains. Demi-Grains.	à 54f •• Marcs.	Onces.	à 53f 75c Marcs.	Onces.	à 53f 50c Marcs.	Onces.	à 53f 25c Marcs.	Onces.	à 53f •• Marcs.	Onces.
813	9. 18. •	43 90	5 48	43 63	5 46	43 49	5 45	43 29	5 41	43 08	5 38
814	9. 18. ½	43 95	5 49	43 73	5 46	43 54	5 44	43 34	5 41	43 14	5 39
815		44 01	5 50	43 80	5 47	43 60	5 45	43 39	5 42	43 19	5 39
816	9. 19. •	44 06	5 50	43 86	5 48	43 65	5 45	43 45	5 43	43 24	5 40
817		44 11	5 51	43 91	5 48	43 70	5 46	43 50	5 43	43 30	5 41
818	9. 19. ½	44 17	5 52	43 96	5 49	43 76	5 47	43 55	5 44	43 35	5 41
819	9. 20. •	44 22	5 52	44 01	5 50	43 81	5 47	43 61	5 45	43 40	5 42
820		44 28	5 53	44 07	5 50	43 87	5 48	43 66	5 45	43 46	5 43
821	9. 20. ½	44 35	5 54	44 12	5 51	43 92	5 49	43 71	5 46	43 51	5 43
822		44 38	5 54	44 18	5 52	43 97	5 49	43 77	5 47	43 56	5 44
823	9. 21. •	44 44	5 55	44 23	5 52	44 03	5 50	43 82	5 47	43 61	5 45
824		44 49	5 56	44 29	5 53	44 08	5 51	43 87	5 48	43 67	5 45
825	9. 21. ½	44 55	5 56	44 34	5 54	44 13	5 51	43 93	5 49	43 72	5 46
826	9. 22. •	44 60	5 57	44 39	5 54	44 19	5 52	43 98	5 49	43 77	5 47
827		44 65	5 58	44 45	5 55	44 24	5 53	44 03	5 50	43 83	5 47
828	9. 22. ½	44 71	5 58	44 50	5 56	44 29	5 53	44 09	5 51	43 88	5 48
829		44 76	5 59	44 55	5 56	44 35	5 54	44 14	5 51	43 93	5 49
830	9. 23. •	44 82	5 60	44 61	5 57	44 40	5 55	44 19	5 52	43 99	5 49
831		44 87	5 60	44 66	5 58	44 45	5 55	44 25	5 53	44 04	5 50
832	9. 23. ½	44 92	5 61	44 72	5 59	44 51	5 56	44 30	5 53	44 00	5 51
833	10. • •	44 98	5 62	44 77	5 60	44 56	5 57	44 35	5 54	44 14	5 51
834		45 03	5 62	44 83	5 60	44 61	5 57	44 41	5 55	44 20	5 52
835	10. • ½	45 09	5 63	44 88	5 61	44 67	5 58	44 46	5 55	44 25	5 53
836		45 14	5 64	44 93	5 61	44 72	5 59	44 51	5 56	44 30	5 53
837	10. 1. •	45 19	5 64	44 98	5 62	44 77	5 59	44 57	5 57	44 36	5 54
838		45 25	5 65	45 04	5 63	44 83	5 60	44 62	5 57	44 41	5 55
839	10. 1. ½	45 30	5 66	45 09	5 63	44 88	5 61	44 67	5 58	44 46	5 55
840	10. 2. •	45 36	5 67	45 15	5 64	44 94	5 61	44 73	5 59	44 52	5 56

Lorsque le prix de l'argent fin est supérieur de quelques centimes à ceux donnés dans ce chapitre, ajoutez pour chaque différence, à toutes les sommes placées dans les colonnes de marcs, et contenues dans cette page, les centimes et fractions de centime ci-dessous, et seulement le huitième aux sommes placées dans les colonnes d'onces.

	cent.	dix.	huit.			cent.	dix.	huit.
Différence de 5 centimes.	4	2	•	6	Différence de 15 centimes.	12	6	1	6
Différence de 10 centimes.	8	4	1	•	Différence de 20 centimes.	16	8	2	1

Conversion des MILLIÈMES en KARATS et TRENTE-DEUX, et en GRAINS DE FIN contenus dans un MARC d'or ou d'argent à l'un des titres ci-dessous, suivie des différentes valeurs d'une ONCE d'OR à l'un de ces mêmes titres.

CONVERSION en Karats et en Grains de fin. — **DIVERSES VALEURS D'UNE ONCE D'OR d'après les prix suivans de l'once d'or fin.** (valeurs en fr. c.)

Millièmes	Karats	Trente-Deux	Grains de fin	Onces	Gros	Demi-Gros	Grains	Déc.	106.50	106.25	106.»	105.75	105.50	105.25	105.»
841	20	6	3875.3	6	5	½	23	3	89.56	89.35	89.14	88.93	88.72	88.51	88.30
842	20	7	3879.9	6	5	½	27	9	89.67	89.46	89.25	89.04	88.83	88.62	88.41
843			3884.5	6	5	½	32	5	89.77	89.56	89.35	89.14	88.93	88.72	88.51
844	20	8	3889.2	6	6	»	1	2	89.88	89.67	89.46	89.25	89.04	88.83	88.62
845	20	9	3893.8	6	6	»	5	8	89.99	89.78	89.57	89.36	89.14	88.93	88.72
846	20	10	3898.4	6	6	»	10	4	90.09	89.88	89.67	89.46	89.25	89.04	88.83
847			3903.0	6	6	»	15	0	90.20	89.99	89.78	89.57	89.35	89.14	88.93
848	20	11	3907.6	6	6	»	19	6	90.31	90.10	89.88	89.67	89.46	89.25	89.04
849	20	12	3912.2	6	6	»	24	2	90.41	90.20	89.99	89.78	89.56	89.35	89.14
850	20	13	3916.8	6	6	»	28	8	90.52	90.31	90.10	89.88	89.67	89.46	89.25
851			3921.4	6	6	»	33	4	90.63	90.41	90.20	90.00	89.78	89.56	89.35
852	20	14	3926.0	6	6	½	2	0	90.73	90.52	90.31	90.09	89.88	89.67	89.46
853	20	15	3930.6	6	6	½	6	6	90.84	90.63	90.41	90.20	89.99	89.77	89.56
854	20	16	3935.2	6	6	½	11	2	90.95	90.73	90.52	90.31	90.09	89.88	89.67
855	20	17	3939.8	6	6	½	15	8	91.05	90.84	90.63	90.41	90.20	89.98	89.77
856			3944.4	6	6	½	20	4	91.16	90.95	90.73	90.52	90.30	90.09	89.88
857	20	18	3949.1	6	6	½	25	1	91.27	91.05	90.84	90.63	90.41	90.19	89.98
858	20	19	3953.7	6	6	½	29	7	91.37	91.16	90.94	90.73	90.51	90.30	90.09
859	20	20	3958.3	6	6	½	34	3	91.48	91.26	91.05	90.84	90.62	90.40	90.19
860			3962.9	6	7	»	2	9	91.59	91.37	91.16	90.94	90.73	90.51	90.30
861	20	21	3967.5	6	7	»	7	5	91.69	91.48	91.26	91.05	90.83	90.61	90.40
862	20	22	3972.1	6	7	»	12	1	91.80	91.58	91.37	91.15	90.94	90.71	90.51
863	20	23	3976.7	6	7	»	16	7	91.90	91.69	91.47	91.26	91.04	90.82	90.61
864			3981.3	6	7	»	21	3	92.01	91.80	91.58	91.36	91.15	90.93	90.72
865	20	24	3985.9	6	7	»	25	9	92.12	91.90	91.69	91.47	91.25	91.04	90.82
866	20	25	3990.5	6	7	»	30	5	92.22	92.01	91.79	91.57	91.36	91.14	90.93
867	20	26	3995.1	6	7	»	35	1	92.33	92.11	91.90	91.68	91.46	91.25	91.03
868	20	27	3999.7	6	7	½	3	7	92.44	92.22	92.00	91.79	91.57	91.35	91.14

Lorsque le prix de l'or fin est supérieur de quelques centimes à ceux donnés dans ce chapitre, ajoutez pour chaque différence à toutes les sommes, sans exception, contenues dans cette page, les centimes et fractions de centime ci-dessous, et de la manière suivante :

	cent.	dix.		cent.	dix.
Pour une différence de 5 cent.	4	5	Pour une différence de 15 cent.	13	»
Pour une différence de 10 cent.	8	7	Pour une différence de 20 cent.	17	4

...version des MILLIÈMES en DENIERS, GRAINS, et DEMI-GRAINS, suivie des
...férentes valeurs d'un MARC et de l'ONCE d'ARGENT à l'un des titres ci-dessous.

DIVERSES VALEURS D'UN MARC ET DE L'ONCE D'ARGENT
D'APRÈS LES PRIX SUIVANS DU MARC D'ARGENT FIN

Millièmes	Deniers. Grains. Demi-Grains	à 54f		à 53f 75c		à 53f 50c		à 53f 25c		à 53f	
		Marcs	Onces	Marcs	Onces	Marcs	Onces	Marcs	Onces	Marcs	Onces
		fr. c.	fr. c.	fr. c.	fr. c.	fr. c.	fr. c.	fr. c.	fr. c.	fr. c.	fr. c.
841		45 41	5 67	45 20	5 65	44 99	5 62	44 78	5 59	44 57	5 57
842	10. 2. ¼	45 46	5 68	45 25	5 65	45 04	5 63	44 83	5 60	44 62	5 57
843		45 52	5 69	45 31	5 66	45 10	5 63	44 88	5 61	44 67	5 58
844	10. 3.	45 57	5 69	45 36	5 67	45 15	5 64	44 94	5 61	44 73	5 59
845	10. 3. ½	45 63	5 70	45 41	5 67	45 20	5 65	44 99	5 62	44 78	5 59
846		45 68	5 71	45 47	5 68	45 26	5 65	45 05	5 63	44 83	5 60
847	10. 4.	45 73	5 71	45 52	5 69	45 31	5 66	45 10	5 63	44 89	5 61
848		45 79	5 72	45 58	5 69	45 36	5 67	45 15	5 64	44 94	5 61
849	10. 4. ½	45 84	5 73	45 63	5 70	45 42	5 67	45 20	5 65	44 99	5 62
850		45 90	5 73	45 68	5 71	45 47	5 68	45 26	5 65	45 05	5 63
851	10. 5.	45 95	5 74	45 74	5 71	45 52	5 69	45 31	5 66	45 10	5 63
852	10. 5. ½	46 00	5 75	45 79	5 72	45 58	5 69	45 36	5 67	45 15	5 64
853		46 06	5 75	45 84	5 73	45 63	5 70	45 42	5 67	45 20	5 65
854	10. 6.	46 11	5 76	45 90	5 73	45 68	5 71	45 47	5 68	45 26	5 65
855		46 17	5 77	45 95	5 74	45 74	5 71	45 52	5 69	45 31	5 66
856	10. 6. ½	46 22	5 77	46 01	5 75	45 79	5 72	45 58	5 69	45 36	5 67
857		46 27	5 78	46 06	5 75	45 84	5 73	45 63	5 70	45 42	5 67
858	10. 7.	46 33	5 79	46 11	5 76	45 90	5 73	45 68	5 71	45 47	5 68
859	10. 7. ½	46 38	5 79	46 17	5 77	45 95	5 74	45 74	5 71	45 52	5 69
860		46 44	5 80	46 22	5 77	46 01	5 75	45 79	5 72	45 58	5 69
861	10. 8.	46 49	5 81	46 27	5 78	46 06	5 75	45 84	5 73	45 63	5 70
862		46 54	5 81	46 33	5 79	46 11	5 76	45 90	5 73	45 68	5 71
863	10. 8. ½	46 60	5 82	46 38	5 79	46 17	5 77	45 95	5 74	45 73	5 71
864		46 65	5 83	46 44	5 80	46 22	5 77	46 00	5 75	45 79	5 72
865	10. 9.	46 71	5 83	46 49	5 81	46 27	5 78	46 06	5 75	45 84	5 73
866	10. 9. ½	46 76	5 84	46 54	5 81	46 33	5 79	46 11	5 76	45 90	5 73
867		46 81	5 85	46 60	5 82	46 38	5 79	46 16	5 77	45 95	5 74
868	10. 10.	46 87	5 85	46 65	5 83	46 43	5 80	46 22	5 77	46 00	5 75

Lorsque le prix de l'argent fin est supérieur de quelques centimes à ceux donnés dans ce chapitre, ajoutez pour chaque différence, à toutes les sommes placées dans les colonnes de marcs, et contenues dans cette page, les centimes et fractions de centime ci-dessous, et seulement le huitième aux sommes placées dans les colonnes d'onces.

	cent. dix.	huitié.			cent. dix.	huitié.
Différence de 5 centimes	4 5	. 5		Différence de 15 centimes	13 .	1 6
Différence de 10 centimes	8 7	1 1		Différence de 20 centimes	17 4	2 2

Conversion des MILLIÈMES en KARATS et TRENTE-DEUX, et en GRAINS D[E] FIN contenus dans un MARC d'or ou d'argent à l'un des titres ci-dessous, suivie d[es] différentes valeurs d'une ONCE d'OR à l'un de ces mêmes titres.

MILLIÈMES	CONVERSION en Karats et en trente-deux de fin.									DIVERSES VALEURS D'UNE ONCE D'OR d'après les prix suivans de l'once d'or fin						
	Karats	Trente-Deux	Grains	Diff.	Onces	Gros	Demi-Gros	Grains	Diff.	à 106 50	à 106 25	à 106 »	à 105 75	à 105 50	à 105 25	à 105
										fr. c.	fr. c.	fr. c.	fr. c.	fr. c.	fr. c.	fr.
869			4001	4	6	7	⅛	8	4	92 34	92 12	91 90	91 68	91 46	91 24	91
870	20	28	4009	»	6	7	¼	13	»	92 65	92 43	92 21	91 99	91 77	91 55	91
871	20	29	4013	6	6	7	⅜	17	6	92 76	92 54	92 32	92 10	91 88	91 66	91
872	20	30	4018	2	6	7	½	22	2	92 86	92 64	92 42	92 20	91 98	91 76	91
873			4022	8	6	7	⅝	26	8	92 97	92 75	92 53	92 31	92 09	91 87	91
874	20	31	4027	4	6	7	¾	31	4	93 08	92 86	92 64	92 42	92 20	91 98	91
875	21	»	4032	»	7	»	»	»	»	93 18	92 96	92 74	92 52	92 30	92 08	91
876	21	1	4036	6	7	»	»	4	6	93 29	93 07	92 85	92 63	92 41	92 19	91
877			4041	2	7	»	»	9	2	93 40	93 18	92 96	92 74	92 52	92 30	92
878	21	2	4045	8	7	»	»	13	8	93 50	93 28	93 06	92 84	92 62	92 40	92
879	21	3	4050	4	7	»	»	18	4	93 61	93 39	93 17	92 95	92 73	92 51	92
880	21	4	4055	»	7	»	»	23	»	93 72	93 50	93 28	93 06	92 84	92 62	92
881			4059	7	7	»	»	27	7	93 82	93 60	93 38	93 16	92 94	92 72	92
882	21	5	4061	3	7	»	»	32	3	93 93	93 71	93 49	93 27	93 05	92 83	92
883	21	6	4063	9	7	»	⅛	»	9	94 03	93 81	93 59	93 37	93 15	92 93	92
884	21	7	4073	5	7	»	¼	6	5	94 11	93 92	93 70	93 48	93 26	93 04	93
885	21	8	4078	1	7	»	⅜	10	1	94 23	94 03	93 81	93 59	93 36	93 14	92
886			4082	7	7	»	½	14	7	94 35	94 13	93 91	93 69	93 47	93 25	93
887	21	9	4087	3	7	»	⅝	19	3	94 46	94 24	94 02	93 80	93 58	93 35	93
888	21	10	4091	9	7	»	¾	23	9	94 57	94 35	94 12	93 90	93 68	93 46	93
889	21	11	4096	5	7	»	⅞	28	5	94 67	94 45	94 23	94 01	93 78	93 56	93
890			4101	1	7	»	»	33	1	94 78	94 56	94 34	94 11	93 89	93 67	93
891	21	12	4105	7	7	1	»	1	7	94 89	94 66	94 44	94 22	94 00	93 77	93
892	21	13	4110	3	7	1	»	6	3	94 99	94 77	94 55	94 32	94 10	93 88	93
893	21	14	4111	9	7	1	»	10	9	95 10	94 88	94 66	94 43	94 24	94 03	93
894			4115	6	7	1	»	15	6	95 21	94 98	94 76	94 54	94 31	94 09	93
895	21	15	4121	2	7	1	»	20	2	95 31	95 09	94 87	94 64	94 42	94 19	93
896	21	16	4124	8	7	1	»	24	8	95 42	95 20	94 97	94 75	94 52	94 30	94

Lorsque le prix de l'or fin est supérieur de quelques centimes à ceux donné[s] dans ce chapitre, ajoutez pour chaque différence, à toutes les sommes sans exceptio[n] contenues dans cette page, les centimes et fractions de centime ci-dessous, et d[e] la manière suivante:

	cent. dix.			cent. dix.
Pour une différence de 5 cent.	4	6	Pour une différence de 15 cent.	13
Pour une différence de 10 cent.	9	»	Pour une différence de 20 cent.	17

Conversion des MILLIÈMES en DENIERS, GRAINS et DEMI-GRAINS, suivie des différentes valeurs d'un MARC et de l'ONCE d'ARGENT à l'un des titres ci-dessous.

DIVERSES VALEURS D'UN MARC ET DE L'ONCE D'ARGENT
D'APRÈS LES PRIX SUIVANS DU MARC D'ARGENT FIN

MILLIÈMES	CONV. Deniers. Grains. Demi-Grains	à 54f 2c Marcs (fr. c.)	à 54f 2c Onces (fr. c.)	à 53f 75c Marcs	à 53f 75c Onces	à 53f 50c Marcs	à 53f 50c Onces	à 53f 25c Marcs	à 53f 25c Onces	à 53f c Marcs	à 53f c Onces
869		46 92	5 86	46 70	5 83	46 49	5 81	46 27	5 78	46 05	5 73
870	10. 10. ½	46 96	5 87	46 76	5 84	46 54	5 81	46 32	5 79	46 11	5 76
871		47 05	5 87	46 81	5 85	46 59	5 82	46 55	5 79	46 16	5 77
872	10. 11. •	47 06	5 88	46 87	5 85	46 65	5 85	46 45	5 80	46 21	5 77
873	10. 11. ½	47 14	5 89	46 92	5 86	46 70	5 85	46 48	5 81	46 26	5 78
874		47 19	5 89	46 97	5 87	46 75	5 84	46 54	5 82	46 32	5 79
875	10. 12. •	47 25	5 90	47 05	5 87	46 81	5 85	46 59	5 82	46 37	5 79
876		47 30	5 91	47 08	5 88	46 86	5 85	46 64	5 85	46 42	5 80
877	10. 12. ½	47 35	5 91	47 15	5 89	46 91	5 86	46 70	5 85	46 48	5 81
878	10. 13. •	47 41	5 92	47 19	5 89	46 97	5 87	46 75	5 84	46 53	5 81
879		47 46	5 93	47 24	5 90	47 02	5 87	46 80	5 85	46 58	5 82
880	10. 13. ½	47 52	5 94	47 30	5 91	47 08	5 88	46 86	5 85	46 64	5 85
881		47 57	5 94	47 35	5 91	47 13	5 89	46 91	5 86	46 69	5 85
882	10. 14. •	47 62	5 95	47 40	5 92	47 18	5 89	46 96	5 87	46 74	5 84
883		47 68	5 96	47 46	5 93	47 24	5 90	47 04	5 87	46 79	5 84
884	10. 14. ½	47 73	5 96	47 51	5 93	47 29	5 94	47 07	5 88	46 85	5 85
885	10. 15. •	47 79	5 97	47 56	5 94	47 34	5 91	47 12	5 89	46 90	5 86
886		47 84	5 98	47 62	5 95	47 40	5 92	47 17	5 89	46 95	5 86
887	10. 15. ½	47 89	5 98	47 67	5 95	47 45	5 95	47 23	5 90	47 01	5 87
888		47 95	5 99	47 73	5 93	47 50	5 95	47 28	5 91	47 06	5 88
889	10. 16. •	48 00	6 00	47 78	5 97	47 56	5 94	47 33	5 91	47 11	5 88
890		48 06	6 01	47 83	5 97	47 61	5 95	47 39	5 92	47 17	5 89
891	10. 16. ½	48 11	6 01	47 89	5 98	47 66	5 95	47 44	5 95	47 22	5 90
892	10. 17. •	48 16	6 02	47 94	5 99	47 72	5 96	47 49	5 95	47 27	5 90
893		48 22	6 02	47 99	5 99	47 77	5 97	47 55	5 94	47 32	5 91
894	10. 17. ½	48 27	6 05	48 05	6 00	47 82	5 97	47 60	5 95	47 38	5 92
895		48 33	6 04	48 10	6 01	47 88	5 98	47 65	5 96	47 45	5 92
896	10. 18. •	48 38	6 04	48 16	6 02	47 93	5 99	47 71	5 96	47 46	5 95

Lorsque le prix de l'argent fin est supérieur de quelques centimes à ceux donnés dans ce chapitre, ajoutez pour chaque différence, à toutes les sommes placées dans les colonnes de marcs, et contenues dans cette page, les centimes et fractions de centime ci-dessous, et seulement le huitième aux sommes placées dans les colonnes d'onces.

	cent.	dix.	huite.			cent.	dix.	huite.
Différence de 5 centimes	4	3	• 6		Différence de 15 centimes	13	4	1 7
Différence de 10 centimes	9	•	1 1		Différence de 20 centimes	17	9	2 2

Conversion des MILLIÈMES en KARATS et TRENTE-DEUX, et en GRAINS D[E] FIN contenus dans un MARC d'or ou d'argent à l'un des titres ci-dessous, suivie d[es] différentes valeurs d'une ONCE D'OR à l'un de ces mêmes titres.

MILLIÈMES	CONVERSION en Karats et en Grains de fin.									DIVERSES VALEURS D'UNE ONCE D'OR d'après les prix suivans de l'once d'or fin.						
	Karats	Trente-Deux	Grains	Dixièmes	Onces	Gros	Demi-Gros	Grains	Dixièmes	à 106 50	à 106 25	à 106 ·	à 105 75	à 105 50	à 105 25	à 105 ·
										fr. c.	fr. c.	fr. c.	fr. c.	fr. c.	fr. c.	fr. c.
897	21	17	4135.	4	7.	1.	·	29.	4	95 53	95 30	95 08	94 85	94 63	94 40	94 18
898	21	18	4138.	·	7.	1.	·	34.	·	95 63	95 41	95 18	94 96	94 73	94 51	94 [illegible]
899			4142.	6	7.	1.	½	2.	6	95 74	95 51	95 29	95 06	94 84	94 61	94 [illegible]
900	21	19	4147.	2	7.	1.	½	7.	2	95 85	95 62	95 40	95 17	94 95	94 72	94 [illegible]
901	21	20	4151.	8	7.	1.	½	11.	8	95 95	95 75	95 50	95 28	95 05	94 83	94 [illegible]
902	21	21	4156.	4	7.	1.	½	16.	4	96 06	95 83	95 61	95 38	95 16	94 93	94 [illegible]
903			4161.	·	7.	1.	½	21.	·	96 18	95 94	95 71	95 49	95 26	95 04	94 [illegible]
904	21	22	4165.	6	7.	1.	½	25.	6	96 27	96 05	95 82	95 59	95 37	95 14	94 [illegible]
905	21	23	4170.	2	7.	1.	½	30.	2	96 38	96 15	95 93	95 70	95 47	95 25	95 0[illegible]
906	21	24	4174.	8	7.	1.	½	34.	8	96 48	96 26	96 03	95 80	95 58	95 35	95 1[illegible]
907			4179.	5	7.	2.	·	5.	5	96 59	96 36	96 14	95 91	95 68	95 46	95 2[illegible]
908	21	25	4184.	1	7.	2.	·	8.	1	96 70	96 47	96 24	96 02	95 79	95 56	95 3[illegible]
909	21	26	4188.	7	7.	2.	·	12.	7	96 80	96 58	96 35	96 12	95 89	95 67	95 4[illegible]
910	21	27	4193.	3	7.	2.	·	17.	3	96 91	96 68	96 46	96 23	96 00	95 77	95 [illegible]
911	21	28	4197.	9	7.	2.	·	21.	9	97 02	96 79	96 56	96 33	96 11	95 88	95 [illegible]
912			4201.	5	7.	2.	·	26.	5	97 12	96 90	96 67	96 44	96 21	95 98	95 7[illegible]
913	21	29	4207.	1	7.	2.	·	31.	1	97 23	97 00	96 77	96 54	96 32	96 09	95 8[illegible]
914	21	30	4211.	7	7.	2.	·	35.	7	97 34	97 11	96 88	96 65	96 42	96 19	95 9[illegible]
915	21	31	4216.	3	7.	2.	½	4.	3	97 44	97 21	96 99	96 76	96 53	96 30	96 0[illegible]
916			4220.	9	7.	2.	½	8.	9	97 55	97 32	97 09	96 86	96 64	96 40	96 1[illegible]
917	22	·	4225.	5	7.	2.	½	13.	5	97 66	97 43	97 20	96 97	96 74	96 51	96 2[illegible]
918	22	1	4230.	1	7.	2.	½	18.	1	97 76	97 53	97 30	97 07	96 84	96 61	96 3[illegible]
919	22	2	4234.	8	7.	2.	½	22.	8	97 87	97 64	97 41	97 18	96 95	96 72	96 4[illegible]
920			4239.	4	7.	2.	½	27.	4	97 98	97 75	97 52	97 29	97 06	96 83	96 6[illegible]
921	22	3	4244.	·	7.	2.	½	32.	·	98 08	97 85	97 62	97 39	97 16	96 93	96 7[illegible]
922	22	4	4248.	6	7.	3.	·	·	6	98 19	97 96	97 73	97 50	97 27	97 04	96 8[illegible]
923	22	5	4253.	2	7.	3.	·	5.	2	98 29	98 06	97 83	97 60	97 37	97 14	96 [illegible]
924	22	6	4257.	8	7.	3.	·	9.	8	98 40	98 17	97 94	97 71	97 48	97 25	97 0[illegible]

Lorsque le prix de l'or fin est supérieur de quelques centimes à ceux donné[s] dans ce chapitre, ajoutez pour chaque différence à toutes les sommes, sans exception, contenues dans cette page, les centimes et fractions de centime ci-dessous, et de la manière suivante :

	cent.	dix.		cent.	di[x.]
Pour une différence de 5 cent.	4	6	Pour une différence de 15 cent.	13	[illegible]
Pour une différence de 10 cent.	9	2	Pour une différence de 20 cent.	18	[illegible]

Conversion des MILLIÈMES en DENIERS, GRAINS, et DEMI-GRAINS, suivie des différentes valeurs d'un MARC et de l'ONCE d'ARGENT à l'un des titres ci-dessous.

MILLIÈMES.	CONV. (Deniers. Grains. Demi-Grains.)	DIVERSES VALEURS D'UN MARC ET DE L'ONCE D'ARGENT D'APRÈS LES PRIX SUIVANS DU MARC D'ARGENT FIN									
		à 54f »e		à 53f 75e		à 53f 50e		à 53f 25e		à 53f »e	
		Marcs.	Onces.	Marcs.	Onces.	Marcs.	Onces.	Marcs.	Onces.	Marcs.	Onces.
		fr. c.	fr. c.	fr. c.	fr. c.	fr. c.	fr. c.	fr. c.	fr. c.	fr. c.	fr. c.
897		48 45	6 05	48 21	6 02	47 98	5 99	47 76	5 97	47 54	5 94
898	10. 18. ½	48 49	6 06	48 26	6 03	48 04	6 00	47 81	5 97	47 59	5 94
899	10. 19. *	48 54	6 06	48 32	6 04	48 09	6 01	47 87	5 98	47 64	5 95
900		48 60	6 07	48 37	6 04	48 15	6 01	47 92	5 99	47 70	5 96
901	10. 19. ½	48 65	6 08	48 42	6 05	48 20	6 02	47 97	5 99	47 75	5 96
902		48 70	6 08	48 48	6 06	48 25	6 03	48 03	6 00	47 80	5 97
903	10. 20. *	48 76	6 09	48 53	6 06	48 31	6 03	48 08	6 01	47 85	5 98
904		48 81	6 10	48 59	6 07	48 36	6 04	48 13	6 01	47 91	5 98
905	10. 20. ½	48 87	6 10	48 64	6 08	48 41	6 05	48 19	6 02	47 96	5 99
906	10. 21. *	48 92	6 11	48 69	6 08	48 47	6 05	48 24	6 03	48 01	6 00
907		48 97	6 12	48 75	6 09	48 52	6 06	48 29	6 03	48 07	6 00
908	10. 21. ½	49 03	6 12	48 80	6 10	48 57	6 07	48 35	6 04	48 12	6 01
909		49 08	6 13	48 85	6 10	48 63	6 07	48 40	6 05	48 17	6 02
910	10. 22. *	49 14	6 14	48 91	6 11	48 68	6 08	48 45	6 05	48 23	6 02
911	10. 22. ½	49 19	6 14	48 96	6 12	48 73	6 09	48 51	6 06	48 28	6 03
912		49 24	6 15	49 02	6 12	48 79	6 09	48 56	6 07	48 33	6 04
913	10. 23. *	49 30	6 16	49 07	6 13	48 84	6 10	48 61	6 07	48 38	6 04
914		49 35	6 16	49 12	6 14	48 89	6 11	48 67	6 08	48 44	6 05
915	10. 23. ½	49 41	6 17	49 18	6 14	48 95	6 11	48 72	6 09	48 49	6 06
916		49 46	6 18	49 23	6 15	49 00	6 12	48 77	6 09	48 54	6 06
917	11. *. *	49 51	6 18	49 28	6 16	49 05	6 13	48 83	6 10	48 60	6 07
918	11. *. ½	49 57	6 19	49 34	6 16	49 11	6 13	48 88	6 11	48 65	6 08
919		49 62	6 20	49 39	6 17	49 16	6 14	48 93	6 11	48 70	6 08
920	11. 1. *	49 68	6 21	49 45	6 18	49 22	6 15	48 99	6 12	48 76	6 09
921		49 73	6 21	49 50	6 18	49 27	6 15	49 04	6 13	48 81	6 10
922	11. 1. ½	49 78	6 22	49 55	6 19	49 32	6 16	49 09	6 13	48 86	6 10
923		49 84	6 23	49 61	6 20	49 38	6 17	49 14	6 14	48 91	6 11
924	11. 2. *	49 89	6 23	49 66	6 20	49 43	6 17	49 20	6 15	48 97	6 12

Lorsque le prix de l'argent fin est supérieur de quelques centimes à ceux donnés dans ce chapitre, ajoutez pour chaque différence, à toutes les sommes placées dans les colonnes de marcs, et contenues dans cette page, les centimes et fractions de centime ci-dessous, et seulement le huitième aux sommes placées dans les colonnes d'onces.

	cent.	dix.	huiti.		cent.	dix.	huiti.
Différence de 5 centimes	4	6	. 6	Différence de 15 centimes.	13	9	4 7
Différence de 10 centimes.	9	2	1 1	Différence de 20 centimes.	18	6	2 5

Conversion des MILLIÈMES en KARATS et TRENTE-DEUX, et en GRAINS FIN contenus dans un MARC d'or ou d'argent à l'un des titres ci-dessous, suivie des differentes valeurs d'une ONCE D'OR à l'un de ces mêmes titres.

MILLIÈMES	CONVERSION en Karats et en Grains de fin.									DIVERSES VALEURS D'UNE ONCE D'OR d'après les prix suivans de l'once d'or fin						
	Karats	Trente-Deux	Grains	Dixièmes	Onces	Gros	Demi-Gros	Grains	Dixièmes	à 106 50	à 106 25	à 106 »	à 105 75	à 105 50	à 105 25	à 105 »
925			4262	4	7	5	»	14	4	98 31	98 28	98 03	97 81	97 58	97 33	97
926	22	7	4267	»	7	5	»	19	»	98 61	98 38	98 15	97 92	97 69	97 46	97
927	22	8	4271	6	7	5	»	23	6	98 72	98 49	98 26	98 03	97 79	97 56	97
928	22	9	4276	2	7	5	»	24	9	98 83	98 60	98 36	98 13	97 90	97 67	97
929			4280	8	7	5	»	32	8	98 93	98 70	98 47	98 24	98 00	97 77	97
930	22	10	4285	4	7	5	½	1	4	99 04	98 81	98 58	98 34	98 11	97 88	97
931	22	11	4290	»	7	5	½	6	»	99 15	98 91	98 68	98 45	98 22	97 98	97
932	22	12	4294	7	7	5	½	10	7	99 25	99 02	98 79	98 55	98 32	98 09	97
933			4299	3	7	5	⅛	15	3	99 36	99 12	98 89	98 66	98 43	98 19	97
934	22	13	4303	9	7	5	¼	19	9	99 47	99 23	99 00	98 77	98 53	98 30	98
935	22	14	4308	5	7	5	⅜	24	5	99 57	99 34	99 11	98 87	98 64	98 40	98
936	22	15	4313	1	7	5	½	29	1	99 68	99 45	99 21	98 98	98 74	98 51	98
937			4317	7	7	5	⅝	33	7	99 79	99 55	99 32	99 08	98 85	98 61	98
938	22	16	4322	3	7	4	»	2	3	99 89	99 66	99 42	99 19	98 95	98 72	98
939	22	17	4326	9	7	4	»	6	9	100 00	99 76	99 53	99 29	99 06	98 82	98
940	22	18	4331	5	7	4	»	11	5	100 11	99 87	99 64	99 40	99 17	98 93	98
941	22	19	4336	1	7	4	»	16	1	100 21	99 98	99 74	99 51	99 27	99 04	98
942			4340	7	7	4	»	20	7	100 32	100 08	99 85	99 61	99 38	99 14	98
943	22	20	4345	3	7	4	»	25	3	100 42	100 19	99 95	99 72	99 48	99 25	99
944	22	21	4349	»	7	4	»	29	»	100 53	100 30	100 06	99 83	99 59	99 35	99
945	22	22	4354	6	7	4	»	34	6	100 64	100 40	100 17	99 93	99 69	99 46	99
946			4359	2	7	4	⅛	3	2	100 74	100 51	100 27	100 05	99 80	99 56	99
947	22	23	4363	8	7	4	¼	7	8	100 85	100 61	100 38	100 14	99 90	99 67	99
948	22	24	4368	4	7	4	⅜	12	4	100 96	100 72	100 48	100 25	100 01	99 77	99
949	22	25	4373	»	7	4	½	17	»	101 06	100 83	100 59	100 35	100 11	99 88	99
950			4377	6	7	4	⅝	21	6	101 17	100 93	100 70	100 46	100 22	99 98	99
951	22	26	4382	2	7	4	¾	26	2	101 28	101 04	100 80	100 56	100 33	100 00	99
952	22	27	4386	8	7	4	⅞	30	8	101 38	101 15	100 91	100 67	100 44	100 19	99

Lorsque le prix de l'or fin est supérieur de quelques centimes à ceux donnés dans ce chapitre, ajoutez pour chaque difference, à toutes les sommes sans exception contenues dans cette page, les centimes et fractions de centime ci-dessous, et de la manière suivante :

	cent.	dix.		cent.
Pour une difference de 5 cent.	4	8	Pour une difference de 15 cent.	14
Pour une difference de 10 cent.	9	5	Pour une difference de 20 cent.	19

...version des MILLIÈMES en DENIERS, GRAINS, et DEMI-GRAINS, suivie des ...férentes valeurs d'un MARC et de l'ONCE d'ARGENT à l'un des titres ci-dessous.

DIVERSES VALEURS D'UN MARC ET DE L'ONCE D'ARGENT
D'APRÈS LES PRIX SUIVANS DU MARC D'ARGENT FIN

Mill.	Den.	Gr.	½gr.	à 54f 0c Marcs	à 54f 0c Onces	à 53f 75c Marcs	à 53f 75c Onces	à 53f 50c Marcs	à 53f 50c Onces	à 53f 25c Marcs	à 53f 25c Onces	à 53f 0c Marcs	à 53f 0c Onces
925	11	2	¼	49 95	6 24	49 71	6 21	49 48	6 18	49 23	6 15	49 03	6 12
926				50 00	6 25	49 77	6 22	49 54	6 19	49 30	6 16	49 07	6 13
927	11	3		50 05	6 25	49 82	6 22	49 59	6 19	49 36	6 17	49 13	6 14
928				50 11	6 26	49 88	6 23	49 64	6 20	49 41	6 17	49 18	6 14
929	11	3	½	50 16	6 27	49 95	6 24	49 70	6 21	49 46	6 18	49 23	6 15
930				50 21	6 27	49 98	6 24	49 75	6 21	49 52	6 19	49 29	6 16
931	11	4		50 27	6 28	50 04	6 25	49 80	6 22	49 57	6 19	49 34	6 16
932	11	4	½	50 32	6 29	50 09	6 26	49 86	6 23	49 62	6 20	49 39	6 17
933				50 38	6 29	50 14	6 26	49 91	6 23	49 68	6 21	49 44	6 18
934	11	5		50 43	6 30	50 20	6 27	49 96	6 24	49 73	6 21	49 50	6 18
935				50 49	6 31	50 25	6 28	50 02	6 25	49 78	6 22	49 55	6 19
936	11	5	½	50 54	6 31	50 31	6 28	50 07	6 25	49 84	6 23	49 60	6 20
937				50 60	6 32	50 36	6 29	50 12	6 26	49 89	6 23	49 66	6 20
938	11	6		50 65	6 33	50 41	6 30	50 18	6 27	49 94	6 24	49 71	6 21
939	11	6	½	50 70	6 33	50 47	6 30	50 23	6 27	50 00	6 25	49 76	6 22
940				50 76	6 34	50 52	6 31	50 29	6 28	50 05	6 25	49 82	6 22
941	11	7		50 81	6 35	50 57	6 32	50 34	6 29	50 10	6 26	49 87	6 23
942				50 86	6 35	50 63	6 32	50 39	6 29	50 16	6 27	49 92	6 24
943	11	7	½	50 92	6 36	50 68	6 33	50 45	6 30	50 21	6 27	49 97	6 24
944	11	8		50 97	6 37	50 74	6 34	50 50	6 31	50 26	6 28	50 03	6 25
945				51 03	6 37	50 79	6 34	50 55	6 31	50 32	6 29	50 08	6 26
946	11	8	½	51 08	6 38	50 84	6 35	50 61	6 32	50 37	6 29	50 13	6 26
947				51 13	6 38	50 90	6 36	50 66	6 33	50 42	6 30	50 19	6 27
948	11	9		51 19	6 39	50 95	6 36	50 71	6 33	50 48	6 31	50 24	6 28
949				51 24	6 40	51 00	6 37	50 77	6 34	50 53	6 31	50 29	6 28
950	11	9	½	51 30	6 41	51 06	6 38	50 82	6 35	50 58	6 32	50 35	6 29
951	11	10		51 35	6 41	51 11	6 38	50 87	6 35	50 64	6 33	50 40	6 30
952				51 40	6 42	51 17	6 39	50 93	6 36	50 69	6 33	50 45	6 30

Lorsque le prix de l'argent fin est supérieur de quelques centimes à ceux donnés dans ce chapitre, ajoutez pour chaque différence, à toutes les sommes placées dans les colonnes de marcs, et contenues dans cette page, les centimes et fractions de centime ci-dessous, et seulement le huitième aux sommes placées dans les colonnes d'onces.

	cent.	dix.	huitiè.		cent.	dix.	huitiè.
Différence de 5 centimes.	4	8	· 6	Différence de 15 centimes.	14	3	1 8
Différence de 10 centimes.	9	5	1 2	Différence de 20 centimes.	19	·	2 4

Conversion des MILLIÈMES en KARATS et TRENTE-DEUX, et en GRAINS
FIN contenus dans un MARC d'or ou d'argent à l'un des titres ci-dessous, suivie
différentes valeurs d'une ONCE D'OR à l'un de ces mêmes titres.

MILLIÈMES	Karats	Trente-Deux	Grains	Dixièmes	Onces	Gros	Demi-Gros	Grains	Dixièmes	à 106 50	à 106 25	à 106 »	à 105 75	à 105 50	à 105 25	à 105
										fr. c.	fr. c.	fr. c.	fr. c.	fr. c.	fr. c.	fr.
953	22	28	4391	4	7	4	½	35	4	101 49	101 23	101 01	100 77	100 54	100 30	100
954	22	29	4396	»	7	5	»	4	»	101 60	101 36	101 12	100 88	100 64	100 40	100
955			4400	6	7	5	»	8	6	101 70	101 46	101 23	100 99	100 75	100 51	100
956	22	30	4405	2	7	5	»	13	2	101 81	101 57	101 33	101 09	100 85	100 61	100
957	22	31	4409	9	7	5	»	17	9	101 92	101 68	101 44	101 20	100 96	100 72	100
958	23	»	4414	5	7	5	»	22	5	102 02	101 78	101 54	101 30	101 06	100 82	100
959			4419	1	7	5	»	27	1	102 13	101 89	101 65	101 41	101 17	100 93	100
960	23	1	4423	7	7	5	»	31	7	102 24	102 00	101 76	101 52	101 28	101 04	100
961	23	2	4428	3	7	5	½	»	3	102 34	102 10	101 86	101 62	101 38	101 14	100
962	23	3	4432	9	7	5	½	4	9	102 45	102 21	101 97	101 73	101 49	101 25	101
963			4437	5	7	5	½	9	5	102 55	102 31	102 07	101 83	101 59	101 35	101
964	23	4	4442	1	7	5	½	14	1	102 66	102 42	102 18	101 94	101 70	101 46	101
965	23	5	4446	7	7	5	½	18	7	102 77	102 53	102 29	102 04	101 80	101 56	101
966	23	6	4451	3	7	5	½	23	3	102 87	102 63	102 39	102 15	101 91	101 67	101
967	23	7	4455	9	7	5	½	27	9	102 98	102 74	102 50	102 26	102 01	101 77	101
968			4460	5	7	5	½	32	5	103 09	102 85	102 60	102 36	102 12	101 88	101
969	23	8	4465	2	7	6	»	1	2	103 19	102 95	102 71	102 47	102 22	101 98	101
970	23	9	4469	8	7	6	»	5	8	103 30	103 06	102 82	102 57	102 33	102 09	101
971	23	10	4474	4	7	6	»	10	4	103 41	103 16	102 92	102 68	102 44	102 19	101
972			4479	»	7	6	»	15	»	103 51	103 27	103 03	102 78	102 54	102 30	102
973	23	11	4483	6	7	6	»	19	6	103 62	103 38	103 13	102 89	102 65	102 40	102
974	23	12	4488	2	7	6	»	24	2	103 73	103 48	103 24	103 00	102 75	102 51	103
975	23	13	4492	8	7	6	»	28	8	103 83	103 59	103 35	103 10	102 86	102 61	102
976			4497	4	7	6	»	33	4	103 94	103 70	103 45	103 21	102 96	102 72	102
977	23	14	4502	»	7	6	½	2	»	104 05	103 80	103 56	103 31	103 07	102 82	103
978	23	15	4506	6	7	6	½	6	6	104 15	103 91	103 66	103 42	103 17	102 93	103
979	23	16	4511	2	7	6	½	11	2	104 26	104 01	103 77	103 52	103 28	103 03	102
980	23	17	4515	8	7	6	½	15	8	104 37	104 12	103 88	103 63	103 39	103 14	103

Lorsque le prix de l'or fin est supérieur de quelques centimes à ceux donn[és]
dans ce chapitre, ajoutez pour chaque différence, à toutes les sommes sans excepti[on]
contenues dans cette page, les centimes et fractions de centime ci-dessous, et [...]
la manière suivante:

	cent.	dix.		cent.
Pour une différence de 5 cent.	4	9	Pour une différence de 15 cent.	14
Pour une différence de 10 cent.	9	9	Pour une différence de 20 cent.	19

onversion des MILLIÈMES en DENIERS, GRAINS et DEMI-GRAINS, suivie des différentes valeurs d'un MARC et de l'ONCE d'ARGENT à l'un des titres ci-dessous.

MILLIÈMES.	CONV. Deniers. Grains. Demi-Grains.	DIVERSES VALEURS D'UN MARC ET DE L'ONCE D'ARGENT D'APRÈS LES PRIX SUIVANS DU MARC D'ARGENT FIN — à 54f »c Marcs.	à 54f »c Onces.	à 53f 75c Marcs.	à 53f 75c Onces.	à 53f 50c Marcs.	à 53f 50c Onces.	à 53f 25c Marcs.	à 53f 25c Onces.	à 53f »c Marcs.	à 53f »c Onces.
		fr. c.	fr. c.	fr. c.	fr. c.	fr. c.	fr. c.	fr. c.	fr. c.	fr. c.	fr. c.
953	11. 10. ½	51 46	6 43	51 22	6 40	50 98	6 37	50 74	6 34	50 50	6 31
954		51 51	6 43	51 27	6 40	51 03	6 37	50 80	6 35	50 56	6 32
955	11. 11. »	51 57	6 44	51 33	6 41	51 09	6 38	50 85	6 35	50 61	6 32
956		51 62	6 45	51 38	6 42	51 14	6 39	50 90	6 36	50 66	6 33
957	11. 11. ½	51 67	6 45	51 43	6 42	51 19	6 39	50 96	6 37	50 72	6 34
958	11. 12. »	51 73	6 46	51 49	6 43	51 25	6 40	51 01	6 37	50 77	6 34
959		51 78	6 47	51 54	6 44	51 30	6 41	51 06	6 38	50 82	6 35
960	11. 12. ½	51 84	6 48	51 60	6 45	51 36	6 42	51 12	6 39	50 88	6 36
961		51 89	6 48	51 65	6 45	51 41	6 42	51 17	6 39	50 93	6 36
962	11. 13. »	51 94	6 49	51 70	6 46	51 46	6 43	51 22	6 40	50 98	6 37
963		52 00	6 50	51 76	6 47	51 52	6 44	51 27	6 40	51 03	6 37
964	11. 13. ½	52 05	6 50	51 81	6 47	51 57	6 44	51 33	6 41	51 09	6 38
965	11. 14. »	52 11	6 51	51 86	6 48	51 62	6 45	51 38	6 42	51 14	6 39
966		52 16	6 52	51 92	6 49	51 68	6 46	51 43	6 42	51 19	6 39
967	11. 14. ½	52 21	6 52	51 97	6 49	51 73	6 46	51 49	6 43	51 25	6 40
968		52 27	6 53	52 03	6 50	51 78	6 47	51 54	6 44	51 30	6 41
969	11. 15. »	52 32	6 54	52 08	6 51	51 84	6 48	51 59	6 44	51 35	6 41
970	11. 15. ½	52 38	6 54	52 13	6 51	51 89	6 48	51 65	6 45	51 41	6 42
971		52 43	6 55	52 19	6 52	51 94	6 49	51 70	6 46	51 46	6 43
972	11. 16. »	52 48	6 56	52 24	6 53	52 00	6 50	51 75	6 46	51 51	6 43
973		52 54	6 56	52 29	6 53	52 05	6 50	51 81	6 47	51 56	6 44
974	11. 16. ½	52 59	6 57	52 35	6 54	52 10	6 51	51 86	6 48	51 62	6 45
975		52 65	6 58	52 40	6 55	52 16	6 52	51 91	6 48	51 67	6 45
976	11. 17. »	52 70	6 58	52 46	6 55	52 21	6 52	51 97	6 49	51 72	6 46
977	11. 17. ½	52 75	6 59	52 51	6 56	52 26	6 53	52 02	6 50	51 78	6 47
978		52 81	6 60	52 56	6 57	52 32	6 54	52 07	6 50	51 83	6 47
979	11. 18. »	52 86	6 60	52 62	6 57	52 37	6 54	52 13	6 51	51 88	6 48
980		52 92	6 61	52 67	6 58	52 43	6 55	52 18	6 52	51 94	6 49

Lorsque le prix de l'argent fin est supérieur de quelques centimes à ceux donnés dans ce chapitre, ajoutez pour chaque différence, à toutes les sommes placées dans les colonnes de marcs, et contenues dans cette page, les centimes et fractions de centime ci-dessous, et seulement le huitième aux sommes placées dans les colonnes d'onces.

	cent.	dix.	huitié.			cent.	dix.	huitié.	
Différence de 5 centimes.	4	9	»	6	Différence de 15 centimes.	14	7	1	8
Différence de 10 centimes.	9	8	1	2	Différence de 20 centimes.	19	6	2	4

*Conversion des **MILLIÈMES** en **KARATS** et **TRENTE-DEUX**, et en **GRAINS DE FIN** contenus dans un **MARC** d'or ou d'argent à l'un des titres ci-dessous, suivie des différentes valeurs d'une **ONCE D'OR** à l'un de ces mêmes titres.*

MILLIÈMES	CONVERSION en Karats et en Grains de fin								DIVERSES VALEURS D'UNE ONCE D'OR D'APRÈS LES PRIX SUIVANS DE L'ONCE D'OR FIN						
	Karats	Trente-Deux	Grains. Millièmes.	Onces.	Gros.	Demi-Gros.	Grains.	Millièmes.	à fr. c. 106 50	à 106 25	à 106 »	à 105 75	à 105 50	à 105 25	à 105 »
									fr. c.	fr. c.	fr. c.	fr. c.	fr. c.	fr. c.	fr. c.
981			4520.4	7.	6.	½	20.	4	104 47	104 23	103 98	103 74	103 49	103 25	103 00
982	23	18	4525.1	7.	6.	½	25.	1	104 58	104 33	104 09	103 84	103 60	103 35	103 11
983	23	19	4529.7	7.	6.	½	29.	7	104 68	104 44	104 19	103 95	103 70	103 46	103 21
984	23	20	4534.3	7.	6.	½	34.	3	104 79	104 55	104 30	104 05	103 81	103 56	103 32
985			4538.9	7.	7.	»	2.	9	104 90	104 65	104 41	104 16	103 91	103 67	103 42
986	23	21	4543.5	7.	7.	»	7.	5	105 00	104 76	104 51	104 26	104 02	103 77	103 53
987	23	22	4548.1	7.	7.	»	12.	1	105 11	104 86	104 62	104 37	104 12	103 88	103 63
988	23	23	4552.7	7.	7.	»	16.	7	105 22	104 97	104 72	104 48	104 23	103 98	103 73
989			4557.3	7.	7.	»	21.	3	105 32	105 08	104 83	104 58	104 33	104 09	103 84
990	23	24	4561.9	7.	7.	»	25.	9	105 43	105 18	104 94	104 69	104 44	104 19	103 95
991	23	25	4566.5	7.	7.	»	30.	5	105 54	105 29	105 04	104 79	104 55	104 30	104 05
992	23	26	4571.1	7.	7.	»	35.	1	105 64	105 40	105 15	104 90	104 65	104 40	104 16
993	23	27	4575.7	7.	7.	½	3.	7	105 75	105 50	105 25	105 00	104 76	104 51	104 26
994			4580.4	7.	7.	½	8.	4	105 86	105 61	105 36	105 11	104 86	104 61	104 37
995	23	28	4585.0	7.	7.	½	13.	»	105 96	105 71	105 47	105 22	104 97	104 72	104 47
996	23	29	4589.6	7.	7.	½	17.	6	106 07	105 82	105 57	105 32	105 07	104 82	104 58
997	23	30	4594.2	7.	7.	½	22.	2	106 18	105 93	105 68	105 43	105 18	104 93	104 68
998			4598.8	7.	7.	½	26.	8	106 28	106 03	105 78	105 53	105 28	105 03	104 79
999	23	31	4603.4	7.	7.	½	31.	4	106 39	106 14	105 89	105 64	105 39	105 14	104 89
1000	24	«	4608.0	8.	»	»	»	»	106 50	106 25	106 00	105 75	105 50	105 25	105 00

Lorsque le prix de l'or fin est supérieur de quelques centimes à ceux donnés dans ce chapitre, ajoutez pour chaque différence à toutes les sommes, sans exception, contenues dans cette page, les centimes et fractions de centime ci-dessous, et de la manière suivante :

	cent.	dix.		cent.	dix.
Pour une différence de 5 cent.	5	»	Pour une différence de 15 cent.	15	»
Pour une différence de 10 cent.	10	»	Pour une différence de 20 cent.	20	»

Conversion des MILLIÈMES en DENIERS, GRAINS, et DEMI-GRAINS, suivie des différentes valeurs d'un MARC et de l'ONCE d'ARGENT à l'un des titres ci-dessous.

MILLIÈMES	CONV. Deniers.	CONV. Grains et Demi-Grains.	à 54f ᵉ Marcs.	à 54f ᵉ Onces.	à 53f 75e Marcs.	à 53f 75e Onces.	à 53f 50e Marcs.	à 53f 50e Onces.	à 53f 25e Marcs.	à 53f 25e Onces.	à 53f ᵉ Marcs.	à 53f ᵉ Onces.
			fr. c.	fr. c.	fr. c.	fr. c.	fr. c.	fr. c.	fr. c.	fr. c.	fr. c.	fr. c.
981	11. 18.	½	52 97	6 62	52 73	6 60	52 48	6 56	52 25	6 52	51 99	6 49
982			53 02	6 63	52 78	6 60	52 53	6 56	52 29	6 53	52 04	6 50
983	11. 19.	.	53 08	6 63	52 85	6 60	52 59	6 57	52 34	6 54	52 09	6 51
984	11. 19.	½	53 15	6 64	52 89	6 61	52 64	6 58	52 39	6 54	52 15	6 51
985			53 19	6 64	52 94	6 61	52 69	6 58	52 45	6 55	52 20	6 52
986	11. 20.	.	53 23	6 65	52 99	6 63	52 75	6 59	52 50	6 56	52 25	6 53
987			53 29	6 66	53 03	6 65	52 80	6 60	52 55	6 56	52 31	6 53
988	11. 20.	½	53 33	6 66	53 10	6 65	52 86	6 60	52 61	6 57	52 36	6 54
989			53 40	6 67	53 15	6 64	52 91	6 61	52 66	6 58	52 41	6 54
990	11. 21.	.	53 46	6 68	53 21	6 65	52 96	6 62	52 71	6 58	52 47	6 55
991	11. 21.	½	53 51	6 68	53 26	6 65	53 01	6 62	52 77	6 59	52 52	6 56
992			53 56	6 69	53 32	6 66	53 07	6 63	52 82	6 60	52 57	6 57
993	11. 22.	.	53 62	6 70	53 37	6 67	53 13	6 64	52 87	6 60	52 63	6 57
994			53 67	6 70	53 42	6 67	53 17	6 64	52 93	6 61	52 68	6 58
995	11. 22.	½	53 73	6 71	53 48	6 68	53 23	6 65	52 98	6 62	52 73	6 59
996			53 78	6 72	53 53	6 69	53 28	6 66	53 03	6 62	52 78	6 59
997	11. 23.	.	53 85	6 72	53 58	6 69	53 33	6 66	53 09	6 63	52 84	6 60
998	11. 23.	½	53 89	6 73	53 64	6 70	53 39	6 67	53 14	6 64	52 89	6 61
999			53 94	6 74	53 69	6 71	53 44	6 68	53 19	6 64	52 94	6 61
1000	12. .	.	54 00	6 75	53 75	6 71	53 50	6 68	53 25	6 65	53 00	6 62

Lorsque le prix de l'argent fin est supérieur de quelques centimes à ceux donnés dans ce chapitre, ajoutez pour chaque différence, à toutes les sommes placées dans les colonnes de marcs, et contenues dans cette page, les centimes et fractions de centime ci-dessous, et seulement le huitième aux sommes placées dans les colonnes d'onces.

	cent.	dix.	huité.		cent.	diz.	huité.
Différence de 5 centimes.	5	.	. 6	Différence de 15 centimes.	15	.	1 9
Différence de 10 centimes.	10	.	1 2	Différence de 20 centimes.	20	.	2 5

DES MONNAIES FRANÇAISES ET ÉTRANGÈRES; DE LEURS TITRES ET POIDS, SUIVIE DE LA DÉSIGNATION DES POINÇONS DE CONTRÔLE POUR L'OR ET L'ARGENT.

DÉSIGNATION des MONNAIES.	MILLIÈMES.	POIDS. Grammes.	Centigrammes.
FRANCE.			
Ecu de six livres.	906	29	53
— de trois livres. . . .	900	14	63
Pièce de 30 sous.	665	10	04
— de 24 sous.	900	5	95
— de 15 sous.	665	5	.
— de 12 sous.	900	3	.
— de 6 sous.	906	1	50
Ecu de la République. . .	900	29	53
Pièce de 5 francs.	900	25	.
— de 2 francs.	900	10	.
— de 1 franc.	900	5	.
Demi-franc.	900	2	50
Quart de franc.	900	1	25
Ces cinq dernières pièces ont toujours été fabriquées au même titre. Il est accordé à l'administration des monnaies une tolérance de 7 millièmes.			
Jeton d'argent.	951		
Pièces d'or de 48 livres et de 24 livres depuis 1785.	900		
Double-louis de LouisXIII	906	15	59
Louis de Louis XIII. .	906	6	69
Double-louis de Louis XIV	906	15	59
Louis de Louis XIV. .	906	6	69
Double-louis, Louis et autres monnaies de Louis XIV, depuis 1689	902		
Le poids est le même que ci-dessus.			
Double-louis de Louis XV.	902	16	24
Louis de Louis XV. .	902	8	12
Louis à la croix de Malte.	905	9	77
Demi-louis à la cr. de Malte.	905	4	88
Louis aux deux JL. .	905	9	77

DÉSIGNATION des MONNAIES.	MILLIÈMES.	POIDS. Grammes.	Centigrammes.
Demi-louis aux deux JL.	905	4	88
Double-louis (mirliton). .	896	15	.
Louis mirliton	896	6	50
Double-louis de LouisXVI.	896	16	24
Louis de Louis XVI. . . .	896	8	12
Double-louis, année 1787.	900	15	30
Louis de Louis XVI, 1787.	900	7	65
Pièce de 40 francs.	900	12	89
— de 20 francs.	900	6	46
Ces deux dernières pièces ont toujours été fabriquées au même titre. Il est accordé à l'administration des monnaies une tolérance de 3 millièmes.			
HOLLANDE.			
Ducat de Hollande. . . .	980	3	48
— de Zélande.	980	3	48
— d'Utrecht.	980	3	48
Reyder de Gueldre. . . .	917	9	05
Demi-reyder de Gueldre. .	917	4	53
Reyder de Hollande. . . .	917	9	05
— d'Utrecht.	917	9	05
ESPAGNE.			
Quadruple de Philippe V.	909	26	94
Demi-Quadruple de Ph. V.	909	13	47
Pistole ou quart de quad.	908	6	73
Demi-pistole ou quart de q.	904	5	35
Quadruple de Ferd. VI. .	909	26	94
Pistole de Ferdinand VI.	909	6	73
Quadruple de Charles III, appelée perruque. . . .	916	26	96
Quadruple, année 1761, de Charles III.	910	26	06
Demi-quadruple, 1761. . .	910	13	48
Quart de quadruple, 1761.	910	6	74
Les quadruples, demi-qua-			

DÉSIGNATION DES MONNAIES.	MILLIÈMES.	POIDS. Grammes.	POIDS. Centigrammes.
druples et pistoles fabri- quées de 1764 à 1772 donnent les titres sui- vans : 911, 910 et. . . .	909		
Fabrication de 1772. . . .	893		
Depuis 1790 jusqu'en 1832, ces pièces donnent des titres si différens qu'il est impossible de leur donner un titre moyen ; des essais répétés ont donné, pour ces années, les titres suivans : 872, 871, 870, 869, 868, 867, 866 et 865 millièmes.			
Quelques quadruples fabri- quées en 1795 et 1796 ont donné le titre de 850 mill.			
PORTUGAL.			
Portugaise ou lisbonnine de 4,800 reis de Jean V.. .	917	10	75
Demi-portugaise ou demi- lisbonnine de 2,400 reis de Jean V.	917	5	36
Portugaise de 6,400 reis de Joseph I.	918	14	29
Demi-portugaise de 3,200 reis de Joseph I. . . .	913	7	14
Pièce de 16 testons ou 1,600 reis de Joseph I. .	915	5	86
Pièce de 8 testons ou 800 reis de Joseph I. . . .	915	4	78
Portugaise de 6,400 reis de Marie 1re.	915	14	30
Demi-portugaise de 3,200 reis de Marie 1re. . . .	915	7	15
Pièce de 16 testons de 1,600 reis de Marie 1re. . . .	912	3	86
Pièce de 8 testons ou 800 reis de Marie 1re. . . .	912	1	70

DÉSIGNATION DES MONNAIES.	MILLIÈMES.	POIDS. Grammes.	POIDS. Centigrammes.
Les portugaises, demi-por- tugaises, etc., fabrication nouvelle.	915	1	78
GÊNES.			
Pièce de 5 pistoles. . . .	910	33	45
Double-pistole.	905	13	44
Sequin.	993	5	45
Génovine de 100 livres. .	905	28	15
— de 50 livres. . .	912	14	07
— de 25 livres. . .	905	7	04
VENISE.			
Ecu d'or.	995	41	00
Sequin.	997	3	45
Demi-sequin	997	1	70
Osel d'or.	994	13	97
Ducat.	997	2	17
NAPLES. AUTRICHE.			
Ducat de Silésie de Char- les VI.	980	3	45
Ducat royal de Bohême de Charles VI.	986	3	45
Ducat royal de Bohême de Marie-Thérèse. . . .	986	3	45
Ducat impérial de Fran- çois I.	989	3	45
Ducat de Hongrie de Fran- çois I.	900	3	45
Double-ducat impérial de Joseph II.	984	7	00
Ducat de Joseph II. . . .	984	3	45
Ducat de l'empereur Léo- pold II.	986	3	45
Ducat de Hongrie de Léo- pold II.	986	3	45
Double-ducat de Fran- çois II.	986	7	.
Ducat de François II. . .	986	3	45
PRUSSE.			
Ducat de Frédéric-Guil- laume I.	970	3	40

Des Monnaies françaises et étrangères, de leurs titres et poids, suivis de la désignati[on] des Poinçons de contrôle pour l'or et l'argent.

DÉSIGNATION DES MONNAIES.	MILLIÈMES.	POIDS. Grammes.	Centigrammes.
Ducat de Frédéric II.	985	3	43
Double-Frédéric II.	985	13	54
Frédéric II.	985	6	68
Quelques double-Frédéric et Frédéric, fabriqués sous ce règne, ont donné le titre de.	900		
Ducat de Frédéric-Guillaume II.	980	3	43
Double-Frédéric-Guill. II.	900	13	54
Frédéric-Guillaume II.	900	6	68
Double-Frédéric de Frédéric-Guillaume III.	894	13	54
Frédéric de Guillaume III.	900	6	68
Double-Frédéric et Frédéric, fabrication nouvelle, de 895 à.	900		
ANGLETERRE.			
Double-guinée de Charles II.	915	16	75
Guinée de Charles II.	915	8	50
Double-guinée de Georges II.	915	16	75
Guinée de Georges II.	915	8	33
Double-guinée de Georges III, de 915 à.	917	16	75
Guinée de Georges III, de 915 à.	917	8	33
Guinée de Georges IV, de 915 à.	917	8	33
Demi-guinée de Georges IV, de 915 à.	917	4	15
Tiers de guinée de Georges VI, de 915 à.	917	2	77
Double-guinée, guinée, demi-guinée et tiers de guinée, nouvelle fabrication, de 915 à.	917		

DÉSIGNATION DES MONNAIES.	MILLIÈMES.	POIDS. Grammes.	Centigrammes.
RUSSIE.			
Pièce de 5 roubles de Paul I.	988	5	96
Ducat de Anne Ivanowa.	970	3	4[illegible]
Impérial de Anne Ivanowa.	912	16	4[illegible]
Demi-impérial de Anne Iv.	915	8	2[illegible]
Impérial de Catherine II.	913	16	8[illegible]
Demi-impérial de Cath. II.	913	8	[illegible]
Ducat de Catherine II.	980	3	4
FRANCE.			
Argenterie de table, non soudée (1er titre) ou.	950		
Cette argenterie rapporte à la fonte de 945 à.	947		
Argenterie de table, soudée (1er titre) ou.	950		
Cette argenterie rapporte à la fonte, suivant qu'elle est plus ou moins fortement soudée, de 920 à.	935		
Petit bijou d'argent (2e titre) ou.	800		
ALLEMAGNE.			
Argenterie marquée d'une scie.	791		
Argenterie marquée de deux épées.	740		
Argenterie marquée de deux croix couronnées.	785		
Argenterie marquée de la lettre N.	785		
Argenterie marquée d'un lion.	785		
Argenterie marquée d'un cheval.	785		
ANGLETERRE.			
Argenterie marquée à l'effigie du roi et au léopard.	920		

DÉSIGNATION DES DIFFÉRENS POINÇONS DE TITRE ET DE PETITE GARANTIE, EMPLOYÉS DEPUIS 1797 AU BUREAU DE GARANTIE, A PARIS.

OR.

Gros Poinçons de titre. Un coq, et sur ce poinçon le chiffre 1 si la pièce est au 1er titre (22 karats), le chiffre 2, si elle est au 2e titre (20 karats), et le chiffre 3, si elle est au 3e titre (18 karats).

Pour le bijou (18 karats). Une tête de coq.

ARGENT.

Gros Poinçons de titre. Un coq, et sur ce poinçon le chiffre 1, si la pièce est au 1er titre (950 millièmes), le chiffre 2, si elle est au 2e titre (800 millièmes).

Pour le petit bijou d'argent (2e titre). Un faisceau de verges et la hache.

POINÇONS DE TITRE ET DE PETITE GARANTIE EN USAGE DEPUIS L'ANNÉE 1819 JUSQU'EN MAI 1838.

OR.

Gros Poinçons de titre. Une levrette, et sur ce poinçon le chiffre 1 ou 1er titre (22 karats).

Le cheval Pégase, et sur ce poinçon le chiffre 2 ou 2e titre (20 karats).

Un taureau, et sur ce poinçon le chiffre 3 ou 3e titre (18 karats).

Pour le bijou (18 karats). Une tête de bélier.

ARGENT.

Gros Poinçons de titre. Une tête d'homme avec barbe, et sur ce poinçon le chiffre 1 ou 1er titre.

Une tête d'homme sans barbe, et sur ce poinçon le chiffre 2 ou 2e titre.

Pour le petit bijou d'argent (2e titre). Une tête de lapin.

Poinçons spéciaux à l'horlogerie.

OR.

Une tête de bœuf, un point de chaque côté, et un P au-dessus de la tête.

ARGENT.

Une écrevisse.

POINÇONS DE TITRE ET DE GARANTIE EMPLOYÉS DEPUIS LE MOIS DE MAI 1838, SOIT AU BUREAU DE GARANTIE, A PARIS, SOIT DANS LES DÉPARTEMENS.

OR.

Gros Poinçons de titre pour Paris et les départemens. Une tête d'homme avec petite barbe au menton, et sur ce poinçon le chiffre 1 si la pièce est au 1er titre (920 millièmes), le chiffre 2 si elle est au 2e titre (840 millièmes), et le chiffre 3 si elle est au 3e titre (750 millièmes).

Petits Poinçons de garantie pour le bijou d'or à 750 millièmes. — Pour Paris, une tête d'aigle, — pour les départemens, une tête de cheval. — Toutes les chaînes de col ou autres sont marquées de décimètre en décimètre d'un poinçon spécial représentant un rhinocéros (ce poinçon est le même pour toute la France), mais les coulants et garnitures sont marqués du poinçon de garantie du lieu où ils ont été fabriqués.

ARGENT.

Gros Poinçons de titre pour Paris et les départemens. Une tête de Minerve, et sur ce poinçon le chiffre 1, si la pièce est au 1er titre (950 millièmes), le chiffre 2 si la pièce est au 2e titre (800 millièmes).

Petits Poinçons de garantie pour la petite argenterie et le bijou d'argent au 2e titre. — Pour Paris, une tête de sanglier, — Pour les départemens, un crabe.

Poinçons spéciaux à l'horlogerie importée.

Une chimère pour les boîtes d'or, comme pour les boîtes d'argent. Le poinçon pour l'or est plus petit que celui pour l'argent, c'est la seule différence qui existe entre ces deux poinçons.

TARIF DES DROITS PERÇUS PAR LES MARCHANDS D'OR POUR L'AFFINAGE OU L'ÉCHANGE DES MATIÈRES D'OR ET D'ARGENT.

Les frais d'affinage pour les matières d'or contenant argent, et qui contiennent plus de 100 millièmes d'or, sont de 1 fr. 50 cent. par marc, ou 6 fr. 12 cent. par kilo.

Les frais d'affinage pour les matières d'argent contenant de 1 à 100 millièmes d'or appelées dorés, sont de 80 centimes par marc, ou 3 fr. 27 cent. par kilo.

Le Tarif suivant établit, en grammes ou en marcs, ces deux droits.

GRAMMES	Marcs	Onces	Gros	Demi-Gros	Grains	Huitièmes	à 6f 12c — fr	c	à 3f 27c — fr	c
1	·	·	·	·	18	8	0	00	0	00
2	·	·	·	½	1	6	0	01	0	00
3	·	·	·	½	20	5	0	01	0	00
4	·	·	1	·	5	5	0	02	0	01
5	·	·	1	·	22	1	0	03	0	01
6	·	·	1	½	5	·	0	03	0	01
7	·	·	1	½	27	8	0	04	0	02
8	·	·	2	·	6	6	0	04	0	02
9	·	·	2	·	25	4	0	05	0	02
10	·	·	2	½	8	3	0	06	0	03
11	·	·	2	½	27	1	0	06	0	03
12	·	·	3	·	9	9	0	07	0	03
13	·	·	3	·	28	7	0	07	0	04
14	·	·	3	½	11	6	0	08	0	04
15	·	·	3	½	30	4	0	09	0	04
16	·	·	4	·	13	2	0	09	0	05
17	·	·	4	·	32	1	0	10	0	05
18	·	·	4	½	14	0	0	11	0	05
19	·	·	4	½	33	7	0	11	0	06
20	·	·	5	·	16	5	0	12	0	06
21	·	·	5	·	35	4	0	12	0	06
22	·	·	5	½	18	2	0	13	0	07
23	·	·	6	·	1	·	0	14	0	07
24	·	·	6	·	19	8	0	14	0	07
25	·	·	6	½	2	7	0	15	0	08
26	·	·	6	½	21	5	0	15	0	08
27	·	·	7	·	4	3	0	16	0	08
28	·	·	7	·	23	2	0	17	0	09

GRAMMES	Marcs	Onces	Gros	Demi-Gros	Grains	Huitièmes	à 6f 12c — fr	c	à 3f 27c — fr	c
29	·	·	7	·	6	·	0	17	0	09
30	·	·	7	½	24	8	0	18	0	10
31	·	1	·	·	7	6	0	18	0	10
32	·	1	·	·	26	5	0	19	0	10
33	·	1	·	½	9	3	0	20	0	10
34	·	1	·	½	28	1	0	20	0	11
35	·	1	1	·	10	9	0	21	0	11
36	·	1	1	·	29	8	0	22	0	11
37	·	1	1	½	12	6	0	22	0	12
38	·	1	1	½	31	4	0	23	0	12
39	·	1	2	·	14	5	0	23	0	12
40	·	1	2	·	33	1	0	24	0	13
41	·	1	2	½	15	9	0	24	0	13
42	·	1	2	½	34	7	0	25	0	13
43	·	1	3	·	17	6	0	26	0	13
44	·	1	3	½	·	4	0	26	0	14
45	·	1	3	½	19	2	0	27	0	14
46	·	1	4	·	2	·	0	28	0	14
47	·	1	4	·	20	9	0	28	0	15
48	·	1	4	½	3	7	0	29	0	15
49	·	1	4	½	22	5	0	30	0	15
50	·	1	5	·	5	4	0	30	0	16
51	·	1	5	·	24	2	0	31	0	16
52	·	1	5	½	7	·	0	31	0	17
53	·	1	5	½	25	8	0	32	0	17
54	·	1	6	·	8	7	0	33	0	17
55	·	1	6	·	27	5	0	33	0	17
56	·	1	6	½	10	3	0	34	0	18

TARIF *des droits perçus par les marchands d'or pour l'affinage ou l'échange des matières d'or et d'argent.*

GRAMMES	Marcs	Onces	Gros	Demi-Gros	Grains	Dixièmes	à 6f 12c (fr. c.)	à 3f 27c (fr. c.)
57	»	1.	6.	½	29.	4	0 34	0 18
58	»	1.	7.	»	12.	»	0 35	0 18
59	»	1.	7.	»	30.	8	0 36	0 19
60	»	1.	7.	½	15.	6	0 36	0 19
61	»	1.	7.	½	32.	3	0 37	0 19
62	»	2.	»	»	15.	3	0 37	0 20
63	»	2.	»	»	34.	1	0 38	0 20
64	»	2.	»	½	16.	9	0 39	0 20
65	»	2.	»	¼	35.	8	0 39	0 21
66	»	2.	1.	»	18.	6	0 40	0 21
67	»	2.	1.	¼	1.	4	0 41	0 21
68	»	2.	1.	¼	20.	2	0 41	0 22
69	»	2.	2.	»	3.	1	0 42	0 22
70	»	2.	2.	»	21.	0	0 42	0 22
71	»	2.	2.	¼	4.	7	0 43	0 23
72	»	2.	2.	½	23.	5	0 44	0 23
73	»	2.	3.	»	6.	4	0 44	0 23
74	»	2.	3.	»	25.	2	0 45	0 24
75	»	2.	3.	½	8.	»	0 45	0 24
76	»	2.	3.	½	26.	9	0 46	0 24
77	»	2.	4.	»	9.	7	0 47	0 25
78	»	2.	4.	»	28.	5	0 47	0 25
79	»	2.	4.	¼	11.	3	0 48	0 25
80	»	2.	4.	¼	30.	2	0 49	0 26
81	»	2.	5.	»	13.	»	0 49	0 26
82	»	2.	5.	»	31.	8	0 50	0 26
83	»	2.	5.	¼	14.	6	0 50	0 27
84	»	2.	5.	¼	33.	5	0 51	0 27
85	»	2.	6.	»	16.	3	0 52	0 27
86	»	2.	6.	»	35.	1	0 52	0 28
87	»	2.	6.	¼	18.	»	0 53	0 28
88	»	2.	7.	»	»	8	0 53	0 28
89	»	2.	7.	»	19.	6	0 54	0 29
90	»	2.	7.	½	2.	4	0 55	0 29
91	»	2.	7.	½	21.	3	0 55	0 29
92	»	3.	»	»	4.	1	0 56	0 30

GRAMMES	Marcs	Onces	Gros	Demi-Gros	Grains	Dixièmes	à 6f 12c (fr. c.)	à 3f 27c (fr. c.)
93	»	3.	»	»	22.	9	0 56	0 30
94	»	3.	»	¼	8.	7	0 57	0 30
95	»	3.	»	¼	24.	6	0 58	0 31
96	»	3.	1.	»	7.	4	0 58	0 31
97	»	3.	1.	»	26.	2	0 59	0 31
98	»	3.	1.	¼	9.	1	0 60	0 32
99	»	3.	1.	½	27.	9	0 60	0 32
100	»	3.	2.	»	10.	7	0 61	0 32
101	»	3.	2.	»	29.	5	0 61	0 33
102	»	3.	2.	¼	12.	4	0 62	0 33
103	»	3.	2.	½	31.	2	0 63	0 33
104	»	3.	3.	»	14.	»	0 63	0 34
105	»	3.	3.	»	32.	8	0 64	0 34
106	»	3.	3.	¼	15.	7	0 64	0 34
107	»	3.	3.	½	34.	5	0 65	0 34
108	»	3.	4.	»	17.	3	0 66	0 35
109	»	3.	4.	½	»	1	0 66	0 35
110	»	3.	4.	½	19.	»	0 67	0 35
111	»	3.	5.	»	4.	8	0 68	0 36
112	»	3.	5.	»	20.	6	0 68	0 36
113	»	3.	5.	½	3.	5	0 69	0 36
114	»	3.	5.	½	22.	3	0 69	0 37
115	»	3.	6.	»	5.	1	0 70	0 37
116	»	3.	6.	»	23.	9	0 71	0 37
117	»	3.	6.	½	6.	8	0 71	0 38
118	»	3.	6.	¼	25.	6	0 72	0 38
119	»	3.	7.	»	8.	4	0 72	0 38
120	»	3.	7.	»	27.	2	0 73	0 39
121	»	3.	7.	½	10.	1	0 74	0 39
122	»	3.	7.	½	28.	9	0 74	0 39
123	»	4.	»	»	11.	7	0 75	0 40
124	»	4.	»	»	30.	6	0 75	0 40
125	»	4.	»	½	13.	4	0 76	0 40
126	»	4.	»	¼	32.	2	0 77	0 41
127	»	4.	1.	»	15.	»	0 77	0 41
128	»	4.	1.	»	33.	9	0 78	0 41

DE 129 A 200 GRAMMES.

TARIF des droits perçus par les marchands d'or pour l'affinage ou l'échange des matières d'or et d'argent.

GRAMMES	CONVERSION						FRAIS D'AFFINAGE	
	Marcs.	Onces.	Gros.	Demi-Gros.	Grains.	Dixièmes.	à 6f 12e (fr. c.)	à 3f 27e (fr. c.)
129	»	4	1	½	16	7	0 79	0 42
130	»	4	1	½	35	5	0 79	0 42
131	»	4	2	»	18	5	0 80	0 43
132	»	4	2	½	4	9	0 80	0 43
133	»	4	2	½	20	»	0 81	0 43
134	»	4	3	»	2	8	0 82	0 43
135	»	4	3	»	21	7	0 82	0 44
136	»	4	3	½	4	6	0 83	0 44
137	»	4	3	½	23	5	0 83	0 44
138	»	4	4	»	6	4	0 84	0 45
139	»	4	4	»	25	»	0 85	0 45
140	»	4	4	½	7	8	0 85	0 45
141	»	4	4	½	26	6	0 86	0 46
142	»	4	5	»	9	4	0 87	0 46
143	»	4	5	»	28	3	0 87	0 46
144	»	4	5	½	11	1	0 88	0 47
145	»	4	5	½	30	0	0 88	0 47
146	»	4	6	»	12	8	0 89	0 47
147	»	4	6	»	31	6	0 90	0 48
148	»	4	6	½	14	4	0 90	0 48
149	»	4	6	½	33	3	0 91	0 48
150	»	4	7	»	16	1	0 91	0 49
151	»	4	7	»	34	9	0 92	0 49
152	»	4	7	½	17	7	0 93	0 49
153	»	5	»	»	»	5	0 93	0 50
154	»	5	»	»	19	4	0 94	0 50
155	»	5	»	½	2	2	0 94	0 50
156	»	5	»	½	21	»	0 95	0 51
157	»	5	1	»	3	9	0 96	0 51
158	»	5	1	»	22	7	0 96	0 51
159	»	5	1	½	5	5	0 97	0 51
160	»	5	1	½	24	3	0 98	0 52
161	»	5	2	»	7	2	0 98	0 52
162	»	5	2	»	26	»	0 99	0 52
163	»	5	2	½	8	8	0 99	0 53
164	»	5	2	½	27	6	1 00	0 53
165	»	5	3	»	10	5	1 01	0 53
166	»	5	3	»	29	3	1 01	0 54
167	»	5	3	½	12	1	1 02	0 54
168	»	5	3	½	31	»	1 02	0 54
169	»	5	4	»	13	8	1 03	0 55
170	»	5	4	»	32	6	1 04	0 55
171	»	5	4	½	15	4	1 04	0 55
172	»	5	4	½	34	5	1 05	0 56
173	»	5	5	»	17	1	1 06	0 56
174	»	5	5	»	35	9	1 06	0 56
175	»	5	5	½	18	7	1 07	0 57
176	»	5	6	»	1	6	1 07	0 57
177	»	5	6	»	20	4	1 08	0 57
178	»	5	6	½	3	2	1 09	0 58
179	»	5	6	½	22	1	1 09	0 58
180	»	5	7	»	4	9	1 10	0 58
181	»	5	7	»	23	7	1 10	0 59
182	»	5	7	½	6	5	1 11	0 59
183	»	5	7	½	25	4	1 12	0 59
184	»	6	»	»	8	2	1 12	0 60
185	»	6	»	»	27	»	1 13	0 60
186	»	6	»	½	9	9	1 13	0 60
187	»	6	»	½	28	7	1 14	0 61
188	»	6	1	»	11	5	1 15	0 61
189	»	6	1	»	30	5	1 15	0 61
190	»	6	1	½	13	2	1 16	0 62
191	»	6	1	½	32	»	1 17	0 62
192	»	6	2	»	14	8	1 17	0 62
193	»	6	2	»	33	6	1 18	0 63
194	»	6	2	½	16	5	1 18	0 63
195	»	6	2	½	35	3	1 19	0 63
196	»	6	3	»	18	1	1 20	0 64
197	»	6	3	½	»	9	1 20	0 64
198	»	6	3	½	19	8	1 20	0 64
199	»	6	4	»	2	6	1 21	0 65
200	»	6	4	»	21	4	1 22	0 65

TARIF *des droits perçus par les marchands d'or pour l'affinage ou l'échange des matières d'or et d'argent.*

GRAMMES	CONVERSION						FRAIS D'AFFINAGE	
	Marcs	Onces	Gros	Demi-Gros	Grains	Brisures	à 6f 12c	à 3f 27c
							fr. c.	fr. c.
201	»	6	4	¼	4	5	1 23	0 65
202	»	6	4	»	23	4	1 23	0 66
203	»	6	5	»	5	9	1 24	0 66
204	»	6	5	»	24	7	1 25	0 66
205	»	6	5	½	7	6	1 25	0 67
206	»	6	5	½	26	4	1 26	0 67
207	»	6	6	»	9	2	1 26	0 67
208	»	6	6	»	28	»	1 27	0 68
209	»	6	6	¼	10	9	1 28	0 68
210	»	6	6	¼	29	7	1 28	0 68
211	»	6	7	»	12	6	1 29	0 68
212	»	6	7	»	31	5	1 29	0 69
213	»	6	7	¼	14	2	1 30	0 69
214	»	6	7	½	33	»	1 31	0 69
215	»	7	»	»	15	8	1 31	0 70
216	»	7	»	»	34	7	1 32	0 70
217	»	7	»	¼	17	5	1 32	0 70
218	»	7	1	»	»	5	1 33	0 71
219	»	7	1	»	19	4	1 34	0 71
220	»	7	1	¼	2	»	1 34	0 71
221	»	7	1	¼	20	8	1 35	0 72
222	»	7	2	»	5	6	1 36	0 72
223	»	7	2	»	22	4	1 36	0 72
224	»	7	2	½	5	3	1 37	0 73
225	»	7	2	½	24	1	1 37	0 73
226	»	7	3	»	6	9	1 38	0 73
227	»	7	3	»	25	0	1 39	0 74
228	»	7	3	¼	8	6	1 39	0 74

GRAMMES	CONVERSION						FRAIS D'AFFINAGE	
	Marcs	Onces	Gros	Demi-Gros	Grains	Brisures	à 6f 12c	à 3f 27c
							fr. c.	fr. c.
229	»	7	3	¼	27	4	1 40	0 74
230	»	7	4	»	10	2	1 40	0 75
231	»	7	4	»	29	1	1 41	0 75
232	»	7	4	½	11	9	1 42	0 75
233	»	7	4	¾	30	7	1 42	0 76
234	»	7	5	»	13	5	1 43	0 76
235	»	7	5	»	32	4	1 44	0 76
236	»	7	5	½	15	2	1 44	0 77
237	»	7	5	¼	34	»	1 45	0 77
238	»	7	6	»	16	9	1 45	0 77
239	»	7	6	»	35	7	1 46	0 78
240	»	7	6	¼	18	5	1 47	0 78
241	»	7	7	»	1	3	1 47	0 78
242	»	7	7	»	20	2	1 48	0 79
243	»	7	7	¼	5	»	1 48	0 79
244	»	7	7	½	21	8	1 49	0 79
245	1	»	»	»	4	7	1 50	0 80
246	1	»	»	»	23	5	1 50	0 80
247	1	»	»	¼	0	3	1 51	0 80
248	1	»	»	½	25	1	1 51	0 81
249	1	»	1	»	6	»	1 52	0 81
250	1	»	1	»	26	8	1 53	0 81
300	2	»	2	½	17	6	3 06	1 63

Kilos	Marcs	Onces	Gros	Demi-Gros	Grains	Brisures	à 6f 12c	à 3f 27c
1	4	»	6	»	35	1	6 12	3 27
2	8	4	2	½	54	3	12 23	6 54
3	12	2	»	»	53	4	18 35	9 81
4	16	2	5	¼	52	6	24 30	13 18

CHAPITRE VIII.

TARIF DES FRAIS D'AFFINAGE PERÇUS AUX CHANGES DES MONNAIES (HÔT
DES MONNAIES), D'APRÈS L'ORDONNANCE DU 15 OCTOBRE 1828, INSÉR
AU BULLETIN DES LOIS.

————o————

Affinage par l'acide sulfurique.

OR.

1° Matières d'or alliées de cuivre seulement, de 898 millièmes (titre monétaire av
la tolérance de 2 mill.) en descendant jusqu'à 1 mill. inclusivement.   5 fr. par ki

2° Matières d'or alliées d'argent et de cuivre seulement, quelle que soit la quanti
d'argent unie à l'or.
    5 fr. 75 c. par ki

ARGENT.

1° Matières d'argent alliées de cuivre seulement, de 897 millièmes d'argent (titre n
nétaire avec la tolérance de 3 millièmes) à 1 millième.   2 fr. 50 c. par ki

2° Matières d'argent contenant or, de 100 millièmes d'or à 1 mill. 2 fr.50 c. par ki

Lorsque les matières contiennent plus de 100 millièmes d'or, elles sont considéré
nome lingot d'or tenant argent, et paient l'affinage comme telles, 5 fr. 75 c. (Voyez
2 pour l'affinage des matières d'or.)

*Affinage par la coupellation pour les matières d'or et d'argent alliées à d'autres
métaux que le cuivre, tels que le plomb et l'étain.*

1° De 990 millièmes d'or à 300 millièmes.   6 fr. par ki

2° De 300 millièmes d'or à 1 millième.   3 fr. 50 c. par ki

ALLIAGES D'ARGENT NE CONTENANT PAS D'OR.

1° De 997 millièmes d'argent jusqu'à 300 millièmes.   3 fr. 50 c. par ki

2° De 300 millièmes d'argent à 1 millième.   2 fr. 50 c. par ki

MATIÈRES D'ARGENT, ALLIAGES CONTENANT OR ET ARGENT.

1° De 997 millièmes d'or et argent réunis à 300 millièmes.   6 fr. par kil

2° De 300 millièmes d'or et argent réunis à 1 millième.   3 fr. 50 c. par kil

Voici un moyen bien simple de connaître les frais d'affinage pour tel poids que
soit, d'un lingot pesé en grammes; il suffit de multiplier le prix des frais du kilo p
le nombre de grammes que pèse le lingot; le produit de cette multiplication représe
les frais qu'il doit payer.

CHAPITRE IX.

DES DROITS PERÇUS POUR LE CONTRÔLE DE L'OR.

Le bureau de garantie perçoit, pour la marque du bijou d'or, 22 fr. par 100 grammes, et, pour le touchau, 9 centimes par décagramme (10 grammes) ou 90 centimes par 100 grammes. Je n'ai pas cru devoir réunir les droits de marque et de touchau, ces derniers droits n'étant pas perçus sur une base assez fixe; en effet, les frais alloués à l'essayeur sont de 9 centimes par décagramme, mais au-dessous de ce poids, pour 1, 2, 3 et 4 grammes, par exemple, les 9 centimes sont également dus; ainsi il peut exiger, pour 31, 32, 33 et 34 grammes, les mêmes frais que pour 40 grammes. Le fabricant aura donc soin d'ajouter au tarif ci-dessous les frais de touchau, qui peuvent être calculés facilement, puisqu'ils sont à peu de chose près de 1 centime par gramme.

DÉCIGRAM.	CONVERSION.						DROITS.	
	Marcs	Onces	Gros	Demi-Gros	Grains	Dixièmes	fr.	c.
1	·	·	·	·	1	9	·	2
2	·	·	·	·	3	8	·	4
3	·	·	·	·	5	6	·	6
4	·	·	·	·	7	5	·	9
5	·	·	·	·	9	4	·	11
6	·	·	·	·	11	3	·	13
7	·	·	·	·	13	2	·	16
8	·	·	·	·	15	1	·	18
9	·	·	·	·	16	9	·	20
gram.								
1	·	·	·	·	18	8	·	22
2	·	·	·	½	1	6	·	44
3	·	·	·	½	20	5	·	66
4	·	·	1	·	3	3	·	88
5	·	·	1	·	22	1	1	10
6	·	·	1	½	5	·	1	32
7	·	·	1	½	23	8	1	54
8	·	·	2	·	6	6	1	76
9	·	·	2	·	25	4	1	98
10	·	·	2	½	8	3	2	20
11	·	·	2	½	27	1	2	42
12	·	·	3	·	9	9	2	64
13	·	·	3	·	28	7	2	86
14	·	·	3	½	11	6	3	08
15	·	·	3	½	30	4	3	30
16	·	·	4	·	13	2	3	52
17	·	·	4	·	32	1	3	74
18	·	·	4	½	14	9	3	96

GRAMMES.	CONVERSION.						DROITS.	
	Marcs	Onces	Gros	Demi-Gros	Grains	Dixièmes	fr.	c.
19	·	·	4	½	33	7	4	18
20	·	·	5	·	16	5	4	40
21	·	·	5	·	35	4	4	62
22	·	·	5	½	18	2	4	84
23	·	·	6	·	1	·	5	06
24	·	·	6	·	19	8	5	28
25	·	·	6	½	2	7	5	50
26	·	·	6	½	21	5	5	72
27	·	·	7	·	4	3	5	94
28	·	·	7	·	23	2	6	16
29	·	·	7	½	6	·	6	38
30	·	·	7	½	24	8	6	60
31	·	1	·	·	7	6	6	82
32	·	1	·	·	26	5	7	04
33	·	1	·	½	9	3	7	26
34	·	1	·	½	28	1	7	48
35	·	1	1	·	10	9	7	70
36	·	1	1	·	29	8	7	92
37	·	1	1	½	12	6	8	14
38	·	1	1	½	31	4	8	36
39	·	1	2	·	14	2	8	58
40	·	1	2	·	33	1	8	80
41	·	1	2	½	15	9	9	02
42	·	1	2	½	34	7	9	24
43	·	1	3	·	17	6	9	46
44	·	1	3	½	0	4	9	68
45	·	1	3	½	19	2	9	90
46	·	1	4	·	2	·	10	12

GRAMMES.	CONVERSION.						DROITS.	
	Marcs	Onces	Gros	Demi-Gros	Grains	Dixièmes	fr.	c.
47	·	1	4	·	20	8	10	34
48	·	1	4	½	3	7	10	56
49	·	1	4	½	22	5	10	78
50	·	1	5	·	5	4	11	00
51	·	1	5	·	24	2	11	22
52	·	1	5	½	7	·	11	44
53	·	1	5	½	25	8	11	66
54	·	1	6	·	8	7	11	88
55	·	1	6	·	27	5	12	10
56	·	1	6	½	10	3	12	32
57	·	1	6	½	29	1	12	54
58	·	1	7	·	12	·	12	76
59	·	1	7	·	30	8	12	98
60	·	1	7	½	13	6	13	20
61	·	1	7	½	32	5	13	42
62	·	2	·	·	15	3	13	64
63	·	2	·	·	34	1	13	86
64	·	2	·	½	16	9	14	08
65	·	2	·	½	35	8	14	30
66	·	2	1	·	18	6	14	52
67	·	2	1	½	1	4	14	74
68	·	2	1	½	20	2	14	96
69	·	2	2	·	3	1	15	18
70	·	2	2	·	21	9	15	40
71	·	2	2	½	4	7	15	62
72	·	2	2	½	23	6	15	84
73	·	2	3	·	6	4	16	06
74	·	2	3	·	25	2	16	28

DE 75 A 1000 GRAMMES.

DES DROITS PERÇUS POUR LE CONTRÔLE DE L'OR.

GRAMMES	CONVERSION						DROITS		GRAMMES	CONVERSION						DROITS		GRAMMES	CONVERSION						DROITS	
	Marcs.	Onces.	Gros.	Demi-Gros.	Grains.	Décimes.	fr.	c.		Marcs.	Onces.	Gros.	Demi-Gros.	Grains.	Décimes.	fr.	c.		Marcs.	Onces.	Gros.	Demi-Gros.	Grains.	Décimes.	fr.	c.
75	·	2	3	½	8	·	16	50	87	·	2	6	¼	11	·	19	14	99	·	3	1	½	27	9	21	78
76	·	2	3	¼	26	9	16	72	88	·	2	7	·	·	8	19	36	100	·	3	2	·	16	7	22	0
77	·	2	4	·	9	7	16	94	89	·	2	7	·	19	6	19	58	200	·	6	4	·	21	4	44	0
78	·	2	4	·	28	8	17	16	90	·	2	7	½	2	4	19	80	300	1	1	6	·	32	1	66	0
79	·	2	4	½	11	3	17	38	91	·	2	7	½	24	3	20	02	400	1	2	·	½	46	9	88	0
80	·	2	4	¼	50	2	17	60	92	·	3	·	·	4	1	20	24	500	2	·	2	½	17	6	110	0
81	·	2	5	·	13	·	17	82	93	·	3	·	·	22	9	20	46	600	2	3	4	¼	28	3	132	0
82	·	2	5	·	51	8	18	04	94	·	3	·	½	3	7	20	68	700	2	6	7	·	3	·	154	0
83	·	2	5	½	14	6	18	26	95	·	3	·	½	24	6	20	90	800	3	2	1	·	13	7	176	0
84	·	2	5	¼	33	5	18	48	96	·	3	1	·	7	4	21	12	900	3	5	3	·	24	4	198	0
85	·	2	6	·	16	5	18	70	97	·	3	1	·	26	2	21	34	1000	4	·	5	·	35	1	220	0
86	·	2	6	·	55	1	18	92	98	·	3	1	½	9	1	21	56									

CHAPITRE X.

DES DROITS DE CONTRÔLE DE L'ORFÉVRERIE ET DU BIJOU D'ARGENT.

Le bureau de garantie perçoit, pour la marque de l'orfévrerie et du bijou d'arge[nt], 11 fr. par kilo (1,000 grammes), plus 80 cent. dus à l'essayeur par pesée de 2 kil[os]. L'essayeur a droit à deux essais pour un poids de 2,500 grammes, à trois essais p[our] 4,400 grammes, à quatre essais pour 6,600 grammes, etc.; c'est-à-dire que toutes [les] fois qu'une pesée dépasse 2 kilos, il peut rigoureusement exiger un essai de plus, ce n'est que par suite d'un abandon volontaire et gratuit, qu'il peut consentir à ne percevoir qu'un droit proportionnel de 10 cent. par 250 grammes, après la premi[ère] pesée de 2 kilos; d'après cela, il est impossible d'établir un tarif exact des f[rais] d'essai et de contrôle en réunissant ces deux droits.

Le tarif ci-dessous n'établit que les droits dus pour la marque de l'orfévrerie et [du] bijou d'argent sans y comprendre les droits d'essai.

GRAMMES	CONVERSION						DROITS		GRAMMES	CONVERSION						DROITS		GRAMMES	CONVERSION						DROITS	
	Marcs.	Onces.	Gros.	Demi-Gros.	Grains.	Décimes.	fr.	c.		Marcs.	Onces.	Gros.	Demi-Gros.	Grains.	Décimes.	fr.	c.		Marcs.	Onces.	Gros.	Demi-Gros.	Grains.	Décimes.	fr.	c.
1	·	·	·	·	18	8	·	1	5	·	·	1	·	22	4	·	5	9	·	·	2	·	28	4	·	[9]
2	·	·	·	¼	1	6	·	2	6	·	·	1	½	5	·	·	6	10	·	·	2	¼	8	5	·	1
3	·	·	·	½	20	5	·	3	7	·	·	1	½	25	8	·	7	11	·	·	2	½	27	1	·	1
4	·	·	1	·	3	5	·	4	8	·	·	2	·	6	0	·	8	12	·	·	3	·	9	9	·	1

DES DROITS PERÇUS POUR LE CONTRÔLE DE L'ARGENT.

Grammes	Marcs	Onces	Gros	Demi-Gros	Grains	Dixièmes	fr.	c.
13	•	•	3	•	28	7	•	14
14	•	•	3	¼	11	6	•	15
15	•	•	3	½	30	4	•	16
16	•	•	4	•	13	2	•	17
17	•	•	4	•	32	1	•	18
18	•	•	4	¼	14	9	•	19
19	•	•	4	½	33	7	•	20
20	•	•	5	•	16	5	•	22
21	•	•	5	•	35	4	•	23
22	•	•	5	¼	18	2	•	24
23	•	•	6	•	1	•	•	25
24	•	•	6	•	19	8	•	26
25	•	•	6	¼	2	7	•	27
26	•	•	6	½	21	5	•	28
27	•	•	7	•	4	3	•	29
28	•	•	7	•	25	2	•	30
29	•	•	7	¼	6	•	•	31
30	•	•	7	½	24	8	•	33
31	•	1	•	•	7	0	•	34
32	•	1	•	•	26	8	•	35
33	•	1	•	¼	9	5	•	36
34	•	1	•	½	28	4	•	37
35	•	1	1	•	10	9	•	38
36	•	1	1	•	29	8	•	39
37	•	1	1	½	12	6	•	40
38	•	1	1	½	31	4	•	41
39	•	1	2	•	14	3	•	42
40	•	1	2	•	33	1	•	44
41	•	1	2	½	15	9	•	45
42	•	1	2	½	34	7	•	46
43	•	1	3	•	17	6	•	47
44	•	1	3	½	•	7	•	48
45	•	1	3	½	10	2	•	49
46	•	1	4	•	2	•	•	50
47	•	1	4	•	20	9	•	51
48	•	1	4	½	3	7	•	52

Grammes	Marcs	Onces	Gros	Demi-Gros	Grains	Dixièmes	G.	c.
49	•	1	4	¼	22	2	•	53
50	•	1	5	•	5	4	•	55
51	•	1	5	•	24	2	•	56
52	•	1	5	½	7	•	•	57
53	•	1	5	½	25	8	•	58
54	•	1	6	•	8	7	•	59
55	•	1	6	•	27	5	•	60
56	•	1	6	½	10	3	•	61
57	•	1	6	½	29	1	•	62
58	•	1	7	•	12	•	•	63
59	•	1	7	•	30	8	•	64
60	•	1	7	¼	13	6	•	65
61	•	1	7	½	32	5	•	67
62	•	2	•	•	15	3	•	68
63	•	2	•	•	34	1	•	69
64	•	2	•	½	16	9	•	70
65	•	2	•	½	35	8	•	71
66	•	2	1	•	18	6	•	72
67	•	2	1	¼	1	4	•	73
68	•	2	1	½	20	2	•	74
69	•	2	2	•	5	1	•	75
70	•	2	2	•	21	9	•	77
71	•	2	2	¼	4	7	•	78
72	•	2	2	½	23	5	•	79
73	•	2	3	•	6	4	•	80
74	•	2	3	•	25	2	•	81
75	•	2	3	½	3	•	•	82
76	•	2	3	½	26	9	•	83
77	•	2	4	•	9	7	•	84
78	•	2	4	•	28	5	•	85
79	•	2	4	¼	11	3	•	86
80	•	2	4	½	30	2	•	88
81	•	2	5	•	13	•	•	89
82	•	2	5	•	31	8	•	90
83	•	2	5	¼	14	6	•	91
84	•	2	5	½	33	5	•	92

Grammes	Marcs	Onces	Gros	Demi-Gros	Grains	Dixièmes	fr.	c.
85	•	2	6	•	16	3	•	93
86	•	2	6	•	35	1	•	94
87	•	2	6	½	18	•	•	95
88	•	2	7	•	•	8	•	96
89	•	2	7	•	19	6	•	97
90	•	2	7	½	2	4	•	99
91	•	2	7	½	21	3	1	00
92	•	3	•	•	4	1	1	01
93	•	3	•	•	22	9	1	02
94	•	3	•	¼	5	7	1	03
95	•	3	•	½	24	0	1	04
96	•	3	1	•	7	4	1	05
97	•	3	1	•	26	2	1	06
98	•	3	1	½	9	1	1	07
99	•	3	1	½	27	9	1	08
100	•	3	2	•	10	7	1	10
200	•	6	4	•	21	4	2	20
300	1	1	0	•	32	1	3	30
400	1	5	•	½	6	9	4	40
500	2	•	2	½	17	6	5	50
600	2	5	4	½	28	3	6	60
700	2	6	7	•	3	•	7	70
800	3	2	1	•	15	7	8	80
900	3	3	3	•	24	4	9	90

Kilos	Marcs	Onces	Gros	Demi-Gros	Grains	Dixièmes	fr.	c.
1	4	•	5	•	33	1	11	00
2	8	1	2	½	34	3	22	00
3	12	2	•	•	33	4	33	00
4	16	2	5	½	32	6	44	00
5	20	3	3	•	31	7	55	00
6	24	4	•	½	30	9	66	00
7	28	4	6	•	30	•	77	00
8	32	5	3	½	29	2	88	00
9	36	6	1	•	28	3	99	00
10	40	6	6	½	27	5	110	00

DE LA QUANTITÉ D'OR FIN NÉCESSAIRE POUR REHAUSSER A 750 MILLIÈMES
OU 18 KARATS, UNE ONCE ET 100 GRAMMES D'OR A L'UN DES TITRES
CI-DESSOUS.

DE 500 A 595 MILLIÈMES.

MILLIÈMES	CONV. Karats	CONV. Trente-Deux	OR FIN — Pour 1 once (Gros. Grains. Dixièmes)	OR FIN — Pour 100 gr. (Grammes. Centigr.)
500	12	·	8. ·. ·	100.00
501	12	1	7.69.7	99.60
502			7.67.4	99.20
503	12	2	7.65.1	98.80
504	12	3	7.62.8	98.40
505	12	4	7.60.5	98.00
506			7.58.2	97.60
507	12	5	7.55.9	97.20
508	12	6	7.53.6	96.80
509	12	7	7.51.3	96.40
510	12	8	7.49.·	96.00
511			7.46.7	95.60
512	12	9	7.44.4	95.20
513	12	10	7.42.·	94.80
514	12	11	7.39.7	94.40
515			7.37.4	94.00
516	12	12	7.35.1	93.60
517	12	13	7.32.8	93.20
518	12	14	7.30.5	92.80
519			7.28.2	92.40
520	12	15	7.25.9	92.00
521	12	16	7.23.6	91.60
522	12	17	7.21.3	91.20
523	12	18	7.19.·	90.80
524			7.16.7	90.40
525	12	19	7.14.4	90.00
526	12	20	7.12.1	89.60
527	12	21	7.9.8	89.20
528			7.7.5	88.80
529	12	22	7.5.2	88.40
530	12	23	7.2.9	88.00
531	12	24	7.·.6	87.60
532			6.70.5	87.20
533	12	25	6.68.·	86.80
534	12	26	6.65.7	86.40
535	12	27	6.63.4	86.00
536	12	28	6.61.1	85.60
537			6.58.8	85.20
538	12	29	6.56.5	84.80
539	12	30	6.54.·	84.40
540	12	31	6.51.8	84.00
541			6.49.5	83.60
542	13	·	6.47.2	83.20
543	13	1	6.44.9	82.80
544	13	2	6.42.6	82.40
545			6.40.5	82.00
546	13	3	6.38.·	81.60
547	13	4	6.35.7	81.20
548	13	5	6.33.4	80.80
549	13	6	6.31.1	80.40
550			6.28.8	80.00
551	13	7	6.26.5	79.60
552	13	8	6.24.2	79.20
553	13	9	6.21.9	78.80
554			6.19.6	78.40
555	13	10	6.17.3	78.00
556	13	11	6.15.·	77.60
557	13	12	6.12.7	77.20
558			6.10.4	76.80
559	13	13	6.8.1	76.40
560	13	14	6.5.8	76.00
561	13	15	6.3.5	75.60
562			6.1.2	75.20
563	13	16	5.70.9	74.80
564	13	17	5.68.5	74.40
565	13	18	5.66.2	74.00
566	13	19	5.63.9	73.60
567			5.61.6	73.20
568	13	20	5.59.3	72.80
569	13	21	5.57.·	72.40
570	13	22	5.54.7	72.00
571			5.52.4	71.60
572	13	23	5.50.1	71.20
573	13	24	5.47.8	70.80
574	13	25	5.45.5	70.40
575			5.43.2	70.00
576	13	26	5.40.9	69.60
577	13	27	5.38.6	69.20
578	13	28	5.36.3	68.80
579	13	29	5.34.·	68.40
580			5.31.7	68.00
581	13	30	5.29.4	67.60
582	13	31	5.27.1	67.20
583	14	·	5.24.8	66.80
584			5.22.5	66.40
585	14	1	5.20.2	66.00
586	14	2	5.17.9	65.60
587	14	3	5.15.6	65.20
588			5.13.3	64.80
589	14	4	5.10.9	64.40
590	14	5	5.8.6	64.00
591	14	6	5.6.3	63.60
592	14	7	5.4.·	63.20
593			5.1.7	62.80
594	14	8	4.71.4	62.40
595	14	9	4.69.1	62.00

…antité d'OR FIN, à 1000 Millièmes, nécessaire pour rehausser à 750 Millièmes ou 18 Karats, une Once et 100 Grammes d'or à l'un des titres ci-dessous.

MILLIÈMES.	CONV. Karats.	CONV. Trente-deux.	OR FIN Pour 1 once. Gros. Grains. Dixièmes.	OR FIN Pour 100 gr. Grammes. Centigr.	MILLIÈMES.	CONV. Karats.	CONV. Trente-deux.	OR FIN Pour 1 once. Gros. Grains. Dixièmes.	OR FIN Pour 100 gr. Grammes. Centigr.	MILLIÈMES.	CONV. Karats.	CONV. Trente-deux.	OR FIN Pour 1 once. Gros. Grains. Dixièmes.	OR FIN Pour 100 gr. Grammes. Centigr.
96	14	10	4. 66. 8	61 60	632	15	5	3. 55. 9	47 20	668	16	1	2. 44. 9	32 80
97			4. 64. 5	61 20	633	15	6	3. 53. 6	46 80	669	16	2	2. 42. 6	32 40
98	14	11	4. 62. 2	60 80	634	15	7	3. 51. 3	46 40	670			2. 40. 3	32 00
99	14	12	4. 59. 9	60 40	635	15	8	3. 49. »	46 00	671	16	3	2. 38. »	31 60
00	14	13	4. 57. 6	60 00	636			3. 46. 7	45 60	672	16	4	2. 35. 7	31 20
01			4. 55. 3	59 60	637	15	9	3. 44. 4	45 20	673	16	5	2. 33. 4	30 80
02	14	14	4. 53. »	59 20	638	15	10	3. 42. »	44 80	674	16	6	2. 31. 1	30 40
03	14	15	4. 50. 7	58 80	639	15	11	3. 39. 7	44 40	675			2. 28. 8	30 00
04	14	16	4. 48. 4	58 40	640	15	12	3. 37. 4	44 00	676	16	7	2. 26. 5	29 60
05	14	17	4. 46. 1	58 00	641			3. 35. 1	43 60	677	16	8	2. 24. 2	29 20
06			4. 43. 8	57 60	642	15	13	3. 32. 8	43 20	678	16	9	2. 21. 9	28 80
07	14	18	4. 41. 5	57 20	643	15	14	3. 30. 5	42 80	679			2. 19. 6	28 40
08	14	19	4. 39. 2	56 80	644			3. 28. 2	42 40	680	16	10	2. 17. 3	28 00
09	14	20	4. 36. 9	56 40	645	15	15	3. 25. 9	42 00	681	16	11	2. 15. »	27 60
10			4. 34. 6	56 00	646	15	16	3. 23. 6	41 60	682	16	12	2. 12. 7	27 20
11	14	21	4. 32. 3	55 60	647	15	17	3. 21. 3	41 20	683			2. 10. 4	26 80
2	14	22	4. 29. 9	55 20	648	15	18	3. 19. »	40 80	684	16	13	2. 8. 1	26 40
3	14	23	4. 27. 6	54 80	649			3. 16. 7	40 40	685	16	14	2. 5. 8	26 00
4			4. 25. 3	54 40	650	15	19	3. 14. 4	40 00	686	16	15	2. 3. 5	25 60
5	14	24	4. 23. »	54 00	651	15	20	3. 12. 1	39 60	687			2. 1. 2	25 20
6	14	25	4. 20. 7	53 60	652	15	21	3. 9. 8	39 20	688	16	16	1. 70. 9	24 80
7	14	26	4. 18. 4	53 20	653			3. 7. 5	38 80	689	16	17	1. 68. 6	24 40
8	14	27	4. 16. 1	52 80	654	15	22	3. 5. 2	38 40	690	16	18	1. 66. 2	24 00
9			4. 13. 8	52 40	655	15	23	3. 2. 9	38 00	691	16	19	1. 63. 9	23 60
0	14	28	4. 11. 5	52 00	656	15	24	3. » 6	37 60	692			1. 61. 6	23 20
1	14	29	4. 9. 2	51 60	657			2. 70. 3	37 20	693	16	20	1. 59. 3	22 80
2	14	30	4. 6. 9	51 20	658	15	25	2. 68. »	36 80	694	16	21	1. 57. »	22 40
3			4. 4. 6	50 80	659	15	26	2. 65. 7	36 40	695	16	22	1. 54. 7	22 00
4	14	31	4. 2. 3	50 40	660	15	27	2. 63. 4	36 00	696			1. 52. 4	21 60
5	15	»	4. » »	50 00	661	15	28	2. 61. 1	35 60	697	16	23	1. 50. 1	21 20
6	15	1	3. 69. 7	49 60	662			2. 58. 8	35 20	698	16	24	1. 47. 8	20 80
7			3. 67. 4	49 20	663	15	29	2. 56. 4	34 80	699	16	25	1. 45. 5	20 40
8	15	2	3. 65. 1	48 80	664	15	30	2. 54. 1	34 40	700			1. 43. 2	20 00
9	15	3	3. 62. 8	48 40	665	15	31	2. 51. 8	34 00	701	16	26	1. 40. 9	19 60
0	15	4	3. 60. 5	48 00	666			2. 49. 5	33 60	702	16	27	1. 38. 6	19 20
1			3. 58. 2	47 60	667	16	»	2. 47. 2	33 20	703	16	28	1. 36. 3	18 80

Quantité d'OR FIN, à 1000 Millièmes, nécessaire pour rehausser à 750 Millièmes ou 18 Karats, une Once et 100 Grammes d'or à l'un des titres ci-dessous

MILLIÈMES.	CONV.		OR FIN			MILLIÈMES.	CONV.		OR FIN			MILLIÈMES.	CONV.		OR FIN	
	Karats.	Trente-deux.	Pour 1 once. Gros. Grains. Dixièmes.		Pour 100 gr. Grammes. Centigr.		Karats.	Trente-deux.	Pour 1 once. Gros. Grains. Dixièmes.		Pour 100 gr. Grammes. Centigr.		Karats.	Trente-deux.	Pour 1 once. Gros. Grains. Dixièmes.	Pour 100 gr. Grammes.
704	16	23	1. 34. .		18 40	720	17	9	. 69. 1		12 00	736	17	21	. 32. 3	5
705			1. 31. 7		18 00	721	17	10	. 66. 8		11 60	737	17	22	. 30. .	5
706	16	30	1. 29. 4		17 60	722			. 64. 5		11 20	738	17	23	. 27. 6	4
707	16	31	1. 27. 1		17 20	723	17	11	. 62. 2		10 80	739			. 25. 3	4
708	17	.	1. 24. 8		16 80	724	17	12	. 59. 9		10 40	740	17	24	. 23. .	4
709			1. 22. 5		16 40	725	17	13	. 57. 6		10 00	741	17	25	. 20. 7	3
710	17	1	1. 20. 2		16 00	726			. 55. 3		9 60	742	17	26	. 18. 4	3
711	17	2	1. 17. 9		15 60	727	17	14	. 53. .		9 20	743	17	27	. 16. 1	2
712	17	3	1. 15. 6		15 20	728	17	15	. 50. 7		8 80	744			. 13. 8	2
713			1. 13. 2		14 80	729	17	16	. 48. 4		8 40	745	17	28	. 11. 5	2
714	17	4	1. 10. 9		14 40	730	17	17	. 46. 1		8 00	746	17	29	. 9. 2	1
715	17	5	1. 8. 6		14 00	731			. 43. 8		7 60	747	17	30	. 6. 9	1
716	17	6	1. 6. 3		13 60	732	17	18	. 41. 5		7 20	748			. 4. 6	0
717	17	7	1. 4. .		13 20	733	17	19	. 39. 2		6 80	749	17	31	. 2. 3	0
718			1. 1. 7		12 80	734	17	20	. 36. 9		6 40	750	18	.	. . .	0
719	17	8	. 71. 4		12 40	735			. 34. 6		6 00					

CHAPITRE XII.

DE LA QUANTITÉ D'ALLIAGE NÉCESSAIRE POUR DESCENDRE A 750 MILLIÈ[MES] OU 18 KARATS, UNE ONCE ET 100 GRAMMES D'OR A L'UN DES TIT[RES] CI-DESSOUS.

MILLIÈMES.	CONV.		ALLIAGE			MILLIÈMES.	CONV.		ALLIAGE			MILLIÈMES.	CONV.		ALLIAGE	
	Karats.	Trente-deux.	Pour 1 once. Gros. Grains. Dixièmes.		Pour 100 gr. Grammes. Centigr.		Karats.	Trente-deux.	Pour 1 once. Gros. Grains. Dixièmes.		Pour 100 gr. Grammes. Centigr.		Karats.	Trente-deux.	Pour 1 once. Gros. Grains. Dixièmes.	Pour 100 gr. Grammes.
1000	24	.	2. 48. .		33 33	996	23	29	2. 44. 9		32 80	992	23	26	2. 41. 9	32
999	23	31	2. 47. 2		33 20	995	23	28	2. 44. 2		32 67	991	23	25	2. 41. 1	32
998			2. 46. 5		33 07	994			2. 43. 4		32 53	990	23	24	2. 40. 3	32
997	23	30	2. 45. 7		32 95	993	23	27	2. 42. 6		32 40	989			2. 39. 6	31

Quantité d'ALLIAGE nécessaire pour descendre à 750 Millièmes, ou 18 Karats, une ONCE et 100 GRAMMES d'OR à l'un des titres ci-dessous.

MILLIÈMES	CONV. Karats	CONV. Trente-deux	ALLIAGE Pour 1 once. Gros	Grains	Dixièmes	ALLIAGE Pour 100 gr. Grammes	Centigr.
988	23	23	2	38	8	31	73
987	23	22	2	38	0	31	60
986	23	21	2	37	2	31	47
985			2	36	5	31	33
984	23	20	2	35	7	31	20
983	23	19	2	34	9	31	07
982	23	18	2	34	2	30	93
981			2	33	4	30	80
980	23	17	2	32	6	30	67
979	23	16	2	31	9	30	53
978	23	15	2	31	1	30	40
977	23	14	2	30	3	30	27
976			2	29	6	30	13
975	23	13	2	28	8	30	00
974	23	12	2	28	0	29	87
973	23	11	2	27	3	29	73
972			2	26	5	29	60
971	23	10	2	25	7	29	47
970	23	9	2	25	0	29	33
969	23	8	2	24	2	29	20
968			2	23	4	29	07
967	23	7	2	22	7	28	93
966	23	6	2	21	9	28	80
965	23	5	2	21	1	28	67
964	23	4	2	20	4	28	53
963			2	19	6	28	40
962	23	3	2	18	8	28	27
961	23	2	2	18	0	28	13
960	23	1	2	17	3	28	00
959			2	16	5	27	87
958	23	0	2	15	7	27	73
957	22	31	2	15	0	27	60
956	22	30	2	14	2	27	47
955			2	13	4	27	33
954	22	29	2	12	7	27	20
953	22	28	2	11	9	27	07

MILLIÈMES	CONV. Karats	CONV. Trente-deux	ALLIAGE Pour 1 once. Gros	Grains	Dixièmes	ALLIAGE Pour 100 gr. Grammes	Centigr.
952	22	27	2	11	1	26	93
951	22	26	2	10	4	26	80
950			2	9	6	26	67
949	22	25	2	8	8	26	53
948	22	24	2	8	1	26	40
947	22	23	2	7	3	26	27
946			2	6	5	26	13
945	22	22	2	5	8	26	00
944	22	21	2	5	0	25	87
943	22	20	2	4	2	25	73
942			2	3	5	25	60
941	22	19	2	2	7	25	47
940	22	18	2	1	9	25	33
939	22	17	2	1	2	25	20
938	22	16	2	0	4	25	07
937			1	71	6	24	93
936	22	15	1	70	8	24	80
935	22	14	1	70	1	24	67
934	22	13	1	69	3	24	53
933			1	68	5	24	40
932	22	12	1	67	8	24	27
931	22	11	1	67	0	24	13
930	22	10	1	66	2	24	00
929			1	65	4	23	87
928	22	9	1	64	7	23	73
927	22	8	1	63	9	23	60
926	22	7	1	63	2	23	47
925			1	62	4	23	33
924	22	6	1	61	6	23	20
923	22	5	1	60	9	23	07
922	22	4	1	60	1	22	93
921	22	3	1	59	3	22	80
920			1	58	6	22	67
919	22	2	1	57	8	22	53
918	22	1	1	57	0	22	40
917	22	0	1	56	3	22	27

MILLIÈMES	CONV. Karats	CONV. Trente-deux	ALLIAGE Pour 1 once. Gros	Grains	Dixièmes	ALLIAGE Pour 100 gr. Grammes	Centigr.
916			1	55	5	22	13
915	21	31	1	54	7	22	00
914	21	30	1	54	0	21	87
913	21	29	1	53	1	21	73
912			1	52	4	21	60
911	21	28	1	51	6	21	47
910	21	27	1	50	9	21	33
909	21	26	1	50	1	21	20
908	21	25	1	49	3	21	07
907			1	48	6	20	93
906	21	24	1	47	8	20	80
905	21	23	1	47	0	20	67
904	21	22	1	46	3	20	53
903			1	45	5	20	40
902	21	21	1	44	7	20	27
901	21	20	1	44	0	20	13
900	21	19	1	43	2	20	00
899			1	42	4	19	87
898	21	18	1	41	7	19	73
897	21	17	1	40	9	19	60
896	21	16	1	40	1	19	47
895	21	15	1	39	4	19	33
894			1	38	6	19	20
893	21	14	1	37	8	19	07
892	21	13	1	37	1	18	93
891	21	12	1	36	3	18	80
890			1	35	5	18	67
889	21	11	1	34	8	18	53
888	21	10	1	34	0	18	40
887	21	9	1	33	2	18	27
886			1	32	4	18	13
885	21	8	1	31	7	18	00
884	21	7	1	30	9	17	87
883	21	6	1	30	1	17	73
882	21	5	1	29	4	17	60
881			1	28	3	17	47

DE 880 À 773 MILLIÈMES.

Quantité d'ALLIAGE nécessaire pour descendre à 750 Millièmes, ou 18 Karats, une ONCE et 100 GRAMMES d'OR à l'un des titres ci-dessous.

MILLIÈMES	CONV.		ALLIAGE — Pour 1 once			ALLIAGE — Pour 100 gr	
	Karats	Trente-deux	Gros	Grains	Dixièmes	Grammes	Centigr
880	21	4	1	27	8	17	55
879	21	3	1	27	1	17	20
878	21	2	1	26	5	17	07
877			1	25	8	16	93
876	21	1	1	24	6	16	80
875	21	·	1	24	·	16	67
874	20	31	1	23	2	16	53
873			1	22	5	16	40
872	20	30	1	21	7	16	27
871	20	29	1	20	9	16	13
870	20	28	1	20	2	16	00
869			1	19	4	15	87
868	20	27	1	18	6	15	73
867	20	26	1	17	9	15	60
866	20	25	1	17	1	15	47
865	20	24	1	16	3	15	33
864			1	15	6	15	20
863	20	23	1	14	8	15	07
862	20	22	1	14	·	14	93
861	20	21	1	13	2	14	80
860			1	12	4	14	67
859	20	20	1	11	7	14	53
858	20	19	1	10	9	14	40
857	20	18	1	10	2	14	27
856			1	9	4	14	13
855	20	17	1	8	6	14	00
854	20	16	1	7	9	13	87
853	20	15	1	7	1	13	73
852	20	14	1	6	3	13	60
851			1	5	6	13	47
850	20	13	1	4	8	13	33
849	20	12	1	4	·	13	20
848	20	11	1	3	3	13	07
847			1	2	5	12	93
846	20	10	1	1	7	12	80
845	20	9	1	1	·	12	67
844	20	8	·	72	2	12	53
843			·	71	4	12	40
842	20	7	·	70	7	12	27
841	20	6	·	69	9	12	13
840	20	5	·	69	1	12	00
839	20	4	·	68	3	11	87
838			·	67	6	11	73
837	20	3	·	66	8	11	60
836	20	2	·	66	·	11	47
835	20	1	·	65	3	11	33
834			·	64	5	11	20
833	20	·	·	63	7	11	07
832	19	31	·	63	·	10	93
831	19	30	·	62	2	10	80
830			·	61	4	10	67
829	19	29	·	60	7	10	53
828	19	28	·	59	9	10	40
827	19	27	·	59	1	10	27
826	19	26	·	58	4	10	13
825			·	57	6	10	00
824	19	25	·	56	8	9	87
823	19	24	·	56	1	9	73
822	19	23	·	55	3	9	60
821			·	54	5	9	47
820	19	22	·	53	8	9	33
819	19	21	·	52	1	9	20
818	19	20	·	52	2	9	07
817			·	51	3	8	93
816	19	19	·	50	7	8	80
815	19	18	·	49	9	8	67
814	19	17	·	49	2	8	53
813	19	16	·	48	4	8	40
812			·	47	6	8	27
811	19	15	·	46	8	8	13
810	19	14	·	46	1	8	00
809	19	13	·	45	3	7	87
808			·	44	5	7	7
807	19	12	·	43	8	7	6
806	19	11	·	43	·	7	4
805	19	10	·	42	2	7	3
804			·	41	5	7	2
803	19	9	·	40	7	7	0
802	19	8	·	39	9	6	8
801	19	7	·	39	2	6	8
800			·	38	4	6	6
799	19	6	·	37	6	6	5
798	19	5	·	36	9	6	5
797	19	4	·	36	1	6	2
796	19	3	·	35	3	6	1
795			·	34	6	6	0
794	19	2	·	33	8	5	8
793	19	1	·	33	·	5	7
792	19	·	·	32	5	5	6
791			·	31	3	5	5
790	18	31	·	30	7	5	5
789	18	30	·	29	9	5	2
788	18	29	·	29	2	5	0
787			·	28	4	4	8
786	18	28	·	27	6	4	8
785	18	27	·	26	9	4	6
784	18	26	·	26	1	4	5
783	18	25	·	25	3	4	4
782			·	24	6	4	2
781	18	24	·	23	8	4	1
780	18	23	·	23	·	4	0
779	18	22	·	22	3	3	8
778			·	21	5	3	[illegible]
777	18	21	·	20	7	5	[illegible]
776	18	20	·	20	·	3	[illegible]
775	18	19	·	19	2	3	[illegible]
774			·	18	4	3	[illegible]
773	18	18	·	17	7	5	[illegible]

Quantité d'ALLIAGE nécessaire pour descendre à 750 Millièmes, ou 18 Karats, une ONCE et 100 GRAMMES d'OR à l'un des titres ci-dessous.

MILLIÈMES	CONV.		ALLIAGE				
	Karats	Trente-deux	Pour 1 once			Pour 100 gr	
			Gros	Grains	Dixièmes	Grammes	Centig.
772	18	17	*	16	9	2	95
771	18	16	*	16	1	2	80
770	18	15	*	15	4	2	67
769			*	14	6	2	53
768	18	14	*	13	8	2	40
767	18	13	*	13	1	2	27
766	18	12	*	12	3	2	13
765			*	11	5	2	00
764	18	11	*	10	9	1	87
763	18	10	*	10	*	1	73
762	18	9	*	9	2	1	60
761			*	8	4	1	47
760	18	8	*	7	7	1	33
759	18	7	*	6	9	1	20
758	18	6	*	6	1	1	07
757	18	5	*	5	4	0	93
756			*	4	6	0	80
755	18	4	*	3	8	0	67
754	18	3	*	3	1	0	55
753	18	2	*	2	3	0	40
752			*	1	5	0	27
751	18	1	*	*	8	0	15
750	18	*	*	*	*	0	00

CHAPITRE XIII.

DE LA QUANTITÉ D'OR FIN, A 1000 MILLIÈMES, NÉCESSAIRE POUR REHAUSSER UNE ONCE ET 100 GRAMMES D'OR, D'UN KARAT A L'AUTRE (VOYEZ, POUR LA CONVERSION DES KARATS EN MILLIÈMES, LE CHAPITRE DES DOSÉS, PAGE 46).

TITRES à rehausser		OR FIN				
Karats	Karats	Pour 1 once			Pour 100 gr.	
		Onces	Gros	Grains	Grammes	Centig.
10	11	*	*	44	7	63
10	12	*	1	24	16	67
10	13	*	2	13	27	27
10	14	*	3	14	40	0
10	15	*	4	52	55	56
10	16	*	6	*	75	0
10	17	1	*	*	100	0
10	18	1	2	48	133	34
10	19	1	6	23	180	0
10	20	2	4	*	250	0
10	21	3	5	24	366	66
10	22	6	*	*	600	0
10	23	13	*	*	1300	0
11	12	*	*	48	8	33
11	13	*	1	33	18	18
11	14	*	2	29	30	0
11	15	*	3	40	44	44
11	16	*	5	*	62	50
11	17	*	6	62	85	71
11	18	1	1	24	116	67
11	19	1	4	55	160	0
11	20	2	2	*	225	0
11	21	3	2	46	333	32
11	22	5	4	*	550	0
11	23	12	*	*	1200	0
12	13	*	*	52	9	01
12	14	*	1	43	20	0
12	15	*	2	48	33	33
12	16	*	4	*	50	0
12	17	*	5	61	71	40
12	18	1	*	*	102	22
12	19	1	3	14	140	0
12	20	2	*	*	200	0
12	21	3	*	*	300	0

Quantité d'OR FIN, à 1000 Millièmes, nécessaire pour rehausser une ONCE et 100 GRAMMES d'OR, d'un karat à l'autre.

TITRES à rehausser.		OR FIN Pour 1 once.			Pour 100 gr.	
Karats.	Karats.	Onces.	Gros.	Grains.	Grammes.	Centig.
12 à 22		8.	*	*	500	0
12 . 23		11.	*	*	1100	0
13 à 14		*	*	88	10	0
13 à 15		*	1.	20	22	22
13 . 16		*	3.	*	37	50
13 . 17		*	4.	41	57	14
13 . 18		*	6.	48	83	33
13 à 19		1.	1.	43	120	0
13 . 20		1.	6.	*	175	0
13 . 21		2.	5.	24	266	66
13 . 22		4.	4.	*	430	0
13 à 23		10.	*	*	1000	0
14 à 15		*	*	64	11	11
14 . 16		*	2.	*	25	0
14 à 17		*	3.	51	42	36
14 . 18		*	5.	24	66	67
14 . 19		1.	*	*	100	0
14 . 20		1.	4.	*	150	0
14 à 21		2.	2.	48	233	33
14 . 22		4.	*	*	400	0
14 . 23		9.	*	*	900	0

TITRES à rehausser.		OR FIN Pour 1 once.			Pour 100 gr.	
Karats.	Karats.	Onces.	Gros.	Grains.	Grammes.	Centig.
15 à 16		*	1.	*	12	50
15 . 17		*	2.	21	23	37
15 . 18		*	4.	*	50	0
15 . 19		*	6.	29	80	0
15 à 20		1.	2.	*	125	0
15 . 21		2.	*	*	200	0
15 . 22		3.	4.	*	330	0
15 . 23		5.	*	*	800	0
16 à 17		*	1.	10	14	29
16 . 18		*	2.	48	33	33
16 . 19		*	4.	22	60	0
16 à 20		1.	*	*	100	0
16 . 21		1.	5.	24	166	67
16 . 22		5.	*	*	500	0
16 . 23		7.	*	*	700	0
17 à 18		*	1.	24	16	67
17 . 19		*	3.	15	40	0
17 . 20		*	6.	*	75	0
17 à 21		1.	2.	48	155	33
17 . 22		2.	4.	*	250	0
17 . 23		6.	*	*	600	0

TITRES à rehausser.		OR FIN Pour 1 once.			Pour 100 gr.	
Karats.	Karats.	Onces.	Gros.	Grains.	Grammes.	Centig.
18 à 19		*	1.	43	20	0
18 . 20		*	4.	*	36	0
18 . 21		1.	*	*	100	0
18 . 22		2.	*	*	200	0
18 . 23		5.	*	*	500	0
19 à 20		*	2.	*	28	0
19 . 21		*	5.	24	66	67
19 . 22		1.	4.	*	180	0
19 . 23		4.	*	*	400	0
20 à 21		*	2.	48	33	33
20 à 22		1.	*	*	100	0
20 . 23		5.	*	*	500	0
21 à 22		*	4.	*	50	0
21 à 23		2.	*	*	200	0
22 à 23		1.	*	*	100	0

CHAPITRE XIV.

DE LA QUANTITÉ D'ALLIAGE POUR DESCENDRE UNE ONCE ET 100 GRAMMES D'OR, D'UN KARAT A L'AUTRE (VOYEZ POUR LA CONVERSION EN MILLIÈMES, LE CHAPITRE DES DORÉS, PAGE 56).

Titres à descendre		Alliage — Pour 1 once			Alliage — Pour 100 gr.	
Karats	Karats	Onces	Gros	Grains	Grammes	Centigr.
24 à 23	»	»	»	23	4	55
24 . 22	»	»	»	32	9	09
24 . 21	»	»	1	10	14	29
24 . 20	»	»	1	45	20	00
24 à 19	»	»	2	7	26	32
24 . 18	»	»	2	43	33	33
24 . 17	»	»	3	21	41	17
24 . 16	»	»	4	»	50	00
24 à 15	»	»	4	38	60	00
24 . 14	»	»	5	32	71	43
24 . 13	»	»	6	33	84	61
24 . 12	»	1	»	»	100	00
24 à 11	»	1	1	53	118	18
24 . 10	»	1	3	14	140	00
23 à 22	»	»	»	26	4	55
23 à 21	»	»	»	53	9	53
23 . 20	»	»	1	14	15	00
23 . 19	»	»	1	49	21	05
23 . 18	»	»	2	16	27	78
23 à 17	»	»	2	50	33	33
23 . 16	»	»	3	56	45	73
23 . 15	»	»	4	19	53	54
23 . 14	»	»	5	11	64	29
23 . 13	»	»	6	11	76	92
23 . 12	»	»	7	21	91	66
23 . 11	»	1	»	85	109	09
23 . 10	»	1	2	29	130	00

Titres à descendre		Alliage — Pour 1 once			Alliage — Pour 100 gr.	
Karats	Karats	Onces	Gros	Grains	Grammes	Centigr.
22 à 21	»	»	»	17	4	76
22 . 20	»	»	»	53	10	00
22 . 19	»	»	1	19	15	79
22 . 18	»	»	1	56	22	22
22 à 17	»	»	2	26	29	41
22 . 16	»	»	3	»	37	50
22 . 15	»	»	3	53	46	67
22 . 14	»	»	4	42	57	14
22 à 13	»	»	5	39	69	25
22 . 12	»	»	6	48	83	33
22 . 11	»	1	»	»	100	00
22 . 10	»	1	1	45	120	00
21 à 20	»	»	»	29	5	00
21 . 19	»	»	»	64	10	53
21 . 18	»	»	1	24	16	67
21 à 17	»	»	1	64	23	53
21 . 16	»	»	2	36	31	25
21 . 15	»	»	3	14	40	00
21 . 14	»	»	4	4	50	00
21 à 13	»	»	4	67	61	54
21 . 12	»	»	6	»	75	00
21 . 11	»	»	7	26	90	91
21 . 10	»	1	»	60	110	00
20 à 19	»	»	»	30	5	26
20 . 18	»	»	»	64	11	11
20 . 17	»	»	1	30	17	63

Titres à descendre		Alliage — Pour 1 once			Alliage — Pour 100 gr.	
Karats	Karats	Onces	Gros	Grains	Grammes	Centigr.
20 à 16	»	»	2	»	23	00
20 . 15	»	»	2	43	33	33
20 . 14	»	»	3	32	42	86
20 . 13	»	»	4	22	53	85
20 à 12	»	»	5	24	66	67
20 . 11	»	»	6	40	84	82
20 . 10	»	1	»	»	100	00
19 à 18	»	»	»	32	5	86
19 . 17	»	»	»	68	11	77
19 . 16	»	»	1	56	18	75
19 . 15	»	»	2	40	26	67
19 à 14	»	»	2	62	35	72
19 . 13	»	»	3	50	40	15
19 . 12	»	»	4	48	89	35
19 . 11	»	»	5	59	72	73
19 à 10	»	»	7	14	90	00
18 à 17	»	»	»	34	5	88
18 . 16	»	»	1	»	12	50
18 à 15	»	»	1	45	20	00
18 . 14	»	»	2	21	25	37
18 . 13	»	»	3	6	38	46
18 . 12	»	»	4	»	50	00
18 à 11	»	»	5	7	65	64
18 . 10	»	»	6	29	80	00
17 à 16	»	»	»	36	6	25

Quantité d'ALLIAGE nécessaire pour descendre UNE ONCE et 100 GRAMMES d'OR d'un karat à l'autre.

TITRES à descendre		ALLIAGE Pour 1 once			Pour 100 gr.	
Karats	Karats	Onces	Gros	Grains	Grammes	Centigr.
17 à 15	»	1.	5	13	35
17 . 14	»	1.	52	21	43
17 . 13	»	2.	33	30	77
17 . 12	»	3.	24	41	67
17 à 11	»	4.	26	54	54
17 . 10	»	5.	45	70	00
16 à 15	»	»	59	6	67
16 à 14	»	1.	11	14	29
16 . 13	»	1.	61	23	08
16 . 12	»	2.	48	33	33
16 . 11	»	3.	46	48	46

TITRES à descendre		ALLIAGE Pour 1 once			Pour 100 gr.	
Karats	Karats	Onces	Gros	Grains	Grammes	Centigr.
16 à 10	»	4.	58	69	00
15 à 14	»	»	41	7	14
15 . 13	»	1.	17	15	38
15 à 12	»	2.	»	23	01
15 . 11	»	2.	66	36	56
15 . 10	»	4.	»	50	00
14 à 13	»	»	44	7	69
14 . 12	»	1.	24	16	67
14 . 11	»	2.	13	27	27
14 . 10	»	3.	14	40	00

TITRES à descendre		ALLIAGE Pour 1 once			Pour 100 gr.	
Karats	Karats	Onces	Gros	Grains	Grammes	Centigr.
13 à 12	»	»	48	8	33
13 . 11	»	1.	55	18	18
13 . 10	»	2.	29	30	00
12 à 11	»	»	82	9	01
12 . 10	»	1.	45	20	00
11 à 10	»	»	58	10	00

TARIF POUR LES TRENTE-DEUX A ALLIER, SOIT EN HAUSSE, SOIT EN BAISSE.

Pour 16 trente-deux d'un karat à l'autre suivant, prendre la moitié du poids d'or fin ou d'alliage de ce karat; pour 8 trente-deux, le quart, etc. Exemple : pour descendre le titre de 24 karats à 23 karats, je vois sur le tarif qu'il faut 25 grains d'alliage, par conséquent, si j'avais 23 karats 16 trente-deux à descendre à 23 karats, je ne prendrais que la moitié de cet alliage, 16 trente-deux étant la moitié d'un karat. Même moyen pour rehausser les trente-deux de 10 karats à 11 karats.

Pour 16 trente-deux d'un karat à 2 karats suivans, prendre le quart du poids d'or fin ou d'alliage de ces 2 karats, pour 8 trente-deux, la moitié du quart, etc. Exemple : pour descendre le titre de 23 karats 16 trente-deux à 22 karats, je prends d'abord l'alliage de 23 karats à 22 karats. Ensuite, pour les 16 trente-deux, le quart de l'alliage de 24 karats à 22 karats, 16 trente-deux étant le quart de 2 karats. Même moyen pour rehausser les trente-deux de 10 karats à 12 karats.

Pour 16 trente-deux d'un karat à 3 karats suivans, prendre le 6e du poids d'or fin ou d'alliage de ces 3 karats, pour 8 trente-deux, la moitié du 6e, etc. Exemple : pour descendre le titre de 23 karats 16 trente-deux à 21 karats, je prends d'abord l'alliage de 23 karats à 21 karats, ensuite, pour les 16 trente-deux, le 6e du poids de 24 karats à 21 karats, 16 trente-deux étant le sixième de 3 karats. Même moyen pour rehausser les trente-deux de 10 karats à 13 karats.

Pour 16 trente-deux d'un karat à 4 karats suivans, prendre le 8e du poids d'or fin ou d'alliage de ces 4 karats, 16 trente-deux étant le huitième de 4 karats. Pour 8 trente-deux la moitié du 8e, etc.

Pour 16 trente-deux d'un karat à 5 karats suivans, prendre le 10e du poids d'or fin ou d'alliage de ces 5 karats, 16 trente-deux étant le dixième de 5 karats. Pour 8 trente-deux la moitié du 10e, etc.

Pour 16 trente-deux d'un karat à 6 karats suivants, prendre le 12e du poids d'or fin ou d'alliage de ces 6 karats. Pour 8 trente-deux la moitié du 12e etc.

Pour 16 trente-deux d'un karat à 7 karats suivants, prendre le 14e du poids d'or fin ou d'alliage de ces 7 karats. Pour 8 trente-deux la moitié du 14e etc.

Pour 16 trente-deux d'un karat à 8 karats suivants, prendre le 16e du poids d'or fin ou d'alliage de ces 8 karats. Pour 8 trente-deux la moitié du 16e etc.

Pour 16 trente-deux d'un karat à 9 karats suivants, prendre le 18e du poids d'or fin ou d'alliage de ces 9 karats. Pour 8 trente-deux la moitié du 18e etc.

Pour 16 trente-deux d'un karat à 10 karats suivants, prendre le 20e du poids d'or fin ou d'alliage de ces 10 karats. Pour 8 trente-deux la moitié du 20e etc.

Pour 16 trente-deux d'un karat à 11 karats suivants, prendre le 22e du poids d'or fin ou d'alliage de ces 11 karats. Pour 8 trente-deux la moitié du 22e etc.

Pour 16 trente-deux d'un karat à 12 karats suivants, prendre le 24e du poids d'or fin ou d'alliage de ces 12 karats. Pour 8 trente-deux la moitié du 24e etc.

CHAPITRE XV.

DE L'OR DE COULEUR ET DES SOUDURES D'OR ET D'ARGENT.

De la Quantité d'ALLIAGE nécessaire pour l'OR DE COULEUR à 750 Millièmes, ou 18 Karats.

OR DE COULEUR.	Pour 1 once d'or fin.				Pour 50 gramm. d'or fin.	
	Onces.	Gros.	Demi-Gr.	Grains.	Grammes.	Centigr.
OR ANGLAIS.						
Or fin..............	1.	»	»	»	50.	»
Argent fin..........	»	1.	»	21	8.	34
Cuivre rouge.....	»	1.	»	24	8.	33
OR ROUGE.	1.	2.	½	12	66.	67
Or fin..............	1.	»	»	»	50.	»
Cuivre rosette pur.	»	2.	½	12	16.	67
OR ROSE.	1.	2.	½	12	66.	67
Or fin..............	1.	»	»	»	50.	»
Argent fin.........	»	»	½	»	3.	13
Cuivre rouge rosette	»	2.	»	12	13.	54
	1.	2.	½	12	66.	67

OR DE COULEUR.	Pour 1 once d'or fin.				Pour 50 gramm. d'or fin.	
	Onces.	Gros.	Demi-Gr.	Grains.	Grammes.	Centigr.
OR VERT.						
Or fin.............	1.	»	»	»	50.	»
Argent fin.........	»	2.	½	12	16.	67
OR GRIS.	1.	2.	½	12	66.	67
Or fin.............	1.	»	»	»	50.	»
Limaille de fer....	»	2.	½	12	16.	67
	1.	2.	½	12	66.	67

Pour fondre cette soudure plus facilement, il faut mettre la limaille dans un borax très épais, fondre d'abord l'or, et, lorsqu'il est en fusion, mettre la limaille. Donner extrêmement chaud. Ne pas ménager le borax.

SOUDURES D'OR.	Pour 1 once d'or fin				Pour 50 grammes d'or fin	
	Onces	Gros	Demi-Gr.	Grains	Grammes	Centigr.
SOUDURE AU 6.						
Or (18 karats)	1	·	·	·	30	·
Argent fin	·	1	·	7	6	66
Cuivre rouge	·	·	½	·	3	44
	1	1	½	7	40	10
SOUDURE AU 4.						
Or (18 karats)	1	·	·	·	50	·
Argent fin	·	1	½	24	11	46
Cuivre rouge	·	·	½	24	5	21
	1	2	½	12	66	67
SOUDURE AU 3.						
Or (18 karats)	1	·	·	·	50	·
Argent fin	·	2	½	12	16	67
Cuivre rouge	·	1	·	24	8	33
	1	4	·	·	75	00
SOUDURE AU 2.						
Or (18 karats)	1	·	·	·	50	·
Argent fin	·	5	·	24	33	33
Cuivre rouge	·	2	½	12	16	67
	2	·	·	·	100	00
SOUDURE GÉNEVOISE.						
Or (18 karats)	1	·	·	·	50	·
Argent (1er titre)	2	·	·	·	100	·
Cuivre rouge	·	4	·	·	25	·
Cuivre jaune	·	5	·	·	25	·
	4	·	·	·	200	·

Cette soudure est employée par les monteurs de boîtes pour les rhabillages qui ne peuvent être beaucoup chauffés. Cette soudure est si tendre qu'on peut s'en servir pour raccommoder un bijou d'argent au 2e titre.

Si l'on préfère se servir d'or fin pour faire ces soudures, on ajoutera, en plus de l'alliage donné ci-dessus, 2 gros 1/2 12 grains par once d'or fin, ou 16 grammes 67 centigrammes par 50 grammes d'or fin.

Composition à ajouter aux soudures d'or pour les rendre plus coulantes, et leur faire prendre la couleur plus facilement.

	Onces	Gros	Demi-Gr.	Grains	Grammes	Centigr.
Argent 1er titre	1	·	·	·	50	·
Zinc	·	4	·	·	25	·
Cuivre jaune	·	4	·	·	25	·
	2	·	·	·	100	·

Fondre deux fois ; ajouter en plus, par gros de soudure déjà alliée, 4 grains de cette matière, ou bien 8 décigr. de cette matière par 15 g.mes de soudure déjà alliée.

Autre moyen. Ajoutez un demi-gros ou 2 gramm.s d'arsénic au moment de couler votre soudure ; ensuite donnez une petite chaude. Cette soudure exige beaucoup de précaution pour l'apprêter. Il ne faut la recuire que rose, sans cela elle tomberait dans le feu. Lorsque le laminé est arrivé au point d'être mis en rouleau pour être recuit, il faut le tremper dans une eau de terre à poêle, afin d'empêcher le rouleau de se souder. Elle se forge et se lamine comme les autres soudures.

SOUDURES D'ARGENT.	Pour 1 once d'argent au 1er titre				p.r 50 gram. d'argent au 1er titre	
	Onces	Gros	Demi-Gr.	Grains	Grammes	Centigr.
SOUDURE AU 6.						
Argent 1er titre	1	·	·	·	50	·
Cuivre jaune	·	1	½	7	10	·
	1	1	½	7	60	·
SOUDURE AU 4.						
Argent 1er titre	1	·	·	·	50	·
Cuivre jaune	·	2	½	12	16	67
	1	2	½	12	66	67
SOUDURE AU 3.						
Argent 1er titre	1	·	·	·	50	·
Cuivre jaune	·	4	·	·	25	·
	1	4	·	·	75	·

Moyen pour dissoudre l'émail et l'étain.

Faites tremper vos pièces dans de l'esprit de sel ; il faut environ 24 heures pour l'étain, et 3 jours pour l'émail. Il n'y a pas de danger d'altérer vos pièces.

CHAPITRE XVI.

DE LA QUANTITÉ D'ARGENT FIN, A 1000 MILLIÈMES, NÉCESSAIRE POUR REHAUSSER A 950 MILLIÈMES (1er TITRE), UN MARC ET UN KILO D'ARGENT, A L'UN DES TITRES CI-DESSOUS. (VOYEZ, POUR LA CONVERSION EN DENIERS ET GRAINS, LE CHAPITRE DES DORÉS, PAGE 45).

MILLIÈMES	ARGENT FIN						
	Pour un Marc					Pour un Kilo	
	Marcs	Onces	Gros	Grains	Dixièmes	Kilos	Grammes
300	9					9	000
301	8	7	6	61	2	8	980
302	8	7	5	51	7	8	960
303	8	7	4	41	3	8	940
304	8	7	2	63	4	8	920
305	8	7	1	43	2	8	900
306	8	7		23		8	880
307	8	6	7	2	9	8	860
308	8	6	5	54	7	8	840
309	8	6	4	34	6	8	820
310	8	6	3	14	4	8	800
311	8	6	1	66	2	8	780
312	8	6		46	1	8	760
313	8	5	7	23	9	8	740
314	8	5	6	5	8	8	720
315	8	5	4	57	6	8	700
316	8	5	3	57	4	8	680
317	8	5	2	47	3	8	660
318	8	5		69	1	8	640
319	8	4	7	49		8	620
320	8	4	6	23	3	8	600
321	8	4	5	9	6	8	580
322	8	4	3	60	5	8	560
323	8	4	2	40	3	8	540
324	8	4	1	20	2	8	520
325	8	4				8	500
326	8	3	6	51	8	8	480
327	8	3	5	51	7	8	460
328	8	3	4	41	3	8	440
329	8	3	2	63	4	8	420
330	8	3	1	43	2	8	400
331	8	3		23		8	380
332	8	2	7	2	9	8	360
333	8	2	5	54	7	8	340
334	8	2	4	34	6	8	320
335	8	2	3	14	4	8	300
336	8	2	1	66	2	8	280
337	8	2		46	1	8	260
338	8	1	7	23	9	8	240
339	8	1	6	5	8	8	220
340	8	1	4	57	6	8	200
341	8	1	3	57	4	8	180
342	8	1	2	47	3	8	160
343	8	1		69	1	8	140
344	8		7	49		8	120
345	8		6	23	3	8	100
346	8		5	9	6	8	080
347	8		3	60	5	8	060
348	8		2	40	3	8	040
349	8		1	20	2	8	020
350	8					8	000
351	7	7	6	51	8	7	980
352	7	7	5	51	7	7	960
353	7	7	4	41	3	7	940
354	7	7	2	63	4	7	920
355	7	7	1	43	2	7	900
356	7	7		23		7	880
357	7	6	7	2	9	7	860
358	7	6	5	54	7	7	840
359	7	6	4	34	6	7	820
360	7	6	3	14	4	7	800
361	7	6	1	66	2	7	780
362	7	6		46	1	7	760
363	7	5	7	23	9	7	740
364	7	5	6	5	8	7	720
365	7	5	4	57	6	7	700
366	7	5	3	57	4	7	680
367	7	5	2	47	3	7	660
368	7	5		69	1	7	640
369	7	4	7	49		7	620
370	7	4	6	23	3	7	600
371	7	4	5	9	6	7	580
372	7	4	3	60	5	7	560
373	7	4	2	40	3	7	540
374	7	4	1	20	2	7	520
375	7	4				7	500
376	7	3	6	51	8	7	480
377	7	3	5	51	7	7	460
378	7	3	4	41	3	7	440
379	7	3	2	63	4	7	420
380	7	3	1	43	2	7	400
381	7	3		23		7	380
382	7	2	7	2	9	7	360
383	7	2	5	54	7	7	340

DE 584 À 691 MILLIÈMES

Quantité d'ARGENT FIN, à 1000 Millièmes, nécessaire pour rehausser à 950 Mil-lièmes (1er titre), un MARC et un KILO d'ARGENT à l'un des titres ci-dessous.

In each table the columns **Marcs, Onces, Gros, Grains, Dixièmes** give the ARGENT FIN *Pour un Marc*, and **Kilos, Grammes** give it *Pour un Kilo*.

MILLIÈMES	Marcs	Onces	Gros	Grains	Dixièmes	Kilos	Grammes
584	7.	2.	4.	34.	6	7	320
585	7.	2.	3.	14.	4	7	300
586	7.	2.	1.	66.	2	7	280
587	7.	2.	»	46.	1	7	260
588	7.	1.	7.	25.	9	7	240
589	7.	1.	6.	5.	8	7	220
590	7.	1.	4.	57.	6	7	200
591	7.	1.	3.	37.	4	7	180
592	7.	1.	2.	17.	3	7	160
593	7.	1.	»	69.	1	7	140
594	7.	»	7.	49.	»	7	120
595	7.	»	6.	28.	8	7	100
596	7.	»	5.	8.	6	7	80
597	7.	»	3.	60.	5	7	60
598	7.	»	2.	40.	3	7	40
599	7.	»	1.	20.	2	7	20
600	7.	»	»	»	»	7	000
601	6.	7.	6.	51.	8	6	980
602	6.	7.	5.	31.	7	6	960
603	6.	7.	4.	11.	5	6	940
604	6.	7.	2.	63.	4	6	920
605	6.	7.	1.	43.	2	6	900
606	6.	7.	»	23.	»	6	880
607	6.	6.	7.	2.	9	6	860
608	6.	6.	5.	54.	7	6	840
609	6.	6.	4.	34.	6	6	820
610	6.	6.	3.	14.	4	6	800
611	6.	6.	1.	66.	2	6	780
612	6.	6.	»	46.	1	6	760
613	6.	5.	7.	25.	9	6	740
614	6.	5.	6.	5.	8	6	720
615	6.	5.	4.	57.	6	6	700
616	6.	5.	3.	37.	4	6	680
617	6.	5.	2.	17.	3	6	660
618	6.	5.	»	69.	1	6	640
619	6.	4.	7.	49.	»	6	620

MILLIÈMES	Marcs	Onces	Gros	Grains	Dixièmes	Kilos	Grammes
620	6.	4.	6.	28.	8	6	600
621	6.	4.	5.	8.	6	6	580
622	6.	4.	3.	60.	5	6	560
623	6.	4.	2.	40.	3	6	540
624	6.	4.	1.	20.	2	6	520
625	6.	4.	»	»	»	6	500
626	6.	3.	6.	51.	8	6	480
627	6.	3.	5.	31.	7	6	460
628	6.	3.	4.	11.	5	6	440
629	6.	3.	2.	63.	4	6	420
630	6.	3.	1.	43.	2	6	400
631	6.	3.	»	23.	»	6	380
632	6.	2.	7.	2.	9	6	360
633	6.	2.	5.	54.	7	6	340
634	6.	2.	4.	34.	6	6	320
635	6.	2.	3.	14.	4	6	300
636	6.	2.	1.	66.	2	6	280
637	6.	2.	»	46.	1	6	260
638	6.	1.	7.	25.	9	6	240
639	6.	1.	6.	5.	8	6	220
640	6.	1.	4.	57.	6	6	200
641	6.	1.	3.	37.	4	6	180
642	6.	1.	2.	17.	3	6	160
643	6.	1.	»	69.	1	6	140
644	6.	»	7.	49.	»	6	120
645	6.	»	6.	28.	8	6	100
646	6.	»	5.	8.	6	6	80
647	6.	»	3.	60.	5	6	60
648	6.	»	2.	40.	3	6	40
649	6.	»	1.	20.	2	6	20
650	6.	»	»	»	»	6	000
651	5.	7.	6.	51.	8	5	980
652	5.	7.	5.	31.	7	5	960
653	5.	7.	4.	11.	5	5	940
654	5.	7.	2.	63.	4	5	920
655	5.	7.	1.	43.	2	5	900

MILLIÈMES	Marcs	Onces	Gros	Grains	Dixièmes	Kilos	Grammes
656	5.	7.	»	23.	»	5	880
657	5.	6.	7.	2.	9	5	860
658	5.	6.	5.	54.	7	5	840
659	5.	6.	4.	34.	6	5	820
660	5.	6.	3.	14.	4	5	800
661	5.	6.	1.	66.	2	5	780
662	5.	6.	»	46.	1	5	760
663	5.	5.	7.	25.	9	5	740
664	5.	5.	6.	5.	8	5	720
665	5.	5.	4.	57.	6	5	700
666	5.	5.	3.	37.	4	5	680
667	5.	5.	2.	17.	3	5	660
668	5.	5.	»	69.	1	5	640
669	5.	4.	7.	49.	»	5	620
670	5.	4.	6.	28.	8	5	600
671	5.	4.	5.	8.	6	5	580
672	5.	4.	3.	60.	5	5	560
673	5.	4.	2.	40.	3	5	540
674	5.	4.	1.	20.	2	5	520
675	5.	4.	»	»	»	5	500
676	5.	3.	6.	51.	8	5	480
677	5.	3.	5.	31.	7	5	460
678	5.	3.	4.	11.	5	5	440
679	5.	3.	2.	63.	4	5	420
680	5.	3.	1.	43.	2	5	400
681	5.	3.	»	23.	»	5	380
682	5.	2.	7.	2.	9	5	360
683	5.	2.	5.	54.	7	5	340
684	5.	2.	4.	34.	6	5	320
685	5.	2.	3.	14.	4	5	300
686	5.	2.	1.	66.	2	5	280
687	5.	2.	»	46.	1	5	260
688	5.	1.	7.	25.	9	5	240
689	5.	1.	6.	5.	8	5	220
690	5.	1.	4.	57.	6	5	200
691	5.	1.	3.	37.	4	5	180

Quantité d'ARGENT FIN, à 1000 Millièmes, nécessaire pour rehausser à 950 Mil-
lièmes (1er titre), un MARC et un KILO d'ARGENT à l'un des titres ci-dessous.

MILLIÈMES	ARGENT FIN — Pour un Marc					ARGENT FIN — Pour un Kilo	
	Marcs	Onces	Gros	Grains	Dixièmes	Kilos	Grammes
692	5	1	2	17	3	5	160
693	5	1	.	69	1	5	140
694	5	.	7	49	.	5	120
695	5	.	6	29	8	5	100
696	5	.	5	8	6	5	80
697	5	.	3	60	5	5	60
698	5	.	2	40	3	5	40
699	5	.	1	20	2	5	20
700	5	.	.	.	.	5	00
701	4	7	6	54	8	4	980
702	4	7	5	54	7	4	960
703	4	7	4	11	5	4	940
704	4	7	2	63	4	4	920
705	4	7	1	43	2	4	900
706	4	7	.	23	.	4	880
707	4	6	7	2	9	4	860
708	4	6	5	54	7	4	840
709	4	6	4	54	6	4	820
710	4	6	3	14	4	4	800
711	4	6	1	66	2	4	780
712	4	6	.	46	1	4	760
713	4	5	7	25	9	4	740
714	4	5	6	5	8	4	720
715	4	5	4	57	6	4	700
716	4	5	3	57	4	4	680
717	4	5	2	17	3	4	660
718	4	5	.	69	1	4	640
719	4	4	7	49	.	4	620
720	4	4	6	29	8	4	600
721	4	4	5	8	6	4	580
722	4	4	3	60	5	4	560
723	4	4	2	40	3	4	540
724	4	4	1	20	2	4	520
725	4	4	.	.	.	4	500
726	4	3	6	31	8	4	480
727	4	3	5	31	7	4	460

MILLIÈMES	ARGENT FIN — Pour un Marc					ARGENT FIN — Pour un Kilo	
	Marcs	Onces	Gros	Grains	Dixièmes	Kilos	Grammes
728	4	3	4	11	3	4	440
729	4	3	2	63	4	4	420
730	4	3	1	43	2	4	400
731	4	3	.	23	.	4	380
732	4	2	7	2	8	4	360
733	4	2	5	64	7	4	340
734	4	2	4	54	6	4	320
735	4	2	3	14	4	4	300
736	4	2	1	66	2	4	280
737	4	2	.	46	1	4	260
738	4	1	7	25	9	4	240
739	4	1	6	5	8	4	220
740	4	1	4	67	6	4	200
741	4	1	3	57	4	4	180
742	4	1	2	17	3	4	160
743	4	1	.	69	1	4	140
744	4	.	7	49	.	4	120
745	4	.	6	29	8	4	100
746	4	.	5	8	6	4	80
747	4	.	3	60	5	4	60
748	4	.	2	40	3	4	40
749	4	.	1	20	2	4	20
750	4	.	.	.	.	4	00
751	3	7	6	54	8	3	980
752	3	7	5	54	7	3	960
753	3	7	4	11	5	3	940
754	3	7	2	63	4	3	920
755	3	7	1	43	2	3	900
756	3	7	.	23	.	3	880
757	3	6	7	2	9	3	860
758	3	6	5	64	7	3	840
759	3	6	4	54	6	3	820
760	3	6	3	14	4	3	800
761	3	6	1	66	2	3	780
762	3	6	.	46	1	3	760
763	3	5	7	25	9	3	740

MILLIÈMES	ARGENT FIN — Pour un Marc					ARGENT FIN — Pour un Kilo	
	Marcs	Onces	Gros	Grains	Dixièmes	Kilos	Grammes
764	3	5	6	5	8	3	720
765	3	5	4	57	6	3	700
766	3	5	3	57	4	3	680
767	3	5	2	17	3	3	660
768	3	5	.	69	1	3	640
769	3	4	7	49	.	3	620
770	3	4	6	22	8	3	600
771	3	4	5	8	0	3	580
772	3	4	3	60	5	3	560
773	3	4	2	40	3	3	540
774	3	4	1	20	2	3	520
775	3	4	.	.	.	3	500
776	3	3	6	54	8	3	480
777	3	3	5	54	7	3	460
778	3	3	4	11	5	3	440
779	3	3	2	63	4	3	420
780	3	3	1	43	2	3	400
781	3	3	.	23	.	3	380
782	3	2	7	2	9	3	360
783	3	2	5	54	7	3	340
784	3	2	4	54	6	3	320
785	3	2	3	14	4	3	300
786	3	2	1	66	2	3	280
787	3	2	.	46	1	3	260
788	3	1	7	25	9	3	240
789	3	1	6	5	8	3	220
790	3	1	4	57	0	3	200
791	3	1	3	57	4	3	180
792	3	1	2	17	3	3	160
793	3	1	.	69	1	3	140
794	3	.	7	49	.	3	120
795	3	.	6	29	8	3	100
796	3	.	5	8	6	3	80
797	3	.	3	60	5	3	60
798	3	.	2	40	3	3	40
799	3	.	1	20	2	3	20

DE 800 A 907 MILLIÈMES.

Quantité d'ARGENT FIN, à 1000 Millièmes, nécessaire pour rehausser à 950 Mil-
lièmes (1er titre), un MARC et un KILO d'ARGENT à l'un des titres ci-dessous.

Millièmes	ARGENT FIN — Pour un Marc					Pour un Kilo	
	Marcs	Onces	Gros	Grains	Dixièmes	Kilos	Grammes
800	3	.	.	.	.	3	000
801	2	7	6	51	8	2	980
802	2	7	5	51	7	2	960
803	2	7	4	11	5	2	940
804	2	7	2	65	4	2	920
805	2	7	1	43	2	2	900
806	2	7	.	23	.	2	880
807	2	6	7	2	9	2	860
808	2	6	5	51	7	2	840
809	2	6	4	51	6	2	820
810	2	6	3	11	4	2	800
811	2	6	1	64	2	2	780
812	2	6	.	46	1	2	760
813	2	5	7	24	9	2	740
814	2	5	6	3	8	2	720
815	2	5	4	57	6	2	700
816	2	5	3	37	4	2	680
817	2	5	2	17	3	2	660
818	2	5	.	69	1	2	640
819	2	4	7	49	.	2	620
820	2	4	6	28	8	2	600
821	2	4	5	8	6	2	580
822	2	4	3	60	5	2	560
823	2	4	2	40	3	2	540
824	2	4	1	20	2	2	520
825	2	4	.	.	.	2	500
826	2	3	6	51	8	2	480
827	2	3	5	31	7	2	460
828	2	3	4	11	5	2	440
829	2	3	2	65	4	2	420
830	2	3	1	43	2	2	400
831	2	3	.	25	.	2	380
832	2	2	7	2	9	2	360
833	2	2	5	51	7	2	340
834	2	2	4	51	6	2	320
835	2	2	3	11	4	2	300

Millièmes	ARGENT FIN — Pour un Marc					Pour un Kilo	
	Marcs	Onces	Gros	Grains	Dixièmes	Kilos	Grammes
836	2	2	1	66	2	2	280
837	2	2	.	46	1	2	260
838	2	1	7	25	0	2	240
839	2	1	6	5	8	2	220
840	2	1	4	57	6	2	200
841	2	1	3	37	4	2	180
842	2	1	2	17	3	2	160
843	2	1	.	69	1	2	140
844	2	.	7	49	.	2	120
845	2	.	6	28	8	2	100
846	2	.	5	8	6	2	080
847	2	.	3	60	5	2	060
848	2	.	2	40	3	2	040
849	2	.	1	20	2	2	020
850	2	.	.	.	.	2	000
851	1	7	6	51	8	1	980
852	1	7	5	31	7	1	960
853	1	7	4	11	5	1	940
854	1	7	2	65	4	1	920
855	1	7	1	43	2	1	900
856	1	7	.	23	.	1	880
857	1	6	7	2	9	1	860
858	1	6	5	51	7	1	840
859	1	6	4	54	6	1	820
860	1	6	3	14	4	1	800
861	1	6	1	65	2	1	780
862	1	6	.	46	1	1	760
863	1	5	7	25	9	1	740
864	1	5	6	3	8	1	720
865	1	5	4	57	6	1	700
866	1	5	3	37	4	1	680
867	1	5	2	17	3	1	660
868	1	5	.	69	1	1	640
869	1	4	7	49	.	1	620
870	1	4	5	23	0	1	600
871	1	4	3	5	6	1	580

Millièmes	ARGENT FIN — Pour un Marc					Pour un Kilo	
	Marcs	Onces	Gros	Grains	Dixièmes	Kilos	Grammes
872	1	4	5	69	3	1	560
873	1	4	2	40	3	1	540
874	1	4	1	20	2	1	520
875	1	4	.	.	.	1	500
876	1	3	6	51	8	1	480
877	1	3	5	31	7	1	460
878	1	3	4	11	5	1	440
879	1	3	2	65	4	1	420
880	1	3	1	43	2	1	400
881	1	3	.	23	.	1	380
882	1	2	7	2	9	1	360
883	1	2	5	54	7	1	340
884	1	2	4	54	6	1	320
885	1	2	3	11	4	1	300
886	1	2	1	66	2	1	280
887	1	2	.	46	1	1	260
888	1	1	7	25	0	1	240
889	1	1	6	5	8	1	220
890	1	1	4	57	6	1	200
891	1	1	3	57	4	1	180
892	1	1	2	17	3	1	160
893	1	1	.	69	1	1	140
894	1	.	7	49	.	1	120
895	1	.	6	28	3	1	100
896	1	.	5	3	6	1	080
897	1	.	5	60	5	1	060
898	1	.	2	40	3	1	040
899	1	.	1	20	2	1	020
900	1	.	.	.	.	1	000
901	.	7	6	51	8	0	980
902	.	7	5	51	7	0	960
903	.	7	4	11	5	0	940
904	.	7	2	65	4	0	920
905	.	7	1	15	3	0	900
906	.	7	.	23	.	0	880
907	.	6	7	2	9	0	860

...antité d'ARGENT FIN, à 1000 Millièmes, nécessaire pour rehausser à 950 Mil-
lièmes (1ᵉʳ titre), un MARC et un KILO d'ARGENT à l'un des titres ci-dessous.

MILLIÈMES.	ARGENT FIN — Pour un Marc					Pour un Kilo	
	Marc.	Onces.	Gros.	Grains.	Dixièmes.	Kilos.	Grammes.
908	»	6.	5.	54.	7	0	840
909	»	6.	4.	34.	6	0	820
910	»	6.	3.	14.	4	0	800
911	»	6.	1.	66.	2	0	780
912	»	6.	»	46.	1	0	760
913	»	5.	7.	25.	9	0	740
914	»	5.	6.	5.	8	0	720
915	»	5.	4.	57.	6	0	700
916	»	5.	3.	37.	4	0	680
917	»	5.	2.	17.	3	0	660
918	»	5.	»	69.	1	0	640
919	»	4.	7.	49.	»	0	620
920	»	4.	6.	28.	8	0	600
921	»	4.	5.	8.	6	0	580
922	»	4.	3.	60.	5	0	560
923	»	4.	2.	40.	3	0	540
924	»	4.	1.	20.	2	0	520
925	»	4.	»	»	»	0	500
926	»	3.	6.	51.	8	0	480
927	»	3.	5.	31.	7	0	460
928	»	3.	4.	11.	5	0	440
929	»	3.	2.	63.	4	0	420
930	»	3.	1.	43.	2	0	400
931	»	3.	»	23.	»	0	380
932	»	2.	7.	2.	9	0	360
933	»	2.	5.	54.	7	0	340
934	»	2.	4.	34.	6	0	320
935	»	2.	3.	14.	4	0	300
936	»	2.	1.	66.	2	0	280
937	»	2.	»	46.	1	0	260
938	»	1.	7.	25.	9	0	240
939	»	1.	6.	5.	8	0	220
940	»	1.	4.	57.	6	0	200
941	»	1.	3.	37.	4	0	180
942	»	1.	2.	17.	3	0	160
943	»	1.	»	69.	1	0	140
944	»	»	7.	49.	»	0	120
945	»	»	6.	28.	8	0	100
946	»	»	5.	8.	6	0	80
947	»	»	3.	60.	5	0	60
948	»	»	2.	40.	3	0	40
949	»	»	1.	20.	2	0	20
950	»	»	»	»	»	0	00

CHAPITRE XVII.

DE LA QUANTITÉ D'ALLIAGE NÉCESSAIRE POUR DESCENDRE À 950 MILLIÈMES (1ᵉʳ TITRE), UN MARC ET UN KILO D'ARGENT À L'UN DES TITRES CI-DES-SOUS.

MILLIÈMES.	ALLIAGE — Pour un Marc					Pour un Kilo	
	Marcs.	Onces.	Gros.	Grains.	Dixièmes.	Grammes.	Centigr.
1000	»	»	3.	27.	»	52	60
999	»	»	3.	22.	1	51	54
998	»	»	3.	17.	3	50	40
997	»	»	3.	12.	4	49	44
996	»	»	3.	7.	6	48	50
995	»	»	3.	2.	7	47	34
994	»	»	2.	69.	8	46	28
993	»	»	2.	64.	»	45	23
992	»	»	2.	60.	4	44	18
991	»	»	2.	55.	3	43	13
990	»	»	2.	50.	4	42	08
989	»	»	2.	45.	3	41	02

*Quantité d'**ALLIAGE** nécessaire pour descendre à 950 Millièmes (1er titre) un **MARC** et un **KILO** d'**ARGENT**, à l'un des titres ci-dessous.*

MILLIÈMES	ALLIAGE Pour un Marc					Pour un Kilo	
	Marc	Onces	Gros	Grains	Dixièmes	Grammes	Centigr.
988			2	40	7	39	97
987			2	35	8	38	92
986			2	30	9	37	87
985			2	26	1	36	82
984			2	21	2	35	76
983			2	16	4	34	71
982			2	11	5	33	66
981			2	6	7	32	61
980			2	1	8	31	56
979			1	68	0	30	50
978			1	64	1	29	45
977			1	59	2	28	40
976			1	54	4	27	35
975			1	49	3	26	30
974			1	44	6	25	24
973			1	39	8	24	19
972			1	34	9	23	14
971			1	30	1	22	09
970			1	25	2	21	04
969			1	20	3	19	98
968			1	15	5	18	93
967			1	10	6	17	88
966			1	5	8	16	83
965			1	0	9	15	78
964				68	0	14	72
963				63	2	13	67
962				58	3	12	62
961				53	4	11	57
960				48	6	10	52
959				43	7	9	46
958				38	9	8	41
957				34	0	7	36
956				29	1	6	31
955				24	3	5	26
954				19	4	4	20
953				14	6	3	15
952				9	7	2	10
951				4	8	1	05
950						0	00

CHAPITRE XVIII.

DE LA QUANTITÉ D'ARGENT FIN, A 1000 MILLIÈMES, NÉCESSAIRE POUR REHAUSSER A 800 MILLIÈMES (2e titre), UN MARC ET UN KILO D'ARGENT A L'UN DES TITRES CI-DESSOUS.

MILLIÈMES	ARGENT FIN Pour un Marc					Pour un Kilo	
	Marc	Onces	Gros	Grains	Dixièmes	Kilo	Grammes
300	2	4				2	500
301	2	3	7	49	0	2	495
302	2	3	7	25	9	2	490
303	2	3	7	2	9	2	485
304	2	3	6	51	8	2	480
305	2	3	6	28	8	2	475
306	2	3	6	5	8	2	470
307	2	3	5	54	7	2	465
308	2	3	5	31	7	2	460
309	2	3	5	8	6	2	455
310	2	3	4	57	6	2	450
311	2	3	4	34	6	2	445

Quantité d'ARGENT FIN, à 1000 Millièmes, nécessaire pour rehausser à 800 Millièmes (2ᵉ titre), un MARC et un KILO d'ARGENT, à l'un des titres ci-dessous.

MILLIÈMES.	ARGENT FIN — Pour un Marc.					Pour un Kilo.	
	Marcs.	Onces.	Gros.	Grains.	Dixièmes.	Kilos.	Grammes.
512	1.	3.	4.	11.	3	1	440
513	1.	3.	3.	60.	3	1	435
514	1.	3.	3.	37.	4	1	430
515	1.	3.	3.	14.	4	1	425
516	1.	3.	2.	63.	4	1	420
517	1.	3.	2.	40.	5	1	415
518	1.	3.	2.	17.	5	1	410
519	1.	3.	1.	60.	9	1	405
520	1.	3.	1.	43.	2	1	400
521	1.	3.	1.	20.	2	1	395
522	1.	3.	.	69.	1	1	390
523	1.	3.	.	46.	1	1	385
524	1.	3.	.	23.	.	1	380
525	1.	3.	.	.	.	1	375
526	1.	2.	7.	49.	.	1	370
527	1.	2.	7.	26.	9	1	365
528	1.	2.	7.	2.	9	1	360
529	1.	2.	6.	51.	8	1	355
530	1.	2.	6.	28.	8	1	350
531	1.	2.	6.	5.	8	1	345
532	1.	2.	5.	54.	7	1	340
533	1.	2.	5.	31.	7	1	335
534	1.	2.	5.	8.	6	1	330
535	1.	2.	4.	57.	6	1	325
536	1.	2.	4.	34.	6	1	320
537	1.	2.	4.	11.	5	1	315
538	1.	2.	3.	60.	5	1	310
539	1.	2.	3.	37.	4	1	305
540	1.	2.	3.	14.	4	1	300
541	1.	2.	2.	63.	4	1	295
542	1.	2.	2.	40.	3	1	290
543	1.	2.	2.	17.	3	1	285
544	1.	2.	1.	65.	2	1	280
545	1.	2.	1.	43.	2	1	275
546	1.	2.	1.	20.	2	1	270
547	1.	2.	.	69.	1	1	265

MILLIÈMES.	ARGENT FIN — Pour un Marc.					Pour un Kilo.	
	Marcs.	Onces.	Gros.	Grains.	Dixièmes.	Kilos.	Grammes.
548	1.	2.	.	46.	1	1	260
549	1.	2.	.	23.	.	1	255
550	1.	2.	.	.	.	1	250
551	1.	1.	7.	49.	.	1	245
552	1.	1.	7.	26.	9	1	240
553	1.	1.	7.	2.	9	1	235
554	1.	1.	6.	51.	8	1	230
555	1.	1.	6.	28.	8	1	225
556	1.	1.	6.	5.	8	1	220
557	1.	1.	5.	54.	7	1	215
558	1.	1.	5.	31.	7	1	210
559	1.	1.	5.	8.	6	1	205
560	1.	1.	4.	57.	6	1	200
561	1.	1.	4.	34.	6	1	195
562	1.	1.	4.	11.	5	1	190
563	1.	1.	3.	60.	5	1	185
564	1.	1.	3.	37.	4	1	180
565	1.	1.	3.	14.	4	1	175
566	1.	1.	2.	63.	4	1	170
567	1.	1.	2.	40.	3	1	165
568	1.	1.	2.	17.	3	1	160
569	1.	1.	1.	66.	2	1	155
570	1.	1.	1.	43.	2	1	150
571	1.	1.	1.	20.	2	1	145
572	1.	1.	.	69.	1	1	140
573	1.	1.	.	46.	1	1	135
574	1.	1.	.	23.	.	1	130
575	1.	1.	.	.	.	1	125
576	1.	.	7.	49.	.	1	120
577	1.	.	7.	26.	9	1	115
578	1.	.	7.	2.	9	1	110
579	1.	.	6.	51.	8	1	105
580	1.	.	6.	28.	8	1	100
581	1.	.	6.	5.	8	1	095
582	1.	.	5.	54.	7	1	090
583	1.	.	5.	31.	7	1	085

MILLIÈMES.	ARGENT FIN — Pour un Marc.					Pour un Kilo.	
	Marcs.	Onces.	Gros.	Grains.	Dixièmes.	Kilos.	Grammes.
584	1.	.	5.	8.	6	1	080
585	1.	.	4.	57.	6	1	075
586	1.	.	4.	34.	6	1	070
587	1.	.	4.	11.	5	1	065
588	1.	.	3.	60.	5	1	060
589	1.	.	3.	37.	4	1	055
590	1.	.	3.	14.	4	1	050
591	1.	.	2.	63.	4	1	045
592	1.	.	2.	40.	3	1	040
593	1.	.	2.	17.	3	1	035
594	1.	.	1.	66.	2	1	030
595	1.	.	1.	43.	2	1	025
596	1.	.	1.	20.	2	1	020
597	1.	.	.	69.	1	1	015
598	1.	.	.	46.	1	1	010
599	1.	.	.	23.	.	1	005
600	1.	.	.	.	.	1	000
601	.	7.	7.	49.	.	0	995
602	.	7.	7.	26.	9	0	990
603	.	7.	7.	2.	9	0	985
604	.	7.	6.	51.	8	0	980
605	.	7.	6.	28.	8	0	975
606	.	7.	6.	5.	8	0	970
607	.	7.	5.	54.	7	0	965
608	.	7.	5.	31.	7	0	960
609	.	7.	5.	8.	6	0	955
610	.	7.	4.	57.	6	0	950
611	.	7.	4.	34.	6	0	945
612	.	7.	4.	11.	5	0	940
613	.	7.	3.	60.	5	0	935
614	.	7.	3.	37.	4	0	930
615	.	7.	3.	14.	4	0	925
616	.	7.	2.	63.	4	0	920
617	.	7.	2.	40.	3	0	915
618	.	7.	2.	17.	3	0	910
619	.	7.	1.	66.	2	0	905

Quantité d'ARGENT FIN, à 1000 Millièmes, nécessaire pour rehausser à 800 Millièmes (2e titre), un MARC et un KILO d'ARGENT à l'un des titres ci-dessous.

ARGENT FIN — Pour un Marc : Marc, Onces, Gros, Grains, Dixièmes. — Pour un Kilo : Kilos, Grammes.

MILLIÈMES	Marc	Onces	Gros	Grains	Dixièmes	Kilos	Grammes
620	»	7	1	43	2	0	900
621	»	7	1	20	2	0	895
622	»	7	»	69	1	0	890
623	»	7	»	46	1	0	885
624	»	7	»	23	»	0	880
625	»	7	»	»	»	0	875
626	»	6	7	49	»	0	870
627	»	6	7	25	9	0	865
628	»	6	7	2	9	0	860
629	»	6	6	51	8	0	855
630	»	6	6	28	8	0	850
631	»	6	6	5	8	0	845
632	»	6	5	54	7	0	840
633	»	6	5	31	7	0	835
634	»	6	5	8	6	0	830
635	»	6	4	57	6	0	825
636	»	6	4	34	6	0	820
637	»	6	4	11	5	0	815
638	»	6	3	60	5	0	810
639	»	6	3	37	4	0	805
640	»	6	3	14	4	0	800
641	»	6	2	63	4	0	795
642	»	6	2	40	3	0	790
643	»	6	2	17	3	0	785
644	»	6	1	66	2	0	780
645	»	6	1	43	2	0	775
646	»	6	1	20	2	0	770
647	»	6	»	69	1	0	765
648	»	6	»	46	1	0	760
649	»	6	»	23	»	0	755
650	»	6	»	»	»	0	750
651	»	5	7	49	»	0	745
652	»	5	7	25	9	0	740
653	»	5	7	2	9	0	735
654	»	5	6	51	8	0	730
655	»	5	6	28	8	0	725
656	»	5	6	5	8	0	720
657	»	5	5	54	7	0	715
658	»	5	5	31	7	0	710
659	»	5	5	8	6	0	705
660	»	5	4	57	6	0	700
661	»	5	4	34	6	0	695
662	»	5	4	11	5	0	690
663	»	5	3	60	5	0	685
664	»	5	3	37	4	0	680
665	»	5	3	14	4	0	675
666	»	5	2	63	4	0	670
667	»	5	2	40	3	0	665
668	»	5	2	17	3	0	660
669	»	5	1	66	2	0	655
670	»	5	1	43	2	0	650
671	»	5	1	20	2	0	645
672	»	5	»	69	1	0	640
673	»	5	»	46	1	0	635
674	»	5	»	23	»	0	630
675	»	5	»	»	»	0	625
676	»	4	7	49	»	0	620
677	»	4	7	25	9	0	615
678	»	4	7	2	9	0	610
679	»	4	6	51	8	0	605
680	»	4	6	28	8	0	600
681	»	4	6	5	8	0	595
682	»	4	5	54	7	0	590
683	»	4	5	31	7	0	585
684	»	4	5	8	6	0	580
685	»	4	4	57	6	0	575
686	»	4	4	34	6	0	570
687	»	4	4	11	5	0	565
688	»	4	3	60	5	0	560
689	»	4	3	37	4	0	555
690	»	4	3	14	4	0	550
691	»	4	2	63	4	0	545
692	»	4	2	40	3	0	540
693	»	4	2	17	3	0	535
694	»	4	1	66	2	0	530
695	»	4	1	43	2	0	525
696	»	4	1	20	2	0	520
697	»	4	»	69	1	0	515
698	»	4	»	46	1	0	510
699	»	4	»	23	»	0	505
700	»	4	»	»	»	0	500
701	»	3	7	49	»	0	495
702	»	3	7	25	9	0	490
703	»	3	7	2	9	0	485
704	»	3	6	51	8	0	480
705	»	3	6	28	8	0	475
706	»	3	6	5	8	0	470
707	»	3	5	54	7	0	465
708	»	3	5	31	7	0	460
709	»	3	5	8	6	0	455
710	»	3	4	57	6	0	450
711	»	3	4	34	6	0	445
712	»	3	4	11	5	0	440
713	»	3	3	60	5	0	435
714	»	3	3	37	4	0	430
715	»	3	3	14	4	0	425
716	»	3	2	63	4	0	420
717	»	3	2	40	3	0	415
718	»	3	2	17	3	0	410
719	»	3	1	66	2	0	405
720	»	3	1	43	2	0	400
721	»	3	1	20	2	0	395
722	»	3	»	69	1	0	390
723	»	3	»	46	1	0	385
724	»	3	»	23	»	0	380
725	»	3	»	»	»	0	375
726	»	2	7	49	»	0	370
727	»	2	7	25	9	0	365

antité d'*ARGENT FIN*, à 1000 *Millièmes*, nécessaire pour rehausser à 800 *Mil-*
lièmes (2e titre), un *MARC* et un *KILO* d'*ARGENT* à l'un des titres ci-dessous.

ARGENT FIN

MILLIÈMES	Pour un Marc					Pour un Kilo	
	Marc.	Onces.	Gros.	Grains.	Dixièmes.	Kilos.	Grammes.
728	«	2	7	2	9	0	360
729	«	2	6	51	8	0	355
730	«	2	6	28	8	0	350
731	«	2	6	5	8	0	345
732	«	2	5	54	7	0	340
733	«	2	5	31	7	0	335
734	«	2	5	8	6	0	330
735	«	2	4	57	6	0	325
736	«	2	4	34	6	0	320
737	«	2	4	11	5	0	315
738	«	2	3	60	5	0	310
739	«	2	3	37	4	0	305
740	«	2	3	14	4	0	300
741	«	2	2	63	4	0	295
742	«	2	2	40	3	0	290
743	«	2	2	17	3	0	285
744	«	2	1	66	2	0	280
745	«	2	1	43	2	0	275
746	«	2	1	20	2	0	270
747	«	2	«	69	1	0	265
748	«	2	«	46	1	0	260
749	«	2	«	23	«	0	255
750	«	2	«	«	«	0	250
751	«	1	7	49	«	0	245
752	«	1	7	25	9	0	240

MILLIÈMES	Pour un Marc					Pour un Kilo	
	Marc.	Onces.	Gros.	Grains.	Dixièmes.	Kilos.	Grammes.
753	«	1	7	2	9	0	235
754	«	1	6	51	8	0	230
755	«	1	6	28	8	0	225
756	«	1	6	5	8	0	220
757	«	1	5	54	7	0	215
758	«	1	5	31	7	0	210
759	«	1	5	8	6	0	205
760	«	1	4	57	6	0	200
761	«	1	4	34	6	0	195
762	«	1	4	11	5	0	190
763	«	1	3	60	5	0	185
764	«	1	3	37	4	0	180
765	«	1	3	14	4	0	175
766	«	1	2	63	4	0	170
767	«	1	2	40	3	0	165
768	«	1	2	17	3	0	160
769	«	1	1	66	2	0	155
770	«	1	1	43	2	0	150
771	«	1	1	20	2	0	145
772	«	1	«	69	1	0	140
773	«	1	«	46	1	0	135
774	«	1	«	23	«	0	130
775	«	1	«	«	«	0	125
776	«	«	7	49	«	0	120
777	«	«	7	25	9	0	115

MILLIÈMES	Pour un Marc					Pour un Kilo	
	Marc.	Onces.	Gros.	Grains.	Dixièmes.	Kilos.	Grammes.
778	«	«	7	2	9	0	110
779	«	«	6	51	8	0	105
780	«	«	6	28	8	0	100
781	«	«	6	5	8	0	95
782	«	«	5	54	7	0	90
783	«	«	5	31	7	0	85
784	«	«	5	8	6	0	80
785	«	«	4	57	6	0	75
786	«	«	4	34	6	0	70
787	«	«	4	11	5	0	65
788	«	«	3	60	5	0	60
789	«	«	3	37	4	0	55
790	«	«	3	14	4	0	50
791	«	«	2	63	4	0	45
792	«	«	2	40	3	0	40
793	«	«	2	17	3	0	35
794	«	«	1	66	2	0	30
795	«	«	1	43	2	0	25
796	«	«	1	20	2	0	20
797	«	«	«	69	1	0	15
798	«	«	«	46	1	0	10
799	«	«	«	23	«	0	05
800	«	«	«	«	«	0	00

CHAPITRE XIX.

DE LA QUANTITÉ D'ALLIAGE NÉCESSAIRE POUR DESCENDRE À 800 MILLIÈM[ES] (2ᵉ TITRE), UN MARC ET UN KILO D'ARGENT À L'UN DES TITRES [CI-]DESSOUS.

DE 1000 À 905 MILLIÈMES.

MILLIÈMES	Marcs	Onces	Gros	Grains	Dixièmes	Grammes	Centigr.
1000	»	2	»	»	»	250	00
999	»	1	7	66	2	248	75
998	»	1	7	60	5	247	50
997	»	1	7	54	7	246	25
996	»	1	7	49	»	245	00
995	»	1	7	43	2	243	75
994	»	1	7	37	4	242	50
993	»	1	7	31	7	241	25
992	»	1	7	25	9	240	00
991	»	1	7	20	2	238	75
990	»	1	7	14	4	237	50
989	»	1	7	8	6	236	25
988	»	1	7	2	9	235	00
987	»	1	6	65	1	233	75
986	»	1	6	59	4	232	50
985	»	1	6	57	6	231	25
984	»	1	6	54	8	230	00
983	»	1	6	48	1	228	75
982	»	1	6	40	3	227	50
981	»	1	6	34	6	226	25
980	»	1	6	28	8	225	00
979	»	1	6	23	»	223	75
978	»	1	6	17	3	222	50
977	»	1	6	11	5	221	25
976	»	1	6	5	8	220	00
975	»	1	6	»	»	218	75
974	»	1	5	66	2	217	50
973	»	1	5	60	5	216	25
972	»	1	5	54	7	215	00
971	»	1	5	49	»	213	75
970	»	1	5	43	2	212	50
969	»	1	5	37	4	211	25

MILLIÈMES	Marcs	Onces	Gros	Grains	Dixièmes	Grammes	Centigr.
968	»	1	5	31	7	210	00
967	»	1	5	25	9	208	75
966	»	1	5	20	2	207	50
965	»	1	5	14	4	206	25
964	»	1	5	8	6	205	00
963	»	1	5	2	9	203	75
962	»	1	4	69	1	202	50
961	»	1	4	63	4	201	25
960	»	1	4	57	6	200	00
959	»	1	4	51	8	198	75
958	»	1	4	46	1	197	50
957	»	1	4	40	3	196	25
956	»	1	4	34	6	195	00
955	»	1	4	28	8	193	75
954	»	1	4	23	»	192	50
953	»	1	4	17	3	191	25
952	»	1	4	11	5	190	00
951	»	1	4	5	8	188	75
950	»	1	4	»	»	187	50
949	»	1	3	66	2	186	25
948	»	1	3	60	5	185	00
947	»	1	3	54	7	183	75
946	»	1	3	49	»	182	50
945	»	1	3	43	2	181	25
944	»	1	3	37	4	180	00
943	»	1	3	31	7	178	75
942	»	1	3	25	9	177	50
941	»	1	3	20	2	176	25
940	»	1	3	14	4	175	00
939	»	1	3	8	6	173	75
938	»	1	3	2	9	172	50
937	»	1	2	69	1	171	25

MILLIÈMES	Marcs	Onces	Gros	Grains	Dixièmes	Grammes	Centigr.
936	»	1	2	63	4	170	00
935	»	1	2	57	6	168	75
934	»	1	2	51	8	167	50
933	»	1	2	46	1	166	25
932	»	1	2	40	3	165	00
931	»	1	2	34	6	163	75
930	»	1	2	28	6	162	50
929	»	1	2	23	»	161	25
928	»	1	2	17	3	160	00
927	»	1	2	11	8	158	75
926	»	1	2	5	8	157	50
925	»	1	2	»	»	156	25
924	»	1	1	66	2	155	00
923	»	1	1	60	5	153	75
922	»	1	1	54	7	152	50
921	»	1	1	49	»	151	25
920	»	1	1	43	2	150	00
919	»	1	1	37	4	148	75
918	»	1	1	31	7	147	50
917	»	1	1	25	9	146	25
916	»	1	1	20	2	145	00
915	»	1	1	14	4	143	75
914	»	1	1	8	6	142	50
913	»	1	1	2	9	141	25
912	»	1	»	69	1	140	00
911	»	1	»	63	4	138	75
910	»	1	»	57	6	137	50
909	»	1	»	51	8	136	25
908	»	1	»	46	1	135	00
907	»	1	»	40	3	133	75
906	»	1	»	34	6	132	50
905	»	1	»	28	8	131	25

Quantité d'ALLIAGE nécessaire pour descendre à 800 Millièmes (2ᵉ titre), un MARC et un KILO d'ARGENT à l'un des titres ci-dessous.

ALLIAGE — Pour un Marc (Marcs, Onces, Gros, Grains, Dixièmes) ; Pour un Kilo (Grammes, Centigr.)

MILLIÈMES	Marcs	Onces	Gros	Grains	Dixièmes	Grammes	Centigr.
904	»	1	»	23	»	130	00
903	»	1	»	17	3	128	75
902	»	1	»	11	5	127	50
901	»	1	»	5	8	126	25
900	»	1	»	»	»	125	00
899	»	»	7	66	2	123	75
898	»	»	7	60	5	122	50
897	»	»	7	54	7	121	25
896	»	»	7	49	»	120	00
895	»	»	7	43	2	118	75
894	»	»	7	37	4	117	50
893	»	»	7	31	7	116	25
892	»	»	7	25	9	115	00
891	»	»	7	20	2	113	75
890	»	»	7	14	4	112	50
889	»	»	7	8	6	111	25
888	»	»	7	2	9	110	00
887	»	»	6	69	1	108	75
886	»	»	6	63	4	107	50
885	»	»	6	57	6	106	25
884	»	»	6	51	8	105	00
883	»	»	6	46	1	103	75
882	»	»	6	40	3	102	50
881	»	»	6	34	6	101	25
880	»	»	6	28	8	100	00
879	»	»	6	23	»	98	75
878	»	»	6	17	3	97	50
877	»	»	6	11	5	96	25
876	»	»	6	5	8	95	00
875	»	»	6	»	»	93	75
874	»	»	5	66	2	92	50
873	»	»	5	60	5	91	25
872	»	»	5	54	7	90	00
871	»	»	5	49	»	88	75
870	»	»	5	43	2	87	50

MILLIÈMES	Marcs	Onces	Gros	Grains	Dixièmes	Grammes	Centigr.
869	»	»	5	37	4	86	25
868	»	»	5	31	7	85	00
867	»	»	5	25	9	83	75
866	»	»	5	20	2	82	50
865	»	»	5	14	4	81	25
864	»	»	5	8	6	80	00
863	»	»	5	2	9	78	75
862	»	»	4	69	1	77	50
861	»	»	4	63	4	76	25
860	»	»	4	57	6	75	00
859	»	»	4	51	8	73	75
858	»	»	4	46	1	72	50
857	»	»	4	40	3	71	25
856	»	»	4	34	6	70	00
855	»	»	4	28	8	68	75
854	»	»	4	23	»	67	50
853	»	»	4	17	3	66	25
852	»	»	4	11	5	65	00
851	»	»	4	5	8	63	75
850	»	»	4	»	»	62	50
849	»	»	3	66	2	61	25
848	»	»	3	60	5	60	00
847	»	»	3	54	7	58	75
846	»	»	3	49	»	57	50
845	»	»	3	43	2	56	25
844	»	»	3	37	4	55	00
843	»	»	3	31	7	53	75
842	»	»	3	25	9	52	50
841	»	»	3	20	2	51	25
840	»	»	3	14	4	50	00
839	»	»	3	8	6	48	75
838	»	»	3	2	9	47	50
837	»	»	2	69	1	46	25
836	»	»	2	63	4	45	00
835	»	»	2	57	6	43	75

MILLIÈMES	Marcs	Onces	Gros	Grains	Dixièmes	Grammes	Centigr.
834	»	»	2	51	8	42	50
833	»	»	2	46	1	41	25
832	»	»	2	40	3	40	00
831	»	»	2	34	6	38	75
830	»	»	2	28	8	37	50
829	»	»	2	23	»	36	25
828	»	»	2	17	3	35	00
827	»	»	2	11	5	33	75
826	»	»	2	5	8	32	50
825	»	»	2	»	»	31	25
824	»	»	1	66	2	30	00
823	»	»	1	60	5	28	75
822	»	»	1	54	7	27	50
821	»	»	1	49	»	26	25
820	»	»	1	43	2	25	00
819	»	»	1	37	4	23	75
818	»	»	1	31	7	22	50
817	»	»	1	25	9	21	25
816	»	»	1	20	2	20	00
815	»	»	1	14	4	18	75
814	»	»	1	8	6	17	50
813	»	»	1	2	9	16	25
812	»	»	»	69	1	15	00
811	»	»	»	63	4	13	75
810	»	»	»	57	6	12	50
809	»	»	»	51	8	11	25
808	»	»	»	46	1	10	00
807	»	»	»	40	3	8	75
806	»	»	»	34	6	7	50
805	»	»	»	28	8	6	25
804	»	»	»	23	»	5	00
803	»	»	»	17	3	3	75
802	»	»	»	11	5	2	50
801	»	»	»	5	8	1	25
800	»	»	»	»	»	0	00

CHAPITRE XX.

DE LA QUANTITÉ D'ARGENT FIN, A 1000 MILLIÈMES, NÉCESSAIRE POUR REHAUSSER D'UN DENIER A L'AUTRE, UN MARC ET UN KILO D'ARGENT A L'UN DES DENIERS CI-DESSOUS (VOYEZ, POUR LA CONVERSION DES DENIERS EN MILLIÈMES, LE CHAPITRE DES DORÉS, PAGE 46).

TITRES à rehausser.		ARGENT FIN — Pour 1 marc.				Pour 1 kilo.	
Deniers.	Deniers.	Marcs.	Onces.	Gros.	Grains.	Grammes.	Centigr.
6 à	7	.	1.	4.	54	109	22
6 .	8	.	4.	.	.	500	.
6 .	9	1.	.	.	.	1000	.
6 .	10	2.	.	.	.	2000	.
6 à	11	3.	.	.	.	3000	.
7 .	8	.	2.	.	.	250	.

TITRES à rehausser.		ARGENT FIN — Pour 1 marc.				Pour 1 kilo.	
Deniers.	Deniers.	Marcs.	Onces.	Gros.	Grains.	Grammes.	Centigr.
7 à	9	.	5.	2.	54	663	25
7 .	10	1.4.	.	.	.	1500	.
7 .	11	4.	.	.	.	4000	.
8 à	9	.	2.	5.	.	328	12
8 .	10	1.	.	.	.	1000	.
8 .	11	3.	.	.	.	3000	.

TITRES à rehausser.		ARGENT FIN — Pour 1 marc.				Pour 1 kilo.	
Deniers.	Deniers.	Marcs.	Onces.	Gros.	Grains.	Grammes.	Centigr.
9 à	10	.	4.	.	.	500	.
9 .	11	2.	.	.	.	2000	.
10 .	11	1.	.	.	.	1000	.

CHAPITRE XXI.

DE LA QUANTITÉ D'ALLIAGE NÉCESSAIRE POUR DESCENDRE D'UN DENIER A L'AUTRE, UN MARC ET UN KILO D'ARGENT A L'UN DES DENIERS CI-DESSOUS (VOYEZ, POUR LA CONVERSION DES DENIERS EN MILLIÈMES, LE CHAPITRE DES DORÉS, PAGE 46).

TITRES à descendre.		ALLIAGE — Pour 1 marc.				Pour 1 kilo.	
Deniers.	Deniers.	Marcs.	Onces.	Gros.	Grains.	Grammes.	Centigr.
12 à	11	.	.	5.	60	91	16
12 .	10	.	1.4.	60		200	55
12 .	9	.	2.	2.	9	285	20
12 .	8	.	4.	.	.	500	.
12 à	7	.	5.	5.	54	714	64
12 .	6	1.	.	.	.	1000	.
11 .	10	.	.	6.	30	100	27
11 .	9	.	1.	6.	18	222	65
11 à	8	.	3.	.	.	575	.
11 .	7	.	4.	4.	43	572	93
11 .	6	.	6.	3.	25	833	87

TITRES à descendre.		ALLIAGE — Pour 1 marc.				Pour 1 kilo.	
Deniers.	Deniers.	Marcs.	Onces.	Gros.	Grains.	Grammes.	Centigr.
10 à	9	.	.	7.	6	110	69
10 .	8	.	2.	.	.	250	.
10 .	7	.	5.	5.	50	423	39
10 .	6	.	5.	2.	45	600	02
9 à	8	.	1.	.	.	125	.
9 .	7	.	2.	2.	24	286	47
9 .	6	.	4.	.	.	500	.
8 à	7	.	1.	1.	12	143	24
8 .	6	.	2.	5.	24	333	55
7 .	6	.	1.	2.	45	166	2

TITRES à descendre.		ALLIAGE — Pour 1 marc.				Pour 1 kilo.	
Deniers.	Deniers.	Marcs.	Onces.	Gros.	Grains.	Grammes.	Centigr.
950 à	11	.	.	2.	24	58	47
950 .	10	.	1.	.	70	140	18
950 .	9	.	2.	1.	5	263	72
950 .	8	.	3.	5.	15	425	15
950 à	7	.	5.	.	20	629	54
950 .	6	.	7.	1.	41	900	29
800 .	9	.	.	4.	20	66	84
800 à	8	.	1.	4.	58	107	92
800 .	6	.	2.	7.	60	572	41
800 .	7	.	4.	6.	25	600	83

CHAPITRE XXII.

ES DIFFÉRENTES VALEURS D'UN HECTOGRAMME D'OR (100 GRAMMES) ET
D'UN KILOGRAMME D'ARGENT (1,000 GRAMMES) A TOUS LES TITRES,
CALCULÉES D'APRÈS TOUS LES PRIX DE L'HECTOGRAMME D'OR FIN ET DU
KILOGRAMME D'ARGENT FIN.

Ce chapitre contient, 1° un tarif donnant le compte fait de la valeur d'un hecto-
amme d'or (100 grammes) depuis 1 millième jusqu'à 1000 millièmes, calculée d'après
us les cours de l'hectogramme d'or fin;

2° un tarif donnant également le compte fait de la valeur d'un kilogramme d'ar-
nt (1000 grammes), depuis 1 millième jusqu'à 1000 millièmes, calculée d'après
us les cours du kilogramme d'argent fin.

3° Et le compte fait, gramme par gramme, des achats d'or fin et d'argent fin, depuis
gramme jusqu'à 1 kilo.

Les exemples que j'ai donnés ci-après, rendront on ne peut plus facile l'emploi
ces trois tarifs.

Comme il est de toute impossibilité de donner dans un seul et même tableau, le
mpte fait de la valeur des dorés calculée d'après tous les cours possibles de l'or
et de l'argent fin, c'est-à-dire, en suivant une progression de 5 centimes en 5 cen-
mes dans le cours, sans nuire à la clarté de ce tarif, et sans y apporter la confusion
e la quantité de colonnes que cela exigerait, j'ai, dans un supplément placé au bas
toutes les pages de ce tarif, donné le nombre de centimes qu'il faut ajouter à
utes les sommes, sans exception, qui y sont contenues, toutes les fois que le prix
l'or fin et le prix de l'argent fin sont supérieurs de quelques centimes à ceux
qués en tête de chaque colonne de ce tarif.

La progression de ce nombre de centimes est si peu sensible de page en page, ou
28 millièmes en 28 millièmes, que tous les centimes, représentant chaque diffé-
ce de prix, peuvent être ajoutés indifféremment à toutes les sommes contenues
ns la page au bas de laquelle ces centimes sont placés. (Cette progression de page
page, est de 1 dixième de centime à 2 centimes.)

Voici quelques exemples qui vont démontrer combien il est facile, à l'aide de ce
if, de connaître, à l'instant même, la valeur d'un lingot d'or, d'argent ou de doré,
ls que soient son titre, le prix de l'hectogramme d'or fin, et le prix du kilo d'ar-
t fin.

1er EXEMPLE : J'ai un lingot d'or au titre de 550 millièmes ; je désire en contre la valeur, à raison de 345 francs l'hectogramme d'or fin.

Je cherche au tarif pour l'or le titre 550 millièmes, et sur la même ligne, à la co-
ne de 345 francs, l'hectogramme d'or fin, je trouve 189 fr. 75 cent. pour la valeur
n hectogramme ou 100 grammes de mon lingot.

2e EXEMPLE : J'ai un lingot d'or au titre de 633 millièmes; je désire en contre la valeur, à raison de 346 fr. 30 cent. l'hectogramme d'or fin.

Je cherche au tarif le titre 633 millièmes, et sur la même ligne, à la colonne de
fr. l'hectogramme d'or fin, je trouve 219 fr. 01 cent. ; ensuite, pour les 30 cent.
restent et forment la différence entre le prix de 346 fr. et celui de 346 fr. 30 cent.,
ois au supplément, placé au bas de la page dans laquelle se trouve le titre de
millièmes, que pour une différence de 30 cent. en plus, sur le prix de l'hecto-
mme d'or fin, il faut ajouter 19 cent. à toutes les sommes contenues dans cette
e.

J'additionne ces deux sommes ensemble : 219 fr. 01 cent.
Pour les 30 cent. de différence :   19

TOTAL. 219   20 cent., valeur d'un hectogramme de mon lingot, à raison de 346 fr. 30 cent. l'hectogramme d'or fin.

3e EXEMPLE : J'ai un lingot de doré, il est, d'après son bulletin d'essai, à 532 millièmes pour or, et à 140 millièmes pour argent.

Je désire en connaître la valeur, à raison de 347 fr. l'hectogramme d'or fin, et à raison de 221 fr. le kilo d'argent fin ,

1° Au titre de 532 millièmes, et sur la même ligne, à la colonne de 347 fr. l'hectogramme d'or fin, je trouve 184 fr. 60 cent., valeur d'un hectogramme ou 100 grammes de mon lingot pour l'or qu'il contient ;

2° Au titre de 140 millièmes, et au tarif pour l'argent, à la colonne de 221 fr. le kilo d'argent fin, je trouve 30 fr. 94 cent., valeur de chaque kilo que pèsera ce lingot pour l'argent qu'il contient en outre ;

Mais, comme les 184 fr. 60 cent. représentent la valeur de 100 grammes d'or, je ne prends que le dixième de la somme de 30 fr. 94 cent. pour l'ajouter à cette valeur. Ainsi donc, comme 3 fr. 09 cent. est le dixième de 30 fr. 94 cent., et qu'ils représentent la valeur de 100 grammes d'argent du lingot, à raison de 221 fr. le kilo, je l'additionne avec les 184 fr. 60 cent.   Or . . . . 184 fr. 60 cent.
Argent .   3   09

TOTAL. 187   69 cent., valeur d'un hectogramme ou 100 grammes de mon lingot de doré.

Les exemples ci-dessous, démontrent combien il est facile, 1° de réduire de suite au dixième, et sans aucun calcul, toutes sommes représentant la valeur d'un kilo d'or ou d'argent pour avoir la valeur de l'hectogramme (dixième partie du kilo) ; et 2° de rendre dix fois plus fortes toutes sommes représentant la valeur d'un hectogramme d'or ou d'argent (100 grammes) pour avoir la valeur du kilo.

1er EXEMPLE : J'ai un lingot de doré, il vaut, je suppose, 183 fr. 72 cent. l'hectogramme pour or, et 4 fr. l'hectogramme pour argent. A combien cela remet-il le kilo ?

En ajoutant un 0 à chacune de ces sommes, et en séparant , par une virgule, les deux derniers chiffres qui représentent des centimes, j'aurai la valeur du kilo : ainsi 1,837 fr. 20 cent. est la valeur du kilo pour or, et 40 fr. est la valeur du kilo pour argent.

J'additionne ces deux sommes ensemble.   Or . . . . 1,837 fr. 20 cent.
Argent .   40   »

TOTAL. 1,877   20 cent., valeur d'un kilo de mon lingot de doré.

2e EXEMPLE : J'ai un lingot de doré, il vaut, je suppose, 2,162 fr. 50 cent. le kilo pour or, et 24 fr. 31 cent. le kilo pour argent. A combien cela remet-il l'hectogramme (100 grammes) ?

En retranchant le dernier chiffre de chacune de ces sommes, et en séparant ensuite par une virgule, les deux derniers chiffres qui représentent des centimes, j'aurai la valeur de l'hectogramme ; ainsi 216 fr. 25 cent. est la valeur de l'hectogramme pour or, et 2 fr. 43 cent., est la valeur de l'hectogramme pour argent.

J'additionne ces deux sommes ensemble.   Or . . . . 216 fr. 25 cent.
Argent .   2   43

TOTAL. 218   68 cent., valeur d'un hectogramme de mon lingot de doré.

Si la somme totale représentant la valeur du kilo d'or ou d'argent, que je veux réduire au dixième, pour avoir la valeur de l'hectogramme, n'est composée que de 1, de 2 ou de 3 chiffres représentant des francs, sans addition de centimes, au lieu de retrancher de cette somme le dernier chiffre qui représente, dans ce cas, des dizaines de centimes, je lui ajoute, au contraire, un 0, et j'ai ainsi la valeur de l'hectogramme.

1er EXEMPLE : Mon lingot vaut, soit pour or, soit pour argent, 137 fr. le kilo ; et tant un 0 à ces trois chiffres, j'ai 13 fr. 70 cent. pour la valeur de l'hectogramme.

° EXEMPLE : Mon lingot vaut, soit pour or soit pour argent, 75 fr. le kilo, en
tant un 0 à ces deux chiffres, j'ai 7 fr. 50 cent. pour la valeur d'un hectogramme.

° EXEMPLE : Mon lingot d'or ne vaut, je suppose, que 9 fr. le kilo; en
tant un 0 à ce chiffre, j'ai 90 cent. pour la valeur d'un hectogramme.

*Moyen facile de connaître la quantité d'or fin ou d'argent fin, contenue dans un
lingot, d'après son titre.*

e nombre de millièmes formant le titre d'un lingot, représente juste le nombre de
ammes de fin qu'il contient par kilo.

** EXEMPLE : Mon lingot est au titre de 673 millièmes; il contient juste
grammes d'or fin ou d'argent fin par kilo.

° EXEMPLE : Mon lingot est au titre de 445 millièmes, il pèse 620 grammes
centigrammes. Combien contient-il de fin ?

e multiplie les 620 grammes 57 centigrammes par 445 millièmes, ce qui me donne
r produit 276 grammes 15 centigrammes de fin, contenus dans la totalité de mon
ot.

'après ce qui vient d'être dit dans ces deux derniers exemples, la valeur d'un
bre quelconque de millièmes d'or fin ou d'argent fin multiplié par le prix du kilo
in, est également la somme à laquelle revient un même nombre de grammes d'or
ou d'argent fin, multiplié aussi par le même prix du kilo de fin. Ainsi donc, en
tant un 0 à toutes les sommes, sans exception, contenues dans le tarif de l'or, ces
mes représenteront alors, comme il est dit plus haut, non seulement la valeur
à kilo d'or, depuis un millième jusqu'à 1,000 millièmes, calculé d'après tous les
x du kilo d'or fin, mais encore, toutes ces sommes représenteront également le
pte fait, gramme par gramme, des achats d'or fin, depuis 1 gramme jusqu'à 1 kilo,
près tous les prix du kilo d'or fin.

EXEMPLE : Je désire acheter 120 grammes d'or fin. L'or fin vaut 346 francs l'hec-
ramme, ou 3,460 francs le kilo. Combien valent les 120 grammes ?

e cherche au tarif de l'or le nombre de 120 grammes, et sur la même ligne, à la
onne de 346 fr. l'hectogramme, je trouve 41 fr. 52 cent., j'ajoute un 0 à cette
me, et en séparant par une virgule les deux derniers chiffres qui représentent des
times, j'ai 415 fr. 20 cent. pour le prix de 120 grammes d'or fin, à raison de
6 fr. l'hectogramme, ou 3,460 fr. le kilo.

Si le prix de l'or fin est supérieur de quelques centimes à ceux donnés en tête de
que colonne du tarif de l'or, je réunis d'abord à la somme principale portée audit
if, le nombre de centimes représentant la différence, et ensuite j'ajoute un 0 à la
mme totale.

EXEMPLE : Je désire acheter 130 grammes d'or fin, l'or fin vaut 346 fr. 50 cent.
hectogramme, ou 3,465 fr. le kilo. Combien valent les 130 grammes ?

Je cherche au tarif de l'or, le nombre de 130 grammes, et sur la même ligne, à la
onne de 346 fr. l'hectogramme, je trouve 44 fr. 98 cent.; ensuite pour les 50 cent.
i restent et forment la différence en plus entre le prix de 346 fr. et celui de 346 fr.
cent., je vois au supplément placé au bas de la page dans laquelle se trouve le
mbre de 130 grammes, que pour une différence de 50 cent. en plus sur les prix de
r fin donnés en tête de chaque colonne de cette page, il faut ajouter 6 cent. à
utes les sommes, sans exception, contenues dans cette page, j'ajoute donc ces 6 cent.
x 44 fr. 98 cent., ce qui fait 45 fr. 04 cent., en ajoutant ensuite un 0 à cette somme,
alors 450 fr. 40 cent. pour le prix de 130 grammes d'or fin, à raison de 346 fr.
cent. l'hectogramme, ou 3,465 fr. le kilo.

Quant au tarif de l'argent, comme toutes les sommes qui y sont contenues, repré-
tent toutes la valeur d'un kilo d'argent, depuis 1 millième jusqu'à 1,000 millièmes,
culée d'après les prix du kilo d'argent fin, ce tarif peut servir aux achats d'argent
depuis 1 gramme jusqu'à 1 kilo, sans qu'il soit besoin d'ajouter un 0 à aucune de
sommes.

*De la valeur d'un **HECTOGRAMME D'OR** (100 Grammes) et d'un **KIL[O] D'ARGENT** aux titres ci-dessous.*

MILLIÈMES ET GRAMMES	DIVERSES VALEURS D'UN HECTOGRAMME D'OR D'APRÈS LES PRIX SUIVANS DE L'HECTOGRAM. D'OR FIN.					
	345 f. ou 105.55 l'once.	346 f. ou 105.85 l'once.	347 f. ou 106.16 l'once.	348 f. ou 106.46 l'once.	349 f. ou 106.77 l'once.	350 f. ou 107.07 l'once.
	fr. c.	fr. c.	fr. c.	fr. c.	fr. c.	fr. c.
1	0 34	0 34	0 34	0 34	0 34	0 35
2	0 69	0 69	0 69	0 69	0 69	0 70
3	1 03	1 03	1 04	1 04	1 04	1 05
4	1 38	1 38	1 38	1 39	1 39	1 40
5	1 72	1 73	1 73	1 74	1 74	1 75
6	2 07	2 07	2 08	2 08	2 09	2 10
7	2 41	2 42	2 42	2 43	2 44	2 45
8	2 76	2 76	2 77	2 78	2 79	2 80
9	3 10	3 11	3 12	3 13	3 14	3 15
10	3 45	3 46	3 47	3 48	3 49	3 50
11	3 79	3 80	3 81	3 82	3 83	3 85
12	4 14	4 15	4 16	4 17	4 18	4 20
13	4 48	4 49	4 51	4 52	4 53	4 55
14	4 83	4 84	4 85	4 87	4 88	4 90
15	5 17	5 19	5 20	5 22	5 23	5 25
16	5 52	5 53	5 55	5 56	5 58	5 60
17	5 86	5 88	5 89	5 91	5 93	5 95
18	6 21	6 22	6 24	6 26	6 28	6 30
19	6 55	6 57	6 59	6 61	6 63	6 65
20	6 90	6 92	6 94	6 96	6 98	7 00
21	7 24	7 26	7 28	7 30	7 32	7 35
22	7 59	7 61	7 63	7 65	7 67	7 70
23	7 93	7 95	7 98	8 00	8 02	8 05
24	8 28	8 30	8 32	8 35	8 37	8 40
25	8 62	8 65	8 67	8 70	8 72	8 75
26	8 97	8 99	9 02	9 04	9 07	9 10
27	9 31	9 34	9 36	9 39	9 42	9 45
28	9 66	9 68	9 71	9 74	9 77	9 80

MILLIÈMES ET GRAMMES	VALEURS D'UN KILO D'ARGENT D'APRÈS LES PRIX SUIVANS DU KIL. D'ARGENT FIN.			
	219 f. ou 53f 60c le marc.	220 f. ou 53f 85c le marc.	221 f. ou 54f 09c le marc.	222 f. ou 54f 3[..] le marc.
	fr. c.	fr. c.	fr. c.	fr.
1	0 21	0 22	0 22	0
2	0 43	0 44	0 44	0
3	0 65	0 66	0 66	0
4	0 87	0 88	0 88	0
5	1 09	1 10	1 10	1
6	1 31	1 32	1 32	1
7	1 53	1 54	1 54	1
8	1 75	1 76	1 76	1
9	1 97	1 98	1 98	1
10	2 19	2 20	2 21	2
11	2 40	2 42	2 43	2
12	2 62	2 64	2 65	2
13	2 84	2 86	2 87	2
14	3 06	3 08	3 09	3
15	3 28	3 30	3 31	3
16	3 50	3 52	3 53	3
17	3 72	3 74	3 75	3
18	3 94	3 96	3 97	3
19	4 16	4 18	4 19	4
20	4 38	4 40	4 42	4
21	4 59	4 62	4 64	4
22	4 81	4 84	4 86	4
23	5 03	5 06	5 08	5
24	5 25	5 28	5 30	5
25	5 47	5 50	5 52	5
26	5 69	5 72	5 74	5
27	5 91	5 94	5 96	5
28	6 13	6 16	6 18	6

Lorsque le prix de l'hectogramme d'or fin et celui du kilo d'argent fin sont supérieurs [de] quelques centimes à ceux donnés en tête de chaque colonne de cette page, ajoutez pour chaq[ue] différence à toutes les sommes sans exception contenues dans cette page, les centimes ci-dessou[s] et de la manière suivante :

	cent.		cent.
Pour une différence de 5 centimes...	»	Pour une différence de 50 centimes...	1
Pour une différence de 10 centimes...	»	Pour une différence de 60 centimes...	1
Pour une différence de 20 centimes...	»	Pour une différence de 70 centimes...	1
Pour une différence de 30 centimes...	»	Pour une différence de 80 centimes...	2
Pour une différence de 40 centimes...	1	Pour une différence de 90 centimes...	2

Pour l'intelligence de la note ci-dessus, voyez les observations et les exemples placés en tête de ce chapitre.

De la valeur d'un *HECTOGRAMME D'OR* (100 *Grammes*) et d'un *KILO D'ARGENT aux titres ci-dessous.*

MILLIÈMES ET GRAMMES	DIVERSES VALEURS D'UN HECTOGRAMME D'OR D'APRÈS LES PRIX SUIVANS DE L'HECTOGRAM. D'OR FIN						MILLIÈMES ET GRAMMES	VALEURS D'UN KILO D'ARGENT D'APRÈS LES PRIX SUIVANS DU KILO D'ARGENT FIN			
	345 f. ou 105.55 l'once.	346 f. ou 105.85 l'once.	347 f. ou 106.16 l'once.	348 f. ou 106.46 l'once.	349 f. ou 106.77 l'once.	350 f. ou 107.07 l'once.		219 f. ou 53f60c le marc.	220 f. ou 53f85c le marc.	221 f. ou 54f09c le marc.	222 f. ou 54f34c le marc.
	fr. c.	fr. c.	fr. c.	fr. c.	fr. c.	fr. c.		fr. c.	fr. c.	fr. c.	fr. c.
29	10 00	10 03	10 06	10 09	10 12	10 15	29	6 35	6 38	6 40	6 43
30	10 36	10 39	10 41	10 44	10 47	10 50	30	6 57	6 60	6 63	6 68
31	10 69	10 72	10 75	10 78	10 81	10 85	31	6 78	6 82	6 85	6 88
32	11 04	11 07	11 10	11 15	11 16	11 20	32	7 00	7 04	7 07	7 10
33	11 38	11 41	11 45	11 48	11 51	11 55	33	7 22	7 26	7 29	7 32
34	11 75	11 76	11 79	11 85	11 86	11 90	34	7 44	7 48	7 51	7 54
35	12 07	12 11	12 14	12 18	12 21	12 25	35	7 66	7 70	7 73	7 77
36	12 42	12 45	12 49	12 52	12 56	12 60	36	7 88	7 92	7 95	7 99
37	12 76	12 80	12 85	12 87	12 91	12 95	37	8 10	8 14	8 17	8 21
38	13 11	13 14	13 18	13 22	13 26	13 30	38	8 32	8 36	8 39	8 43
39	13 45	13 49	13 55	13 57	13 61	13 65	39	8 54	8 58	8 61	8 65
40	13 80	13 84	13 88	13 92	13 96	14 00	40	8 76	8 80	8 84	8 88
41	14 14	14 18	14 22	14 26	14 30	14 35	41	8 97	9 02	9 06	9 10
42	14 49	14 53	14 57	14 61	14 65	14 70	42	9 19	9 24	9 28	9 32
43	14 83	14 87	14 92	14 96	15 00	15 05	43	9 41	9 46	9 50	9 54
44	15 18	15 22	15 26	15 31	15 35	15 40	44	9 63	9 68	9 72	9 76
45	15 52	15 57	15 61	15 66	15 70	15 75	45	9 85	9 90	9 94	9 99
46	15 87	15 91	15 96	16 00	16 05	16 10	46	10 07	10 12	10 16	10 21
47	16 21	16 26	16 30	16 35	16 40	16 45	47	10 29	10 34	10 38	10 43
48	16 56	16 60	16 65	16 70	16 75	16 80	48	10 51	10 56	10 60	10 65
49	16 90	16 95	17 00	17 05	17 10	17 15	49	10 73	10 78	10 82	10 87
50	17 25	17 30	17 35	17 40	17 45	17 50	50	10 95	11 00	11 05	11 10
51	17 59	17 64	17 69	17 74	17 79	17 85	51	11 16	11 22	11 27	11 32
52	17 94	17 99	18 04	18 09	18 14	18 20	52	11 38	11 44	11 49	11 54
53	18 28	18 33	18 39	18 44	18 49	18 55	53	11 60	11 66	11 71	11 76
54	18 63	18 68	18 73	18 79	18 84	18 90	54	11 82	11 88	11 93	11 98
55	18 97	19 03	19 08	19 14	19 19	19 25	55	12 04	12 10	12 15	12 21
56	19 32	19 37	19 43	19 48	19 54	19 60	56	12 26	12 32	12 37	12 43

Lorsque le prix de l'hectogramme d'or fin et celui du kilo d'argent fin sont supérieurs de quelques centimes à ceux donnés en tête de chaque colonne de cette page, ajoutez pour chaque différence à toutes les sommes sans exception contenues dans cette page, les centimes ci-dessous et de la manière suivante :

	cent.		cent.
Pour une différence de 5 centimes...	»	Pour une différence de 50 centimes...	2
Pour une différence de 10 centimes...	»	Pour une différence de 60 centimes...	3
Pour une différence de 20 centimes...	1	Pour une différence de 70 centimes...	3
Pour une différence de 30 centimes...	1	Pour une différence de 80 centimes...	4
Pour une différence de 40 centimes...	2	Pour une différence de 90 centimes...	5

Pour l'intelligence de la note ci-dessus, voyez les observations et les exemples placés en tête de ce chapitre.

DE 57 A 84 MILLIÈMES.

De la valeur d'un HECTOGRAMME D'OR (100 Grammes) et d'un KIL[OGRAMME] D'ARGENT aux titres ci-dessous.

DIVERSES VALEURS D'UN HECTOGRAMME D'OR, D'APRÈS LES PRIX SUIVANS DE L'HECTOGRAM. D'OR FIN.

MILLIÈMES ET GRAMMES	345 f. ou 105.55 l'once.	346 f. ou 105.85 l'once.	347 f. ou 106.16 l'once.	348 f. ou 106.46 l'once.	349 f. ou 106.77 l'once.	350 f. ou 107.07 l'once.
	fr. c.	fr. c.	fr. c.	fr. c.	fr. c.	fr. c.
57	19 66	19 72	19 77	19 85	19 89	19 93
58	20 01	20 06	20 12	20 18	20 24	20 30
59	20 35	20 41	20 47	20 53	20 59	20 65
60	20 70	20 76	20 82	20 88	20 94	21 00
61	21 04	21 10	21 16	21 22	21 28	21 33
62	21 39	21 45	21 51	21 57	21 63	21 70
63	21 73	21 79	21 86	21 92	21 98	22 05
64	22 08	22 14	22 20	22 27	22 33	22 40
65	22 43	22 49	22 55	22 62	22 68	22 75
66	22 77	22 85	22 90	22 96	23 03	23 10
67	23 11	23 18	23 24	23 31	23 36	23 45
68	23 46	23 52	23 59	23 66	23 73	23 80
69	23 80	23 87	23 94	24 01	24 08	24 15
70	24 15	24 22	24 29	24 36	24 43	24 50
71	24 49	24 56	24 63	24 70	24 77	24 85
72	24 84	24 91	24 98	25 05	25 12	25 20
73	25 18	25 25	25 33	25 40	25 47	25 55
74	25 53	25 60	25 67	25 75	25 82	25 90
75	25 87	25 95	26 02	26 10	26 17	26 25
76	26 22	26 29	26 37	26 44	26 52	26 60
77	26 56	26 64	26 71	26 79	26 87	26 95
78	26 91	26 98	27 06	27 14	27 22	27 30
79	27 25	27 33	27 41	27 49	27 57	27 65
80	27 60	27 68	27 76	27 84	27 92	28 00
81	27 94	28 02	28 10	28 18	28 26	28 35
82	28 29	28 37	28 45	28 53	28 61	28 70
83	28 63	28 71	28 80	28 88	28 96	29 05
84	28 98	29 06	29 14	29 23	29 31	29 40

VALEURS D'UN KILO D'ARGENT, D'APRÈS LES PRIX SUIVANS DU KIL[O] D'ARGENT FIN.

MILLIÈMES ET GRAMMES	219 f. ou 53f60c le marc.	220 f. ou 53f85c le marc.	221 f. ou 54f09c le marc.	222 f. ou 54f... le marc.
	fr. c.	fr. c.	fr. c.	fr. c.
57	12 53	12 56	12 59	[illegible]
58	12 70	12 76	12 81	[illegible]
59	12 92	12 95	13 03	[illegible]
60	13 14	13 20	13 26	[illegible]
61	13 50	13 47	13 48	[illegible]
62	13 57	13 64	13 70	[illegible]
63	13 70	13 80	13 92	[illegible]
64	14 01	14 08	14 14	[illegible]
65	14 25	14 30	14 36	[illegible]
66	14 45	14 52	14 58	[illegible]
67	14 67	14 74	14 80	[illegible]
68	14 89	14 96	15 01	[illegible]
69	15 11	15 18	15 24	[illegible]
70	15 33	15 40	15 47	[illegible]
71	15 54	15 61	15 69	[illegible]
72	15 76	15 81	15 91	[illegible]
73	15 93	16 03	16 17	[illegible]
74	16 20	16 23	16 33	[illegible]
75	16 42	16 50	16 57	[illegible]
76	16 64	16 72	16 79	[illegible]
77	16 86	16 94	17 01	[illegible]
78	17 08	17 16	17 23	[illegible]
79	17 30	17 38	17 45	[illegible]
80	17 52	17 60	17 68	[illegible]
81	17 75	17 82	17 96	[illegible]
82	17 96	18 04	18 12	[illegible]
83	18 17	18 26	18 34	[illegible]
84	18 39	18 48	18 56	[illegible]

Lorsque le prix de l'hectogramme d'or fin et celui du kilo d'argent fin sont supérieurs de quelques centimes à ceux donnés en tête de chaque colonne de cette page, ajoutez pour chaque différence à toutes les sommes sans exception contenues dans cette page, les centimes ci-dessous et de la manière suivante :

	cent.		cent.
Pour une différence de 5 centimes...	*	Pour une différence de 50 centimes...	4
Pour une différence de 10 centimes...	*	Pour une différence de 60 centimes...	5
Pour une différence de 20 centimes...	1	Pour une différence de 70 centimes...	5
Pour une différence de 30 centimes...	2	Pour une différence de 80 centimes...	6
Pour une différence de 40 centimes...	3	Pour une différence de 90 centimes...	7

Pour l'intelligence de la note ci-dessus, voyez les observations et les exemples placés en tête de ce chapitre.

De la valeur d'un HECTOGRAMME D'OR (100 Grammes) et d'un KILO D'ARGENT aux titres ci-dessous.

DIVERSES VALEURS D'UN HECTOGRAMME D'OR — D'APRÈS LES PRIX SUIVANS DE L'HECTOGRAM. D'OR FIN.

MILLIÈMES ET GRAMMES	345 f. ou 105.55 l'once.	346 f. ou 105.85 l'once.	347 f. ou 106.16 l'once.	348 f. ou 106.46 l'once.	349 f. ou 106.77 l'once.	350 f. ou 107.07 l'once.
	fr. c.	fr. c.	fr. c.	fr. c.	fr. c.	fr. c.
85	29 32	29 41	29 49	29 58	29 66	29 75
86	29 67	29 75	29 84	29 92	30 01	30 10
87	30 01	30 10	30 18	30 27	30 36	30 45
88	30 36	30 44	30 53	30 62	30 71	30 80
89	30 70	30 79	30 88	30 97	31 06	31 14
90	31 05	31 14	31 23	31 32	31 41	31 50
91	31 39	31 48	31 57	31 66	31 75	31 85
92	31 74	31 83	31 92	32 01	32 10	32 20
93	32 08	32 17	32 27	32 36	32 45	32 55
94	32 43	32 52	32 61	32 71	32 80	32 90
95	32 77	32 87	32 96	33 06	33 15	33 25
96	33 12	33 21	33 31	33 40	33 50	33 60
97	33 46	33 56	33 65	33 75	33 85	33 95
98	33 81	33 90	34 00	34 10	34 20	34 30
99	34 15	34 25	34 35	34 45	34 55	34 65
100	34 50	34 60	34 70	34 80	34 90	35 00
101	34 84	34 94	35 04	35 14	35 24	35 35
102	35 19	35 29	35 39	35 49	35 60	35 70
103	35 53	35 63	35 74	35 84	35 94	36 05
104	35 88	35 98	36 08	36 19	36 29	36 40
105	36 22	36 33	36 43	36 54	36 64	36 75
106	36 57	36 67	36 78	36 88	36 99	37 10
107	36 91	37 02	37 12	37 23	37 34	37 45
108	37 26	37 36	37 47	37 58	37 69	37 80
109	37 60	37 71	37 82	37 93	38 04	38 15
110	37 95	38 06	38 17	38 28	38 39	38 50
111	38 29	38 40	38 51	38 62	38 73	38 85
112	38 64	38 75	38 86	38 97	39 08	39 20

VALEURS D'UN KILO D'ARGENT — D'APRÈS LES PRIX SUIVANS DU KILO D'ARGENT FIN.

MILLIÈMES ET GRAMMES	219 f. ou 53f.60c le marc.	220 f. ou 53f.85c le marc.	221 f. ou 54f.09c le marc.	222 f. ou 54f.34c le marc.
	fr. c.	fr. c.	fr. c.	fr. c.
85	18 61	18 70	18 78	18 87
86	18 85	18 92	19 00	19 09
87	19 05	19 14	19 22	19 31
88	19 27	19 36	19 44	19 53
89	19 49	19 58	19 66	19 75
90	19 71	19 80	19 89	19 98
91	19 92	20 02	20 11	20 20
92	20 14	20 24	20 33	20 42
93	20 36	20 46	20 55	20 64
94	20 58	20 68	20 77	20 86
95	20 80	20 90	20 99	21 09
96	21 02	21 12	21 21	21 31
97	21 24	21 34	21 43	21 53
98	21 46	21 56	21 65	21 75
99	21 68	21 78	21 87	21 97
100	21 90	22 00	22 10	22 20
101	22 11	22 22	22 32	22 42
102	22 33	22 44	22 54	22 64
103	22 55	22 66	22 76	22 86
104	22 77	22 88	22 98	23 09
105	22 99	23 10	23 20	23 31
106	23 21	23 32	23 42	23 53
107	23 43	23 54	23 64	23 75
108	23 65	23 76	23 86	23 97
109	23 87	23 98	24 08	24 19
110	24 09	24 20	24 31	24 42
111	24 30	24 42	24 53	24 64
112	24 52	24 64	24 75	24 86

Lorsque le prix de l'hectogramme d'or fin et celui du kilo d'argent fin sont supérieurs de quelques centimes à ceux donnés en tête de chaque colonne de cette page, ajoutez pour chaque différence à toutes les sommes sans exception contenues dans cette page, les centimes ci-dessous et de la manière suivante :

	cent.		cent.
Pour une différence de 5 centimes...	.	Pour une différence de 50 centimes...	5
Pour une différence de 10 centimes...	1	Pour une différence de 60 centimes...	6
Pour une différence de 20 centimes...	2	Pour une différence de 70 centimes...	7
Pour une différence de 30 centimes...	3	Pour une différence de 80 centimes...	8
Pour une différence de 40 centimes...	4	Pour une différence de 90 centimes...	10

Pour l'intelligence de la note ci-dessus, voyez les observations et les exemples placés en tête de ce chapitre.

De la valeur d'un HECTOGRAMME D'OR (100 Grammes) et d'un KIL[OGRAMME] D'ARGENT aux titres ci-dessous.

MILLIÈMES ET GRAMMES	DIVERSES VALEURS D'UN HECTOGRAMME D'OR D'APRÈS LES PRIX SUIVANS DE L'HECTOGRAM. D'OR FIN.						MILLIÈMES ET GRAMMES	VALEURS D'UN KILO D'ARGENT D'APRÈS LES PRIX SUIVANS DU KILO D'ARGENT FIN.			
	345 f. ou 105.55 l'once.	346 f. ou 105.85 l'once.	347 f. ou 106.16 l'once.	348 f. ou 106.46 l'once.	349 f. ou 106.77 l'once.	350 f. ou 107.07 l'once.		219 f. ou 53f60c le marc.	220 f. ou 53f85c le marc.	221 f. ou 54f09c le marc.	222 f. ou 54f.. le m.
	fr. c.	fr. c.	fr. c.	fr. c.	fr. c.	fr. c.		fr. c.	fr. c.	fr. c.	fr.
113	38 98	39 09	39 21	39 32	39 43	39 55	113	24 74	24 86	24 98	25
114	39 33	39 44	39 55	39 67	39 78	39 90	114	24 96	25 08	25 20	25
115	39 67	39 79	39 90	40 02	40 13	40 25	115	25 18	25 30	25 41	25
116	40 02	40 13	40 25	40 36	40 48	40 60	116	25 40	25 52	25 63	25
117	40 36	40 48	40 59	40 71	40 83	40 94	117	25 62	25 74	25 85	25
118	40 71	40 82	40 94	41 06	41 18	41 30	118	25 84	25 96	26 07	26
119	41 05	41 17	41 29	41 41	41 53	41 65	119	26 06	26 18	26 29	26
120	41 40	41 52	41 64	41 76	41 88	42 00	120	26 28	26 40	26 52	26
121	41 74	41 86	41 99	42 10	42 22	42 35	121	26 49	26 62	26 74	26
122	42 09	42 21	42 33	42 45	42 57	42 70	122	26 71	26 84	26 96	27
123	42 43	42 56	42 68	42 80	42 92	43 05	123	26 93	27 06	27 18	27
124	42 78	42 90	43 02	43 15	43 27	43 40	124	27 15	27 28	27 40	27
125	43 12	43 25	43 37	43 50	43 62	43 75	125	27 37	27 50	27 62	27
126	43 47	43 59	43 72	43 84	43 97	44 10	126	27 59	27 72	27 84	27
127	43 81	43 94	44 06	44 19	44 32	44 45	127	27 81	27 94	28 06	28
128	44 16	44 28	44 41	44 54	44 67	44 80	128	28 03	28 16	28 28	28
129	44 50	44 63	44 76	44 89	45 02	45 15	129	28 25	28 38	28 50	28
130	44 85	44 98	45 11	45 24	45 37	45 50	130	28 47	28 60	28 73	28
131	45 19	45 32	45 45	45 58	45 71	45 85	131	28 69	28 82	28 95	29
132	45 54	45 67	45 80	45 93	46 06	46 20	132	28 90	29 04	29 17	29
133	45 88	46 01	46 15	46 28	46 41	46 55	133	29 12	29 26	29 39	29
134	46 23	46 36	46 49	46 63	46 76	46 90	134	29 34	29 48	29 61	29
135	46 57	46 71	46 84	46 98	47 11	47 25	135	29 56	29 70	29 83	29
136	46 92	47 05	47 19	47 32	47 46	47 60	136	29 78	29 92	30 05	30
137	47 26	47 40	47 53	47 67	47 81	47 95	137	30 00	30 14	30 27	30
138	47 61	47 74	47 88	48 02	48 16	48 30	138	30 22	30 36	30 49	30
139	47 95	48 09	48 23	48 37	48 51	48 65	139	30 44	30 58	30 71	30
140	48 30	48 44	48 58	48 72	48 86	49 00	140	30 66	30 80	30 94	31

Lorsque le prix de l'hectogramme d'or fin et celui du kilo d'argent fin sont supérieurs de quelques centimes à ceux donnés en tête de chaque colonne de cette page, ajoutez pour chaque différence à toutes les sommes sans exception contenues dans cette page, les centimes ci-dessous et de la manière suivante :

	cent.		cent.
Pour une différence de 5 centimes...	»	Pour une différence de 50 centimes...	6
Pour une différence de 10 centimes...	1	Pour une différence de 60 centimes...	8
Pour une différence de 20 centimes...	2	Pour une différence de 70 centimes...	9
Pour une différence de 30 centimes...	4	Pour une différence de 80 centimes...	11
Pour une différence de 40 centimes...	5	Pour une différence de 90 centimes...	12

Pour l'intelligence de la note ci-dessus, voyez les observations et les exemples placés en tête de ce chapitre.

e la valeur d'un *HECTOGRAMME D'OR* (100 *Grammes*) et d'un *KILO D'ARGENT* aux titres ci-dessous.

ET GRAMMES.	DIVERSES VALEURS D'UN HECTOGRAMME D'OR D'APRÈS LES PRIX SUIVANS DE L'HECTOGRAM. D'OR FIN.						MILLIÈMES ET GRAMMES.	VALEURS D'UN KILO D'ARGENT D'APRÈS LES PRIX SUIVANS DU KILO D'ARGENT FIN.			
	345 f. ou 105.55 l'once.	346 f. ou 105.85 l'once.	347 f. ou 106.16 l'once.	348 f. ou 106.46 l'once.	349 f. ou 106.77 l'once.	350 f. ou 107.07 l'once.		219 f. ou 53f 60c le marc.	220 f. ou 53f 85c le marc.	221 f. ou 54f 09c le marc.	222 f. ou 54f 34c le marc.
	fr. c.	fr. c.	fr. c.	fr. c.	fr. c.	fr. c.		fr. c.	fr. c.	fr. c.	fr. c.
1	48 64	48 78	48 92	49 06	49 20	49 35	141	30 87	31 02	31 16	31 30
2	48 99	49 13	49 27	49 41	49 55	49 70	142	31 09	31 24	31 38	31 52
3	49 33	49 47	49 62	49 76	49 90	50 05	143	31 31	31 46	31 60	31 74
4	49 68	49 82	49 96	50 11	50 25	50 40	144	31 53	31 68	31 82	31 96
5	50 02	50 17	50 31	50 46	50 60	50 75	145	31 75	31 90	32 04	32 19
6	50 37	50 51	50 66	50 80	50 95	51 10	146	31 97	32 12	32 26	32 41
7	50 71	50 86	51 00	51 15	51 30	51 45	147	32 19	32 34	32 48	32 63
8	51 06	51 20	51 35	51 50	51 65	51 80	148	32 41	32 56	32 70	32 85
9	51 40	51 55	51 70	51 85	52 00	52 15	149	32 63	32 78	32 92	33 07
0	51 75	51 90	52 05	52 20	52 35	52 50	150	32 85	33 00	33 15	33 30
1	52 09	52 24	52 39	52 54	52 69	52 85	151	33 06	33 22	33 37	33 52
2	52 44	52 59	52 74	52 89	53 04	53 20	152	33 28	33 44	33 59	33 74
3	52 78	52 93	53 09	53 24	53 39	53 55	153	33 50	33 66	33 81	33 96
4	53 13	53 28	53 43	53 59	53 74	53 90	154	33 72	33 88	34 03	34 18
5	53 47	53 63	53 78	53 94	54 09	54 25	155	33 94	34 10	34 25	34 41
6	53 82	53 97	54 13	54 28	54 44	54 60	156	34 16	34 32	34 47	34 63
7	54 16	54 32	54 47	54 63	54 79	54 95	157	34 38	34 54	34 69	34 85
8	54 51	54 66	54 82	54 98	55 14	55 30	158	34 60	34 76	34 91	35 07
9	54 85	55 01	55 17	55 33	55 49	55 65	159	34 82	34 98	35 13	35 29
0	55 20	55 36	55 52	55 68	55 84	56 00	160	35 04	35 20	35 36	35 52
1	55 54	55 70	55 86	56 02	56 18	56 35	161	35 25	35 42	35 58	35 74
2	55 89	56 05	56 21	56 37	56 53	56 70	162	35 47	35 64	35 80	35 96
3	56 23	56 39	56 56	56 72	56 88	57 05	163	35 69	35 86	36 02	36 18
4	56 58	56 74	56 90	57 07	57 23	57 40	164	35 91	36 08	36 24	36 40
5	56 92	57 09	57 25	57 42	57 58	57 75	165	36 13	36 30	36 46	36 63
6	57 27	57 43	57 60	57 76	57 93	58 10	166	36 35	36 52	36 68	36 85
7	57 61	57 78	57 94	58 11	58 28	58 45	167	36 57	36 74	36 90	37 07
8	57 96	58 12	58 29	58 46	58 63	58 80	168	36 79	36 96	37 12	37 29

Lorsque le prix de l'hectogramme d'or fin et celui du kilo d'argent fin sont supérieurs de elques centimes à ceux donnés en tête de chaque colonne de cette page, ajoutez pour chaque fférence à toutes les sommes sans exception contenues dans cette page, les centimes ci-dessous de la manière suivante :

	cent.		cent.
our une différence de 5 centimes. . .	»	Pour une différence de 50 centimes. . .	8
our une différence de 10 centimes. . .	1	Pour une différence de 60 centimes. . .	10
our une différence de 20 centimes. . .	3	Pour une différence de 70 centimes. . .	11
our une différence de 30 centimes. . .	4	Pour une différence de 80 centimes. . .	13
our une différence de 40 centimes. . .	6	Pour une différence de 90 centimes. . .	15

ur l'intelligence de la note ci-dessus, voyez les observations et les exemples placés en tête de ce chapitre.

De la valeur d'un HECTOGRAMME D'OR (100 Grammes) et d'un KIL
D'ARGENT aux titres ci-dessous.

MILLIÈMES ET GRAMMES.	DIVERSES VALEURS D'UN HECTOGRAMME D'OR D'APRÈS LES PRIX SUIVANS DE L'HECTOGRAM. D'OR FIN.						MILLIÈMES ET GRAMMES.	VALEURS D'UN KILO D'ARGE… D'APRÈS LES PRIX SUIVANS DU KI… D'ARGENT FIN.			
	345 f. ou 105.55 l'once.	346 f. ou 105.85 l'once.	347 f. ou 106.16 l'once.	348 f. ou 106.46 l'once.	349 f. ou 106.77 l'once.	350 f. ou 107.07 l'once.		219 f. ou 53f 60c le marc.	220 f. ou 53f 85c le marc.	221 f. ou 54f 09c le marc.	222 ou 54f3… le ma…
	fr. c.	fr. c.	fr. c.	fr. c.	fr. c.	fr. c.		fr. c.	fr. c.	fr. c.	fr.
169	58 30	58 47	58 64	58 81	58 98	59 15	169	37 01	37 18	37 34	37
170	58 65	58 82	58 99	59 16	59 33	59 50	170	37 23	37 40	37 57	37
171	58 99	59 16	59 33	59 50	59 67	59 85	171	37 44	37 62	37 79	37
172	59 34	59 51	59 68	59 85	60 02	60 20	172	37 66	37 84	38 01	38
173	59 68	59 85	60 03	60 20	60 37	60 55	173	37 88	38 06	38 23	38
174	60 03	60 20	60 37	60 55	60 72	60 90	174	38 10	38 28	38 45	38
175	60 37	60 55	60 72	60 90	61 07	61 25	175	38 32	38 50	38 67	38
176	60 72	60 89	61 07	61 24	61 42	61 60	176	38 54	38 72	38 89	39
177	61 06	61 24	61 41	61 59	61 77	61 95	177	38 76	38 94	39 11	39
178	61 41	61 58	61 76	61 94	62 12	62 30	178	38 98	39 16	39 33	39
179	61 75	61 93	62 11	62 29	62 47	62 65	179	39 20	39 38	39 55	39
180	62 10	62 28	62 46	62 64	62 82	63 00	180	39 42	39 60	39 78	39
181	62 44	62 62	62 80	62 98	63 16	63 35	181	39 63	39 82	40 00	40
182	62 79	62 97	63 15	63 33	63 51	63 70	182	39 85	40 04	40 22	40
183	63 13	63 31	63 50	63 68	63 86	64 05	183	40 07	40 26	40 44	40
184	63 48	63 66	63 84	64 03	64 21	64 40	184	40 29	40 48	40 66	40
185	63 82	64 01	64 19	64 38	64 56	64 75	185	40 51	40 70	40 88	41
186	64 17	64 35	64 54	64 72	64 91	65 10	186	40 73	40 92	41 10	41
187	64 51	64 70	64 88	65 07	65 26	65 45	187	40 95	41 14	41 32	41
188	64 86	65 04	65 23	65 42	65 61	65 80	188	41 17	41 36	41 54	41
189	65 20	65 39	65 58	65 77	65 96	66 15	189	41 39	41 58	41 76	41
190	65 55	65 74	65 93	66 12	66 31	66 50	190	41 61	41 80	41 99	42
191	65 89	66 08	66 27	66 46	66 65	66 85	191	41 82	42 02	42 21	42
192	66 24	66 43	66 62	66 81	67 00	67 20	192	42 04	42 24	42 43	42
193	66 58	66 77	66 97	67 16	67 35	67 55	193	42 26	42 46	42 65	42
194	66 93	67 12	67 31	67 51	67 70	67 90	194	42 48	42 68	42 87	43
195	67 27	67 47	67 66	67 86	68 05	68 25	195	42 70	42 90	43 09	43
196	67 62	67 81	68 01	68 20	68 40	68 60	196	42 92	43 12	43 31	43

Lorsque le prix de l'hectogramme d'or fin et celui du kilo d'argent fin sont supérieurs quelques centimes à ceux donnés en tête de chaque colonne de cette page, ajouter pour cha… différence à toutes les sommes sans exception contenues dans cette page, les centimes ci-dess… et de la manière suivante :

	cent.		cen…
Pour une différence de 5 centimes…	»	Pour une différence de 50 centimes…	…
Pour une différence de 10 centimes…	1	Pour une différence de 60 centimes…	1…
Pour une différence de 20 centimes…	3	Pour une différence de 70 centimes…	1…
Pour une différence de 30 centimes…	5	Pour une différence de 80 centimes…	1…
Pour une différence de 40 centimes…	7	Pour une différence de 90 centimes…	1…

Pour l'intelligence de la note ci-dessus, voyez les observations et les exemples placés en tête de ce chapit…

De la valeur d'un HECTOGRAMME D'OR (100 Grammes) et d'un KILO D'ARGENT aux titres ci-dessous.

MILLIÈMES ET GRAMMES.	DIVERSES VALEURS D'UN HECTOGRAMME D'OR — D'APRÈS LES PRIX SUIVANS DE L'HECTOGRAM. D'OR FIN.						MILLIÈMES ET GRAMMES.	VALEURS D'UN KILO D'ARGENT — D'APRÈS LES PRIX SUIVANS DU KILO D'ARGENT FIN.			
	345 f. ou 105.55 l'once.	346 f. ou 105.85 l'once.	347 f. ou 106.16 l'once.	348 f. ou 106.46 l'once.	349 f. ou 106.77 l'once.	350 f. ou 107.07 l'once.		219 f. ou 53f60c le marc.	220 f. ou 53f85c le marc.	221 f. ou 54f09c le marc.	222 f. ou 54f33c le marc.
	fr. c.	fr. c.	fr. c.	fr. c.	fr. c.	fr. c.		fr. c.	fr. c.	fr. c.	fr. c.
197	67 96	68 16	68 35	68 55	68 75	68 95	197	43 14	43 34	43 53	43 73
198	68 31	68 50	68 70	68 90	69 10	69 30	198	43 36	43 56	43 75	43 95
199	68 65	68 85	69 05	69 25	69 45	69 65	199	43 58	43 78	43 97	44 17
200	69 00	69 20	69 40	69 60	69 80	70 00	200	43 80	44 00	44 20	44 40
201	69 34	69 54	69 74	69 94	70 14	70 35	201	44 01	44 22	44 42	44 62
202	69 69	69 89	70 09	70 29	70 49	70 70	202	44 23	44 44	44 64	44 84
203	70 03	70 23	70 44	70 64	70 84	71 05	203	44 45	44 66	44 86	45 06
204	70 38	70 58	70 78	70 99	71 19	71 40	204	44 67	44 88	45 08	45 28
205	70 72	70 93	71 13	71 34	71 54	71 75	205	44 89	45 10	45 30	45 51
206	71 07	71 27	71 48	71 68	71 89	72 10	206	45 11	45 32	45 52	45 73
207	71 41	71 62	71 82	72 03	72 24	72 45	207	45 33	45 54	45 74	45 95
208	71 76	71 96	72 17	72 38	72 59	72 80	208	45 55	45 76	45 96	46 17
209	72 10	72 31	72 52	72 73	72 94	73 15	209	45 77	45 98	46 18	46 39
210	72 45	72 66	72 87	73 08	73 29	73 50	210	45 99	46 20	46 41	46 62
211	72 79	73 00	73 21	73 42	73 63	73 85	211	46 20	46 42	46 63	46 84
212	73 14	73 35	73 56	73 77	73 98	74 20	212	46 42	46 64	46 85	47 06
213	73 48	73 69	73 91	74 12	74 33	74 55	213	46 64	46 86	47 07	47 28
214	73 83	74 04	74 25	74 47	74 68	74 90	214	46 86	47 08	47 29	47 50
215	74 17	74 39	74 60	74 82	75 03	75 25	215	47 08	47 30	47 51	47 73
216	74 52	74 73	74 95	75 16	75 38	75 60	216	47 30	47 52	47 73	47 95
217	74 86	75 08	75 29	75 51	75 73	75 95	217	47 52	47 74	47 95	48 17
218	75 21	75 42	75 64	75 86	76 08	76 30	218	47 74	47 96	48 17	48 39
219	75 55	75 77	75 99	76 21	76 43	76 65	219	47 96	48 18	48 39	48 61
220	75 90	76 12	76 34	76 56	76 78	77 00	220	48 18	48 40	48 62	48 84
221	76 24	76 46	76 68	76 90	77 12	77 35	221	48 39	48 62	48 84	49 06
222	76 59	76 81	77 03	77 25	77 47	77 70	222	48 61	48 84	49 06	49 28
223	76 93	77 15	77 38	77 60	77 82	78 05	223	48 83	49 06	49 28	49 50
224	77 28	77 50	77 72	77 95	78 17	78 40	224	49 05	49 28	49 50	49 72

Lorsque le prix de l'hectogramme d'or fin et celui du kilo d'argent fin sont supérieurs de quelques centimes à ceux donnés en tête de chaque colonne de cette page, ajoutez pour chaque différence à toutes les sommes sans exception contenues dans cette page, les centimes ci-dessous et de la manière suivante :

	cent.		cent.
Pour une différence de 5 centimes...	1	Pour une différence de 50 centimes...	11
Pour une différence de 10 centimes...	2	Pour une différence de 60 centimes...	13
Pour une différence de 20 centimes...	4	Pour une différence de 70 centimes...	15
Pour une différence de 30 centimes...	6	Pour une différence de 80 centimes...	17
Pour une différence de 40 centimes...	8	Pour une différence de 90 centimes...	20

Pour l'intelligence de la note ci-dessus, voyez les observations et les exemples placés en tête de ce chapitre.

De la valeur d'un HECTOGRAMME D'OR (100 Grammes) et d'un KIL[O] D'ARGENT aux titres ci-dessous.

DIVERSES VALEURS D'UN HECTOGRAMME D'OR — D'APRÈS LES PRIX SUIVANS DE L'HECTOGRAM. D'OR FIN.

MILLIÈMES ET GRAMMES	345 f. ou 105.55 l'once.	346 f. ou 105.85 l'once.	347 f. ou 106.16 l'once.	348 f. ou 106.46 l'once.	349 f. ou 106.77 l'once.	350 f. ou 107.07 l'once.
	fr. c.	fr. c.	fr. c.	fr. c.	fr. c.	fr. c.
225	77 62	77 85	78 07	78 30	78 52	78 75
226	77 97	78 19	78 42	78 64	78 87	79 10
227	78 31	78 54	78 76	78 99	79 22	79 45
228	78 66	78 88	79 11	79 34	79 57	79 80
229	79 00	79 23	79 46	79 69	79 92	80 15
230	79 35	79 58	79 81	80 04	80 27	80 50
231	79 69	79 92	80 15	80 38	80 61	80 85
232	80 04	80 27	80 50	80 73	80 96	81 20
233	80 38	80 61	80 85	81 08	81 31	81 55
234	80 73	80 96	81 19	81 43	81 66	81 90
235	81 07	81 31	81 54	81 78	82 01	82 25
236	81 42	81 65	81 89	82 12	82 36	82 60
237	81 76	82 00	82 23	82 47	82 71	82 95
238	82 11	82 34	82 58	82 82	83 06	83 30
239	82 45	82 69	82 93	83 17	83 41	83 65
240	82 80	83 04	83 28	83 52	83 76	84 00
241	83 14	83 38	83 62	83 86	84 10	84 35
242	83 49	83 73	83 97	84 21	84 45	84 70
243	83 83	84 07	84 32	84 56	84 80	85 05
244	84 18	84 42	84 66	84 91	85 15	85 40
245	84 52	84 77	85 01	85 26	85 50	85 75
246	84 87	85 11	85 36	85 60	85 85	86 10
247	85 21	85 46	85 70	85 95	86 20	86 45
248	85 56	85 80	86 05	86 30	86 55	86 80
249	85 90	86 15	86 40	86 65	86 90	87 15
250	86 25	86 50	86 75	87 00	87 25	87 50
251	86 59	86 84	87 09	87 34	87 59	87 85
252	86 94	87 19	87 44	87 69	87 94	88 20

VALEURS D'UN KILO D'ARGENT — D'APRÈS LES PRIX SUIVANS DU KIL[O] D'ARGENT FIN.

MILLIÈMES ET GRAMMES	219 f. ou 53f60c le marc.	220 f. ou 53f85c le marc.	221 f. ou 54f09c le marc.	222 f. ou 54f3[.] le marc.
	fr. c.	fr. c.	fr. c.	fr. c.
225	49 27	49 50	49 72	49 [illegible]
226	49 49	49 72	49 94	50 [illegible]
227	49 71	49 94	50 16	50 [illegible]
228	49 93	50 16	50 38	50 [illegible]
229	50 15	50 38	50 60	50 [illegible]
230	50 37	50 60	50 83	51 [illegible]
231	50 58	50 82	51 05	51 [illegible]
232	50 80	51 04	51 27	51 [illegible]
233	51 02	51 26	51 49	51 [illegible]
234	51 24	51 48	51 71	51 [illegible]
235	51 46	51 70	51 93	52 [illegible]
236	51 68	51 92	52 15	52 [illegible]
237	51 90	52 14	52 37	52 [illegible]
238	52 12	52 36	52 59	52 [illegible]
239	52 34	52 58	52 81	53 [illegible]
240	52 56	52 80	53 04	53 [illegible]
241	52 77	53 02	53 26	53 [illegible]
242	52 99	53 24	53 48	53 [illegible]
243	53 21	53 46	53 70	53 [illegible]
244	53 43	53 68	53 92	54 [illegible]
245	53 65	53 90	54 14	54 [illegible]
246	53 87	54 12	54 36	54 [illegible]
247	54 09	54 34	54 58	54 [illegible]
248	54 31	54 56	54 80	55 [illegible]
249	54 53	54 73	55 02	55 [illegible]
250	54 75	55 00	55 25	55 [illegible]
251	54 96	55 22	55 47	55 [illegible]
252	55 18	55 44	55 69	55 [illegible]

Lorsque le prix de l'hectogramme d'or fin et celui du kilo d'argent fin sont supérieurs d[e] quelques centimes à ceux donnés en tête de chaque colonne de cette page, ajoutez pour chaqu[e] différence à toutes les sommes sans exception contenues dans cette page, les centimes ci-desso[us] et de la manière suivante :

	cent.		cent.
Pour une différence de 5 centimes....	1	Pour une différence de 50 centimes...	12
Pour une différence de 10 centimes....	2	Pour une différence de 60 centimes...	15
Pour une différence de 20 centimes....	5	Pour une différence de 70 centimes...	17
Pour une différence de 30 centimes....	7	Pour une différence de 80 centimes...	20
Pour une différence de 40 centimes....	10	Pour une différence de 90 centimes...	22

Pour l'intelligence de la note ci-dessus, voyez les explications et les exemples donnés en tête de c[e] chapitre.

...e la valeur d'un HECTOGRAMME D'OR (100 Grammes) et d'un KILO D'ARGENT aux titres ci-dessous.

Millièmes et grammes	DIVERSES VALEURS D'UN HECTOGRAMME D'OR D'APRÈS LES PRIX SUIVANS DE L'HECTOGRAM. D'OR FIN.						Millièmes et grammes	VALEURS D'UN KILO D'ARGENT D'APRÈS LES PRIX SUIVANS DU KILO D'ARGENT FIN.			
	345 f. ou 105.55 l'once.	346 f. ou 105.85 l'once.	347 f. ou 106.16 l'once.	348 f. ou 106.46 l'once.	349 f. ou 106.77 l'once.	350 f. ou 107.07 l'once.		219 f. ou 53f60c le marc.	220 f. ou 53f85c le marc.	221 f. ou 54f09c le marc.	222 f. ou 54f34c le marc.
	fr. c.	fr. c.	fr. c.	fr. c.	fr. c.	fr. c.		fr. c.	fr. c.	fr. c.	fr. c.
253	87 28	87 53	87 79	88 04	88 29	88 55	253	55 40	55 66	55 91	56 16
254	87 63	87 88	88 13	88 39	88 64	88 90	254	55 62	55 88	56 13	56 38
255	87 97	88 23	88 48	88 74	88 99	89 25	255	55 84	56 10	56 35	56 61
256	88 32	88 57	88 83	89 08	89 34	89 60	256	56 06	56 32	56 57	56 83
257	88 66	88 92	89 17	89 43	89 69	89 95	257	56 28	56 54	56 79	57 05
258	89 01	89 26	89 52	89 78	90 04	90 30	258	56 50	56 76	57 01	57 27
259	89 35	89 61	89 87	90 13	90 39	90 65	259	56 72	56 98	57 23	57 49
260	89 70	89 96	90 22	90 48	90 74	91 00	260	56 94	57 20	57 46	57 72
261	90 04	90 30	90 56	90 82	91 08	91 35	261	57 15	57 42	57 68	57 94
262	90 39	90 65	90 91	91 17	91 43	91 70	262	57 37	57 64	57 90	58 16
263	90 73	90 99	91 26	91 52	91 78	92 05	263	57 59	57 86	58 12	58 38
264	91 08	91 34	91 60	91 87	92 13	92 40	264	57 81	58 08	58 34	58 60
265	91 42	91 69	91 95	92 22	92 48	92 75	265	58 03	58 30	58 56	58 83
266	91 77	92 03	92 30	92 56	92 83	93 10	266	58 25	58 52	58 78	59 05
267	92 11	92 38	92 64	92 91	93 18	93 45	267	58 47	58 74	59 00	59 27
268	92 46	92 72	92 99	93 26	93 53	93 80	268	58 69	58 96	59 22	59 49
269	92 80	93 07	93 34	93 61	93 88	94 15	269	58 91	59 18	59 44	59 71
270	93 15	93 42	93 69	93 96	94 23	94 50	270	59 13	59 40	59 67	59 94
271	93 49	93 76	94 03	94 30	94 57	94 85	271	59 34	59 62	59 89	60 16
272	93 84	94 11	94 38	94 65	94 92	95 20	272	59 56	59 84	60 11	60 38
273	94 18	94 45	94 73	95 00	95 27	95 55	273	59 78	60 06	60 33	60 60
274	94 53	94 80	95 07	95 35	95 62	95 90	274	60 00	60 28	60 55	60 82
275	94 87	95 15	95 42	95 70	95 97	96 25	275	60 22	60 50	60 77	61 05
276	95 22	95 49	95 77	96 04	96 32	96 60	276	60 44	60 72	60 99	61 27
277	95 56	95 84	96 11	96 39	96 67	96 95	277	60 66	60 94	61 21	61 49
278	95 91	96 18	96 46	96 74	97 02	97 30	278	60 88	61 16	61 43	61 71
279	96 25	96 53	96 81	97 09	97 37	97 65	279	61 10	61 38	61 65	61 93
280	96 60	96 88	97 16	97 44	97 72	98 00	280	61 32	61 60	61 88	62 16

Lorsque le prix de l'hectogramme d'or fin et celui du kilo d'argent fin sont supérieurs de quelques centimes à ceux donnés en tête de chaque colonne de cette page, ajoutez pour chaque différence à toutes les sommes sans exception contenues dans cette page, les centimes ci-dessous de la manière suivante :

	cent.			cent.
Pour une différence de 5 centimes...	1		Pour une différence de 50 centimes...	13
Pour une différence de 10 centimes...	2		Pour une différence de 60 centimes...	16
Pour une différence de 20 centimes...	5		Pour une différence de 70 centimes...	19
Pour une différence de 30 centimes...	8		Pour une différence de 80 centimes...	23
Pour une différence de 40 centimes...	11		Pour une différence de 90 centimes...	25

Pour l'intelligence de la note ci-dessus, voyez les explications et les exemples donnés en tête de ce chapitre.

DE 281 A 308 MILLIÈMES.

*De la valeur d'un **HECTOGRAMME D'OR** (100 Grammes) et d'un **KILO** D'ARGENT aux titres ci-dessous.*

MILLIÈMES ET GRAMMES.	DIVERSES VALEURS D'UN HECTOGRAMME D'OR D'APRÈS LES PRIX SUIVANS DE L'HECTOGRAM. D'OR FIN.					
	345 f. ou 105.55 l'once.	346 f. ou 105.85 l'once.	347 f. ou 106.16 l'once.	348 f. ou 106.46 l'once.	349 f. ou 106.77 l'once.	350 f. ou 107.07 l'once.
	fr. c.	fr. c.	fr. c.	fr. c.	fr. c.	fr. c.
281	96 91	97 22	97 50	97 78	98 06	98 35
282	97 25	97 52	97 98	98 43	98 41	98 70
283	97 63	97 91	97 26	98 48	98 76	99 06
284	97 98	98 26	98 64	98 83	99 11	99 40
285	98 32	98 61	98 89	99 16	99 46	99 76
286	98 67	98 95	99 24	99 52	99 81	100 10
287	99 01	99 30	99 58	99 87	100 16	100 45
288	99 36	99 64	99 85	100 22	100 51	100 80
289	99 70	99 99	100 28	100 57	100 86	101 15
290	100 05	100 34	100 63	100 92	101 21	101 50
291	100 39	100 68	100 97	101 26	101 55	101 85
292	100 74	101 03	101 32	101 61	101 90	102 20
293	101 03	101 37	101 67	101 96	102 25	102 55
294	101 43	101 72	102 01	102 31	102 60	102 90
295	101 77	102 07	102 36	102 66	102 93	103 25
296	102 12	102 41	102 71	103 00	103 30	103 60
297	102 46	102 76	103 06	103 35	103 65	103 95
298	102 81	103 10	103 40	103 70	104 00	104 30
299	103 15	103 45	103 75	104 05	104 35	104 65
300	103 50	103 80	104 10	104 40	104 70	105 00
301	103 84	104 15	104 44	104 74	105 01	105 35
302	104 19	104 49	104 79	105 09	105 39	105 70
303	104 53	104 87	105 14	105 44	105 74	106 03
304	104 88	105 18	105 48	105 78	106 03	106 40
305	105 22	105 53	105 83	106 14	106 44	106 73
306	105 57	105 87	106 18	106 48	106 70	107 10
307	105 91	106 22	106 52	106 83	107 14	107 43
308	106 28	106 56	106 87	107 18	107 49	107 80

MILLIÈMES ET GRAMMES.	VALEURS D'UN KILO D'ARGENT D'APRÈS LES PRIX SUIVANS DU KILO D'ARGENT FIN.			
	219 f. ou 53f00c le mètre.	220 f. ou 53f65c le mètre.	221 f. ou 54f00c le mètre.	222 f. ou 54f½ le mètre.
	fr. c.	fr. c.	fr. c.	fr.
281	61 55	61 82	62 10	62
282	61 75	62 04	62 32	62
283	61 97	62 28	62 54	62
284	62 19	62 40	62 70	63
285	62 41	62 70	62 98	63
286	62 63	62 92	63 20	63
287	62 85	63 14	63 42	63
288	63 07	63 36	63 64	63
289	63 29	63 58	63 86	64
290	63 51	63 80	64 09	64
291	63 72	64 02	64 31	64
292	63 94	64 24	64 53	64
293	64 16	64 46	64 75	64
294	64 38	64 68	64 97	65
295	64 60	64 90	65 19	65
296	64 82	65 12	65 41	65
297	65 04	65 34	65 63	65
298	65 26	65 56	65 85	[illegible]
299	65 48	65 78	66 07	66
300	65 70	66 00	66 30	66
301	65 91	66 22	66 52	66
302	66 13	66 44	66 74	67
303	66 35	66 66	66 96	67
304	66 57	66 88	67 18	67
305	66 79	67 10	67 40	67
306	67 01	67 32	67 62	67
307	67 23	67 54	67 84	93
308	67 45	67 76	68 06	68

Lorsque le prix de l'hectogramme d'or fin et celui du kilo d'argent fin sont supérieurs de quelques centimes à ceux donnés en tête de chaque colonne de cette page, ajoutez pour chaque différence à toutes les sommes sans exception contenues dans cette page, les centimes ci-dessous et de la manière suivante :

	cent.		cent.
Pour une différence de 5 centimes...	1	Pour une différence de 50 centimes...	15
Pour une différence de 10 centimes...	3	Pour une différence de 60 centimes...	18
Pour une différence de 20 centimes...	6	Pour une différence de 70 centimes...	21
Pour une différence de 30 centimes...	9	Pour une différence de 80 centimes...	25
Pour une différence de 40 centimes...	12	Pour une différence de 90 centimes...	27

Pour l'intelligence de la note ci-dessus, voyez les explications et les exemples donnés en tête de ce chapitre.

...e la valeur d'un HECTOGRAMME D'OR (100 Grammes) et d'un KILO D'ARGENT aux titres ci-dessous.

Gr.	DIVERSES VALEURS D'UN HECTOGRAMME D'OR d'après les prix suivans de l'hectogram. d'or fin.						MILLIÈMES ET GRAMMES	VALEURS D'UN KILO D'ARGENT d'après les prix suivans du kilo d'argent fin.			
	345 f. ou 105.55 l'once.	346 f. ou 105.85 l'once.	347 f. ou 106.16 l'once.	348 f. ou 106.46 l'once.	349 f. ou 106.77 l'once.	350 f. ou 107.07 l'once.		219 f. ou 53f60c le marc.	220 f. ou 53f85c le marc.	221 f. ou 54f09c le marc.	222 f. ou 54f34c le marc.
	fr. c.	fr. c.	fr. c.	fr. c.	fr. c.	fr. c.		fr. c.	fr. c.	fr. c.	fr. c.
09	106 03	106 94	107 22	107 53	107 84	108 15	309	67 07	67 96	68 25	68 39
10	106 35	107 26	107 57	107 88	108 19	108 50	310	67 89	68 20	68 51	69 02
11	107 25	107 68	107 94	108 22	108 55	108 84	311	68 10	68 42	68 73	69 01
12	107 64	107 93	108 26	108 57	108 88	109 20	312	68 52	68 64	68 94	69 25
13	107 98	108 29	108 64	108 92	109 23	109 60	313	68 54	68 86	69 17	69 42
14	108 35	108 64	108 94	109 27	109 54	109 90	314	68 76	69 03	69 59	69 70
15	108 67	108 99	109 50	109 62	109 93	110 28	315	68 98	69 30	69 61	69 95
16	108 02	109 35	109 63	109 96	110 28	110 60	316	69 20	69 52	69 83	70 15
17	109 36	108 68	109 99	110 31	110 63	110 66	317	69 42	69 74	70 05	70 37
18	109 71	110 09	110 34	110 86	110 95	111 30	318	69 64	69 96	70 27	70 50
19	110 05	110 37	110 60	111 01	111 55	111 65	319	69 86	70 18	70 49	70 61
20	110 40	110 72	111 04	111 35	111 66	112 00	320	70 08	70 40	70 72	71 04
21	110 74	111 04	111 30	111 70	112 02	112 85	321	70 20	70 62	70 94	71 26
22	111 09	111 41	111 73	112 04	112 37	112 70	322	70 31	70 84	71 16	71 48
23	111 43	111 73	112 08	112 40	112 72	113 63	323	70 73	71 04	71 38	71 70
24	111 78	112 10	112 42	113 75	113 07	113 40	324	70 93	71 28	71 60	71 92
25	112 12	112 44	112 77	113 40	113 42	113 78	325	71 17	71 50	71 82	72 13
26	112 47	112 79	113 42	113 44	113 77	114 19	326	71 59	71 78	72 04	72 37
27	112 51	113 14	113 46	113 79	114 12	114 45	327	71 61	71 94	72 26	72 39
28	112 68	113 45	113 81	114 11	114 47	114 80	328	71 83	72 16	72 48	72 81
29	113 36	113 83	114 16	114 49	114 82	115 15	329	72 05	72 38	72 70	73 03
30	113 85	114 15	114 51	114 82	115 17	115 50	330	72 27	72 60	72 93	73 26
31	113 19	114 52	114 86	115 13	115 51	115 68	331	72 49	72 82	73 15	73 48
32	114 53	114 87	115 20	115 45	115 80	116 20	332	72 70	73 04	73 37	73 70
33	114 86	115 21	115 53	115 83	116 21	116 85	333	72 92	73 26	73 59	73 92
34	115 25	115 36	115 88	116 23	116 56	116 90	334	73 14	73 48	73 81	74 14
35	115 57	115 91	116 24	116 84	116 91	117 25	335	73 36	73 70	74 03	74 37
36	115 92	116 25	116 58	116 92	117 26	117 60	336	73 58	73 92	74 25	74 59

Lorsque le prix de l'hectogramme d'or fin et celui du kilo d'argent fin sont supérieurs de quelques centimes à ceux donnés en tête de chaque colonne de cette page, ajoutez pour chaque différence à toutes les sommes sans exception contenues dans cette page, les centimes ci-dessous de la manière suivante :

	cent.		cent.
Pour une différence de 5 centimes....	1	Pour une différence de 50 centimes...	16
Pour une différence de 10 centimes...	3	Pour une différence de 60 centimes...	20
Pour une différence de 20 centimes...	6	Pour une différence de 70 centimes...	23
Pour une différence de 30 centimes...	9	Pour une différence de 80 centimes...	27
Pour une différence de 40 centimes...	13	Pour une différence de 90 centimes...	30

Pour l'intelligence de la note ci-dessus, voyez les explications et les exemples donnés en tête de ce chapitre.

De la valeur d'un HECTOGRAMME D'OR (100 Grammes) et d'un KILO[GRAMME] D'ARGENT aux titres ci-dessous.

DIVERSES VALEURS D'UN HECTOGRAMME D'OR, D'APRÈS LES PRIX SUIVANS DE L'HECTOGRAM. D'OR FIN.

MILLIÈMES ET GRAMMES	345 f. ou 105.55 l'once.	346 f. ou 105.85 l'once.	347 f. ou 106.16 l'once.	348 f. ou 106.46 l'once.	349 f. ou 106.77 l'once.	350 f. ou 107.07 l'once.
	fr. c.	fr. c.	fr. c.	fr. c.	fr. c.	fr. c.
337	116 26	116 60	116 93	117 27	117 61	117 95
338	116 61	116 94	117 28	117 62	117 96	118 30
339	116 95	117 29	117 63	117 97	118 31	118 65
340	117 30	117 64	117 98	118 32	118 66	119 00
341	117 64	117 98	118 32	118 66	119 00	119 35
342	117 99	118 33	118 67	119 01	119 35	119 70
343	118 33	118 67	119 02	119 36	119 70	120 05
344	118 68	119 02	119 36	119 71	120 05	120 40
345	119 02	119 37	119 71	120 05	120 40	120 75
346	119 37	119 71	120 06	120 40	120 75	121 10
347	119 71	120 06	120 40	120 75	121 10	121 45
348	120 06	120 40	120 75	121 10	121 45	121 80
349	120 40	120 75	121 10	121 45	121 80	122 15
350	120 75	121 10	121 45	121 80	122 15	122 50
351	121 09	121 44	121 79	122 14	122 49	122 85
352	121 44	121 79	122 14	122 49	122 84	123 20
353	121 78	122 13	122 49	122 84	123 19	123 55
354	122 13	122 48	122 85	123 19	123 54	123 90
355	122 47	122 83	123 18	123 54	123 89	124 25
356	122 82	123 17	123 55	123 88	124 24	124 60
357	123 16	123 52	123 87	124 23	124 59	124 95
358	123 51	123 86	124 22	124 58	124 94	125 30
359	123 85	124 21	124 57	124 93	125 29	125 65
360	124 20	124 56	124 92	125 28	125 64	126 00
361	124 54	124 90	125 26	125 62	125 98	126 35
362	124 89	125 25	125 61	125 97	126 33	126 70
363	125 23	125 59	125 96	126 32	126 68	127 05
364	125 58	125 94	126 30	126 67	127 03	127 40

VALEURS D'UN KILO D'ARGENT, D'APRÈS LES PRIX SUIVANS DU KILO D'ARGENT FIN. *(la dernière colonne, 222 f., est coupée au bord de la page)*

MILLIÈMES ET GRAMMES	219 f. ou 53f60c le marc.	220 f. ou 53f85c le marc.	221 f. ou 54f09c le marc.	222 f. ou 54f3.. le marc.
	fr. c.	fr. c.	fr. c.	fr. c.
337	73 80	74 14	74 47	74 8[...]
338	74 02	74 36	74 69	75 0[...]
339	74 24	74 58	74 91	75 2[...]
340	74 46	74 80	75 14	75 4[...]
341	74 67	75 02	75 36	75 7[...]
342	74 89	75 24	75 58	75 9[...]
343	75 11	75 46	75 80	76 1[...]
344	75 33	75 68	76 02	76 3[...]
345	75 55	75 90	76 24	76 5[...]
346	75 77	76 12	76 46	76 8[...]
347	75 99	76 34	76 68	77 0[...]
348	76 21	76 56	76 90	77 2[...]
349	76 43	76 78	77 12	77 4[...]
350	76 65	77 00	77 35	77 7[...]
351	76 86	77 22	77 57	77 9[...]
352	77 08	77 44	77 79	78 1[...]
353	77 30	77 66	78 01	78 3[...]
354	77 52	77 88	78 23	78 [illegible]
355	77 74	78 10	78 45	78 [illegible]
356	77 96	78 32	78 67	79 0[...]
357	78 18	78 54	78 89	79 [illegible]
358	78 40	78 76	79 11	79 [illegible]
359	78 62	78 98	79 33	79 [illegible]
360	78 84	79 20	79 55	79 [illegible]
361	79 05	79 42	79 78	80 [illegible]
362	79 27	79 64	80 00	80 [illegible]
363	79 49	79 86	80 22	80 [illegible]
364	79 71	80 08	80 44	80 [illegible]

Lorsque le prix de l'hectogramme d'or fin et celui du kilo d'argent fin sont supérieurs de quelques centimes à ceux donnés en tête de chaque colonne de cette page, ajoutez pour chaque différence à toutes les sommes sans exception contenues dans cette page, les centimes ci-dessous et de la manière suivante :

	cent.		cent.
Pour une différence de 5 centimes...	1	Pour une différence de 50 centimes...	18
Pour une différence de 10 centimes...	3	Pour une différence de 60 centimes...	21
Pour une différence de 20 centimes...	7	Pour une différence de 70 centimes...	25
Pour une différence de 30 centimes...	10	Pour une différence de 80 centimes...	29
Pour une différence de 40 centimes...	14	Pour une différence de 90 centimes...	32

Pour l'intelligence de la note ci-dessus, voyez les explications et les exemples donnés en tête de ce chapitre.

De la valeur d'un HECTOGRAMME D'OR (100 Grammes) et d'un KILO D'ARGENT aux titres ci-dessous.

MILLIÈMES ET GRAMMES.	345 f. ou 105.55 l'once.	346 f. ou 105.85 l'once.	347 f. ou 106.16 l'once.	348 f. ou 106.46 l'once.	349 f. ou 106.77 l'once.	350 f. ou 107.07 l'once.	MILLIÈMES ET GRAMMES.	219 f. ou 53f60c le marc.	220 f. ou 53f85c le marc.	221 f. ou 54f09c le marc.	222 f. ou 54f34c le marc.
	fr. c.	fr. c.	fr. c.	fr. c.	fr. c.	fr. c.		fr. c.	fr. c.	fr. c.	fr. c.
365	125 92	126 29	126 68	127 09	127 38	127 78	365	79 93	80 30	80 66	81 03
366	126 27	126 63	127 00	127 36	127 73	128 16	366	80 15	80 52	80 88	81 25
367	126 61	126 98	127 34	127 71	128 09	128 45	367	80 37	80 74	81 10	81 47
368	126 96	127 32	127 69	128 06	128 43	128 80	368	80 59	80 96	81 32	81 69
369	127 30	127 67	128 04	128 41	128 78	129 15	369	80 81	81 18	81 54	81 91
370	127 65	128 02	128 39	128 76	129 13	129 50	370	81 03	81 40	81 77	82 14
371	127 99	128 36	128 73	129 10	129 47	129 85	371	81 24	81 62	81 99	82 36
372	128 34	128 71	129 08	129 45	129 82	130 20	372	81 46	81 84	82 21	82 58
373	128 68	129 05	129 43	129 80	130 17	130 55	373	81 68	82 06	82 43	82 80
374	129 03	129 40	129 77	130 15	130 52	130 90	374	81 90	82 28	82 65	83 02
375	129 37	129 75	130 12	130 50	130 87	131 25	375	82 12	82 50	82 87	83 25
376	129 72	130 09	130 47	130 84	131 22	131 60	376	82 34	82 72	83 09	83 47
377	130 06	130 44	130 81	131 19	131 57	131 95	377	82 56	82 94	83 31	83 69
378	130 41	130 78	131 16	131 54	131 92	132 30	378	82 78	83 16	83 53	83 91
379	130 75	131 13	131 51	131 89	132 27	132 65	379	83 00	83 38	83 75	84 13
380	131 10	131 48	131 86	132 24	132 62	133 00	380	83 22	83 60	83 98	84 36
381	131 44	131 82	132 20	132 58	132 96	133 35	381	83 43	83 82	84 20	84 58
382	131 79	132 17	132 55	132 93	133 31	133 70	382	83 65	84 04	84 42	84 80
383	132 13	132 51	132 90	133 28	133 66	134 05	383	83 87	84 26	84 64	85 02
384	132 48	132 86	133 24	133 63	134 01	134 40	384	84 09	84 48	84 86	85 24
385	132 82	133 21	133 59	133 98	134 36	134 75	385	84 31	84 70	85 08	85 47
386	133 17	133 55	133 94	134 32	134 71	135 10	386	84 53	84 92	85 30	85 69
387	133 51	133 90	134 28	134 67	135 06	135 45	387	84 75	85 14	85 52	85 91
388	133 86	134 24	134 63	135 02	135 41	135 80	388	84 97	85 36	85 74	86 15
389	134 20	134 59	134 98	135 37	135 76	136 15	389	85 19	85 58	85 96	86 35
390	134 55	134 94	135 33	135 72	136 11	136 50	390	85 41	85 80	86 19	86 58
391	134 89	135 28	135 67	136 06	136 45	136 85	391	85 62	86 02	86 41	86 80
392	135 24	135 63	136 02	136 41	136 80	137 20	392	85 84	86 24	86 63	87 02

Lorsque le prix de l'hectogramme d'or fin et celui du kilo d'argent fin sont supérieurs de quelques centimes à ceux donnés en tête de chaque colonne de cette page, ajoutez pour chaque différence à toutes les sommes sans exception contenues dans cette page, les centimes ci-dessous et de la manière suivante :

	cent.		cent.
Pour une différence de 5 centimes...	1	Pour une différence de 50 centimes...	19
Pour une différence de 10 centimes...	3	Pour une différence de 60 centimes...	23
Pour une différence de 20 centimes...	7	Pour une différence de 70 centimes...	27
Pour une différence de 30 centimes...	11	Pour une différence de 80 centimes...	31
Pour une différence de 40 centimes...	15	Pour une différence de 90 centimes...	35

Pour l'intelligence de la note ci-dessus, voyez les explications et les exemples donnés en tête de ce chapitre.

De la valeur d'un HECTOGRAMME D'OR (100 Grammes) et d'un KILO D'ARGENT aux titres ci-dessous.

MILLIÈMES ET GRAMMES	DIVERSES VALEURS D'UN HECTOGRAMME D'OR D'APRÈS LES PRIX SUIVANS DE L'HECTOGRAM. D'OR FIN.						MILLIÈMES ET GRAMMES	VALEURS D'UN KILO D'ARGENT D'APRÈS LES PRIX SUIVANS DU KILO D'ARGENT FIN.			
	345 f. ou 105.55 l'once.	346 f. ou 105.85 l'once.	347 f. ou 106.16 l'once.	348 f. ou 106.46 l'once.	349 f. ou 106.77 l'once.	350 f. ou 107.07 l'once.		219 f. ou 53f 60c le marc.	220 f. ou 53f 85c le marc.	221 f. ou 54f 09c le marc.	222 f. ou 54f 34c le marc.
	fr. c.	fr. c.	fr. c.	fr. c.	fr. c.	fr. c.		fr. c.	fr. c.	fr. c.	fr. c.
393	133 02	133 37	133 57	134 76	137 41	137 06	393	86 09	86 46	86 83	87 24
394	133 03	136 52	136 71	137 11	137 80	137 90	394	86 29	86 63	87 07	87 46
395	134 27	136 67	137 00	137 46	137 66	136 57	395	86 60	86 89	87 23	87 69
396	135 02	137 01	137 46	137 80	134 20	136 60	396	86 72	87 12	87 51	87 91
397	136 06	137 36	137 76	138 15	134 83	134 05	397	86 94	87 54	87 73	88 13
398	137 31	137 70	138 10	138 50	134 90	136 50	398	87 10	87 46	87 95	88 35
399	137 05	139 05	138 48	138 68	139 28	139 68	399	87 58	87 70	88 17	88 57
400	138 00	138 40	138 80	139 20	139 60	140 00	400	87 60	88 00	88 50	88 80
401	138 34	138 74	139 14	139 54	139 94	140 55	401	87 91	88 22	88 62	89 02
402	138 69	139 09	139 49	139 89	140 29	140 70	402	86 05	88 44	88 84	89 24
403	139 03	139 43	139 84	140 24	140 64	141 05	403	88 26	88 66	89 06	89 46
404	139 38	139 78	140 19	140 59	141 00	141 40	404	88 47	88 63	89 28	89 68
405	139 72	140 15	140 53	140 94	141 34	141 75	405	88 69	89 10	89 50	89 91
406	140 07	140 47	140 87	141 28	141 69	142 10	406	88 91	89 32	89 72	90 13
407	140 41	140 82	141 22	141 63	142 04	142 45	407	89 13	89 54	89 94	90 35
408	140 76	141 16	141 57	141 98	142 39	142 80	408	89 34	89 76	90 16	90 57
409	141 10	141 51	141 92	142 32	142 74	143 15	409	89 57	89 98	90 38	90 79
410	141 45	141 86	142 27	142 68	143 09	143 50	410	89 79	90 20	90 61	91 02
411	141 79	142 20	142 61	143 02	143 43	143 85	411	90 00	90 42	90 83	91 24
412	142 14	142 55	142 96	143 37	143 78	144 20	412	90 22	90 64	91 05	91 46
413	142 48	142 89	143 31	143 72	144 13	144 55	413	90 44	90 86	91 27	91 68
414	142 83	143 24	143 65	144 07	144 48	144 90	414	90 66	91 08	91 49	91 90
415	143 17	143 59	144 00	144 42	144 83	145 26	415	90 88	91 30	91 71	92 13
416	143 52	143 93	144 33	144 76	145 15	145 80	416	91 10	91 52	91 93	92 33
417	143 86	144 28	144 69	145 11	145 55	145 96	417	91 32	91 74	92 13	92 55
418	144 21	144 62	145 04	145 46	145 88	146 30	418	91 84	91 96	92 37	92 78
419	144 55	144 97	145 39	145 81	146 23	146 42	419	91 70	92 15	92 59	93 01
420	144 90	145 32	145 74	146 17	146 59	147 00	420	91 98	92 40	92 82	93 21

Lorsque le prix de l'hectogramme d'or fin et celui du kilo d'argent fin sont supérieurs de quelques centimes à ceux donnés en tête de chaque colonne de cette page, ajoutez pour chaque différence à toutes les sommes sans exception contenues dans cette page, les centimes ci-dessous et de la manière suivante :

	cent.		cent.
Pour une différence de 5 centimes....	2	Pour une différence de 50 centimes....	20
Pour une différence de 10 centimes....	4	Pour une différence de 60 centimes....	25
Pour une différence de 20 centimes....	8	Pour une différence de 70 centimes....	29
Pour une différence de 30 centimes....	12	Pour une différence de 80 centimes....	33
Pour une différence de 40 centimes....	16	Pour une différence de 90 centimes....	37

Pour l'intelligence de la notice dessus, voyez les explications et les exemples donnés en tête de ce chapitre.

De la valeur d'un HECTOGRAMME D'OR (100 Grammes) et d'un KILO D'ARGENT aux taux ci-dessous.

MILLIÈMES ET GRAMMES	DIVERSES VALEURS D'UN HECTOGRAMME D'OR D'APRÈS LES PRIX SUIVANS DE L'HECTOGRAMM. D'OR FIN.					
	345 f. ou 105.55 l'once.	346 f. ou 105.85 l'once.	347 f. ou 106.16 l'once.	348 f. ou 106.46 l'once.	349 f. ou 106.77 l'once.	350 f. ou 107.07 l'once.
	fr. c.	fr. c.	fr. c.	fr. c.	fr. c.	fr. c.
421	145 24	145 66	146 08	146 48	146 92	147 35
422	145 60	146 01	146 43	146 83	147 27	147 70
423	145 95	146 35	146 78	147 20	147 62	148 05
424	146 29	146 70	147 12	147 53	147 97	148 40
425	146 62	147 05	147 47	147 90	148 32	148 75
426	146 97	147 39	147 82	148 24	148 67	149 10
427	147 31	147 74	148 16	148 59	149 02	149 45
428	147 66	148 08	148 51	148 94	149 37	149 80
429	148 00	148 43	148 86	149 29	149 72	150 15
430	148 35	148 78	149 21	149 64	150 07	150 50
431	148 69	149 12	149 55	149 98	150 41	150 85
432	149 04	149 47	149 90	150 33	150 76	151 20
433	149 38	149 81	150 23	150 66	151 11	151 53
434	149 73	150 16	150 58	151 01	151 45	151 88
435	150 07	150 51	150 94	151 34	151 81	152 23
436	150 42	150 85	151 29	151 72	152 16	152 58
437	150 76	151 20	151 63	152 07	152 51	152 94
438	151 11	151 54	151 98	152 42	152 85	153 30
439	151 45	151 89	152 33	152 77	153 21	153 65
440	151 80	152 24	152 68	153 12	153 56	154 00
441	152 14	152 58	153 02	153 46	153 90	154 34
442	152 49	152 93	153 37	153 81	154 25	154 70
443	152 83	153 27	153 72	154 16	154 60	155 05
444	153 18	153 62	154 06	154 51	154 95	155 40
445	153 52	153 97	154 41	154 86	155 30	155 75
446	153 87	154 31	154 76	155 20	155 65	156 10
447	154 21	154 66	155 10	155 55	156 00	156 45
448	154 56	155 00	155 45	155 90	156 35	156 80

MILLIÈMES ET GRAMMES	VALEURS D'UN KILO D'ARGENT D'APRÈS LES PRIX SUIVANS DU KILO D'ARGENT FIN.			
	219 f. ou 53.60 le marc.	220 f. ou 53.85 le marc.	221 f. ou 54.09 le marc.	222 f. ou 54.34 le marc.
	fr. c.	fr. c.	fr. c.	fr. c.
421	92 19	92 62	93 04	93 48
422	92 41	92 84	93 26	93 68
423	92 63	93 06	93 48	93 90
424	92 85	93 28	93 70	94 12
425	93 07	93 50	93 92	94 34
426	93 29	93 72	94 14	94 57
427	93 51	93 94	94 36	94 79
428	93 73	94 16	94 58	95 01
429	93 95	94 38	94 80	95 23
430	94 17	94 60	95 03	95 46
431	94 38	94 82	95 25	95 69
432	94 60	95 04	95 47	95 90
433	94 82	95 26	95 69	96 12
434	95 04	95 48	95 91	96 34
435	95 26	95 70	96 13	96 57
436	95 48	95 92	96 35	96 79
437	95 70	96 14	96 57	97 01
438	95 92	96 36	96 79	97 23
439	96 14	96 58	97 01	97 45
440	96 36	96 80	97 23	97 68
441	96 58	97 02	97 46	97 90
442	96 79	97 25	97 68	98 12
443	97 01	97 46	97 90	98 34
444	97 23	97 68	98 12	98 56
445	97 45	97 90	98 34	98 79
446	97 67	98 12	98 56	99 04
447	97 89	98 34	98 78	99 25
448	98 11	98 54	98 97	99 40

Lorsque le prix de l'hectogramme d'or fin et celui du kilo d'argent fin sont supérieurs de quelques centimes à ceux donnés en tête de chaque colonne de cette page, ajoutez pour chaque différence à toutes les sommes sans exception contenues dans cette page, les centimes ci-dessous et de la manière suivante :

	cent.		cent.
Pour une différence de 5 centimes....	2	Pour une différence de 50 centimes....	22
Pour une différence de 10 centimes....	4	Pour une différence de 60 centimes....	26
Pour une différence de 20 centimes....	8	Pour une différence de 70 centimes....	34
Pour une différence de 30 centimes....	13	Pour une différence de 80 centimes....	36
Pour une différence de 40 centimes....	17	Pour une différence de 90 centimes....	40

Pour l'intelligence de la note ci-dessus, voyez les explications et les exemples donnés en tête de ce chapitre.

De la valeur d'un ***HECTOGRAMME D'OR*** *(100 Grammes) et d'un* ***KILO D'ARGENT*** *aux titres ci-dessous.*

MILLIÈMES ET GRAMMES.	DIVERSES VALEURS D'UN HECTOGRAMME D'OR D'APRÈS LES PRIX SUIVANS DE L'HECTOGRAM. D'OR FIN.						MILLIÈMES ET GRAMMES.	VALEURS D'UN KILO D'ARGENT D'APRÈS LES PRIX SUIVANS DU KILO D'ARGENT FIN.			
	345 f. ou 105.55 l'once.	346 f. ou 105.85 l'once.	347 f. ou 106.16 l'once.	348 f. ou 106.46 l'once.	349 f. ou 106.77 l'once.	350 f. ou 107.07 l'once.		219 f. ou 53f 60c le marc.	220 f. ou 53f 85c le marc.	221 f. ou 54f 09c le marc.	222 f. ou 54f 34c le marc.
	fr. c.	fr. c.	fr. c.	fr. c.	fr. c.	fr. c.		fr. c.	fr. c.	fr. c.	fr. c.
449	154 90	155 35	155 80	156 25	156 70	157 15	449	98 33	98 78	99 22	99 67
450	155 25	155 70	156 15	156 60	157 05	157 50	450	98 55	99 00	99 45	99 90
451	155 59	156 04	156 49	156 94	157 39	157 85	451	98 76	99 22	99 67	100 12
452	155 94	156 39	156 84	157 29	157 74	158 20	452	98 98	99 44	99 89	100 34
453	156 28	156 73	157 19	157 64	158 09	158 55	453	99 20	99 66	100 11	100 56
454	156 63	157 08	157 53	157 99	158 44	158 90	454	99 42	99 88	100 33	100 78
455	156 97	157 43	157 88	158 34	158 79	159 25	455	99 64	100 10	100 55	101 01
456	157 32	157 77	158 23	158 68	159 14	159 60	456	99 86	100 32	100 77	101 23
457	157 66	158 12	158 57	159 03	159 49	159 95	457	100 08	100 54	100 99	101 45
458	158 01	158 46	158 92	159 38	159 84	160 30	458	100 30	100 76	101 21	101 67
459	158 35	158 81	159 27	159 73	160 19	160 65	459	100 52	100 98	101 43	101 89
460	158 70	159 16	159 62	160 08	160 54	161 00	460	100 74	101 20	101 66	102 12
461	159 04	159 50	159 96	160 42	160 88	161 35	461	100 95	101 42	101 88	102 34
462	159 39	159 85	160 31	160 77	161 23	161 70	462	101 17	101 64	102 10	102 56
463	159 73	160 19	160 66	161 12	161 58	162 05	463	101 39	101 86	102 32	102 78
464	160 08	160 54	161 00	161 47	161 93	162 40	464	101 61	102 08	102 54	103 00
465	160 42	160 89	161 35	161 82	162 28	162 75	465	101 83	102 30	102 76	103 23
466	160 77	161 23	161 70	162 16	162 63	163 10	466	102 05	102 52	102 98	103 45
467	161 11	161 58	162 04	162 51	162 98	163 45	467	102 27	102 74	103 20	103 67
468	161 46	161 92	162 39	162 86	163 33	163 80	468	102 49	102 96	103 42	103 89
469	161 80	162 27	162 74	163 21	163 68	164 15	469	102 71	103 18	103 64	104 11
470	162 15	162 62	163 09	163 56	164 03	164 50	470	102 93	103 40	103 87	104 34
471	162 49	162 96	163 43	163 90	164 37	164 85	471	103 14	103 62	104 09	104 56
472	162 84	163 31	163 78	164 25	164 72	165 20	472	103 36	103 84	104 31	104 78
473	163 18	163 65	164 13	164 60	165 07	165 55	473	103 58	104 06	104 53	105 00
474	163 53	164 00	164 47	164 95	165 42	165 90	474	103 80	104 28	104 75	105 22
475	163 87	164 35	164 82	165 30	165 77	166 25	475	104 02	104 50	104 97	105 45
476	164 22	164 69	165 17	165 64	166 12	166 60	476	104 24	104 72	105 19	105 67

Lorsque le prix de l'hectogramme d'or fin et celui du kilo d'argent fin sont supérieurs de quelques centimes à ceux donnés en tête de chaque colonne de cette page, ajoutez pour chaque différence à toutes les sommes sans exception contenues dans cette page, les centimes ci-dessous et de la manière suivante :

	cent.		cent.
Pour une différence de 5 centimes...	2	Pour une différence de 50 centimes...	23
Pour une différence de 10 centimes...	4	Pour une différence de 60 centimes...	28
Pour une différence de 20 centimes...	9	Pour une différence de 70 centimes...	33
Pour une différence de 30 centimes...	14	Pour une différence de 80 centimes...	38
Pour une différence de 40 centimes...	18	Pour une différence de 90 centimes...	42

Pour l'intelligence de la note ci-dessus, voyez les explications et les exemples donnés en tête de ce chapitre.

De la valeur d'un HECTOGRAMME D'OR (100 Grammes) et d'un KILO D'ARGENT aux titres ci-dessous.

DIVERSES VALEURS D'UN HECTOGRAMME D'OR
D'APRÈS LES PRIX SUIVANS DE L'HECTOGRAM. D'OR FIN.

MILLIÈMES ET GRAMMES	345 f. ou 105.55 l'once	346 f. ou 105.85 l'once	347 f. ou 106.16 l'once	348 f. ou 106.46 l'once	349 f. ou 106.77 l'once	350 f. ou 107.07 l'once
	fr. c.	fr. c.	fr. c.	fr. c.	fr. c.	fr. c.
477	164 56	165 04	165 51	165 99	166 47	166 95
478	164 91	165 38	165 86	166 34	166 82	167 30
479	165 25	165 73	166 21	166 69	167 17	167 65
480	165 60	166 08	166 56	167 04	167 52	168 00
481	165 94	166 42	166 90	167 38	167 86	168 35
482	166 29	166 77	167 25	167 73	168 21	168 70
483	166 63	167 11	167 60	168 08	168 56	169 05
484	166 98	167 46	167 94	168 43	168 91	169 40
485	167 32	167 81	168 29	168 78	169 26	169 75
486	167 67	168 15	168 64	169 12	169 61	170 10
487	168 01	168 50	168 98	169 47	169 96	170 45
488	168 36	168 84	169 33	169 82	170 31	170 80
489	168 70	169 19	169 68	170 17	170 66	171 15
490	169 05	169 54	170 03	170 52	171 01	171 50
491	169 39	169 88	170 37	170 86	171 35	171 85
492	169 74	170 23	170 72	171 21	171 70	172 20
493	170 08	170 57	171 07	171 56	172 05	172 55
494	170 43	170 92	171 41	171 91	172 40	172 90
495	170 77	171 27	171 76	172 26	172 75	173 25
496	171 12	171 61	172 11	172 60	173 10	173 60
497	171 46	171 96	172 45	172 95	173 45	173 95
498	171 81	172 30	172 80	173 30	173 80	174 30
499	172 15	172 65	173 15	173 65	174 15	174 65
500	172 50	173 00	173 50	174 00	174 50	175 00
501	172 84	173 34	173 84	174 34	174 84	175 35
502	173 19	173 69	174 19	174 69	175 19	175 70
503	173 53	174 03	174 54	175 04	175 54	176 05
504	173 88	174 38	174 88	175 39	175 89	176 40

VALEURS D'UN KILO D'ARGENT
D'APRÈS LES PRIX SUIVANS DU KILO D'ARGENT FIN.

MILLIÈMES ET GRAMMES	219 f. ou 53.60c le marc	220 f. ou 53.85c le marc	221 f. ou 54.09c le marc	222 f. ou 54.34c le marc
	fr. c.	fr. c.	fr. c.	fr. c.
477	104 46	104 94	105 41	105 89
478	104 68	105 16	105 63	106 11
479	104 90	105 38	105 85	106 33
480	105 12	105 60	106 08	106 56
481	105 33	105 82	106 30	106 78
482	105 55	106 04	106 52	107 00
483	105 77	106 26	106 74	107 22
484	105 99	106 48	106 96	107 44
485	106 21	106 70	107 18	107 67
486	106 43	106 92	107 40	107 89
487	106 65	107 14	107 62	108 11
488	106 87	107 36	107 84	108 33
489	107 09	107 58	108 06	108 55
490	107 31	107 80	108 29	108 78
491	107 52	108 02	108 51	109 00
492	107 74	108 24	108 73	109 22
493	107 96	108 46	108 95	109 44
494	108 18	108 68	109 17	109 66
495	108 40	108 90	109 39	109 89
496	108 62	109 12	109 61	110 11
497	108 84	109 34	109 83	110 33
498	109 06	109 56	110 05	110 55
499	109 28	109 78	110 27	110 77
500	109 50	110 00	110 50	111 00
501	109 71	110 22	110 72	111 22
502	109 93	110 44	110 94	111 44
503	110 15	110 66	111 16	111 66
504	110 37	110 88	111 38	111 88

Lorsque le prix de l'hectogramme d'or fin et celui du kilo d'argent fin sont supérieurs de quelques centimes à ceux donnés en tête de chaque colonne de cette page, ajoutez pour chaque différence à toutes les sommes sans exception contenues dans cette page, les centimes ci-dessous et de la manière suivante :

	cent.		cent.
Pour une différence de 5 centimes...	2	Pour une différence de 50 centimes...	25
Pour une différence de 10 centimes...	5	Pour une différence de 60 centimes...	30
Pour une différence de 20 centimes...	10	Pour une différence de 70 centimes...	35
Pour une différence de 30 centimes...	14	Pour une différence de 80 centimes...	40
Pour une différence de 40 centimes...	19	Pour une différence de 90 centimes...	45

Pour l'intelligence de la note ci-dessus, voyez les explications et les exemples donnés en tête de ce chapitre.

De la valeur d'un HECTOGRAMME D'OR (100 Grammes) et d'un KILO D'ARGENT aux titres ci-dessous.

MILLIÈMES ET GRAMMES	DIVERSES VALEURS D'UN HECTOGRAMME D'OR D'APRÈS LES PRIX SUIVANS DE L'HECTOGRAM. D'OR FIN.						MILLIÈMES ET GRAMMES	VALEURS D'UN KILO D'ARGENT D'APRÈS LES PRIX SUIVANS DU KILO D'ARGENT FIN.			
	345 f. ou 105.55 l'once.	346 f. ou 105.85 l'once.	347 f. ou 106.16 l'once.	348 f. ou 106.46 l'once.	349 f. ou 106.77 l'once.	350 f. ou 107.07 l'once.		219 f. ou 53f 60c le marc.	220 f. ou 53f 85c le marc.	221 f. ou 54f 09c le marc.	222 f. ou 54f 34c le marc.
	fr. c.	fr. c.	fr. c.	fr. c.	fr. c.	fr. c.		fr. c.	fr. c.	fr. c.	fr. c.
505	174 22	174 75	175 25	175 74	176 24	176 73	505	110 59	111 10	111 60	112 11
506	174 57	175 07	175 58	176 08	176 59	177 10	506	110 81	111 32	111 82	112 33
507	174 91	175 42	175 92	176 43	176 94	177 45	507	111 03	111 54	112 04	112 55
508	175 26	175 76	176 27	176 78	177 29	177 80	508	111 25	111 76	112 26	112 77
509	175 60	176 11	176 62	177 13	177 64	178 15	509	111 47	111 98	112 48	112 99
510	175 95	176 46	176 97	177 48	177 99	178 50	510	111 69	112 20	112 71	113 22
511	176 29	176 80	177 31	177 83	178 33	178 85	511	111 90	112 42	112 93	113 44
512	176 64	177 15	177 66	178 17	178 68	179 20	512	112 12	112 64	113 15	113 66
513	176 98	177 49	178 01	178 52	179 03	179 53	513	112 34	112 86	113 37	113 88
514	177 33	177 84	178 35	178 87	179 38	179 90	514	112 56	113 08	113 59	114 10
515	177 67	178 19	178 70	179 22	179 73	180 25	515	112 78	113 30	113 81	114 33
516	178 02	178 53	179 05	179 56	180 08	180 60	516	113 00	113 52	114 03	114 55
517	178 36	178 88	179 39	179 91	180 43	180 95	517	113 22	113 74	114 25	114 77
518	178 71	179 22	179 74	180 26	180 78	181 30	518	113 41	113 96	114 47	114 99
519	179 05	179 57	180 09	180 61	181 13	181 65	519	113 66	114 18	114 69	115 21
520	179 40	179 92	180 44	180 96	181 48	182 00	520	113 88	114 40	114 92	115 44
521	179 74	180 26	180 78	181 30	181 82	182 35	521	114 09	114 62	115 14	115 66
522	180 09	180 61	181 13	181 65	182 17	182 70	522	114 31	114 84	115 36	115 88
523	180 43	180 95	181 47	182 00	182 52	183 05	523	114 53	115 06	115 58	116 10
524	180 78	181 30	181 82	182 35	182 87	183 40	524	114 75	115 28	115 80	116 32
525	181 12	181 65	182 17	182 70	183 22	183 75	525	114 97	115 50	116 02	116 55
526	181 47	181 99	182 52	183 04	183 57	184 10	526	115 19	115 72	116 24	116 77
527	181 81	182 34	182 86	183 39	183 92	184 45	527	115 41	115 94	116 46	116 99
528	182 16	182 68	183 21	183 74	184 27	184 80	528	115 63	116 16	116 68	117 21
529	182 50	183 03	183 56	184 09	184 62	185 15	529	115 85	116 38	116 90	117 43
530	182 85	183 38	183 91	184 44	184 97	185 50	530	116 07	116 60	117 13	117 66
531	183 19	183 72	184 25	184 78	185 31	185 85	531	116 28	116 82	117 35	117 88
532	183 54	184 07	184 60	185 13	185 66	186 20	532	116 50	117 04	117 57	118 10

Lorsque le prix de l'hectogramme d'or fin et celui du kilo d'argent fin sont supérieurs de quelques centimes à ceux donnés en tête de chaque colonne de cette page, ajoutez pour chaque différence à toutes les sommes sans exception contenues dans cette page, les centimes ci-dessous et de la manière suivante :

	cent.		cent.
Pour une différence de 5 centimes...	2	Pour une différence de 50 centimes...	26
Pour une différence de 10 centimes...	5	Pour une différence de 60 centimes...	31
Pour une différence de 20 centimes...	10	Pour une différence de 70 centimes...	36
Pour une différence de 30 centimes...	15	Pour une différence de 80 centimes...	42
Pour une différence de 40 centimes...	21	Pour une différence de 90 centimes...	47

Pour l'intelligence de la note ci-dessus, voyez les explications et les exemples donnés en tête de ce chapitre.

De la valeur d'un *HECTOGRAMME D'OR* (100 Grammes) et d'un *KILO D'ARGENT* aux titres ci-dessous.

DIVERSES VALEURS D'UN HECTOGRAMME D'OR — D'APRÈS LES PRIX SUIVANS DE L'HECTOGRAM. D'OR FIN.

MILLIÈMES ET GRAMMES.	345 f. ou 105.55 l'once.	346 f. ou 105.85 l'once.	347 f. ou 106.16 l'once.	348 f. ou 106.46 l'once.	349 f. ou 106.77 l'once.	350 f. ou 107.07 l'once.
	fr. c.	fr. c.	fr. c.	fr. c.	fr. c.	fr. c.
533	183 82	184 41	184 95	185 49	186 01	186 55
534	184 23	184 76	185 29	185 82	186 36	186 90
535	184 52	185 11	185 64	186 18	186 71	187 25
536	184 92	185 45	185 99	186 52	187 06	187 60
537	185 26	185 80	186 33	186 87	187 41	187 95
538	185 61	186 14	186 68	187 22	187 76	188 30
539	185 93	186 49	187 03	187 57	188 11	188 65
540	186 30	186 84	187 38	187 92	188 46	189 00
541	186 64	187 18	187 72	188 26	188 80	189 35
542	186 99	187 53	188 07	188 61	189 15	189 70
543	187 33	187 87	188 42	188 96	189 50	190 05
544	187 68	188 22	188 76	189 31	189 85	190 40
545	188 02	188 57	189 11	189 66	190 20	190 75
546	188 37	188 91	189 46	190 00	190 55	191 10
547	188 71	189 26	189 80	190 35	190 90	191 45
548	189 06	189 60	190 15	190 70	191 25	191 80
549	189 40	189 95	190 50	191 05	191 60	192 15
550	189 75	190 30	190 85	191 40	191 95	192 50
551	190 09	190 64	191 19	191 74	192 29	192 85
552	190 44	190 99	191 54	192 09	192 64	193 20
553	190 78	191 33	191 89	192 44	192 99	193 55
554	191 13	191 68	192 23	192 79	193 34	193 90
555	191 47	192 02	192 58	193 13	193 69	194 25
556	191 82	192 37	192 92	193 48	194 04	194 60
557	192 16	192 72	193 27	193 83	194 39	194 95
558	192 51	193 06	193 62	194 18	194 74	195 30
559	192 85	193 41	193 97	194 52	195 09	195 65
560	193 20	193 76	194 32	194 88	195 44	196 00

VALEURS D'UN KILO D'ARGENT — D'APRÈS LES PRIX SUIVANS DU KILO D'ARGENT FIN.

MILLIÈMES ET GRAMMES.	219 f. ou 53 f 60 c. le marc.	220 f. ou 53 f 85 c. le marc.	221 f. ou 54 f 09 c. le marc.	222 f. ou 54 f 34 c. le marc.
	fr. c.	fr. c.	fr. c.	fr. c.
533	116 79	117 23	117 79	118 32
534	116 94	117 43	118 01	118 54
535	117 16	117 70	118 23	118 77
536	117 38	117 92	118 45	118 99
537	117 60	118 14	118 67	119 21
538	117 82	118 36	118 89	119 43
539	118 04	118 58	119 11	119 65
540	118 26	118 80	119 34	119 88
541	118 47	119 01	119 56	120 10
542	118 69	119 24	119 78	120 32
543	118 91	119 46	120 00	120 54
544	119 13	119 68	120 22	120 76
545	119 35	119 90	120 44	120 99
546	119 57	120 12	120 66	121 21
547	119 79	120 34	120 88	121 43
548	120 01	120 56	121 10	121 65
549	120 23	120 78	121 32	121 87
550	120 45	121 00	121 55	122 10
551	120 66	121 22	121 77	122 32
552	120 88	121 44	121 99	122 54
553	121 10	121 66	122 21	122 76
554	121 32	121 88	122 45	122 98
555	121 54	122 10	122 66	123 21
556	121 76	122 32	122 87	123 43
557	121 98	122 54	123 09	123 65
558	122 20	122 76	123 31	123 87
559	122 42	122 98	123 53	124 09
560	122 64	123 20	123 76	124 31

Lorsque le prix de l'hectogramme d'or fin et celui du kilo d'argent fin sont supérieurs de quelques centimes à ceux donnés en tête de chaque colonne de cette page, ajoutez pour chaque différence à toutes les sommes sans exception contenues dans cette page, les centimes ci-dessous et de la manière suivante :

	cent.		cent.
Pour une différence de 5 centimes..	2	Pour une différence de 50 centimes..	27
Pour une différence de 10 centimes..	5	Pour une différence de 60 centimes..	33
Pour une différence de 20 centimes..	11	Pour une différence de 70 centimes..	39
Pour une différence de 30 centimes..	16	Pour une différence de 80 centimes..	45
Pour une différence de 40 centimes..	22	Pour une différence de 90 centimes..	50

Pour l'intelligence de la note ci-dessus, voyez les explications et les exemples donnés en tête de ce chapitre.

De la valeur d'un HECTOGRAMME D'OR (100 Grammes) et d'un KIL[OGRAMME] D'ARGENT aux titres ci-dessous.

DIVERSES VALEURS D'UN HECTOGRAMME D'OR
D'APRÈS LES PRIX SUIVANS DE L'HECTOGRAM. D'OR FIN:

MILLIÈMES ET GRAMMES.	345 f. ou 105.55 l'once.		346 f. ou 105.85 l'once.		347 f. ou 106.16 l'once.		348 f. ou 106.46 l'once.		349 f. ou 106.77 l'once.		350 f. ou 107.07 l'once.	
	fr.	c.	fr.	c.	fr.	c.	fr.	c.	fr.	c.	fr.	c.
561	193	51	194	10	194	66	195	22	195	78	196	33
562	193	89	194	43	195	01	195	57	196	13	196	70
563	194	23	194	79	195	36	195	92	196	48	197	03
564	194	58	195	11	195	70	196	27	196	83	197	40
565	194	92	195	49	196	03	196	62	197	18	197	73
566	195	27	195	83	196	40	196	96	197	53	198	10
567	195	61	196	18	196	74	197	31	197	88	198	43
568	195	96	196	52	197	09	197	66	198	23	198	80
569	196	30	196	87	197	44	198	01	198	58	199	13
570	196	65	197	22	197	79	198	36	198	93	199	50
571	196	99	197	56	198	13	198	70	199	27	199	85
572	197	34	197	91	198	46	199	05	199	62	200	20
573	197	68	198	25	198	83	199	40	199	97	200	55
574	198	03	198	60	199	17	199	75	200	32	200	90
575	198	37	198	93	199	52	200	10	200	67	201	25
576	198	72	199	29	199	87	200	44	201	02	201	60
577	199	06	199	64	200	21	200	79	201	37	201	95
578	199	41	199	98	200	56	201	14	201	72	202	30
579	199	75	200	33	200	91	201	49	202	07	202	65
580	200	10	200	68	201	26	201	84	202	42	203	00
581	200	44	201	02	201	60	202	19	202	76	203	35
582	200	79	201	37	201	95	202	53	203	11	203	70
583	201	13	201	71	202	30	202	88	203	46	204	05
584	201	48	202	06	202	64	203	23	203	81	204	40
585	201	82	202	41	202	99	203	58	204	16	204	75
586	202	17	202	75	203	34	203	92	204	51	205	10
587	202	51	203	10	203	68	204	27	204	86	205	45
588	202	86	203	44	204	03	204	62	205	21	205	80

VALEURS D'UN KILO D'ARGEN[T]
D'APRÈS LES PRIX SUIVANS DU KIL[O] D'ARGENT FIN.

MILLIÈMES ET GRAMMES.	219 f. ou 53f 60c le marc.		220 f. ou 53f 85c le marc.		221 f. ou 54f 09c le marc.		222 [f.] ou 54f 3[3c] le marc.
	fr.	c.	fr.	c.	fr.	c.	fr.
561	122	83	123	42	123	95	124
562	123	07	123	64	124	20	124
563	123	29	123	86	124	42	124
564	123	51	124	08	124	64	125
565	123	73	124	30	124	86	125
566	123	96	124	52	125	08	125
567	124	17	124	74	125	30	125
568	124	39	124	96	125	52	126
569	124	61	125	18	125	74	126
570	124	83	125	40	125	97	126
571	125	04	125	62	126	19	126
572	125	26	125	84	126	41	126
573	125	48	126	06	126	63	127
574	125	70	126	28	126	85	127
575	125	92	126	50	127	07	127
576	126	14	126	72	127	29	127
577	126	36	126	94	127	51	128
578	126	58	127	16	127	73	128
579	126	80	127	38	127	95	128
580	127	02	127	60	128	18	128
581	127	23	127	82	128	40	128
582	127	45	128	04	128	62	129
583	127	67	128	26	128	84	129
584	127	89	128	48	129	06	129
585	128	11	128	70	129	28	129
586	128	33	128	92	129	50	130
587	128	55	129	14	129	72	130
588	128	77	129	36	129	94	130

Lorsque le prix de l'hectogramme d'or fin et celui du kilo d'argent fin sont supérieurs de quelques centimes à ceux donnés en tête de chaque colonne de cette page, ajoutez pour chaque différence à toutes les sommes sans exception contenues dans cette page, les centimes ci-dessous et de la manière suivante :

	cent.		cent.
Pour une différence de 5 centimes...	2	Pour une différence de 50 centimes...	29
Pour une différence de 10 centimes...	5	Pour une différence de 60 centimes...	35
Pour une différence de 20 centimes...	11	Pour une différence de 70 centimes...	40
Pour une différence de 30 centimes...	17	Pour une différence de 80 centimes...	47
Pour une différence de 40 centimes...	23	Pour une différence de 90 centimes...	52

Pour l'intelligence de la note ci-dessus, voyez les explications et les exemples donnés en tête de ce chapitre.

de la valeur d'un *HECTOGRAMME D'OR* (100 *Grammes*) et d'un *KILO D'ARGENT aux titres ci-dessous.*

MILLIÈMES ET GRAMMES	DIVERSES VALEURS D'UN HECTOGRAMME D'OR — D'APRÈS LES PRIX SUIVANS DE L'HECTOGRAM. D'OR FIN.						MILLIÈMES ET GRAMMES	VALEURS D'UN KILO D'ARGENT — D'APRÈS LES PRIX SUIVANS DU KILO D'ARGENT FIN.			
	345 f. ou 105.55 l'once.	346 f. ou 105.85 l'once.	347 f. ou 106.16 l'once.	348 f. ou 106.46 l'once.	349 f. ou 106.77 l'once.	350 f. ou 107.07 l'once.		219 f. ou 53f60c le marc.	220 f. ou 53f85c le marc.	221 f. ou 54f09c le marc.	222 f. ou 54f34c le marc.
	fr. c.	fr. c.	fr. c.	fr. c.	fr. c.	fr. c.		fr. c.	fr. c.	fr. c.	fr. c.
589	203 20	203 79	204 38	204 97	205 56	206 15	589	129 00	129 58	130 16	130 75
590	203 53	204 14	204 73	205 32	205 94	206 50	590	129 21	129 80	130 39	130 98
591	203 89	204 48	205 07	205 66	206 25	206 83	591	129 42	130 02	130 61	131 20
592	204 24	204 85	205 42	206 01	206 60	207 20	592	129 64	130 24	130 85	131 42
593	204 57	205 17	205 77	206 36	206 95	207 53	593	129 86	130 46	131 05	131 64
594	204 93	205 52	206 11	206 71	207 30	207 90	594	130 08	130 68	131 27	131 86
595	205 27	205 87	206 46	207 06	207 63	208 23	595	130 30	130 90	131 49	132 09
596	205 62	206 21	206 81	207 40	208 00	208 60	596	130 52	131 12	131 71	132 31
597	205 96	206 56	207 15	207 75	208 33	208 93	597	130 74	131 34	131 93	132 53
598	206 31	206 90	207 50	208 10	208 70	209 30	598	130 96	131 56	132 15	132 75
599	206 65	207 25	207 85	208 45	209 03	209 63	599	131 18	131 78	132 37	132 97
600	207 00	207 60	208 20	208 80	209 40	210 00	600	131 40	132 00	132 60	133 20
601	207 34	207 94	208 54	209 14	209 74	210 35	601	131 61	132 22	132 82	133 42
602	207 69	208 29	208 89	209 49	210 09	210 70	602	131 83	132 44	133 04	133 64
603	208 03	208 63	209 24	209 84	210 44	211 05	603	132 05	132 66	133 26	133 86
604	208 38	208 98	209 58	210 19	210 79	211 40	604	132 27	132 88	133 48	134 08
605	208 72	209 33	209 93	210 54	211 14	211 75	605	132 49	133 10	133 70	134 31
606	209 07	209 67	210 28	210 88	211 49	212 10	606	132 71	133 32	133 92	134 53
607	209 41	210 02	210 62	211 23	211 84	212 45	607	132 93	133 54	134 14	134 75
608	209 76	210 36	210 97	211 58	212 19	212 80	608	133 15	133 76	134 36	134 97
609	210 10	210 71	211 32	211 93	212 54	213 15	609	133 37	133 98	134 58	135 19
610	210 45	211 06	211 67	212 28	212 89	213 50	610	133 59	134 20	134 81	135 42
611	210 79	211 40	212 01	212 62	213 23	213 85	611	133 80	134 42	135 03	135 64
612	211 14	211 75	212 36	212 97	213 58	214 20	612	134 02	134 64	135 25	135 86
613	211 48	212 09	212 71	213 32	213 93	214 55	613	134 24	134 86	135 47	136 08
614	211 83	212 44	213 05	213 67	214 28	214 90	614	134 46	135 08	135 69	136 30
615	212 17	212 79	213 40	214 02	214 63	215 25	615	134 68	135 30	135 91	136 53
616	212 52	213 13	213 75	214 36	214 98	215 60	616	134 90	135 52	136 13	136 75

Lorsque le prix de l'hectogramme d'or fin et celui du kilo d'argent fin sont supérieurs de quelques centimes à ceux donnés en tête de chaque colonne de cette page, ajoutez pour chaque différence à toutes les sommes sans exception contenues dans cette page, les centimes ci-dessous de la manière suivante :

	cent			cent.
Pour une différence de 5 centimes...	3		Pour une différence de 50 centimes...	30
Pour une différence de 10 centimes...	6		Pour une différence de 60 centimes...	36
Pour une différence de 20 centimes...	12		Pour une différence de 70 centimes...	42
Pour une différence de 30 centimes...	18		Pour une différence de 80 centimes...	49
Pour une différence de 40 centimes...	24		Pour une différence de 90 centimes...	55

Pour l'intelligence de la note ci-dessus, voyez les explications et les exemples donnés en tête de ce chapitre.

M

DE 617 A 644 MILLIÈMES

De la valeur d'un HECTOGRAMME D'OR (100 Grammes) et d'un KILO D'ARGENT aux titres ci-dessous.

DIVERSES VALEURS D'UN HECTOGRAMME D'OR — D'APRÈS LES PRIX SUIVANS DE L'HECTOGRAM. D'OR FIN.

MILLIÈMES ET GRAMMES	345 f. ou 105.55 l'once.	346 f. ou 105.85 l'once.	347 f. ou 106.16 l'once.	348 f. ou 106.46 l'once.	349 f. ou 106.77 l'once.	350 f. ou 107.07 l'once.
	fr. c.	fr. c.	fr. c.	fr. c.	fr. c.	fr. c.
617	212 86	213 48	214 09	214 71	215 33	215 95
618	213 21	213 82	214 44	215 06	215 68	216 30
619	213 55	214 17	214 79	215 41	216 03	216 65
620	213 90	214 52	215 14	215 76	216 38	217 00
621	214 24	214 86	215 48	216 10	216 72	217 35
622	214 59	215 21	215 83	216 45	217 07	217 70
623	214 93	215 55	216 18	216 80	217 42	218 05
624	215 28	215 90	216 52	217 15	217 77	218 40
625	215 62	216 25	216 87	217 50	218 12	218 75
626	215 97	216 59	217 22	217 84	218 47	219 10
627	216 31	216 94	217 56	218 19	218 82	219 45
628	216 66	217 28	217 91	218 54	219 17	219 80
629	217 00	217 63	218 26	218 89	219 52	220 15
630	217 35	217 98	218 61	219 24	219 87	220 50
631	217 69	218 32	218 95	219 58	220 21	220 85
632	218 04	218 67	219 30	219 93	220 56	221 20
633	218 38	219 01	219 65	220 28	220 91	221 55
634	218 73	219 36	219 99	220 63	221 26	221 90
635	219 07	219 71	220 34	220 98	221 61	222 25
636	219 42	220 05	220 69	221 32	221 96	222 60
637	219 76	220 40	221 03	221 67	222 31	222 95
638	220 11	220 74	221 38	222 02	222 66	223 30
639	220 45	221 09	221 73	222 37	223 01	223 65
640	220 80	221 44	222 08	222 72	223 36	224 00
641	221 14	221 78	222 42	223 06	223 70	224 35
642	221 49	222 13	222 77	223 41	224 05	224 70
643	221 83	222 47	223 12	223 76	224 40	225 05
644	222 18	222 82	223 46	224 11	224 75	225 40

VALEURS D'UN KILO D'ARGENT — D'APRÈS LES PRIX SUIVANS DU KILO D'ARGENT FIN.

MILLIÈMES ET GRAMMES	219 f. ou 53f60c le marc.	220 f. ou 53f85c le marc.	221 f. ou 54f09c le marc.	222 f. ou 54f34c le marc.
	fr. c.	fr. c.	fr. c.	fr. c.
617	135 12	135 74	136 35	136 97
618	135 34	135 96	136 57	137 19
619	135 56	136 18	136 79	137 41
620	135 78	136 40	137 02	137 64
621	135 99	136 62	137 24	137 86
622	136 21	136 84	137 46	138 08
623	136 43	137 06	137 68	138 30
624	136 65	137 28	137 90	138 52
625	136 87	137 50	138 12	138 75
626	137 09	137 72	138 34	138 97
627	137 31	137 94	138 56	139 19
628	137 53	138 16	138 78	139 41
629	137 75	138 38	139 00	139 63
630	137 97	138 60	139 23	139 86
631	138 18	138 82	139 45	140 08
632	138 40	139 04	139 67	140 30
633	138 62	139 26	139 89	140 52
634	138 84	139 48	140 11	140 74
635	139 06	139 70	140 33	140 97
636	139 28	139 92	140 55	141 19
637	139 50	140 14	140 77	141 41
638	139 72	140 36	140 99	141 63
639	139 94	140 58	141 21	141 85
640	140 16	140 80	141 44	142 08
641	140 37	141 02	141 66	142 30
642	140 59	141 24	141 88	142 52
643	140 81	141 46	142 10	142 74
644	141 03	141 68	142 32	142 96

Lorsque le prix de l'hectogramme d'or fin et celui du kilo d'argent fin sont supérieurs de quelques centimes à ceux donnés en tête de chaque colonne de cette page, ajoutez pour chaque différence à toutes les sommes sans exception contenues dans cette page, les centimes ci-dessous et de la manière suivante :

	cent.		cent.
Pour une différence de 5 centimes...	3	Pour une différence de 50 centimes...	31
Pour une différence de 10 centimes...	6	Pour une différence de 60 centimes...	38
Pour une différence de 20 centimes...	12	Pour une différence de 70 centimes...	44
Pour une différence de 30 centimes...	19	Pour une différence de 80 centimes...	52
Pour une différence de 40 centimes...	25	Pour une différence de 90 centimes...	57

Pour l'intelligence de la note ci-dessus, voyez les explications et les exemples donnés en tête de ce chapitre.

De la valeur d'un HECTOGRAMME D'OR (100 Grammes) et d'un KILO D'ARGENT aux titres ci-dessous.

DIVERSES VALEURS D'UN HECTOGRAMME D'OR — D'APRÈS LES PRIX SUIVANS DE L'HECTOGRAM. D'OR FIN.   **VALEURS D'UN KILO D'ARGENT** — D'APRÈS LES PRIX SUIVANS DU KILO D'ARGENT FIN.

MILLIÈMES ET GRAMMES	345 f. ou 105.55 l'once.	346 f. ou 105.85 l'once.	347 f. ou 106.16 l'once.	348 f. ou 106.46 l'once.	349 f. ou 106.77 l'once.	350 f. ou 107.07 l'once.	MILLIÈMES ET GRAMMES	219 f. ou 53f60c le marc.	220 f. ou 53f85c le marc.	221 f. ou 54f09c le marc.	222 f. ou 54f34c le marc.
	fr. c.	fr. c.	fr. c.	fr. c.	fr. c.	fr. c.		fr. c.	fr. c.	fr. c.	fr. c.
645	222 52	223 17	223 81	224 46	225 10	225 75	645	141 25	141 90	142 54	143 19
646	222 87	223 51	224 16	224 80	225 45	226 10	646	141 47	142 12	142 76	143 41
647	223 21	223 86	224 50	225 15	225 80	226 45	647	141 69	142 34	142 98	143 63
648	223 56	224 20	224 85	225 50	226 15	226 80	648	141 91	142 56	143 20	143 85
649	223 90	224 55	225 20	225 85	226 50	227 15	649	142 13	142 78	143 42	144 07
650	224 25	224 90	225 55	226 20	226 85	227 50	650	142 35	143 00	143 65	144 30
651	224 59	225 24	225 89	226 54	227 19	227 85	651	142 56	143 22	143 87	144 52
652	224 94	225 59	226 24	226 89	227 54	228 20	652	142 78	143 44	144 09	144 74
653	225 28	225 93	226 59	227 24	227 89	228 55	653	143 00	143 66	144 31	144 96
654	225 63	226 28	226 93	227 59	228 24	228 90	654	143 22	143 88	144 53	145 18
655	225 97	226 63	227 28	227 94	228 59	229 25	655	143 44	144 10	144 75	145 41
656	226 32	226 97	227 63	228 28	228 94	229 60	656	143 66	144 32	144 97	145 63
657	226 66	227 32	227 97	228 63	229 29	229 95	657	143 88	144 54	145 19	145 85
658	227 01	227 66	228 32	228 98	229 64	230 30	658	144 10	144 76	145 41	146 07
659	227 35	228 01	228 67	229 33	229 99	230 65	659	144 32	144 98	145 63	146 29
660	227 70	228 36	229 02	229 68	230 34	231 00	660	144 54	145 20	145 86	146 52
661	228 04	228 70	229 36	230 02	230 68	231 35	661	144 75	145 42	146 08	146 74
662	228 39	229 05	229 71	230 37	231 03	231 70	662	144 97	145 64	146 30	146 96
663	228 73	229 39	230 06	230 72	231 38	232 05	663	145 19	145 86	146 52	147 18
664	229 08	229 74	230 40	231 07	231 73	232 40	664	145 41	146 08	146 74	147 40
665	229 42	230 09	230 75	231 42	232 08	232 75	665	145 63	146 30	146 96	147 63
666	229 77	230 43	231 10	231 76	232 43	233 10	666	145 85	146 52	147 18	147 85
667	230 11	230 78	231 44	232 11	232 78	233 45	667	146 07	146 74	147 40	148 07
668	230 46	231 12	231 79	232 46	233 13	233 80	668	146 29	146 96	147 62	148 29
669	230 80	231 47	232 14	232 81	233 48	234 15	669	146 51	147 18	147 84	148 51
670	231 15	231 82	232 49	233 16	233 83	234 50	670	146 73	147 40	148 07	148 74
671	231 49	232 16	232 83	233 50	234 17	234 85	671	146 94	147 62	148 29	148 96
672	231 84	232 51	233 18	233 85	234 52	235 20	672	147 16	147 84	148 51	149 18

Lorsque le prix de l'hectogramme d'or fin et celui du kilo d'argent fin sont supérieurs de quelques centimes à ceux donnés en tête de chaque colonne de cette page, ajoutez pour chaque différence à toutes les sommes sans exception contenues dans cette page, les centimes ci-dessous et de la manière suivante :

	cent.		cent.
Pour une différence de 5 centimes...	3	Pour une différence de 50 centimes...	33
Pour une différence de 10 centimes...	6	Pour une différence de 60 centimes...	40
Pour une différence de 20 centimes...	13	Pour une différence de 70 centimes...	46
Pour une différence de 30 centimes...	19	Pour une différence de 80 centimes...	54
Pour une différence de 40 centimes...	26	Pour une différence de 90 centimes...	60

Pour l'intelligence de la note ci-dessus, voyez les explications et les exemples donnés en tête de ce chapitre.

De la valeur d'un HECTOGRAMME D'OR (100 Grammes) et d'un KILO D'ARGENT aux titres ci-dessous.

MILLIÈMES ET GRAMMES.	DIVERSES VALEURS D'UN HECTOGRAMME D'OR D'APRÈS LES PRIX SUIVANS DE L'HECTOGRAM. D'OR FIN.						MILLIÈMES ET GRAMMES.	VALEURS D'UN KILO D'ARGENT D'APRÈS LES PRIX SUIVANS DU KILO D'ARGENT FIN.			
	345 f. ou 105.55 l'once.	346 f. ou 105.85 l'once.	347 f. ou 106.16 l'once.	348 f. ou 106.46 l'once.	349 f. ou 106.77 l'once.	350 f. ou 107.07 l'once.		219 f. ou 53f60c le marc.	220 f. ou 53f85c le marc.	221 f. ou 54f09c le marc.	222 f. ou 54f34c le marc.
	fr. c.	fr. c.	fr. c.	fr. c.	fr. c.	fr. c.		fr. c.	fr. c.	fr. c.	fr. c.
673	232 18	232 83	233 53	234 20	234 87	235 53	673	147 38	148 06	148 73	149 40
674	232 53	233 20	233 87	234 55	235 22	235 90	674	147 60	148 28	148 95	149 62
675	232 87	233 55	234 22	234 90	235 57	236 25	675	147 82	148 50	149 17	149 85
676	233 22	233 89	234 57	235 24	235 92	236 60	676	148 04	148 72	149 39	150 07
677	233 56	234 24	234 91	235 59	236 27	236 93	677	148 26	148 94	149 61	150 29
678	233 91	234 58	235 26	235 94	236 62	237 30	678	148 47	149 16	149 83	150 51
679	234 25	234 93	235 61	236 29	236 97	237 65	679	148 70	149 38	150 06	150 73
680	234 60	235 28	235 96	236 64	237 32	238 00	680	148 92	149 60	150 28	150 95
681	234 94	235 62	236 30	236 98	237 66	238 35	681	149 15	149 82	150 50	151 18
682	235 29	235 97	236 65	237 33	238 01	238 70	682	149 35	150 04	150 72	151 40
683	235 63	236 31	237 00	237 68	238 36	239 03	683	149 57	150 26	150 94	151 62
684	235 98	236 66	237 34	238 03	238 71	239 40	684	149 79	150 48	151 16	151 84
685	236 32	237 01	237 69	238 38	239 06	239 75	685	150 01	150 70	151 38	152 07
686	236 67	237 35	238 04	238 72	239 41	240 10	686	150 23	150 92	151 60	152 29
687	237 01	237 70	238 38	239 07	239 76	240 45	687	150 45	151 14	151 82	152 51
688	237 36	238 04	238 73	239 42	240 11	240 80	688	150 67	151 36	152 04	152 73
689	237 70	238 39	239 08	239 77	240 46	241 15	689	150 89	151 58	152 26	152 95
690	238 05	238 74	239 43	240 12	240 81	241 50	690	151 11	151 80	152 49	153 17
691	238 39	239 08	239 77	240 46	241 15	241 85	691	151 32	152 02	152 71	153 40
692	238 74	239 43	240 12	240 81	241 50	242 20	692	151 54	152 24	152 93	153 62
693	239 08	239 77	240 47	241 16	241 85	242 55	693	151 76	152 46	153 15	153 84
694	239 43	240 12	240 81	241 51	242 20	242 90	694	151 98	152 68	153 37	154 06
695	239 77	240 47	241 16	241 86	242 55	243 25	695	152 20	152 90	153 59	154 28
696	240 12	240 81	241 51	242 20	242 90	243 60	696	152 42	153 12	153 81	154 50
697	240 46	241 16	241 85	242 55	243 25	243 95	697	152 64	153 34	154 03	154 72
698	240 81	241 50	242 20	242 90	243 60	244 30	698	152 86	153 56	154 25	154 94
699	241 15	241 85	242 55	243 25	243 95	244 65	699	153 08	153 78	154 47	155 16
700	241 50	242 20	242 90	243 60	244 30	245 00	700	153 30	154 00	154 70	155 40

Lorsque le prix de l'hectogramme d'or fin et celui du kilo d'argent fin sont supérieurs de quelques centimes à ceux donnés en tête de chaque colonne de cette page, ajoutez pour chaque différence à toutes les sommes sans exception contenues dans cette page, les centimes ci-dessous et de la manière suivante :

	cent.		cent.
Pour une différence de 5 centimes...	5	Pour une différence de 50 centimes...	34
Pour une différence de 10 centimes...	6	Pour une différence de 60 centimes...	41
Pour une différence de 20 centimes...	13	Pour une différence de 70 centimes...	48
Pour une différence de 30 centimes...	20	Pour une différence de 80 centimes...	55
Pour une différence de 40 centimes...	27	Pour une différence de 90 centimes...	62

Pour l'intelligence de la note ci-dessus, voyez les explications et les exemples donnés en tête de ce chapitre.

De la valeur d'un HECTOGRAMME D'OR (100 Grammes) et d'un KILO D'ARGENT aux titres ci-dessous.

DIVERSES VALEURS D'UN HECTOGRAMME D'OR

d'après les prix suivants de l'hectogram. d'or fin.

MILLIÈMES ET GRAMMES.	345 f. ou 105.55 l'once.	346 f. ou 105.85 l'once.	347 f. ou 106.16 l'once.	348 f. ou 106.46 l'once.	349 f. ou 106.77 l'once.	350 f. ou 107.07 l'once.
	fr. c.	fr. c.	fr. c.	fr. c.	fr. c.	fr. c.
701	241 84	242 54	243 24	243 94	244 64	245 35
702	242 19	242 89	243 59	244 29	244 99	245 70
703	242 53	243 23	243 94	244 64	245 34	246 05
704	242 88	243 58	244 28	244 99	245 69	246 40
705	243 22	243 93	244 63	245 34	246 04	246 75
706	243 57	244 27	244 98	245 68	246 39	247 10
707	243 91	244 62	245 32	246 03	246 74	247 45
708	244 26	244 96	245 67	246 38	247 09	247 80
709	244 60	245 31	246 02	246 73	247 44	248 15
710	244 95	245 66	246 37	247 08	247 79	248 50
711	245 29	246 00	246 71	247 42	248 13	248 85
712	245 63	246 35	247 06	247 77	248 48	249 20
713	245 98	246 69	247 41	248 12	248 83	249 55
714	246 35	247 04	247 75	248 47	249 18	249 90
715	246 67	247 38	248 10	248 82	249 53	250 25
716	247 02	247 73	248 45	249 16	249 88	250 60
717	247 36	248 08	248 79	249 51	250 23	250 95
718	247 71	248 42	249 14	249 86	250 58	251 30
719	248 05	248 77	249 49	250 21	250 93	251 65
720	248 40	249 12	249 84	250 56	251 28	252 00
721	248 74	249 46	250 18	250 90	251 62	252 35
722	249 09	249 81	250 53	251 25	251 97	252 70
723	249 45	250 15	250 88	251 60	252 32	253 05
724	249 78	250 50	251 22	251 95	252 67	253 40
725	250 12	250 85	251 57	252 30	253 02	253 75
726	250 47	251 19	251 92	252 64	253 37	254 10
727	250 81	251 54	252 26	252 99	253 72	254 45
728	251 16	251 88	252 61	253 34	254 07	254 80

VALEURS D'UN KILO D'ARGENT

d'après les prix suivants du kilo d'argent fin.

MILLIÈMES ET GRAMMES.	219 f. ou 53f60c le marc.	220 f. ou 53f85c le marc.	221 f. ou 54f09c le marc.	223 f. ou 54f34c le marc.
	fr. c.	fr. c.	fr. c.	fr. c.
701	153 51	154 22	154 92	155 62
702	153 73	154 44	155 14	155 84
703	153 95	154 66	155 36	156 06
704	154 17	154 88	155 58	156 28
705	154 39	155 10	155 80	156 51
706	154 61	155 32	156 02	156 73
707	154 83	155 54	156 24	156 95
708	155 05	155 76	156 46	157 17
709	155 27	155 98	156 68	157 39
710	155 49	156 20	156 91	157 62
711	155 70	156 42	157 13	157 84
712	155 92	156 64	157 35	158 06
713	156 14	156 86	157 57	158 28
714	156 36	157 08	157 79	158 50
715	156 58	157 30	158 01	158 73
716	156 80	157 52	158 23	158 95
717	157 02	157 74	158 45	159 17
718	157 24	157 96	158 67	159 39
719	157 46	158 18	158 89	159 61
720	157 68	158 40	159 12	159 84
721	157 89	158 62	159 34	160 06
722	158 11	158 84	159 56	160 28
723	158 33	159 06	159 78	160 50
724	158 55	159 28	160 00	160 72
725	158 77	159 50	160 22	160 95
726	158 99	159 72	160 44	161 17
727	159 21	159 94	160 66	161 39
728	159 43	160 16	160 88	161 61

Lorsque le prix de l'hectogramme d'or fin et celui du kilo d'argent fin sont supérieurs de quelques centimes à ceux donnés en tête de chaque colonne de cette page, ajoutez pour chaque différence à toutes les sommes sans exception contenues dans cette page, les centimes ci-dessous et de la manière suivante :

	cent.		cent.
Pour une différence de 5 centimes...	3	Pour une différence de 50 centimes...	36
Pour une différence de 10 centimes...	7	Pour une différence de 60 centimes...	43
Pour une différence de 20 centimes...	14	Pour une différence de 70 centimes...	50
Pour une différence de 30 centimes...	21	Pour une différence de 80 centimes...	58
Pour une différence de 40 centimes...	28	Pour une différence de 90 centimes...	65

Pour l'intelligence de la note ci-dessus, voyez les explications et les exemples donnés en tête de ce chapitre.

*De la valeur d'un **HECTOGRAMME D'OR** (100 Grammes) et d'un **KILO D'ARGENT** aux titres ci-dessous.*

Colonnes de gauche : **DIVERSES VALEURS D'UN HECTOGRAMME D'OR** d'après les prix suivans de l'hectogram. d'or fin. — Colonnes de droite : **VALEURS D'UN KILO D'ARGENT** d'après les prix suivans du kilo d'argent fin. (Valeurs en fr. c.)

MILLIÈMES ET GRAMMES	345 f. ou 105.55 l'once.	346 f. ou 105.85 l'once.	347 f. ou 106.16 l'once.	348 f. ou 106.46 l'once.	349 f. ou 106.77 l'once.	350 f. ou 107.07 l'once.	MILLIÈMES ET GRAMMES	219 f. ou 53f60c le marc.	220 f. ou 53f85c le marc.	221 f. ou 54f09c le marc.	222 f. ou 54f34c le marc.
729	251 50	252 23	252 96	253 69	254 42	255 15	729	159 65	160 38	161 10	161 83
730	251 85	252 58	253 31	254 04	254 77	255 50	730	159 87	160 60	161 33	162 06
731	252 19	252 92	253 65	254 38	255 11	255 85	731	160 08	160 82	161 55	162 28
732	252 54	253 27	254 00	254 73	255 46	256 20	732	160 30	161 04	161 77	162 50
733	252 88	253 61	254 35	255 08	255 81	256 55	733	160 52	161 26	161 99	162 72
734	253 23	253 96	254 69	255 43	256 16	256 90	734	160 74	161 48	162 21	162 94
735	253 57	254 31	255 04	255 78	256 51	257 25	735	160 96	161 70	162 43	163 17
736	253 92	254 65	255 39	256 12	256 86	257 60	736	161 18	161 92	162 65	163 39
737	254 26	255 00	255 73	256 47	257 21	257 95	737	161 40	162 14	162 87	163 61
738	254 61	255 34	256 08	256 82	257 56	258 30	738	161 62	162 36	163 09	163 83
739	254 95	255 69	256 43	257 17	257 91	258 65	739	161 84	162 58	163 31	164 05
740	255 30	256 04	256 78	257 52	258 26	259 00	740	162 06	162 80	163 54	164 28
741	255 64	256 38	257 12	257 86	258 60	259 35	741	162 27	163 02	163 76	164 50
742	255 99	256 73	257 47	258 21	258 95	259 70	742	162 49	163 24	163 98	164 72
743	256 33	257 07	257 82	258 56	259 30	260 05	743	162 71	163 46	164 20	164 94
744	256 68	257 42	258 16	258 91	259 65	260 40	744	162 93	163 68	164 42	165 16
745	257 02	257 77	258 51	259 26	260 00	260 75	745	163 15	163 90	164 64	165 39
746	257 37	258 11	258 86	259 60	260 35	261 10	746	163 37	164 12	164 86	165 61
747	257 71	258 46	259 20	259 95	260 70	261 45	747	163 59	164 34	165 08	165 83
748	258 06	258 80	259 55	260 30	261 05	261 80	748	163 81	164 56	165 30	166 05
749	258 40	259 15	259 90	260 65	261 40	262 15	749	164 03	164 78	165 52	166 27
750	258 75	259 50	260 25	261 00	261 75	262 50	750	164 25	165 00	165 75	166 50
751	259 09	259 84	260 59	261 34	262 09	262 85	751	164 46	165 22	165 97	166 72
752	259 44	260 19	260 94	261 69	262 44	263 20	752	164 68	165 44	166 19	166 94
753	259 78	260 53	261 29	262 04	262 79	263 55	753	164 90	165 66	166 41	167 16
754	260 13	260 88	261 63	262 39	263 14	263 90	754	165 12	165 88	166 63	167 38
755	260 47	261 23	261 98	262 74	263 49	264 25	755	165 34	166 10	166 85	167 61
756	260 82	261 57	262 33	263 08	263 84	264 60	756	165 56	166 32	167 07	167 83

Lorsque le prix de l'hectogramme d'or fin et celui du kilo d'argent fin sont supérieurs de quelques centimes à ceux donnés en tête de chaque colonne de cette page, ajoutez pour chaque différence à toutes les sommes sans exception contenues dans cette page, les centimes ci-dessous et de la manière suivante :

	cent.		cent.
Pour une différence de 5 centimes...	3	Pour une différence de 50 centimes...	37
Pour une différence de 10 centimes...	7	Pour une différence de 60 centimes...	45
Pour une différence de 20 centimes...	15	Pour une différence de 70 centimes...	52
Pour une différence de 30 centimes...	22	Pour une différence de 80 centimes...	60
Pour une différence de 40 centimes...	29	Pour une différence de 90 centimes...	67

Pour l'intelligence de la note ci-dessus, voyez les explications et les exemples donnés en tête de ce chapitre.

De la valeur d'un HECTOGRAMME D'OR (100 Grammes) et d'un KILO D'ARGENT aux titres ci-dessous.

MILLIÈMES ET GRAMMES	DIVERSES VALEURS D'UN HECTOGRAMME D'OR — D'APRÈS LES PRIX SUIVANS DE L'HECTOGRAM. D'OR FIN.						MILLIÈMES ET GRAMMES	VALEURS D'UN KILO D'ARGENT — D'APRÈS LES PRIX SUIVANS DU KILO D'ARGENT FIN.			
	345 f. ou 105.55 l'once.	346 f. ou 105.85 l'once.	347 f. ou 106.16 l'once.	348 f. ou 106.46 l'once.	349 f. ou 106.77 l'once.	350 f. ou 107.07 l'once.		219 f. ou 53f60c le marc.	220 f. ou 53f85c le marc.	221 f. ou 54f09c le marc.	222 f. ou 54f34c le marc.
	fr. c.	fr. c.	fr. c.	fr. c.	fr. c.	fr. c.		fr. c.	fr. c.	fr. c.	fr. c.
757	261 16	261 92	262 67	263 43	264 19	264 95	757	165 78	166 54	167 29	168 05
758	261 51	262 26	263 02	263 78	264 54	265 30	758	166 00	166 76	167 51	168 27
759	261 85	262 61	263 37	264 13	264 89	265 65	759	166 22	166 98	167 73	168 49
760	262 20	262 96	263 72	264 48	265 24	266 00	760	166 44	167 20	167 96	168 71
761	262 54	263 30	264 06	264 82	265 58	266 34	761	166 65	167 42	168 18	168 94
762	262 89	263 65	264 41	265 17	265 93	266 70	762	166 87	167 64	168 40	169 16
763	263 23	263 99	264 76	265 52	266 28	267 03	763	167 09	167 86	168 62	169 38
764	263 58	264 34	265 10	265 87	266 63	267 40	764	167 31	168 08	168 84	169 60
765	263 92	264 69	265 45	266 22	266 98	267 75	765	167 53	168 30	169 06	169 83
766	264 27	265 03	265 80	266 56	267 33	268 10	766	167 75	168 52	169 28	170 05
767	264 61	265 38	266 14	266 91	267 68	268 45	767	167 97	168 74	169 50	170 27
768	264 96	265 72	266 49	267 26	268 03	268 80	768	168 19	168 96	169 72	170 49
769	265 30	266 07	266 84	267 61	268 38	269 15	769	168 41	169 18	169 94	170 71
770	265 65	266 42	267 19	267 96	268 73	269 50	770	168 63	169 40	170 17	170 94
771	265 99	266 76	267 53	268 30	269 07	269 85	771	168 84	169 62	170 39	171 16
772	266 34	267 11	267 88	268 65	269 42	270 20	772	169 06	169 84	170 61	171 38
773	266 68	267 45	268 23	269 00	269 77	270 55	773	169 28	170 06	170 83	171 60
774	267 03	267 80	268 57	269 35	270 12	270 90	774	169 50	170 28	171 05	171 82
775	267 37	268 15	268 92	269 70	270 47	271 25	775	169 72	170 50	171 27	172 05
776	267 72	268 49	269 27	270 04	270 82	271 60	776	169 94	170 72	171 49	172 27
777	268 06	268 84	269 61	270 39	271 17	271 95	777	170 16	170 94	171 71	172 49
778	268 41	269 18	269 96	270 74	271 52	272 30	778	170 38	171 16	171 93	172 71
779	268 75	269 53	270 31	271 09	271 87	272 65	779	170 60	171 38	172 15	172 93
780	269 10	269 88	270 66	271 44	272 22	273 00	780	170 82	171 60	172 38	173 16
781	269 44	270 22	271 00	271 78	272 56	273 35	781	171 03	171 82	172 60	173 38
782	269 79	270 57	271 35	272 13	272 91	273 70	782	171 25	172 04	172 82	173 60
783	270 13	270 91	271 70	272 48	273 26	274 05	783	171 47	172 26	173 04	173 82
784	270 48	271 26	272 04	272 83	273 61	274 40	784	171 69	172 48	173 26	174 04

Lorsque le prix de l'hectogramme d'or fin et celui du kilo d'argent fin sont supérieurs de quelques centimes à ceux donnés en tête de chaque colonne de cette page, ajoutez pour chaque différence à toutes les sommes sans exception contenues dans cette page, les centimes ci-dessous et de la manière suivante :

	cent.		cent.
Pour une différence de　5 centimes...	5	Pour une différence de 50 centimes...	38
Pour une différence de 10 centimes...	7	Pour une différence de 60 centimes...	46
Pour une différence de 20 centimes...	15	Pour une différence de 70 centimes...	54
Pour une différence de 30 centimes...	23	Pour une différence de 80 centimes...	63
Pour une différence de 40 centimes...	31	Pour une différence de 90 centimes...	70

Pour l'intelligence de la note ci-dessus, voyez les explications et les exemples donnés en tête de ce chapitre.

*De la valeur d'un **HECTOGRAMME D'OR** (100 Grammes) et d'un **KILO D'ARGENT** aux titres ci-dessous.*

DIVERSES VALEURS D'UN HECTOGRAMME D'OR
D'APRÈS LES PRIX SUIVANS DE L'HECTOGRAM. D'OR FIN.

MILLIÈMES ET GRAMMES	345 f. ou 105.55 l'once.	346 f. ou 105.85 l'once.	347 f. ou 106.16 l'once.	348 f. ou 106.46 l'once.	349 f. ou 106.77 l'once.	350 f. ou 107.07 l'once.
	fr. c.	fr. c.	fr. c.	fr. c.	fr. c.	fr. c.
785	270 82	271 61	272 39	273 18	273 96	274 75
786	271 17	271 95	272 74	273 52	274 31	275 10
787	271 51	272 30	273 08	273 87	274 66	275 45
788	271 86	272 64	273 43	274 22	275 01	275 80
789	272 20	272 99	273 78	274 57	275 36	276 15
790	272 55	273 34	274 13	274 92	275 71	276 50
791	272 89	273 68	274 47	275 26	276 05	276 85
792	273 24	274 03	274 82	275 61	276 40	277 20
793	273 58	274 37	275 17	275 96	276 75	277 55
794	273 93	274 72	275 51	276 31	277 10	277 90
795	274 27	275 07	275 86	276 66	277 45	278 25
796	274 62	275 41	276 21	277 00	277 80	278 60
797	274 96	275 76	276 55	277 35	278 15	278 94
798	275 31	276 10	276 90	277 70	278 50	279 30
799	275 65	276 45	277 25	278 05	278 85	279 65
800	276 00	276 80	277 60	278 40	279 20	280 00
801	276 34	277 14	277 94	278 74	279 54	280 35
802	276 69	277 49	278 29	279 09	279 89	280 70
803	277 03	277 83	278 64	279 44	280 24	281 05
804	277 38	278 18	278 98	279 79	280 59	281 40
805	277 72	278 53	279 33	280 14	280 94	281 75
806	278 07	278 87	279 68	280 48	281 29	282 10
807	278 41	279 22	280 02	280 83	281 64	282 45
808	278 76	279 56	280 37	281 18	281 99	282 80
809	279 10	279 91	280 72	281 53	282 34	283 15
810	279 45	280 26	281 07	281 88	282 69	283 50
811	279 79	280 60	281 41	282 22	283 03	283 85
812	280 14	280 95	281 76	282 57	283 38	284 20

VALEURS D'UN KILO D'ARGENT
D'APRÈS LES PRIX SUIVANS DU KILO D'ARGENT FIN.

MILLIÈMES ET GRAMMES	219 f. ou 53f 60c le marc.	220 f. ou 53f 85c le marc.	221 f. ou 54f 09c le marc.	222 f. ou 54f 34c le marc.
	fr. c.	fr. c.	fr. c.	fr. c.
785	171 91	172 70	173 48	174 27
786	172 13	172 92	173 70	174 49
787	172 34	173 14	173 92	174 71
788	172 57	173 36	174 14	174 93
789	172 79	173 58	174 36	175 15
790	173 01	173 80	174 58	175 38
791	173 22	174 02	174 81	175 60
792	173 44	174 24	175 03	175 82
793	173 66	174 46	175 25	176 04
794	173 88	174 68	175 47	176 26
795	174 10	174 90	175 69	176 49
796	174 32	175 12	175 91	176 71
797	174 54	175 34	176 13	176 93
798	174 76	175 56	176 35	177 15
799	174 98	175 78	176 57	177 37
800	175 20	176 00	176 80	177 60
801	175 41	176 22	177 02	177 82
802	175 65	176 44	177 24	178 04
803	175 85	176 66	177 46	178 26
804	176 07	176 88	177 68	178 48
805	176 29	177 09	177 89	178 71
806	176 51	177 32	178 12	178 93
807	176 73	177 54	178 34	179 15
808	176 95	177 76	178 56	179 37
809	177 17	177 98	178 78	179 59
810	177 39	178 20	179 01	179 82
811	177 60	178 42	179 23	180 04
812	177 82	178 64	179 45	180 26

Lorsque le prix de l'hectogramme d'or fin et celui du kilo d'argent fin sont supérieurs de quelques centimes à ceux donnés en tête de chaque colonne de cette page, ajoutez pour chaque différence à toutes les sommes sans exception contenues dans cette page, les centimes ci-dessous et de la manière suivante.

	cent.		cent.
Pour une différence de 5 centimes...	4	Pour une différence de 50 centimes...	40
Pour une différence de 10 centimes...	8	Pour une différence de 60 centimes...	48
Pour une différence de 20 centimes...	16	Pour une différence de 70 centimes...	56
Pour une différence de 30 centimes...	24	Pour une différence de 80 centimes...	64
Pour une différence de 40 centimes...	32	Pour une différence de 90 centimes...	72

Pour l'intelligence de la note ci-dessus, voyez les explications et les exemples donnés en tête de ce chapitre.

…e la valeur d'un *HECTOGRAMME D'OR* (100 Grammes) et d'un *KILO D'ARGENT* aux titres ci-dessous.

Millièmes et grammes	DIVERSES VALEURS D'UN HECTOGRAMME D'OR (d'après les prix suivans de l'hectogram. d'or fin)						Millièmes et grammes	VALEURS D'UN KILO D'ARGENT (d'après les prix suivans du kilo d'argent fin)			
	345 f. ou 105.55 l'once.	346 f. ou 105.85 l'once.	347 f. ou 106.16 l'once.	348 f. ou 106.46 l'once.	349 f. ou 106.77 l'once.	350 f. ou 107.07 l'once.		219 f. ou 53f 60c le marc.	220 f. ou 53f 85c le marc.	221 f. ou 54f 09c le marc.	222 f. ou 54f 34c le marc.
813	280.48	281.29	282.11	282.92	283.73	284.55	813	178.04	178.86	179.67	180.48
814	280.83	281.64	282.45	283.27	284.08	284.90	814	178.26	179.08	179.89	180.70
815	281.17	281.99	282.80	283.62	284.43	285.25	815	178.48	179.30	180.11	180.93
816	281.52	282.33	283.15	283.96	284.78	285.60	816	178.70	179.52	180.33	181.15
817	281.86	282.68	283.49	284.31	285.13	285.95	817	178.92	179.74	180.55	181.37
818	282.21	283.02	283.84	284.66	285.48	286.30	818	179.14	179.96	180.77	181.59
819	282.55	283.37	284.19	285.01	285.83	286.65	819	179.36	180.18	180.99	181.81
820	282.90	283.72	284.54	285.36	286.18	287.00	820	179.58	180.40	181.22	182.04
821	283.24	284.06	284.88	285.70	286.52	287.35	821	179.79	180.62	181.44	182.26
822	283.59	284.41	285.23	286.05	286.87	287.70	822	180.01	180.84	181.66	182.48
823	283.93	284.75	285.58	286.40	287.22	288.05	823	180.23	181.06	181.88	182.70
824	284.28	285.10	285.92	286.75	287.57	288.40	824	180.45	181.28	182.10	182.92
825	284.62	285.45	286.27	287.10	287.92	288.75	825	180.67	181.50	182.32	183.15
826	284.97	285.79	286.62	287.44	288.27	289.10	826	180.89	181.72	182.54	183.37
827	285.31	286.14	286.96	287.79	288.62	289.45	827	181.11	181.94	182.76	183.59
828	285.66	286.48	287.31	288.14	288.97	289.80	828	181.33	182.16	182.98	183.81
829	286.00	286.83	287.66	288.49	289.32	290.15	829	181.55	182.38	183.20	184.03
830	286.35	287.18	288.01	288.84	289.67	290.50	830	181.77	182.60	183.43	184.26
831	286.69	287.52	288.35	289.18	290.01	290.85	831	181.98	182.82	183.65	184.48
832	287.04	287.87	288.70	289.53	290.36	291.20	832	182.20	183.04	183.87	184.70
833	287.38	288.21	289.05	289.88	290.71	291.55	833	182.42	183.26	184.09	184.92
834	287.73	288.56	289.39	290.23	291.06	291.90	834	182.64	183.48	184.31	185.14
835	288.07	288.91	289.74	290.58	291.41	292.25	835	182.86	183.70	184.53	185.37
836	288.42	289.25	290.09	290.92	291.76	292.60	836	183.08	183.92	184.75	185.59
837	288.76	289.60	290.43	291.27	292.11	292.95	837	183.30	184.14	184.97	185.81
838	289.11	289.94	290.78	291.62	292.46	293.30	838	183.52	184.36	185.19	186.03
839	289.45	290.29	291.13	291.97	292.81	293.65	839	183.74	184.58	185.41	186.25
840	289.80	290.64	291.48	292.32	293.16	294.00	840	183.96	184.80	185.64	186.48

Lorsque le prix de l'hectogramme d'or fin et celui du kilo d'argent fin sont supérieurs de quelques centimes à ceux donnés en tête de chaque colonne de cette page, ajoutez pour chaque différence à toutes les sommes sans exception contenues dans cette page, les centimes ci-dessous, de la manière suivante :

	cent.			cent.
Pour une différence de 5 centimes…	4		Pour une différence de 50 centimes…	41
Pour une différence de 10 centimes…	8		Pour une différence de 60 centimes…	50
Pour une différence de 20 centimes…	16		Pour une différence de 70 centimes…	58
Pour une différence de 30 centimes…	24		Pour une différence de 80 centimes…	67
Pour une différence de 40 centimes…	33		Pour une différence de 90 centimes…	75

Pour l'intelligence de la note ci-dessus, voyez les explications et les exemples donnés en tête de ce chapitre.

De la valeur d'un HECTOGRAMME D'OR (100 Grammes) et d'un KILOGRAMME D'ARGENT aux titres ci-dessous.

MILLIÈMES ET GRAMMES.	DIVERSES VALEURS D'UN HECTOGRAMME D'OR d'après les prix suivans de l'hectogram. d'or fin.						MILLIÈMES ET GRAMMES.	VALEURS D'UN KILO D'ARGENT d'après les prix suivans du kilo d'argent fin.			
	345 f. ou 105.55 l'once.	346 f. ou 105.85 l'once.	347 f. ou 106.16 l'once.	348 f. ou 106.46 l'once.	349 f. ou 106.77 l'once.	350 f. ou 107.07 l'once.		219 f. ou 53f60c le marc.	220 f. ou 53f85c le marc.	221 f. ou 54f09c le marc.	222 f. ou 54f34c le marc.
	fr. c.	fr. c.	fr. c.	fr. c.	fr. c.	fr. c.		fr. c.	fr. c.	fr. c.	fr. c.
841	290 14	290 98	291 82	292 66	293 50	294 34	841	184 17	185 02	185 86	186 7
842	290 49	291 33	292 17	293 01	293 85	294 70	842	184 39	185 24	186 08	186 9
843	290 85	291 67	292 52	293 36	294 20	295 05	843	184 61	185 46	186 30	187 1
844	291 18	292 02	292 86	293 71	294 55	295 40	844	184 83	185 68	186 52	187 3
845	291 52	292 37	293 21	294 06	294 90	295 75	845	185 05	185 90	186 74	187 5
846	291 87	292 71	293 56	294 40	295 25	296 10	846	185 27	186 12	186 96	187 8
847	292 21	293 06	293 90	294 75	295 60	296 45	847	185 49	186 34	187 18	188 0
848	292 56	293 40	294 23	295 10	295 95	296 80	848	185 71	186 56	187 40	188 2
849	292 90	293 75	294 60	295 45	296 50	297 15	849	185 93	186 78	187 62	188 4
850	293 25	294 10	294 95	295 80	296 65	297 50	850	186 15	187 00	187 83	188 7
851	293 59	294 44	295 29	296 14	296 99	297 85	851	186 36	187 29	188 07	188 9
852	293 94	294 79	295 64	296 49	297 34	298 20	852	186 58	187 44	188 29	189 1
853	294 28	295 13	295 99	296 84	297 69	298 55	853	186 80	187 66	188 51	189 3
854	294 63	295 48	296 33	297 19	298 04	298 90	854	187 02	187 83	188 73	189 5
855	294 97	295 83	296 68	297 54	298 39	299 25	855	187 24	188 10	188 95	189 8
856	295 32	296 17	297 03	297 88	298 74	299 60	856	187 46	188 32	189 17	190 0
857	295 66	296 52	297 37	298 23	299 09	299 94	857	187 68	188 54	189 39	190 2
858	296 01	296 86	297 72	298 58	299 44	300 30	858	187 90	188 76	189 61	190 4
859	296 35	297 21	298 07	298 93	299 79	300 65	859	188 12	188 98	189 83	190 6
860	296 70	297 56	298 42	299 29	300 14	301 00	860	188 34	189 20	190 06	190 9
861	297 04	297 90	298 76	299 62	300 48	301 35	861	188 55	189 42	190 28	191 1
862	297 39	298 25	299 11	299 97	300 85	301 70	862	188 77	189 64	190 50	191 3
863	297 73	298 59	299 46	300 32	301 18	302 05	863	188 99	189 86	190 72	191 5
864	298 08	298 94	299 80	300 67	301 55	302 40	864	189 21	190 08	190 94	191 8
865	298 42	299 29	300 15	301 02	301 88	302 75	865	189 43	190 30	191 16	192 0
866	298 77	299 63	300 50	301 36	302 23	303 10	866	189 65	190 52	191 38	192 2
867	299 11	299 98	300 84	301 71	302 58	303 43	867	189 87	190 74	191 60	192 4
868	299 46	300 32	301 19	302 06	302 93	303 80	868	190 09	190 96	191 82	192 6

Lorsque le prix de l'hectogramme d'or fin et celui du kilo d'argent fin sont supérieurs de quelques centimes à ceux donnés en tête de chaque colonne de cette page, ajoutez pour chaque différence à toutes les sommes sans exception contenues dans cette page, les centimes ci-dessous et de la manière suivante :

	cent.		cent.
Pour une différence de 5 centimes...	4	Pour une différence de 50 centimes...	43
Pour une différence de 10 centimes...	8	Pour une différence de 60 centimes...	51
Pour une différence de 20 centimes...	17	Pour une différence de 70 centimes...	60
Pour une différence de 30 centimes...	25	Pour une différence de 80 centimes...	69
Pour une différence de 40 centimes...	34	Pour une différence de 90 centimes...	77

Pour l'intelligence de la note ci-dessus, voyez les explications et les exemples donnés en tête de ce chapitre.

s la valeur d'un ***HECTOGRAMME D'OR*** *(100 Grammes) et d'un* ***KILO D'ARGENT*** *aux titres ci-dessous.*

ET GRAMMES.	DIVERSES VALEURS D'UN HECTOGRAMME D'OR D'APRÈS LES PRIX SUIVANS DE L'HECTOGRAM. D'OR FIN. 345 f. ou 105.55 l'once.	346 f. ou 105.85 l'once.	347 f. ou 106.16 l'once.	348 f. ou 106.46 l'once.	349 f. ou 106.77 l'once.	350 f. ou 107.07 l'once.	MILLIÈMES ET GRAMMES.	VALEURS D'UN KILO D'ARGENT D'APRÈS LES PRIX SUIVANS DU KILO D'ARGENT FIN. 219 f. ou 53f 60c le marc.	220 f. ou 53f 85c le marc.	221 f. ou 54f 09c le marc.	222 f. ou 54f 34c le marc.
	fr. c.	fr. c.	fr. c.	fr. c.	fr. c.	fr. c.		fr. c.	fr. c.	fr. c.	fr. c.
69	299 80	300 67	301 54	302 41	303 28	304 15	869	190 31	191 18	192 04	192 91
70	300 15	301 02	301 89	302 76	303 63	304 50	870	190 53	191 40	192 27	193 14
71	300 49	301 36	302 23	303 10	303 97	304 85	871	190 74	191 62	192 49	193 36
72	300 84	301 71	302 58	303 45	304 32	305 20	872	190 96	191 84	192 71	193 58
73	301 18	302 05	302 93	303 80	304 67	305 55	873	191 18	192 06	192 93	193 80
74	301 53	302 40	303 27	304 15	305 02	305 90	874	191 40	192 28	193 15	194 02
75	301 87	302 75	303 62	304 50	305 37	306 25	875	191 62	192 50	193 37	194 25
76	302 22	303 09	303 97	304 84	305 72	306 60	876	191 84	192 72	193 59	194 47
77	302 56	303 44	304 31	305 19	306 07	306 95	877	192 06	192 94	193 81	194 69
78	302 91	303 78	304 66	305 54	306 42	307 30	878	192 28	193 16	194 03	194 91
79	303 25	304 13	305 01	305 89	306 77	307 65	879	192 50	193 38	194 25	195 13
80	303 60	304 48	305 36	306 24	307 12	308 00	880	192 72	193 60	194 48	195 36
81	303 94	304 82	305 70	306 58	307 46	308 35	881	192 93	193 82	194 70	195 58
82	304 29	305 17	306 05	306 93	307 81	308 70	882	193 15	194 04	194 92	195 80
83	304 63	305 51	306 40	307 28	308 16	309 05	883	193 37	194 26	195 14	196 02
84	304 98	305 86	306 74	307 63	308 51	309 40	884	193 59	194 48	195 36	196 24
85	305 32	306 21	307 09	307 98	308 86	309 75	885	193 81	194 70	195 58	196 47
86	305 67	306 55	307 44	308 32	309 21	310 10	886	194 03	194 92	195 80	196 69
87	306 01	306 90	307 78	308 67	309 56	310 45	887	194 25	195 14	196 02	196 91
88	306 36	307 24	308 13	309 02	309 91	310 80	888	194 47	195 36	196 24	197 13
89	306 70	307 59	308 48	309 37	310 26	311 15	889	194 69	195 58	196 46	197 35
90	307 05	307 94	308 83	309 72	310 61	311 50	890	194 91	195 80	196 69	197 58
91	307 39	308 28	309 17	310 06	310 95	311 85	891	195 12	196 02	196 91	197 80
92	307 74	308 63	309 52	310 41	311 30	312 20	892	195 34	196 24	197 13	198 02
93	308 08	308 97	309 87	310 76	311 65	312 55	893	195 56	196 46	197 35	198 24
94	308 43	309 32	310 21	311 11	312 00	312 90	894	195 78	196 68	197 57	198 46
95	308 77	309 67	310 56	311 46	312 35	313 25	895	196 00	196 90	197 79	198 69
96	309 12	310 01	310 91	311 80	312 70	313 60	896	196 22	197 12	198 01	198 91

Lorsque le prix de l'hectogramme d'or fin et celui du kilo d'argent fin sont supérieurs de quelques centimes à ceux donnés en tête de chaque colonne de cette page, ajoutez pour chaque différence à toutes les sommes sans exception contenues dans cette page, les centimes ci-dessous et de la manière suivante :

	cent.		cent.
Pour une différence de 5 centimes...	4	Pour une différence de 50 centimes...	44
Pour une différence de 10 centimes...	8	Pour une différence de 60 centimes...	53
Pour une différence de 20 centimes...	17	Pour une différence de 70 centimes...	62
Pour une différence de 30 centimes...	26	Pour une différence de 80 centimes...	72
Pour une différence de 40 centimes...	35	Pour une différence de 90 centimes...	80

Pour l'intelligence de la note ci-dessus, voyez les explications et les exemples donnés en tête de ce chapitre.

De la valeur d'un **HECTOGRAMME D'OR** (100 Grammes) et d'un **KIL[OGRAMME] D'ARGENT** aux titres ci-dessous.

DIVERSES VALEURS D'UN HECTOGRAMME D'OR — d'après les prix suivans de l'hectogram. d'or fin.

MILLIÈMES ET GRAMMES	345 f. ou 105.55 l'once.	346 f. ou 105.85 l'once.	347 f. ou 106.16 l'once.	348 f. ou 106.46 l'once.	349 f. ou 106.77 l'once.	350 f. ou 107.07 l'once.
	fr. c.	fr. c.	fr. c.	fr. c.	fr. c.	fr. c.
897	309 46	310 56	311 28	312 18	313 08	313 98
898	309 81	310 70	311 60	312 50	313 40	314 30
899	310 15	311 05	311 95	312 85	313 75	314 65
900	310 50	311 40	312 30	313 20	314 10	315 00
901	310 84	311 74	312 64	313 54	314 44	315 35
902	311 19	312 09	312 99	313 89	314 79	315 70
903	311 53	312 43	313 34	314 24	315 14	316 05
904	311 88	312 78	313 68	314 59	315 49	316 40
905	312 22	313 13	314 03	314 94	315 84	316 75
906	312 57	313 47	314 38	315 28	316 19	317 10
907	312 91	313 82	314 72	315 63	316 54	317 45
908	313 26	314 16	315 07	315 98	316 89	317 80
909	313 60	314 51	315 42	316 33	317 24	318 15
910	313 95	314 86	315 77	316 68	317 59	318 50
911	314 29	315 20	316 11	317 02	317 93	318 85
912	314 64	315 55	316 46	317 37	318 28	319 20
913	314 98	315 89	316 81	317 72	318 63	319 55
914	315 33	316 24	317 15	318 07	318 98	319 90
915	315 67	316 59	317 50	318 42	319 33	320 25
916	316 02	316 93	317 85	318 76	319 68	320 60
917	316 36	317 28	318 19	319 11	320 03	320 95
918	316 71	317 62	318 54	319 46	320 38	321 30
919	317 05	317 97	318 89	319 81	320 73	321 65
920	317 40	318 32	319 24	320 16	321 08	322 00
921	317 74	318 66	319 58	320 50	321 42	322 35
922	318 09	319 01	319 93	320 85	321 77	322 70
923	318 43	319 35	320 28	321 20	322 12	323 05
924	318 78	319 70	320 62	321 55	322 47	323 40

VALEURS D'UN KILO D'ARGENT — d'après les prix suivans du kil. d'argent fin. (La colonne 222 f. est coupée au bord de la page.)

MILLIÈMES ET GRAMMES	219 f. ou 53f60c le marc.	220 f. ou 53f85c le marc.	221 f. ou 54f09c le marc.	222 f. ou 54f33c le marc.
	fr. c.	fr. c.	fr. c.	fr. c.
897	196 44	197 34	198 23	199 [..]
898	196 66	197 56	198 45	199 [..]
899	196 88	197 78	198 67	199 [..]
900	197 10	198 00	198 90	199 [..]
901	197 31	198 22	199 12	200 [..]
902	197 53	198 44	199 34	200 [..]
903	197 75	198 66	199 56	200 [..]
904	197 97	198 88	199 78	200 [..]
905	198 19	199 10	200 00	200 [..]
906	198 41	199 32	200 22	201 [..]
907	198 63	199 54	200 44	201 [..]
908	198 85	199 76	200 66	201 [..]
909	199 07	199 98	200 88	201 [..]
910	199 29	200 20	201 11	202 [..]
911	199 50	200 42	201 33	202 [..]
912	199 72	200 64	201 55	202 [..]
913	199 94	200 86	201 77	202 [..]
914	200 16	201 08	201 99	202 [..]
915	200 38	201 30	202 21	203 [..]
916	200 60	201 51	202 43	203 [..]
917	200 82	201 74	202 65	203 [..]
918	201 04	201 96	202 87	203 [..]
919	201 26	202 18	203 09	204 [..]
920	201 48	202 40	203 31	204 [..]
921	201 69	202 62	203 54	204 [..]
922	201 91	202 84	203 76	204 [..]
923	202 13	203 06	203 98	204 [..]
924	202 35	203 28	204 20	205 [..]

Lorsque le prix de l'hectogramme d'or fin et celui du kilo d'argent fin sont supérieurs de quelques centimes à ceux donnés en tête de chaque colonne de cette page, ajoutez pour chaque différence à toutes les sommes sans exception contenues dans cette page, les centimes ci-dessous et de la manière suivante.

	cent.		cent.
Pour une différence de 5 centimes...	4	Pour une différence de 50 centimes...	45
Pour une différence de 10 centimes...	9	Pour une différence de 60 centimes...	55
Pour une différence de 20 centimes...	18	Pour une différence de 70 centimes...	64
Pour une différence de 30 centimes...	27	Pour une différence de 80 centimes...	74
Pour une différence de 40 centimes...	36	Pour une différence de 90 centimes...	82

Pour l'intelligence de la note ci-dessus, voyez les explications et les exemples donnés en tête de ce chapitre.

De la valeur d'un HECTOGRAMME D'OR (100 Grammes) et d'un KILO D'ARGENT aux titres ci-dessous.

DIVERSES VALEURS D'UN HECTOGRAMME D'OR

D'APRÈS LES PRIX SUIVANS DE L'HECTOGRAM. D'OR FIN.

MILLIÈMES ET GRAMMES	345 f. ou 105.55 l'once.	346 f. ou 105.85 l'once.	347 f. ou 106 16 l'once.	348 f. ou 106.46 l'once.	349 f. ou 106.77 l'once.	350 f. ou 107.07 l'once.
	fr. c.	fr. c.	fr. c.	fr. c.	fr. c.	fr. c.
925	319 12	320 05	320 97	321 90	322 82	323 75
926	319 47	320 39	321 32	322 24	323 17	324 10
927	319 81	320 74	321 66	322 59	323 52	324 45
928	320 16	321 08	322 01	322 94	323 87	324 80
929	320 50	321 43	322 36	323 29	324 22	325 15
930	320 85	321 78	322 71	323 64	324 57	325 50
931	321 19	322 12	323 05	323 98	324 91	325 85
932	321 54	322 47	323 40	324 33	325 26	326 20
933	321 88	322 81	323 75	324 68	325 61	326 55
934	322 23	323 16	324 09	325 03	325 96	326 90
935	322 57	323 51	324 44	325 38	326 31	327 25
936	322 92	323 85	324 79	325 72	326 66	327 60
937	323 26	324 20	325 13	326 07	327 01	327 95
938	323 61	324 54	325 48	326 42	327 36	328 30
939	323 95	324 89	325 83	326 77	327 71	328 65
940	324 30	325 24	326 18	327 12	328 06	329 00
941	324 64	325 58	326 52	327 46	328 40	329 35
942	324 99	325 93	326 87	327 81	328 75	329 70
943	325 33	326 27	327 22	328 16	329 10	330 05
944	325 68	326 62	327 56	328 51	329 45	330 40
945	326 02	326 97	327 91	328 86	329 80	330 75
946	326 37	327 31	328 26	329 20	330 15	331 10
947	326 71	327 66	328 60	329 55	330 50	331 45
948	327 06	328 00	328 95	329 90	330 85	331 80
949	327 40	328 35	329 30	330 25	331 20	332 15
950	327 75	328 70	329 65	330 60	331 55	332 50
951	328 09	329 04	329 99	330 94	331 89	332 85
952	328 44	329 39	330 34	331 29	332 24	333 20

VALEURS D'UN KILO D'ARGENT

D'APRÈS LES PRIX SUIVANS DU KILO D'ARGENT FIN.

MILLIÈMES ET GRAMMES	219 f. ou 53f60c le marc.	220 f. ou 53f85c le marc.	221 f. ou 54f09c le marc.	222 f. ou 54f34c le marc.
	fr. c.	fr. c.	fr. c.	fr. c.
925	202 57	203 50	204 42	205 35
926	202 79	203 72	204 64	205 57
927	203 01	203 94	204 86	205 79
928	203 23	204 16	205 08	206 01
929	203 45	204 38	205 30	206 23
930	203 67	204 60	205 53	206 46
931	203 88	204 82	205 75	206 68
932	204 10	205 04	205 97	206 90
933	204 32	205 26	206 19	207 12
934	204 54	205 48	206 41	207 34
935	204 76	205 70	206 63	207 57
936	204 98	205 92	206 85	207 79
937	205 20	206 14	207 07	208 01
938	205 42	206 36	207 29	208 23
939	205 64	206 58	207 51	208 45
940	205 86	206 80	207 74	208 68
941	206 07	207 02	207 96	208 90
942	206 29	207 24	208 18	209 12
943	206 51	207 46	208 40	209 34
944	206 73	207 68	208 62	209 56
945	206 95	207 90	208 84	209 79
946	207 17	208 12	209 06	210 01
947	207 39	208 34	209 28	210 25
948	207 61	208 56	209 50	210 55
949	207 83	208 78	209 72	210 67
950	208 05	209 00	209 95	210 90
951	208 26	209 22	210 17	211 12
952	208 48	209 44	210 39	211 34

Lorsque le prix de l'hectogramme d'or fin et celui du kilo d'argent fin sont supérieurs de quelques centimes à ceux donnés en tête de chaque colonne de cette page, ajoutez pour chaque différence à toutes les sommes sans exception contenues dans cette page, les centimes ci-dessous et de la manière suivante :

	cent.		cent.
Pour une différence de 5 centimes....	4	Pour une différence de 50 centimes....	47
Pour une différence de 10 centimes....	9	Pour une différence de 60 centimes....	56
Pour une différence de 20 centimes....	18	Pour une différence de 70 centimes....	66
Pour une différence de 30 centimes....	28	Pour une différence de 80 centimes....	76
Pour une différence de 40 centimes....	37	Pour une différence de 90 centimes....	85

Pour l'intelligence de la note ci-dessus, voyez les explications et les exemples donnés en tête de ce chapitre.

DE 953 A 980 MILLIÈMES.

De la valeur d'un HECTOGRAMME D'OR (100 Grammes) et d'un KILO D'ARGENT aux titres ci-dessous.

MILLIÈMES ET GRAMMES.	DIVERSES VALEURS D'UN HECTOGRAMME D'OR D'APRÈS LES PRIX SUIVANS DE L'HECTOGRAM. D'OR FIN.						MILLIÈMES ET GRAMMES.	VALEURS D'UN KILO D'ARGENT D'APRÈS LES PRIX SUIVANS DU KILO D'ARGENT FIN.			
	345 f. ou 105.55 l'once.	346 f. ou 105.85 l'once.	347 f. ou 106.16 l'once.	348 f. ou 106.46 l'once.	349 f. ou 106.77 l'once.	350 f. ou 107.07 l'once.		219 f. ou 53f.60c le marc.	220 f. ou 53f.85c le marc.	221 f. ou 54f.09c le marc.	222 f. ou 54f.34c le marc.
	fr. c.	fr. c.	fr. c.	fr. c.	fr. c.	fr. c.		fr. c.	fr. c.	fr. c.	fr. c.
953	328 78	329 73	330 69	331 64	332 59	333 55	953	208 70	209 66	210 61	211 56
954	329 13	330 08	331 03	331 99	332 94	333 90	954	208 92	209 88	210 83	211 78
955	329 47	330 43	331 38	332 34	333 29	334 25	955	209 14	210 10	211 05	212 01
956	329 82	330 77	331 73	332 68	333 64	334 60	956	209 36	210 32	211 27	212 23
957	330 16	331 12	332 07	333 03	333 99	334 95	957	209 58	210 54	211 49	212 45
958	330 51	331 46	332 42	333 38	334 34	335 30	958	209 80	210 76	211 71	212 67
959	330 85	331 81	332 77	333 73	334 69	335 65	959	210 02	210 98	211 93	212 89
960	331 20	332 16	333 12	334 08	335 04	336 00	960	210 24	211 20	212 16	213 12
961	331 54	332 50	333 46	334 42	335 38	336 35	961	210 45	211 42	212 38	213 34
962	331 89	332 85	333 81	334 77	335 73	336 70	962	210 67	211 64	212 60	213 56
963	332 23	333 19	334 16	335 12	336 08	337 05	963	210 89	211 86	212 82	213 78
964	332 58	333 54	334 50	335 47	336 43	337 40	964	211 11	212 08	213 04	214 00
965	332 92	333 89	334 85	335 82	336 78	337 75	965	211 33	212 30	213 26	214 23
966	333 27	334 23	335 20	336 16	337 13	338 10	966	211 55	212 52	213 48	214 45
967	333 61	334 58	335 54	336 51	337 48	338 45	967	211 77	212 74	213 70	214 67
968	333 96	334 92	335 89	336 86	337 83	338 80	968	211 99	212 96	213 92	214 89
969	334 30	335 27	336 24	337 21	338 18	339 15	969	212 21	213 18	214 14	215 11
970	334 65	335 62	336 59	337 56	338 53	339 50	970	212 43	213 40	214 37	215 34
971	334 99	335 96	336 93	337 90	338 87	339 85	971	212 64	213 62	214 59	215 56
972	335 34	336 31	337 28	338 25	339 22	340 20	972	212 86	213 84	214 81	215 78
973	335 68	336 65	337 63	338 60	339 57	340 55	973	213 08	214 06	215 03	216 00
974	336 03	337 00	337 97	338 95	339 92	340 90	974	213 30	214 28	215 25	216 22
975	336 37	337 35	338 32	339 30	340 27	341 25	975	213 52	214 50	215 47	216 45
976	336 72	337 69	338 67	339 64	340 62	341 60	976	213 74	214 72	215 69	216 67
977	337 06	338 04	339 01	339 99	340 97	341 95	977	213 96	214 94	215 91	216 89
978	337 41	338 38	339 36	340 34	341 32	342 30	978	214 18	215 16	216 13	217 11
979	337 75	338 73	339 71	340 69	341 67	342 65	979	214 40	215 38	216 35	217 33
980	338 10	339 08	340 06	341 04	342 02	343 00	980	214 62	215 60	216 58	217 56

Lorsque le prix de l'hectogramme d'or fin et celui du kilo d'argent fin sont supérieurs de quelques centimes à ceux donnés en tête de chaque colonne de cette page, ajouter pour chaque différence à toutes les sommes sans exception contenues dans cette page, les centimes ci-dessous et de la manière suivante :

	cent.		cent.
Pour une différence de 5 centimes...	4	Pour une différence de 50 centimes...	48
Pour une différence de 10 centimes...	9	Pour une différence de 60 centimes...	58
Pour une différence de 20 centimes...	19	Pour une différence de 70 centimes...	68
Pour une différence de 30 centimes...	29	Pour une différence de 80 centimes...	78
Pour une différence de 40 centimes...	38	Pour une différence de 90 centimes...	87

Pour l'intelligence de la note ci-dessus, voyez les explications et les exemples donnés en tête de ce chapitre.

...e la valeur d'un HECTOGRAMME D'OR (100 Grammes) et d'un KILO D'ARGENT aux titres ci-dessous,

MILLIÈMES ET GRAMMES	DIVERSES VALEURS D'UN HECTOGRAMME D'OR D'APRÈS LES PRIX SUIVANS DE L'HECTOGRAM. D'OR FIN.						MILLIÈMES ET GRAMMES	VALEURS D'UN KILO D'ARGENT D'APRÈS LES PRIX SUIVANS DU KILO D'ARGENT FIN.			
	345 f. ou 105.55 l'once.	346 f. ou 105.85 l'once.	347 f. ou 106.16 l'once.	348 f. ou 106.46 l'once.	349 f. ou 106.77 l'once.	350 f. ou 107.07 l'once.		219 f. ou 53f60c le marc.	220 f. ou 53f85c le marc.	221 f. ou 54f09c le marc.	222 f. ou 54f34c le marc.
	fr. c.	fr. c.	fr. c.	fr. c.	fr. c.	fr. c.		fr. c.	fr. c.	fr. c.	fr. c.
981	338 44	339 42	340 40	341 38	342 36	343 35	981	214 83	215 82	216 80	217 78
982	338 79	339 77	340 75	341 73	342 71	343 70	982	215 05	216 04	217 02	218 00
983	339 13	340 11	341 10	342 08	343 06	344 05	983	215 27	216 26	217 24	218 22
984	339 48	340 46	341 44	342 43	343 41	344 40	984	215 49	216 48	217 46	218 44
985	339 82	340 81	341 79	342 78	343 76	344 75	985	215 71	216 70	217 68	218 67
986	340 17	341 15	342 14	343 12	344 11	345 10	986	215 93	216 92	217 90	218 89
987	340 51	341 50	342 48	343 47	344 46	345 45	987	216 15	217 14	218 12	219 11
988	340 86	341 84	342 83	343 82	344 81	345 80	988	216 37	217 36	218 34	219 33
989	341 20	342 19	343 18	344 17	345 16	346 15	989	216 59	217 58	218 56	219 55
990	341 55	342 54	343 53	344 52	345 51	346 50	990	216 81	217 80	218 79	219 78
991	341 89	342 88	343 87	344 86	345 85	346 85	991	217 02	218 02	219 01	220 00
992	342 24	343 23	344 22	345 21	346 20	347 20	992	217 24	218 24	219 23	220 22
993	342 58	343 57	344 57	345 56	346 55	347 55	993	217 46	218 46	219 45	220 44
994	342 93	343 92	344 91	345 91	346 90	347 90	994	217 68	218 68	219 67	220 66
995	343 27	344 27	345 26	346 26	347 25	348 25	995	217 90	218 90	219 89	220 89
996	343 62	344 61	345 61	346 60	347 60	348 60	996	218 12	219 12	220 11	221 11
997	343 96	344 96	345 95	346 95	347 95	348 95	997	218 34	219 34	220 33	221 33
998	344 31	345 30	346 30	347 30	348 30	349 30	998	218 56	219 56	220 55	221 55
999	344 65	345 65	346 65	347 65	348 65	349 65	999	218 78	219 78	220 77	221 77
1000	345 00	346 00	347 00	348 00	349 00	350 00	1000	219 00	220 00	221 00	222 00

Lorsque le prix de l'hectogramme d'or fin et celui du kilo d'argent fin sont supérieurs de quelques centimes à ceux donnés en tête de chaque colonne de cette page, ajoutez pour chaque différence à toutes les sommes sans exception contenues dans cette page, les centimes ci-dessous de la manière suivante :

	cent.		cent.
Pour une différence de 5 centimes ...	5	Pour une différence de 50 centimes...	50
Pour une différence de 10 centimes ...	10	Pour une différence de 60 centimes...	60
Pour une différence de 20 centimes ...	20	Pour une différence de 70 centimes...	70
Pour une différence de 30 centimes ...	30	Pour une différence de 80 centimes...	80
Pour une différence de 40 centimes ...	40	Pour une différence de 90 centimes...	90

Pour l'intelligence de la note ci-dessus, voyez les explications et les exemples donnés en tête de ce chapitre.

GUIDE

DE

L'ORFÉVRE ET DU BIJOUTIER

DANS LES VENTES AUX MONTS-DE-PIÉTÉ,

CONTENANT

Les Tarifs ou Comptes faits de toutes les opérations qui s'y font en achats d'Or et d'Argent, la Conversion des Grammes en poids de Marc et leurs valeurs d'après les différens prix de l'Once d'Or et du Marc d'Argent soit à fondre, soit avec façon déduction faite de 3 fr. 50 c. pour cent, perçus pour les frais de vente.

CHAPITRE I.

DE LA CONVERSION DES GRAMMES EN POIDS DE MARC, ET DES DIFFÉRENTES
VALEURS D'UN OU PLUSIEURS OBJETS EN OR D'APRÈS LES PRIX DE L'ONCE
D'OR QUI SONT LE PLUS EN USAGE AUX MONTS-DE-PIÉTÉ, DÉDUCTION
FAITE DE 3 FR. 50 CENT. POUR CENT, PERÇUS POUR LES FRAIS DE VENTE

Il est d'usage, dans les Monts-de-Piété, de vendre en poids de gramme et sans fraction. Cette fraction est abandonnée à l'acheteur pour éviter de sa part toute réclamation.

Un objet en or mis en vente et pesant 35 grammes 6 décigrammes (1 once 1 gros 22 grains) sera déclaré ne peser que 35 grammes (1 once 1 gros 11 grains); il y a donc sur cette pesée, 11 grains de bon poids; j'ai trouvé quelquefois 15, 16 et 17 grains de bon poids, comme aussi, je ne l'ai trouvé que de 3, 4, 5 et 6 grains. Ce boni peut s'étendre de 1 à 18 grains, un gramme équivalant à 19 grains : ainsi, en ajoutant au poids accusé, le terme moyen de ce boni présumé, c'est-à-dire 8 ou 9 grains, on sera certain d'acheter dans toute sa valeur.

Exemple : on met à l'enchère un objet en or, et on le déclare peser 31 grammes ; je désire l'acheter à raison de 74 fr. l'once ; je cherche au tarif pour l'or le nombre 31 grammes, et sur la même ligne, à la colonne de 74 fr. l'once, je trouve 72 fr. 44 cent. valeur de 31 grammes justes, j'y ajoute 1 fr. 25 cent. pour les 9 grains de bon poids présumé, ce qui me donne un total de 73 fr. 69 cent. ; je pousserai même mon enchère à quelques centimes de plus, suivant la qualité de l'or mis en vente. Ce boni de poids existe également pour les petites pesées; j'ai trouvé quelquefois 15 et 16 grains de boni sur un anneau d'or déclaré peser 2 grammes.

Toutes les fois que les pièces composant un lot mis à l'enchère sont marquées du nouveau contrôle, il est attaché à ce lot une grande carte de forme carré long indiquant quelquefois le poids de ces pièces ; si, au contraire, elles sont marquées d'anciens poinçons, la carte qui y est attachée est de forme triangulaire, indiquant d'un côté le poids, et de l'autre le droit de contrôle que devra payer l'acheteur, s'il est dans l'intention de les faire marquer du contrôle actuel; de cette manière, l'acheteur voit de suite, et de loin, si le lot mis en vente est ou n'est pas marqué du contrôle nouveau, et pousse son enchère en conséquence.

Si les pièces composant un lot mis en vente sont chargées de pierres ou autres corps étrangers, et si elles sont marquées d'anciens poinçons, alors la carte triangulaire qui y est attachée n'en indique pas le poids, mais seulement les droits de contrôle à payer. Cette indication suffit pour en faire connaître le poids approximatif ; dans ce cas, le chapitre des contrôles fait connaître que tel droit de contrôle correspond à tel poids de gramme.

DE 1 A 36 GRAMMES.

Conversion des GRAMMES en poids de MARC, suivie des différentes valeurs d'un ou plusieurs objets en OR à l'un des poids ci-dessous, déduction faite des droits de vente.

GRAMMES	CONVERSION. (Marcs. Onces. Gros. Demi-Gros. Grains. Décimes.)	à 70f ₂ᶜ	à 72f ₂ᶜ	à 74f ₂ᶜ	à 76f ₂ᶜ	à 78f ₂ᶜ	nou. cours. à 80f	à 84f ₂ᶜ	contrôle à 85f
		fr. c.	fr. c.	fr. c.	fr. c.	fr. c.	fr. c.	fr. c.	fr. c.
1	· · · · 13.8	2 21	2 27	2 33	2 40	2 46	2 53	2 65	2 77
2	· · · ½ 1.6	4 42	4 54	4 67	4 80	4 92	5 05	5 30	5 55
3	· · · ¾ 20.8	6 63	6 82	7 01	7 20	7 38	7 57	7 95	8 33
4	· · 1 · 5.5	8 84	9 09	9 34	9 60	9 85	10 10	10 61	11 11
5	· · 1 · 23.1	11 05	11 56	11 68	12 00	12 31	12 63	13 26	13 89
6	· · 1 ½ 5. ·	13 26	13 64	14 02	14 40	14 77	15 15	15 91	16 67
7	· · 1 ¾ 23.8	15 47	15 91	16 35	16 80	17 24	17 68	18 56	19 43
8	· · 2 · 6.6	17 68	18 19	18 69	19 20	19 70	20 21	21 22	22 23
9	· · 2 · 25.4	19 89	20 46	21 03	21 60	22 16	22 73	23 87	24 01
10	· · 2 ¼ 8.3	22 10	22 73	23 36	24 00	24 63	25 26	26 53	27 79
11	· · 2 ¾ 27.1	24 31	25 01	25 70	26 40	27 09	27 79	29 18	30 57
12	· · 3 · 9.9	26 52	27 28	28 04	28 80	29 55	30 31	31 83	33 33
13	· · 3 · 22.7	28 73	29 55	30 37	31 20	32 02	32 84	34 48	36 11
14	· · 3 ¼ 11.6	30 94	31 83	32 71	33 60	34 48	35 36	37 13	38 90
15	· · 3 ½ 30.4	33 16	34 10	35 03	36 00	36 94	37 89	39 79	41 03
16	· · 4 · 13.2	35 37	36 38	37 39	38 40	39 41	40 42	42 44	43 46
17	· · 4 · 32.1	37 58	38 66	39 72	40 80	41 87	42 94	43 09	47 24
18	· · 4 ¼ 14.9	39 79	40 93	42 06	43 20	44 35	45 47	47 75	50 02
19	· · 4 ¾ 33.7	42 00	43 20	44 40	45 60	46 80	48 00	50 40	52 80
20	· · 5 · 16.3	44 21	45 47	46 75	48 00	49 26	50 52	53 05	55 58
21	· · 5 · 35.4	46 42	47 75	49 07	50 40	51 72	53 05	55 70	58 36
22	· · 5 ¼ 18.2	48 63	50 02	51 41	52 80	54 19	55 58	58 36	61 14
23	· · 6 · 1. ·	50 84	52 29	53 74	55 20	56 65	58 10	61 01	63 92
24	· · 6 · 19.8	53 05	54 57	56 08	57 60	59 11	60 63	63 66	66 70
25	· · 6 ¼ 2.7	55 26	56 84	58 42	60 00	61 58	63 16	66 32	69 48
26	· · 6 ¾ 21.5	57 47	59 11	60 75	62 40	64 04	65 68	68 97	72 25
27	· · 7 · 4.3	59 68	61 39	63 09	64 80	66 50	68 21	71 62	75 03
28	· · 7 · 23.2	61 89	63 66	65 43	67 20	68 96	70 75	74 27	77 81
29	· · 7 ¼ 6. ·	64 11	65 94	67 77	69 60	71 43	73 26	76 93	80 59
30	· · 7 ¾ 24.9	66 32	68 21	70 10	72 00	73 89	75 79	79 58	83 37
31	· 1 · · 7.6	68 53	70 48	72 44	74 40	76 35	78 31	82 23	86 15
32	· 1 · · 26.5	70 74	72 76	74 78	76 80	78 82	80 84	84 88	88 93
33	· 1 · ¼ 9.3	72 95	75 05	77 11	79 20	81 28	83 37	87 54	91 71
34	· 1 · ¾ 28.1	75 16	77 30	79 45	81 60	83 74	85 89	90 19	94 49
35	· 1 1 · 10.9	77 37	79 58	81 79	84 00	86 21	88 42	92 84	97 27
36	· 1 1 · 29.8	79 58	81 85	84 12	86 40	88 67	90 95	95 50	100 05

Conversion des GRAMMES en poids de MARC, suivie des différentes valeurs d'un ou plusieurs objets en OR à l'un des poids ci-dessous, déduction faite des droits de vente.

GRAMMES	CONVERSION.						DIVERSES VALEURS DU GRAMME D'APRÈS LES PRIX SUIVANS DE L'ONCE D'OR							
	Marc	Onces	Gros	Demi-Gros	Grains	Décimes	à 70f 50e	à 72f 50e	à 74f 50e	à 76f 50e	à 78f 50e	non contr. à 80f	à 84f 50e	contrôlé à 88f
							fr. c.	fr. c.	fr. c.	fr. c.	fr. c.	fr. c.	fr. c.	fr. c.
37	»	1.	1.	½	12.	6	81 79	84 13	86 46	88 80	91 13	93 47	98 13	102 85
38	»	1.	1.	¼	31.	4	84 00	86 40	88 80	91 20	93 60	96 00	100 80	105 60
39	»	1.	2.	»	14.	3	86 21	88 67	91 13	93 60	96 06	98 52	103 43	108 38
40	»	1.	2.	»	33.	1	88 42	90 93	93 47	96 00	98 52	101 04	106 14	111 16
41	»	1.	2.	½	13.	9	90 63	93 22	95 81	98 40	100 99	103 58	108 76	113 94
42	»	1.	2.	¾	34.	7	92 84	95 50	98 14	100 80	103 45	106 10	111 41	116 72
43	»	1.	3.	»	17.	6	95 05	97 77	100 48	103 20	106 91	108 63	114 07	119 50
44	»	1.	3.	½	»	4	97 27	100 04	102 82	105 60	108 38	111 16	116 72	122 28
45	»	1.	3.	¾	19.	2	99 48	102 32	105 16	108 00	110 84	113 68	119 37	125 06
46	»	1.	4.	»	2.	»	101 69	104 59	107 49	110 40	113 30	116 21	122 02	127 84
47	»	1.	4.	»	20.	9	103 90	106 86	109 83	112 80	115 77	118 74	124 68	130 62
48	»	1.	4.	½	3.	7	106 11	109 14	112 17	115 20	118 23	121 26	127 33	133 40
49	»	1.	4.	¾	22.	5	108 32	111 41	114 50	117 60	120 69	123 79	129 98	136 18
50	»	1.	5.	»	5.	4	110 53	113 69	116 84	120 00	123 16	126 32	132 64	138 96
51	»	1.	5.	»	24.	2	112 74	115 96	119 18	122 40	125 62	128 84	135 29	141 73
52	»	1.	5.	½	7.	»	114 95	118 23	121 51	124 80	128 08	131 37	137 94	144 51
53	»	1.	5.	¾	25.	8	117 16	120 51	123 85	127 20	130 54	133 89	140 59	147 29
54	»	1.	6.	»	8.	7	119 37	122 78	126 19	129 60	133 01	136 42	143 25	150 07
55	»	1.	6.	»	27.	5	121 58	125 06	128 52	132 00	135 47	138 95	145 90	152 85
56	»	1.	6.	½	10.	5	123 79	127 33	130 86	134 40	137 93	141 47	148 55	155 63
57	»	1.	6.	¾	29.	1	126 00	129 60	133 20	136 80	140 40	144 00	151 21	158 41
58	»	1.	7.	»	12.	»	128 92	131 88	135 54	139 20	142 86	146 55	153 89	161 19
59	»	1.	7.	»	30.	8	130 43	133 13	137 87	141 60	145 32	149 06	156 34	165 97
60	»	1.	7.	½	13.	6	132 64	136 42	140 21	144 00	147 79	151 55	159 16	168 75
61	»	1.	7.	¾	32.	5	134 85	138 70	142 55	146 40	150 25	154 11	161 82	169 83
62	»	2.	»	»	15.	3	137 06	140 97	144 88	148 80	152 71	156 63	164 47	172 51
63	»	2.	»	»	34.	1	139 27	143 24	147 22	151 20	155 18	159 16	167 12	175 08
64	»	2.	»	½	16.	9	141 48	145 52	149 56	153 60	157 64	161 68	169 77	177 86
65	»	2.	»	¾	35.	6	143 69	147 79	151 89	156 00	160 10	164 21	172 43	180 64
66	»	2.	1.	»	18.	6	145 90	150 07	154 23	158 40	162 57	166 74	175 08	183 42
67	»	2.	1.	¼	1.	4	148 11	152 34	156 57	160 80	165 03	169 26	177 73	186 20
68	»	2.	1.	½	20.	2	150 32	154 61	158 90	163 20	167 49	171 79	180 39	188 98
69	»	2.	2.	»	3.	1	152 53	156 89	161 24	165 60	169 96	174 32	183 04	191 76
70	»	2.	2.	»	21.	9	154 74	159 16	163 58	168 00	172 42	176 84	185 69	194 54
71	»	2.	2.	¼	4.	7	156 95	161 43	165 91	170 40	174 88	179 37	188 34	197 32
72	»	2.	2.	¾	23.	5	159 17	163 71	168 23	172 80	177 34	181 90	191 00	200 10

DE 73 A 108 GRAMMES.

Conversion des GRAMMES en poids de MARC, suivie des différentes valeurs d'un ou plusieurs objets en OR à l'un des poids ci-dessous, déduction faite des droits de vente.

GRAMMES	CONVERSION					
	Marc	Onces	Gros	Demi-Gros	Grains	Dixièmes
73	»	2	3	»	6	4
74	»	2	3	»	23	2
75	»	2	3	¼	8	»
76	»	2	3	½	26	9
77	»	2	4	»	9	7
78	»	2	4	»	26	5
79	»	2	4	¼	11	3
80	»	2	4	½	30	2
81	»	2	5	»	13	»
82	»	2	5	»	31	8
83	»	2	5	¼	14	6
84	»	2	5	½	33	5
85	»	2	6	»	16	3
86	»	2	6	»	33	1
87	»	2	6	¼	18	»
88	»	2	7	»	»	8
89	»	2	7	»	19	6
90	»	2	7	½	2	4
91	»	2	7	½	21	3
92	»	3	»	»	4	4
93	»	3	»	»	22	9
94	»	3	»	¼	5	7
95	»	3	»	½	24	6
96	»	3	1	»	7	4
97	»	3	1	»	26	2
98	»	3	1	¼	9	1
99	»	3	1	½	27	9
100	»	3	2	»	10	7
101	»	3	2	»	29	5
102	»	3	2	¼	12	4
103	»	3	2	½	31	2
104	»	3	3	»	14	»
105	»	3	3	»	32	8
106	»	3	3	¼	15	7
107	»	3	3	½	34	5
108	»	3	4	»	17	3

DIVERSES VALEURS DU GRAMME D'APRÈS LES PRIX SUIVANS DE L'ONCE D'OR

GRAMMES	à 70f xc	à 72f xc	à 74f xc	à 76f xc	à 78f xc	non contr. à 80f	à 84f xc	contrôlé à 88f
	fr. c.	fr. c.	fr. c.	fr. c.	fr. c.	fr. c.	fr. c.	fr. c.
73	161 38	165 98	170 59	175 20	179 81	184 42	195 63	202 88
74	163 59	168 26	172 93	177 60	182 27	186 95	196 30	204 66
75	165 80	170 55	175 26	180 00	184 74	189 48	198 96	206 44
76	168 01	172 80	177 60	182 40	187 20	192 00	201 61	211 21
77	170 22	175 08	179 94	184 80	189 66	194 53	204 26	213 99
78	172 43	177 35	182 27	187 20	192 12	197 06	206 94	216 77
79	174 64	179 62	184 61	189 60	194 59	199 58	209 57	219 55
80	176 85	181 90	186 95	192 00	197 05	202 11	212 22	222 33
81	179 06	184 17	189 29	194 40	199 51	204 65	214 87	225 11
82	181 27	186 45	191 62	196 80	201 98	207 16	217 55	227 89
83	183 48	188 72	193 96	199 20	204 44	209 69	220 19	230 67
84	185 69	190 99	196 29	201 60	206 90	212 21	222 83	233 45
85	187 90	193 27	198 63	204 00	209 37	214 74	225 48	236 23
86	190 12	195 54	200 97	206 40	211 83	217 27	228 14	239 01
87	192 33	197 82	203 31	208 80	214 29	219 79	230 79	241 79
88	194 54	200 09	205 64	211 20	216 76	222 32	233 44	244 56
89	196 75	202 36	207 98	213 60	219 22	224 85	236 10	247 34
90	198 96	204 64	210 32	216 00	221 68	227 37	238 75	250 12
91	201 17	206 91	212 65	218 40	224 15	229 90	241 40	252 90
92	203 38	209 18	214 99	220 80	226 61	232 43	244 04	255 68
93	205 59	211 46	217 33	223 20	229 07	234 95	246 71	258 46
94	207 80	213 73	219 66	225 60	231 54	237 48	249 36	261 24
95	210 01	216 01	222 00	228 00	234 00	240 01	252 01	264 02
96	212 22	218 28	224 34	230 40	236 46	242 53	254 67	266 80
97	214 43	220 55	226 67	232 80	238 93	245 06	257 32	269 58
98	216 64	222 83	229 01	235 20	241 39	247 59	259 97	272 36
99	218 85	225 10	231 35	237 60	243 85	250 11	262 62	275 14
100	221 07	227 38	233 69	240 01	246 32	252 64	265 28	277 92
101	223 28	229 65	236 02	242 41	248 78	255 17	267 93	280 69
102	225 49	231 92	238 36	244 81	251 24	257 69	270 58	283 47
103	227 70	234 20	240 70	247 21	253 71	260 22	273 24	286 25
104	229 91	236 47	243 03	249 61	256 17	262 75	275 89	289 03
105	232 12	238 74	245 37	252 01	258 63	265 27	278 54	291 81
106	234 33	241 02	247 71	254 41	261 10	267 80	281 19	294 59
107	236 54	243 29	250 04	256 81	263 56	270 33	283 85	297 37
108	238 75	245 57	252 38	259 21	266 02	272 85	286 50	300 15

...nversion des GRAMMES en poids de MARC, suivie des différentes valeurs d'un ou plusieurs objets en OR à l'un des poids ci-dessous, déduction faite des droits de vente.

GRAMMES	CONVERSION						DIVERSES VALEURS DU GRAMME D'APRÈS LES PRIX SUIVANS DE L'ONCE D'OR					non contr.		contrôlé
	Marc	Once	Gros	Demi-Gros	Grains	Dixièmes	à 70f	à 72f	à 74f	à 76f	à 78f	à 80f	à 84f	à 88f
							fr. c.	fr. c.	fr. c.	fr. c.	fr. c.	fr. c.	fr. c.	fr. c.
109	•	3.	4.	•	•	1	240 96	247 84	254 72	261 61	268 49	275 37	289 13	302 93
110	•	3.	4.	½	19.	•	243 17	250 11	257 03	264 01	270 95	277 90	291 80	306 71
111	•	3.	5.	•	1.	8	245 38	252 39	259 39	266 41	273 41	280 45	294 46	308 49
112	•	3.	5.	•	20.	6	247 59	254 66	261 73	268 81	275 88	282 98	297 11	311 27
113	•	3.	5.	½	3.	5	249 80	256 93	264 06	271 21	278 34	285 48	299 76	314 04
114	•	3.	5.	½	22.	5	252 01	259 21	266 40	273 61	280 80	288 00	302 41	316 82
115	•	3.	6.	•	5.	4	254 22	261 48	268 74	276 01	283 27	290 53	305 07	319 60
116	•	3.	6.	•	25.	0	256 44	263 76	271 08	278 41	285 73	293 06	307 72	322 38
117	•	3.	6.	½	6.	8	258 65	266 03	273 41	280 81	288 19	295 58	310 37	325 16
118	•	3.	6.	½	25.	6	260 86	268 30	275 75	283 21	290 66	298 11	313 03	327 94
119	•	3.	7.	•	8.	4	263 07	270 58	278 09	285 61	293 12	300 64	315 68	330 72
120	•	3.	7.	•	27.	2	265 28	272 85	280 42	288 01	295 58	303 16	318 33	333 50
121	•	3.	7.	½	10.	1	267 49	275 12	282 76	290 41	298 05	305 69	320 98	336 28
122	•	3.	7.	½	28.	9	269 70	277 40	285 10	292 81	300 51	308 22	323 64	339 06
123	•	4.	•	•	11.	7	271 91	279 67	287 43	295 21	302 97	310 74	326 29	341 84
124	•	4.	•	•	30.	6	274 12	281 95	289 77	297 61	305 44	313 27	328 94	344 62
125	•	4.	•	½	13.	4	276 33	284 22	292 11	300 01	307 90	315 80	331 59	347 40
126	•	4.	•	½	32.	2	278 54	286 49	294 44	302 41	310 36	318 32	334 25	350 17
127	•	4.	1.	•	15.	•	280 75	288 77	296 78	304 81	312 83	320 85	336 90	352 95
128	•	4.	1.	•	33.	9	282 96	291 04	299 12	307 21	315 29	323 37	339 55	355 73
129	•	4.	1.	½	16.	7	285 18	293 32	301 46	309 61	317 75	325 90	342 21	358 51
130	•	4.	1.	½	35.	5	287 39	295 59	303 79	312 01	320 22	328 43	344 86	361 29
131	•	4.	2.	•	18.	3	289 60	297 86	306 13	314 41	322 68	330 95	347 51	364 07
132	•	4.	2.	½	1.	2	291 81	300 14	308 47	316 81	325 14	333 48	350 16	366 85
133	•	4.	2.	½	20.	•	294 02	302 41	310 80	319 21	327 61	336 01	352 82	369 63
134	•	4.	3.	•	2.	8	296 23	304 68	313 14	321 61	330 07	338 53	355 47	372 41
135	•	4.	3.	•	21.	7	298 44	306 96	315 48	324 01	332 53	341 06	358 12	375 19
136	•	4.	3.	½	4.	5	300 65	309 23	317 81	326 41	335 00	343 59	360 77	377 97
137	•	4.	3.	½	23.	3	302 86	311 51	320 15	328 81	337 46	346 11	363 43	380 73
138	•	4.	4.	•	6.	1	305 07	313 78	322 49	331 21	339 92	348 64	366 08	383 53
139	•	4.	4.	•	25.	•	307 28	316 05	324 82	333 61	342 39	351 17	368 73	386 30
140	•	4.	4.	½	7.	8	309 49	318 33	327 16	336 01	344 85	353 69	371 39	389 08
141	•	4.	4.	½	26.	0	311 70	320 60	329 30	338 41	347 31	356 22	374 04	391 86
142	•	4.	5.	•	9.	4	313 91	322 87	331 83	340 81	349 78	358 74	376 69	394 64
143	•	4.	5.	•	28.	3	316 12	325 15	334 17	343 21	352 24	361 27	379 34	397 42
144	•	4.	5.	½	11.	1	318 34	327 42	336 51	345 61	354 70	363 80	382 00	400 20

CHAPITRE II.

DE LA CONVERSION DES POIDS DE MARC EN POIDS DÉCIMAUX, ET DE LEURS DIFFÉRENTES VALEURS D'APRÈS LES PRIX DE L'ONCE D'OR QUI SONT LE PLUS EN USAGE DANS LES MONTS-DE-PIÉTÉ, DÉDUCTION FAITE DE 3 FR. 50 C. POUR CENT, PERÇUS POUR LES FRAIS DE VENTE.

La colonne des centigrammes représente tout à la fois les décigrammes et centigrammes; ainsi quand je dis 74 centigrammes, c'est comme si je disais 7 décigrammes 4 centigrammes.

DE 1 GRAIN A DEMI-GROS 6.

Conversion des GRAINS et DEMI-GROS en CENTIGRAMMES et GRAMMES suivie des différentes valeurs d'un ou plusieurs objets en OR à l'un des poids ci-dessous, déduction faite des droits de vente.

POIDS de MARC.	CONVERS. Grammes	CONVERS. Centigram.	à 70f	à 72f	à 74f	à 76f	à 78f	non cont. à 80f	à 84f	contrôlé à 88f
GRAINS			fr. c.	fr. c.	fr. c.	fr. c.	fr. c.	fr. c.	fr. c.	fr. c.
1	*	5	0 12	0 12	0 12	0 13	0 13	0 13	0 14	0 15
2	*	10	0 23	0 24	0 25	0 25	0 26	0 27	0 28	0 29
4	*	21	0 47	0 48	0 50	0 51	0 52	0 54	0 56	0 59
6	*	31	0 70	0 72	0 75	0 76	0 78	0 81	0 84	0 89
8	*	42	0 94	0 96	1 00	1 02	1 04	1 06	1 12	1 18
10	*	53	1 17	1 20	1 25	1 27	1 50	1 33	1 40	1 47
12	*	65	1 41	1 45	1 49	1 53	1 57	1 61	1 69	1 77
14	*	74	1 64	1 69	1 74	1 78	1 83	1 88	1 97	2 06
16	*	85	1 88	1 93	1 99	2 04	2 09	2 15	2 25	2 36
18	*	95	2 11	2 17	2 24	2 29	2 35	2 42	2 53	2 65
20	1	06	2 35	2 41	2 49	2 55	2 61	2 69	2 81	2 95
22	1	16	2 58	2 65	2 74	2 80	2 87	2 96	3 09	3 24
24	1	27	2 82	2 90	2 98	3 06	3 14	3 22	3 38	3 54
26	1	38	3 05	3 14	3 23	3 31	3 40	3 49	3 66	3 83
28	1	48	3 29	3 38	3 48	3 57	3 66	3 76	3 94	4 13
30	1	59	3 52	3 62	3 73	3 83	3 92	4 03	4 22	4 42
32	1	69	3 76	3 86	3 98	4 08	4 18	4 30	4 50	4 72
34	1	80	3 99	4 10	4 23	4 33	4 44	4 57	4 78	5 01
Demi-gros.										
¼ *	1	91	4 23	4 38	4 47	4 59	4 71	4 83	5 07	5 31
¼ 2	2	01	4 46	4 59	4 72	4 84	4 97	5 10	5 35	5 60
¼ 4	2	12	4 70	4 85	4 97	5 10	5 23	5 37	5 63	5 90
¼ 6	2	23	4 93	5 07	5 22	5 35	5 49	5 64	5 91	6 19

Conversion des *DEMI-GROS, GROS, ONCES et MARCS,* en *CENTIGRAMMES et GRAMMES,* suivie des différentes valeurs d'un ou plusieurs objets en *OR,* a l'un des poids ci-dessous, déduction faite des droits de vente.

DIVERSES VALEURS DES DEMI-GROS, GROS, ONCES ET MARCS D'APRÈS LES PRIX SUIVANS DE L'ONCE D'OR

POIDS de MARC.	CONVERS. Grammes . Centigram.	à 70f 2c	à 72f 2c	à 74f 2c	à 76f 2c	à 78f 2c	non cont. à 80f 2c	à 84f 2c	contrôlé à 88f 2c
		fr. c.	fr. c.	fr. c.	fr. c.	fr. c.	fr. c.	fr. c.	fr. c.
8	2. 33	5 17	5 31	5 47	5 61	5 73	5 91	6 19	6 49
10	2. 41	5 40	5 55	5 72	5 86	6 01	6 18	6 47	6 78
12	2. 51	5 64	5 80	5 96	6 12	6 28	6 44	6 76	7 08
14	2. 63	5 87	6 04	6 21	6 37	6 54	6 74	7 04	7 37
16	2. 70	6 11	6 28	6 46	6 63	6 80	6 98	7 32	7 67
18	2. 86	6 34	6 52	6 71	6 88	7 06	7 25	7 60	7 97
20	2. 97	6 58	6 76	6 96	7 14	7 32	7 52	7 88	8 26
22	3. 07	6 81	7 00	7 21	7 39	7 58	7 79	8 16	8 56
24	3. 18	7 05	7 25	7 45	7 65	7 85	8 05	8 45	8 85
26	3. 29	7 28	7 49	7 70	7 90	8 11	8 32	8 75	9 15
28	3. 39	7 52	7 73	7 95	8 16	8 37	8 59	9 01	9 44
30	3. 50	7 75	7 97	8 20	8 41	8 63	8 86	9 29	9 74
32	3. 61	7 98	8 21	8 45	8 67	8 89	9 13	9 57	10 03
34	3. 71	8 22	8 45	8 70	8 92	9 15	9 40	9 85	10 33
Gros.									
1	3. 82	8 45	8 70	8 94	9 18	9 42	9 66	10 14	10 65
2	7. 64	16 91	17 39	17 87	18 36	18 84	19 32	20 29	21 26
3	11. 47	25 36	26 09	26 81	27 54	28 26	28 99	30 45	31 89
4	15. 29	33 82	34 78	35 75	36 72	37 68	38 65	40 58	42 51
5	19. 12	42 27	43 48	44 69	45 90	47 10	48 31	50 72	53 14
6	22. 94	50 73	52 18	53 64	55 08	56 52	57 97	60 87	63 77
7	26. 76	59 18	60 87	62 56	64 26	65 94	67 64	71 01	74 40
Onces.									
1	30. 59	67 65	69 57	71 50	73 43	75 36	77 30	81 16	85 03
2	61. 18	135 26	139 15	143 00	146 86	150 72	154 59	162 32	170 05
3	91. 78	202 90	208 70	214 50	220 29	226 08	231 89	243 48	255 08
4	122. 37	270 53	278 26	285 99	293 72	301 44	309 18	324 64	340 10
5	152. 97	338 16	347 83	357 49	367 15	376 81	386 48	405 80	425 13
6	183. 56	405 80	417 39	428 99	440 58	452 17	463 77	486 96	510 16
7	214. 15	473 43	486 96	500 49	514 01	527 53	541 07	568 12	595 19
Marcs.									
1	244. 75	541 06	556 55	571 98	587 44	602 89	618 36	649 28	680 20
2	489. 50	1082 12	1115 06	1143 96	1174 88	1205 78	1236 72	1298 56	1360 39
3	734. 25	1623 18	1669 59	1715 94	1762 32	1808 67	1855 06	1947 84	2040 59
4	979. 01	2164 24	2226 12	2287 92	2349 76	2411 56	2473 44	2597 12	2720 78

CHAPITRE III.

DES DROITS PERÇUS POUR LE CONTRÔLE DE L'OR.

Ce tarif est très utile, surtout quand les objets en or mis à l'enchère sont chargés de pierres ou autres corps étrangers. Exemple : on met à l'enchère une montre en or non revêtue du nouveau contrôle, la carte triangulaire qui y est attachée indique le droit de contrôle qu'elle doit payer : 6 fr. 60 cent. par exemple ; je cherche ce droit sur le tarif, et je vois qu'il correspond à 30 grammes. Le bon poids, sur ces sortes d'objets, varie considérablement ; aussi, par cette raison, ne peut-on le déterminer d'une manière bien précise.

DROITS		GRAMMES	CONVERSION				
fr.	c.		Onces	Gros	Demi-Gros	Grains	Dixièmes
»	22	1	»	»	»	18.	8
»	44	2	»	»	¼	1.	6
»	66	3	»	»	½	20.	3
»	88	4	»	1.	»	3.	5
1	10	5	»	1.	»	22.	1
1	32	6	»	1.	¼	5.	»
1	54	7	»	1.	½	23.	8
1	76	8	»	2.	»	6.	6
1	98	9	»	2.	»	25.	4
2	20	10	»	2.	¼	8.	3
2	42	11	»	2.	½	27.	1
2	64	12	»	3.	»	9.	9
2	86	13	»	3.	»	28.	7
3	08	14	»	3.	¼	11.	6
3	30	15	»	3.	½	30.	4
3	52	16	»	4.	»	13.	2
3	74	17	»	4.	»	32.	1
3	96	18	»	4.	¼	14.	9
4	18	19	»	4.	½	33.	7
4	40	20	»	5.	»	16.	5
4	62	21	»	5.	»	35.	4
4	84	22	»	5.	½	18.	2
5	06	23	»	6.	»	1.	»
5	28	24	»	6.	»	19.	8
5	50	25	»	6.	¼	2.	7
5	72	26	»	6.	½	21.	5
5	94	27	»	7.	»	4.	3
6	16	28	»	7.	»	23.	2
6	38	29	»	7.	½	6.	»
6	60	30	»	7.	½	24.	8
6	82	31	1.	»	»	7.	6
7	04	32	1.	»	»	26.	5
7	26	33	1.	»	¼	9.	3
7	48	34	1.	»	½	28.	1

DROITS		GRAMMES	CONVERSION				
fr.	c.		Onces	Gros	Demi-Gros	Grains	Dixièmes
7	70	35	1.	1.	»	10.	9
7	92	36	1.	1.	»	29.	8
8	14	37	1.	1.	¼	12.	6
8	36	38	1.	1.	½	31.	4
8	58	39	1.	2.	»	14.	3
8	80	40	1.	2.	»	33.	1
9	02	41	1.	2.	¼	15.	9
9	24	42	1.	2.	½	34.	7
9	46	43	1.	3.	»	17.	6
9	68	44	1.	3.	¼	»	4
9	90	45	1.	3.	½	19.	2
10	12	46	1.	4.	»	2.	»
10	34	47	1.	4.	»	20.	9
10	56	48	1.	4.	¼	3.	7
10	78	49	1.	4.	½	22.	5
11	00	50	1.	5.	»	5.	4
11	22	51	1.	5.	»	24.	2
11	44	52	1.	5.	½	7.	»
11	66	53	1.	5.	½	25.	8
11	88	54	1.	6.	»	8.	7
12	10	55	1.	6.	»	27.	5
12	32	56	1.	6.	¼	10.	3
12	54	57	1.	6.	½	29.	1
12	76	58	1.	7.	»	12.	»
12	98	59	1.	7.	»	30.	8
13	20	60	1.	7.	¼	13.	6
13	42	61	1.	7.	½	32.	5
13	64	62	2.	»	»	15.	3
13	86	63	2.	»	»	34.	1
14	08	64	2.	»	¼	16.	9
14	30	65	2.	»	½	35.	8
14	52	66	2.	1.	»	18.	6
14	74	67	2.	1.	¼	1.	4
14	96	68	2.	1.	¼	20.	2

DROITS		GRAMMES	CONVERSION				
fr.	c.		Onces	Gros	Demi-Gros	Grains	Dixièmes
15	18	69	2.	2.	»	3.	1
15	40	70	2.	2.	»	21.	9
15	62	71	2.	2.	¼	4.	7
15	84	72	2.	2.	½	23.	5
16	06	73	2.	3.	»	6.	4
16	28	74	2.	3.	»	25.	2
16	50	75	2.	3.	½	8.	»
16	72	76	2.	3.	½	26.	9
16	94	77	2.	4.	»	9.	7
17	16	78	2.	4.	»	28.	5
17	38	79	2.	4.	¼	11.	3
17	60	80	2.	4.	½	30.	2
17	82	81	2.	5.	»	13.	»
18	04	82	2.	5.	»	31.	8
18	26	83	2.	5.	¼	14.	6
18	48	84	2.	5.	½	33.	5
18	70	85	2.	6.	»	16.	3
18	92	86	2.	6.	»	35.	1
19	14	87	2.	6.	½	18.	»
19	36	88	2.	7.	»	»	8
19	58	89	2.	7.	»	19.	6
19	80	90	2.	7.	½	2.	4
20	02	91	2.	7.	½	21.	3
20	24	92	3.	»	»	4.	1
20	46	93	3.	»	»	22.	9
20	68	94	3.	»	¼	5.	7
20	90	95	3.	»	½	24.	6
21	12	96	3.	1.	»	7.	4
21	34	97	3.	1.	»	26.	2
21	56	98	3.	1.	½	9.	1
21	78	99	3.	1.	½	27.	9
22	00	100	3.	2.	»	10.	7
22	22	101	3.	2.	»	29.	5
22	44	102	3.	2.	¼	12.	4

DE LA CONVERSION DES GRAMMES EN POIDS DE MARC, ET DE LEURS DIFFÉ-
RENTES VALEURS D'APRÈS LES PRIX DU MARC D'ARGENT QUI SONT LE PLUS
EN USAGE DANS LES MONTS-DE-PIÉTÉ, DÉDUCTION FAITE DE 3 FR. 50 C.
POUR CENT, PERÇUS POUR LES FRAIS DE VENTE.

Les bénéfices sont si médiocres sur les matières d'argent à fondre, qu'on se contente de quelques centimes par marc, et du bon poids présumé qui consiste en 1, 2, 3 ou 4 grammes et rarement plus, suivant la force du poids mis en vente.

On met à l'enchère 6 couverts pesant 893 grammes ; je désire les acheter à raison de 50 fr. le marc ; je cherche au chapitre des matières d'argent, le nombre 893 grammes, sur la même ligne, à la colonne de 50 fr. le marc, je trouve pour mon enchère 176 fr. 66 cent., lesquels joints à 6 fr. 18 cent. qui me seront demandés pour les frais de vente, à raison de 3 fr. 50 cent. pour cent, font un total de 182 fr. 84 cent., valeur des 893 grammes, à raison de 50 fr. le marc. Mon bénéfice consistera en quelques centimes par marc sur la valeur du poids, et en 3 à 4 grammes de bon poids.

Le chapitre des matières d'argent donne la valeur du 1er titre à fondre, sur trois prix, 50 fr., 50 fr. 50 cent. et 51 fr. le marc ; il eût été impossible de réunir dans un même tableau, sans nuire à sa clarté, par la quantité de colonnes que cela eût exigé, tous les prix possibles du marc d'argent, principalement ceux à fondre qui peuvent varier de 5 en 5 centimes, suivant le cours du fin.

Voici un moyen bien simple pour obtenir de suite tous les prix du marc d'argent non exprimés dans le tarif. Exemple : on met à l'enchère deux couverts d'argent pesant 251 grammes ; je désire les acheter à raison de 50 fr. 55 cent. le marc ; je cherche au tarif pour l'argent le nombre 251 grammes, et à la colonne 50 fr. 50 cent. qui est le prix le plus près de 50 fr. 55 cent., je trouve 50 fr. 03 cent. ; comme la différence entre le prix de 50 fr. 50 cent. le marc et celui de 50 fr. 55 cent. dont j'ai besoin, est de 5 centimes, je convertis en centimes le premier chiffre 5 de la valeur 50 fr. 03 cent., il représente les 5 centimes de différence de 50 fr. 50 cent. à 50 fr. 55 cent., je les additionne avec 50 fr. 03, ce qui donne un total de 50 fr. 08 cent., valeur de 251 grammes à raison de 50 fr. 55 cent. le marc. Ainsi donc, pour ajouter à un poids quelconque la valeur de 5 centimes par marc, en plus des prix du marc d'argent portés sur le tarif, il faut d'abord chercher la valeur du poids de gramme mis à l'enchère, d'après le prix le plus rapproché de celui dont on a besoin, et convertir en centimes le premier chiffre de cette valeur, pour les additionner ensemble. Pour ajouter 10 centimes en plus, par marc, doublez la valeur du premier chiffre ; pour 15 cent. en plus, triplez la valeur du premier chiffre ; pour 20 cent. en plus, quadruplez la valeur du premier chiffre, et ainsi de suite, en observant de convertir en centimes les deux premiers chiffres des sommes dont les francs sont composés de trois chiffres. Exemple : on met à l'enchère 6 couverts d'argent pesant 898 grammes, je désire les acheter à raison de 50 fr. 55 cent. le marc ; je cherche le nombre 898 grammes et à la colonne 50 fr. 50 cent. le marc, qui est le prix le plus près de celui dont j'ai besoin, je trouve 179 fr. 00, je convertis en centimes les deux premiers chiffres de cette somme, lesquels joints à 179 fr. 00 donnent un total de 179 fr. 17 cent. valeur des 898 grammes à raison de 50 fr. 55 cent. le marc.

A chaque lot mis en vente est attaché une carte carrée longue ou triangulaire, suivant que le lot est ou n'est pas marqué du nouveau contrôle ; voyez la page 1re du chapitre premier, pour plus ample explication.

Conversion des GRAMMES en poids de MARC, suivie des différentes valeurs d...
ou plusieurs objets en ARGENT à l'un des poids ci-dessous, déduction faite...
droits de vente.

GRAMMES	Marcs.	Onces.	Gros.	Demi-Gros.	Grains.	Dixièmes.	à 50f »e	à 50f 50c	à 51f »e	à 51f 50c	à 52f »e	1er Titre controlé 54f »e	à 54f 50c	à 55f
							fr. c.	fr. c.	fr. c.	fr. c.	fr. c.	fr. c.	fr. c.	fr.
1	»	»	»	»	13	3	0 19	0 19	0 20	0 20	0 20	0 21	0 21	0
2	»	»	»	½	1	6	0 39	0 39	0 40	0 40	0 41	0 42	0 43	0
3	»	»	»	½	20	5	0 58	0 59	0 60	0 60	0 61	0 63	0 64	0
4	»	»	1	»	3	3	0 78	0 79	0 80	0 81	0 82	0 85	0 86	0
5	»	»	1	»	22	1	0 98	0 99	1 00	1 01	1 02	1 06	1 07	1
6	»	»	1	½	5	»	1 18	1 19	1 20	1 21	1 23	1 27	1 29	1
7	»	»	1	½	23	3	1 38	1 39	1 40	1 42	1 43	1 49	1 50	1
8	»	»	2	»	6	6	1 57	1 59	1 61	1 62	1 64	1 70	1 72	1
9	»	»	2	»	25	4	1 77	1 79	1 81	1 82	1 84	1 91	1 93	1
10	»	»	2	½	8	3	1 97	1 99	2 01	2 03	2 05	2 13	2 15	2
11	»	»	2	½	27	1	2 17	2 19	2 21	2 23	2 26	2 34	2 36	2
12	»	»	3	»	9	9	2 36	2 39	2 41	2 43	2 46	2 55	2 58	2
13	»	»	3	»	28	7	2 56	2 59	2 61	2 64	2 66	2 77	2 79	2
14	»	»	3	½	11	6	2 76	2 79	2 81	2 84	2 87	2 98	3 01	3
15	»	»	3	½	30	4	2 96	2 99	3 01	3 04	3 07	3 19	3 22	3
16	»	»	4	»	13	2	3 16	3 18	3 22	3 25	3 28	3 41	3 44	3
17	»	»	4	»	32	1	3 36	3 38	3 42	3 45	3 48	3 62	3 65	3
18	»	»	4	½	14	9	3 55	3 58	3 62	3 65	3 69	3 85	3 87	3
19	»	»	4	½	33	7	3 75	3 78	3 82	3 86	3 90	4 03	4 08	4
20	»	»	5	»	16	5	3 94	3 98	4 02	4 06	4 10	4 26	4 30	4
21	»	»	5	»	35	4	4 14	4 18	4 22	4 26	4 31	4 47	4 51	4
22	»	»	5	½	18	2	4 34	4 38	4 42	4 47	4 51	4 68	4 73	4
23	»	»	6	»	1	»	4 53	4 58	4 63	4 67	4 72	4 90	4 94	4
24	»	»	6	»	19	8	4 73	4 78	4 83	4 87	4 92	5 11	5 16	5
25	»	»	6	½	2	7	4 93	4 98	5 03	5 08	5 13	5 32	5 37	5
26	»	»	6	½	21	5	5 13	5 18	5 23	5 28	5 33	5 54	5 59	5
27	»	»	7	»	4	3	5 32	5 38	5 43	5 48	5 54	5 75	5 80	5
28	»	»	7	»	23	2	5 52	5 58	5 65	5 68	5 74	5 96	6 02	6
29	»	»	7	½	6	»	5 72	5 78	5 85	5 89	5 95	6 18	6 25	6
30	»	»	7	½	24	8	5 92	5 98	6 05	6 09	6 15	6 39	6 45	6
31	»	1	»	»	7	6	6 11	6 17	6 24	6 29	6 36	6 60	6 66	6
32	»	1	»	»	26	5	6 31	6 37	6 44	6 50	6 56	6 82	6 88	6
33	»	1	»	½	9	3	6 51	6 57	6 64	6 70	6 77	7 03	7 09	7
34	»	1	»	½	28	1	6 71	6 77	6 84	6 90	6 97	7 24	7 31	7
35	»	1	1	»	10	9	6 90	6 97	7 04	7 11	7 18	7 46	7 53	7
36	»	1	1	»	29	8	7 10	7 17	7 24	7 31	7 38	7 67	7 74	7

...version des GRAMMES en poids de MARC, suivie des différentes valeurs d'un ou plusieurs objets en ARGENT à l'un des poids ci-dessous, déduction faite des droits de vente.

GRAMMES	CONVERSION — Marcs	Onces	Gros	Demi-Gros	Grains	Dixièmes	à 50f	à 50f 50c	à 51f	à 51f 50c	à 52f	1er Titre contrôlé à 54f	à 54f 50c	à 55f
							fr. c.	fr. c.	fr. c.	fr. c.	fr. c.	fr. c.	fr. c.	fr. c.
37	•	1	1	½	12	6	7 30	7 37	7 45	7 52	7 59	7 88	7 96	8 03
38	•	1	1	½	31	4	7 50	7 57	7 65	7 72	7 80	8 10	8 17	8 25
39	•	1	2	•	14	2	7 69	7 77	7 85	7 92	8 00	8 31	8 39	8 46
40	•	1	2	•	33	1	7 89	7 97	8 05	8 13	8 21	8 52	8 60	8 68
41	•	1	2	½	15	9	8 09	8 17	8 25	8 33	8 41	8 74	8 82	8 90
42	•	1	2	½	34	7	8 29	8 37	8 45	8 54	8 62	8 95	9 03	9 12
43	•	1	3	•	17	6	8 48	8 57	8 65	8 74	8 82	9 16	9 25	9 33
44	•	1	3	½	•	4	8 68	8 77	8 85	8 94	9 03	9 38	9 46	9 55
45	•	1	3	½	19	2	8 88	8 97	9 06	9 14	9 23	9 59	9 68	9 77
46	•	1	4	•	2	•	9 08	9 17	9 26	9 35	9 44	9 80	9 89	9 98
47	•	1	4	•	20	9	9 27	9 37	9 46	9 55	9 64	10 02	10 11	10 20
48	•	1	4	½	3	7	9 47	9 56	9 66	9 75	9 85	10 23	10 32	10 42
49	•	1	4	½	22	5	9 67	9 76	9 86	9 96	10 05	10 44	10 54	10 63
50	•	1	5	•	5	4	9 86	9 96	10 06	10 16	10 26	10 65	10 75	10 85
51	•	1	5	•	24	2	10 06	10 16	10 26	10 36	10 46	10 87	10 97	11 07
52	•	1	5	½	7	•	10 26	10 36	10 46	10 57	10 67	11 08	11 18	11 29
53	•	1	5	½	25	8	10 46	10 56	10 67	10 77	10 87	11 29	11 40	11 50
54	•	1	6	•	8	7	10 65	10 76	10 87	10 97	11 08	11 51	11 61	11 72
55	•	1	6	•	27	5	10 85	10 96	11 07	11 18	11 29	11 72	11 83	11 94
56	•	1	6	½	10	3	11 05	11 16	11 27	11 38	11 49	11 93	12 04	12 15
57	•	1	6	½	29	1	11 25	11 36	11 47	11 58	11 70	12 15	12 26	12 37
58	•	1	7	•	12	•	11 44	11 56	11 67	11 79	11 90	12 36	12 47	12 59
59	•	1	7	•	30	8	11 64	11 76	11 87	11 99	12 11	12 57	12 69	12 80
60	•	1	7	½	13	6	11 84	11 96	12 07	12 19	12 31	12 79	12 90	13 02
61	•	1	7	½	32	4	12 04	12 15	12 28	12 39	12 52	13 00	13 12	13 24
62	•	2	•	•	15	3	12 23	12 35	12 48	12 59	12 72	13 21	13 33	13 46
63	•	2	•	•	34	1	12 43	12 55	12 68	12 80	12 93	13 43	13 55	13 67
64	•	2	•	½	16	9	12 63	12 75	12 88	13 00	13 13	13 64	13 76	13 89
65	•	2	•	½	35	8	12 83	12 95	13 08	13 20	13 34	13 84	13 98	14 11
66	•	2	1	•	18	6	13 02	13 15	13 28	13 41	13 54	14 06	14 19	14 32
67	•	2	1	½	1	4	13 22	13 35	13 48	13 61	13 75	14 28	14 41	14 54
68	•	2	1	½	20	2	13 42	13 55	13 68	13 81	13 95	14 49	14 63	14 76
69	•	2	2	•	3	1	13 61	13 75	13 89	14 02	14 16	14 70	14 84	14 98
70	•	2	2	•	21	9	13 81	13 95	14 09	14 22	14 36	14 92	15 06	15 19
71	•	2	2	½	4	7	14 01	14 15	14 29	14 42	14 57	15 13	15 27	15 41
72	•	2	2	½	23	5	14 21	14 35	14 49	14 63	14 77	15 34	15 49	15 65

DE 73 A 108 GRAMMES.

Conversion des GRAMMES en poids de MARC, suivie des différentes valeurs d'un ou plusieurs objets en ARGENT à l'un des poids ci-dessous, déduction faite des droits de vente.

GRAMMES	CONVERSION					
	Marcs	Onces	Gros	Demi-Gros	Grains	Dixièmes
73	•	2	3	•	6	4
74	•	2	3	•	24	2
75	•	2	3	½	8	•
76	•	2	3	½	26	9
77	•	2	4	•	9	7
78	•	2	4	•	28	5
79	•	2	4	¼	11	5
80	•	2	4	½	50	2
81	•	2	5	•	13	•
82	•	2	5	•	31	8
83	•	2	5	½	14	6
84	•	2	5	¾	33	5
85	•	2	6	•	16	3
86	•	2	6	•	35	1
87	•	2	6	¼	18	•
88	•	2	7	•	•	8
89	•	2	7	•	19	6
90	•	2	7	¼	2	4
91	•	2	7	½	21	3
92	•	3	•	•	4	1
93	•	3	•	•	22	9
94	•	3	•	¼	5	7
95	•	3	•	½	24	6
96	•	3	1	•	7	4
97	•	3	1	•	26	2
98	•	3	1	¼	9	1
99	•	3	1	½	27	9
100	•	3	2	•	10	7
101	•	3	2	•	29	5
102	•	3	2	¼	12	4
103	•	3	2	½	31	2
104	•	3	3	•	14	•
105	•	3	3	•	32	8
106	•	3	3	½	15	7
107	•	3	3	¾	34	5
108	•	3	4	•	17	3

DIVERSES VALEURS DU GRAMME D'APRÈS LES PRIX SUIVANS DU MARC D'ARGENT

GRAMMES	à 50f 00c	à 50f 50c	à 51f 00c	à 51f 50c	à 52f 00c	1er Titre contrôlé 54f 00c	à 54f 50c	à 55f 00c
	fr. c.	fr. c.	fr. c.	fr. c.	fr. c.	fr. c.	fr. c.	fr. c.
73	14 40	14 55	14 69	14 85	14 98	15 36	15 70	15 84
74	14 60	14 75	14 89	15 05	15 18	15 77	15 92	16 06
75	14 80	14 95	15 09	15 24	15 39	15 98	16 13	16 28
76	15 00	15 14	15 30	15 44	15 60	16 20	16 35	16 50
77	15 19	15 34	15 50	15 64	15 80	16 41	16 56	16 71
78	15 39	15 54	15 70	15 84	16 01	16 63	16 78	16 95
79	15 59	15 74	15 90	16 05	16 21	16 84	16 99	17 15
80	15 79	15 94	16 10	16 25	16 42	17 04	17 21	17 36
81	15 98	16 14	16 30	16 45	16 62	17 26	17 42	17 58
82	16 18	16 34	16 50	16 66	16 83	17 48	17 64	17 80
83	16 38	16 54	16 70	16 86	17 03	17 69	17 85	18 01
84	16 58	16 74	16 91	17 06	17 24	17 90	18 07	18 23
85	16 77	16 94	17 11	17 27	17 44	18 12	18 28	18 45
86	16 97	17 14	17 31	17 47	17 65	18 33	18 50	18 67
87	17 17	17 34	17 51	17 67	17 86	18 54	18 71	18 88
88	17 37	17 54	17 71	17 88	18 06	18 75	18 93	19 10
89	17 56	17 74	17 91	18 08	18 26	18 97	19 11	19 32
90	17 76	17 94	18 11	18 28	18 47	19 18	19 36	19 53
91	17 96	18 13	18 32	18 49	18 67	19 39	19 57	19 75
92	18 15	18 33	18 52	18 69	18 85	19 61	19 79	19 97
93	18 35	18 53	18 72	18 89	19 09	19 82	20 00	20 18
94	18 55	18 73	18 92	19 10	19 29	20 03	20 22	20 40
95	18 75	18 93	19 12	19 30	19 50	20 25	20 43	20 62
96	18 94	19 13	19 32	19 50	19 70	20 46	20 65	20 84
97	19 14	19 33	19 52	19 71	19 91	20 67	20 86	21 05
98	19 34	19 53	19 72	19 91	20 11	20 89	21 08	21 27
99	19 54	19 73	19 93	20 11	20 32	21 10	21 29	21 49
100	19 73	19 93	20 13	20 32	20 52	21 31	21 51	21 70
101	19 93	20 13	20 33	20 52	20 73	21 53	21 73	21 92
102	20 13	20 33	20 53	20 72	20 93	21 74	21 94	22 14
103	20 33	20 53	20 73	20 92	21 14	21 95	22 16	22 36
104	20 52	20 73	20 93	21 13	21 34	22 17	22 37	22 57
105	20 72	20 93	21 13	21 33	21 55	22 38	22 59	22 79
106	20 92	21 13	21 33	21 53	21 75	22 59	22 80	23 01
107	21 12	21 33	21 54	21 74	21 96	22 81	23 02	23 23
108	21 31	21 53	21 74	21 94	22 16	23 02	23 23	23 44

DE 73 A 108 GRAMMES.

Conversion des GRAMMES en poids de MARC, suivie des différentes valeurs d'un ou plusieurs objets en ARGENT à l'un des poids ci-dessous, déduction faite des droits de vente.

...onversion des GRAMMES en poids de MARC, suivie des différentes valeurs d'un ou plusieurs objets en ARGENT à l'un des poids ci-dessous, déduction faite de[s] droits de vente.

| GRAMMES | CONVERSION | | | | | | DIVERSES VALEURS DU GRAMME D'APRÈS LES PRIX SUIVANS DU MARC D'ARGENT | | | | | | | |
	Marcs.	Onces.	Gros.	Demi-Gros.	Grains.	Primes.	à 50f »	à 50f 50c	à 51f »	à 51f 50c	à 52f »	1er Titre contrôlé à 54f »	à 54f 50c	à 55f »
109		3	4	½		1	21 54	21 72	21 94	22 11	22 37	23 25	23 45	23 66
110		3	4	½	10		21 71	21 92	22 14	22 36	22 57	23 44	23 66	23 88
111		3	5		1	8	21 91	22 12	22 34	22 55	22 78	23 66	23 88	24 10
112		3	5		20	6	22 10	22 32	22 54	22 73	22 99	23 87	24 09	24 31
113		3	5	½	3	5	22 30	22 52	22 74	22 96	23 19	24 08	24 31	24 55
114		3	5	½	22	5	22 50	22 72	22 96	23 16	23 40	24 30	24 52	24 75
115		3	6		15	1	22 69	22 92	23 15	23 36	23 60	24 51	24 74	24 96
116		3	6		23	9	22 89	23 12	23 35	23 57	23 81	24 72	24 95	25 18
117		3	6	½	6	8	23 09	23 32	23 55	23 77	24 01	24 94	25 17	25 40
118		3	6	½	25	6	23 29	23 52	23 75	23 97	24 22	25 15	25 38	25 62
119		3	7		8	4	23 48	23 72	23 95	24 18	24 42	25 36	25 60	25 85
120		3	7		27	2	23 68	23 92	24 15	24 38	24 63	25 58	25 81	26 05
121		3	7	½	10	1	23 88	24 12	24 35	24 58	24 83	25 79	26 03	26 27
122		3	7	½	28	9	24 08	24 31	24 56	24 79	25 04	26 00	26 24	26 48
123		4			11	7	24 27	24 51	24 76	24 99	25 24	26 22	26 46	26 70
124		4			30	6	24 47	24 71	24 96	25 19	25 45	26 43	26 67	26 92
125		4		½	13	4	24 67	24 91	25 16	25 40	25 65	26 64	26 89	27 13
126		4		½	32	2	24 87	25 11	25 36	25 60	25 86	26 86	27 10	27 35
127		4	1		15		25 06	25 31	25 56	25 80	26 06	27 07	27 32	27 57
128		4	1		33	9	25 26	25 51	25 76	26 00	26 27	27 28	27 53	27 79
129		4	1	½	16	7	25 46	25 71	25 97	26 21	26 47	27 50	27 75	28 00
130		4	1	½	35	5	25 66	25 91	26 17	26 41	26 68	27 71	27 96	28 22
131		4	2		18	3	25 85	26 11	26 37	26 61	26 89	27 92	28 18	28 44
132		4	2	½	1	2	26 05	26 31	26 57	26 82	27 09	28 13	28 39	28 66
133		4	2	½	20		26 25	26 51	26 77	27 02	27 30	28 35	28 61	28 87
134		4	3		2	8	26 45	26 71	26 97	27 22	27 50	28 56	28 83	29 09
135		4	3		21	7	26 64	26 91	27 17	27 43	27 74	28 77	29 04	29 31
136		4	3	½	4	3	26 84	27 11	27 37	27 63	27 91	28 99	29 26	29 53
137		4	3	½	23	3	27 04	27 30	27 58	27 83	28 12	29 20	29 47	29 74
138		4	4		6	1	27 23	27 50	27 78	28 04	28 32	29 41	29 69	29 96
139		4	4		24		27 43	27 70	27 98	28 24	28 53	29 63	29 90	30 17
140		4	4	½	7	8	27 63	27 90	28 18	28 44	28 73	29 84	30 12	30 39
141		4	4	½	26	6	27 83	28 10	28 38	28 65	28 94	30 05	30 33	30 61
142		4	5		9	4	28 02	28 30	28 58	28 85	29 14	30 27	30 55	30 83
143		4	5		28	3	28 22	28 50	28 78	29 05	29 35	30 48	30 76	31 04
144		4	5	½	11	4	28 42	28 70	28 99	29 26	29 55	30 69	30 98	31 26

DE 145 À 180 GRAMMES.

Conversion des GRAMMES en poids de MARC, suivie des différentes valeurs d'u[n] ou plusieurs objets en ARGENT à l'un des poids ci-dessous, déduction faite d[es] droits de vente.

GRAMMES.	CONVERSION. Marcs	Onces	Gros	Demi-Gros	Grains	50f ″	50f 50c	51f ″	51f 50c	52f ″	1er Titre contrôlé 54f ″	54f 50c	55f ″
						fr. c.	fr. c.	fr. c.	fr. c.	fr. c.	fr. c.	fr. c.	fr. c.
145	»	4	5	½	29.9	28 62	28 90	29 19	29 46	29 76	30 91	31 19	31 4[.]
146	»	4	6	»	12.8	28 81	29 10	29 39	29 68	29 96	31 12	31 41	31 6[.]
147	»	4	6	»	34.6	29 01	29 30	29 59	29 87	30 17	31 33	31 62	31 9[.]
148	»	4	6	¼	14.4	29 21	29 50	29 79	30 07	30 37	31 65	31 84	32 1[.]
149	»	4	6	¾	35.2	29 41	29 70	29 99	30 27	30 58	31 76	32 05	32 3[.]
150	»	4	7	»	16.1	29 60	29 90	30 19	30 48	30 78	31 97	32 27	32 3[.]
151	»	4	7	¼	34.9	29 80	30 10	30 39	30 68	30 99	32 19	32 48	32 7[.]
152	»	4	7	½	17.7	30 00	30 29	30 60	30 88	31 20	32 40	32 70	33 0[.]
153	»	5	»	»	.3	30 20	30 49	30 80	31 08	31 40	32 61	32 94	33 2[.]
154	»	5	»	»	19.4	30 39	30 69	31 00	31 29	31 61	32 89	33 13	33 4[.]
155	»	5	»	¼	2.2	30 59	30 89	31 20	31 49	31 81	33 04	33 34	33 6[.]
156	»	5	»	½	21.[.]	30 79	31 09	31 40	31 69	32 02	33 28	33 86	33 8[.]
157	»	5	1	»	3.9	30 99	31 29	31 60	31 90	32 22	33 46	33 77	34 0[.]
158	»	5	1	»	22.7	31 18	31 49	31 80	32 10	32 43	33 68	33 99	34 3[.]
159	»	5	1	¼	5.5	31 38	31 69	32 00	32 50	32 65	33 89	34 20	34 [.]
160	»	5	1	½	24.3	31 58	31 89	32 21	32 51	32 84	34 10	34 42	34 7[.]
161	»	5	2	»	7.2	31 77	32 09	32 41	32 71	33 04	34 32	34 63	34 9[.]
162	»	5	2	»	26.[.]	31 97	32 29	32 61	32 91	33 24	34 53	34 84	35 1[.]
163	»	5	2	¼	8.8	32 17	32 49	32 81	33 12	33 45	34 74	35 06	35 3[.]
164	»	5	2	¾	27.6	32 37	32 69	33 01	33 32	33 66	34 96	35 28	35 6[.]
165	»	5	3	»	10.5	32 56	32 89	33 21	33 52	33 86	35 17	35 49	35 8[.]
166	»	5	3	»	29.3	32 76	33 09	33 41	33 73	34 07	35 38	35 71	36 0[.]
167	»	5	3	»	12.1	32 96	33 28	33 62	33 93	34 28	35 60	35 93	36 2[.]
168	»	5	3	½	31.[.]	33 16	33 48	33 82	34 13	34 49	35 81	36 11	36 4[.]
169	»	5	4	»	13.8	33 35	33 68	34 02	34 34	34 69	36 02	36 36	36 6[.]
170	»	5	4	»	32.6	33 55	33 88	34 22	34 54	34 89	36 24	36 57	36 9[.]
171	»	5	4	¾	15.4	33 75	34 08	34 42	34 74	35 10	36 45	36 79	37 1[.]
172	»	5	4	½	34.5	33 95	34 28	34 62	34 94	35 30	36 66	37 00	37 3[.]
173	»	5	5	»	17.1	34 14	34 48	34 82	35 14	35 51	36 88	37 22	37 5[.]
174	»	5	5	»	35.9	34 34	34 68	35 02	35 35	35 71	37 09	37 43	37 7[.]
175	»	5	5	¼	19.7	34 54	34 88	35 22	35 55	35 92	37 30	37 65	37 [.]
176	»	5	6	»	1.[.]	34 74	35 08	35 43	35 76	36 12	37 51	37 86	38 2[.]
177	»	5	6	»	20.4	34 93	35 28	35 63	35 96	36 33	37 73	38 08	38 [.]
178	»	5	6	¼	3.2	35 13	35 48	35 83	36 16	36 53	37 94	38 29	38 6[.]
179	»	5	6	¾	22.1	35 33	35 68	36 03	36 37	36 74	38 15	38 51	38 8[.]
180	»	5	7	»	4.[.]	35 53	35 88	36 23	36 57	36 94	38 37	38 73	39 0[.]

CONVERSION.						DIVERSES VALEURS DU GRAMME D'APRÈS LES PRIX SUIVANS DU MARC D'ARGENT							
Marcs	Onces	Gros	Demi-Gros	Grains	Dixièmes	à 50f »c	à 50f 50c	à 51f »c	à 51f 50c	à 53f »c	1er Titre contrôlé 54f »c	à 54f 50c	à 55f »c
						fr. c.	fr. c.	fr. c.	fr. c.	fr. c.	fr. c.	fr. c.	fr. c.
.	5	7	.	25	7	35 72	36 06	36 43	36 77	37 15	38 58	38 94	39 29
.	5	7	½	6	8	35 92	36 27	36 64	36 98	37 35	38 79	39 15	39 51
.	5	7	¾	25	4	36 12	36 47	36 84	37 19	37 56	39 01	39 37	39 75
.	6	.	.	8	2	36 31	36 67	37 04	37 38	37 76	39 22	39 58	39 94
.	6	.	.	27	.	36 51	36 87	37 24	37 59	37 97	39 43	39 80	40 16
.	6	.	½	9	8	36 71	37 07	37 44	37 79	38 18	39 63	40 01	40 38
.	6	.	¾	28	7	36 91	37 27	37 64	37 99	38 38	39 86	40 23	40 60
.	6	1	.	11	5	37 10	37 47	37 84	38 20	38 59	40 07	40 44	40 81
.	6	1	.	30	5	37 30	37 67	38 04	38 40	38 79	40 29	40 66	41 03
.	6	1	½	13	2	37 50	37 87	38 25	38 60	39 00	40 50	40 87	41 25
.	6	1	¾	32	.	37 70	38 07	38 45	38 81	39 20	40 71	41 09	41 46
.	6	2	.	14	8	37 89	38 27	38 65	39 01	39 41	40 95	41 30	41 68
.	6	2	.	33	6	38 09	38 47	38 85	39 21	39 61	41 14	41 52	41 90
.	6	2	½	16	5	38 29	38 67	39 05	39 44	39 82	41 35	41 73	42 12
.	6	2	¾	58	5	38 49	38 87	39 25	39 62	40 02	41 57	41 95	42 33
.	6	3	.	18	1	38 69	39 07	39 45	39 82	40 23	41 78	42 16	42 55
.	6	3	¼	.	9	38 88	39 26	39 66	40 05	40 43	41 99	42 38	42 77
.	6	3	½	19	8	39 08	39 46	39 86	40 25	40 64	42 20	42 60	42 96
.	6	4	.	2	6	39 28	39 66	40 06	40 45	40 84	42 42	42 81	43 20
.	6	4	.	21	4	39 47	39 88	40 26	40 64	41 05	42 63	43 03	43 42
.	6	4	½	4	3	39 67	40 06	40 46	40 84	41 23	42 84	43 24	43 64
.	6	4	¾	23	1	39 87	40 26	40 66	41 04	41 46	43 06	43 46	43 85
.	6	5	.	5	9	40 07	40 46	40 86	41 25	41 66	43 27	43 67	44 07
.	6	5	.	24	7	40 26	40 66	41 06	41 45	41 87	43 48	43 89	44 29
.	6	5	¼	7	6	40 46	40 86	41 27	41 65	42 07	43 70	44 10	44 50
.	6	5	½	26	4	40 66	41 06	41 47	41 86	42 28	43 91	44 32	44 72
.	6	6	.	9	2	40 85	41 26	41 67	42 06	42 80	44 12	44 53	44 94
.	6	6	.	28	.	41 05	41 46	41 87	42 26	42 69	44 34	44 75	45 16
.	6	6	½	10	9	41 25	41 66	42 07	42 47	42 90	44 55	44 96	45 37
.	6	6	¾	29	7	41 45	41 86	42 27	42 67	43 10	44 76	45 18	45 59
.	6	7	.	12	5	41 64	42 06	42 47	42 87	43 31	44 93	45 39	45 81
.	6	7	.	31	3	41 84	42 26	42 67	43 07	43 51	45 19	45 61	46 02
.	6	7	½	14	2	42 04	42 45	42 88	43 28	43 72	45 40	45 82	46 24
.	6	7	¾	33	.	42 24	42 66	43 08	43 48	43 92	45 62	46 04	46 46
.	7	.	.	15	6	42 45	42 86	43 28	43 68	44 15	45 83	46 25	46 68
.	7	.	.	34	7	43 65	43 05	43 48	43 89	44 35	46 04	46 47	46 88

DE 217 A 252 GRAMMES.

Conversion des GRAMMES en poids de MARC, suivie des différentes valeurs d'[…] ou plusieurs objets en ARGENT à l'un des poids ci-dessous, déduction faite d[…] droits de vente.

GRAMMES	CONVERSION					
	Marc	Onces	Gros	Demi-Gros	Grains	Dixièmes
217	»	7	»	½	17	5
218	»	7	1	»	»	3
219	»	7	1	»	19	1
220	»	7	1	½	2	»
221	»	7	1	½	20	8
222	»	7	2	»	3	6
223	»	7	2	»	22	4
224	»	7	2	½	5	3
225	»	7	2	½	24	1
226	»	7	3	»	6	9
227	»	7	3	»	25	8
228	»	7	3	½	8	6
229	»	7	3	½	27	4
230	»	7	4	»	10	2
231	»	7	4	»	29	1
232	»	7	4	½	11	9
233	»	7	4	½	30	7
234	»	7	5	»	13	5
235	»	7	5	»	32	4
236	»	7	5	½	15	2
237	»	7	5	½	34	»
238	»	7	6	»	16	9
239	»	7	6	»	35	7
240	»	7	6	½	18	5
241	»	7	7	»	1	3
242	»	7	7	»	20	2
243	»	7	7	½	3	»
244	»	7	7	½	21	8
245	1	»	»	»	4	7
246	1	»	»	»	23	5
247	1	»	»	½	6	3
248	1	»	»	½	25	1
249	1	»	1	»	8	»
250	1	»	1	»	26	8
251	1	»	1	½	9	6
252	1	»	1	½	28	4

DIVERSES VALEURS DU GRAMME D'APRÈS LES PRIX SUIVANS DU MARC D'ARGENT

GRAMMES	à 50f »c	à 50f 50c	à 51f »c	à 51f 50c	à 52f »c	1er Titre contrôlé à 54f »c	à 54f 50c	à 55f »c
	fr. c.	fr. c.	fr. c.	fr. c.	fr. c.	fr. c.	fr. c.	fr. c.
217	42 85	43 25	43 68	44 09	44 54	46 25	46 68	47 …
218	43 05	43 45	43 88	44 29	44 74	46 47	46 90	47 …
219	43 22	43 65	44 08	44 50	44 95	46 68	47 11	47 …
220	43 42	43 85	44 29	44 70	45 15	46 90	47 33	47 …
221	43 62	44 05	44 49	44 90	45 36	47 11	47 54	47 …
222	43 82	44 25	44 69	45 11	45 56	47 32	47 76	48 …
223	44 01	44 45	44 89	45 31	45 77	47 53	47 97	48 …
224	44 21	44 65	45 09	45 51	45 98	47 75	48 19	48 …
225	44 41	44 85	45 29	45 72	46 18	47 96	48 40	48 …
226	44 61	45 05	45 49	45 92	46 39	48 17	48 62	49 …
227	44 80	45 25	45 69	46 12	46 59	48 39	48 83	49 …
228	45 00	45 44	45 90	46 32	46 80	48 60	49 05	49 …
229	45 20	45 64	46 10	46 53	47 00	48 81	49 26	49 …
230	45 39	45 84	46 30	46 73	47 21	49 03	49 48	49 …
231	45 59	46 04	46 50	46 93	47 41	49 24	49 69	50 …
232	45 79	46 24	46 70	47 14	47 62	49 45	49 91	50 …
233	45 99	46 44	46 90	47 34	47 82	49 67	50 12	50 …
234	46 18	46 64	47 10	47 54	48 03	49 88	50 34	50 …
235	46 38	46 84	47 31	47 75	48 23	50 09	50 56	51 …
236	46 58	47 04	47 51	47 95	48 44	50 31	50 77	51 …
237	46 78	47 24	47 71	48 15	48 64	50 52	50 99	51 …
238	46 97	47 44	47 91	48 36	48 85	50 73	51 20	51 …
239	47 17	47 64	48 11	48 56	49 05	50 95	51 42	51 …
240	47 37	47 84	48 31	48 76	49 26	51 16	51 63	51 …
241	47 57	48 04	48 51	48 97	49 47	51 37	51 85	52 …
242	47 76	48 24	48 71	49 17	49 67	51 58	52 06	52 …
243	47 96	48 43	48 92	49 37	49 88	51 80	52 28	52 …
244	48 16	48 63	49 12	49 58	50 08	52 01	52 49	52 …
245	48 36	48 83	49 32	49 78	50 29	52 22	52 71	53 …
246	48 56	49 03	49 52	49 98	50 49	52 44	52 92	53 …
247	48 75	49 23	49 72	50 19	50 70	52 65	53 14	53 …
248	48 95	49 43	49 92	50 39	50 90	52 86	53 35	53 …
249	49 15	49 63	50 12	50 59	51 11	53 08	53 57	54 …
250	49 34	49 83	50 33	50 80	51 31	53 29	53 78	54 …
251	49 54	50 03	50 53	51 00	51 52	53 50	54 00	54 …
252	49 74	50 23	50 73	51 20	51 72	53 72	54 21	54 …

Conversion des GRAMMES en poids de MARC, suivie des différentes valeurs d'un ou plusieurs objets en ARGENT à l'un des poids ci-dessous, déduction faite des droits de vente.

GRAMMES	CONVERSION (Marcs · Onces · Gros · Demi-Gros · Grains · Dixièmes)	à 50f »» (fr. c.)	à 50f 50c (fr. c.)	à 51f »» (fr. c.)	à 51f 50c (fr. c.)	à 52f »» (fr. c.)	1er Titre contrôlé à 54f »» (fr. c.)	à 54f 50c (fr. c.)	à 55f »» (fr. c.)
253	1 · 2 · 11.3	49 93	50 43	50 93	51 40	51 93	53 93	54 43	54 93
254	1 · 2 · 30.1	50 13	50 63	51 13	51 61	52 13	54 14	54 64	55 14
255	1 · 2½ 12.9	50 33	50 83	51 33	51 81	52 34	54 36	54 86	55 36
256	1 · 2½ 31.7	50 53	51 03	51 53	52 01	52 54	54 57	55 07	55 56
257	1 · 3 · 14.6	50 72	51 23	51 73	52 22	52 73	54 73	55 29	55 79
258	1 · 3 · 33.4	50 92	51 43	51 94	52 42	52 93	55 00	55 50	56 01
259	1 · 3½ 16.2	51 12	51 62	52 14	52 62	53 16	55 21	55 72	56 23
260	1 · 3½ 35.1	51 32	51 82	52 34	52 83	53 36	55 42	55 93	56 45
261	1 · 4 · 17.9	51 51	52 02	52 54	53 03	53 56	55 64	56 15	56 66
262	1 · 4¼ · 7	51 71	52 22	52 74	53 23	53 77	55 85	56 36	56 88
263	1 · 4¼ 19.5	51 91	52 42	52 94	53 44	53 97	56 06	56 58	57 10
264	1 · 5 · 2.4	52 11	52 62	53 14	53 64	54 18	56 27	56 79	57 31
265	1 · 5 · 21.9	52 30	52 82	53 34	53 84	54 39	56 49	57 01	57 53
266	1 · 5¼ 4.·	52 50	53 02	53 55	54 05	54 60	56 70	57 22	57 75
267	1 · 5½ 22.8	52 70	53 22	53 75	54 25	54 80	56 91	57 44	57 97
268	1 · 6 · 5.7	52 90	53 42	53 95	54 45	55 01	57 13	57 66	58 18
269	1 · 6 · 24.5	53 09	53 62	54 15	54 66	55 21	57 34	57 87	58 40
270	1 · 6½ 7.3	53 29	53 82	54 35	54 86	55 42	57 55	58 09	58 62
271	1 · 6½ 26.2	53 49	54 02	54 55	55 06	55 62	57 77	58 30	58 83
272	1 · 7 · 9.·	53 69	54 22	54 75	55 27	55 83	57 98	58 52	59 05
273	1 · 7 · 27.8	53 88	54 41	54 96	55 47	56 03	58 19	58 73	59 27
274	1 · 7½ 10.6	54 08	54 61	55 16	55 67	56 24	58 41	58 95	59 49
275	1 · 7½ 29.5	54 28	54 81	55 36	55 88	56 44	58 62	59 16	59 70
276	1.1 · · 12.3	54 47	55 01	55 56	56 08	56 65	58 83	59 38	59 92
277	1.1 · · 31.1	54 67	55 21	55 76	56 28	56 85	59 05	59 59	60 14
278	1.1 · ½ 13.9	54 87	55 41	55 96	56 48	57 06	59 26	59 81	60 35
279	1.1 · ½ 32.8	55 07	55 61	56 16	56 69	57 27	59 47	60 02	60 57
280	1.1.1 · 15.6	55 26	55 81	56 34	56 89	57 47	59 69	60 24	60 78
281	1.1.1 · 34.4	55 46	56 01	56 57	57 09	57 68	59 90	60 45	61 01
282	1.1.1¼ 17.2	55 66	56 21	56 77	57 30	57 88	60 11	60 67	61 22
283	1.1.2 · · 1	55 86	56 41	56 97	57 50	58 09	60 33	60 88	61 44
284	1.1.2 · 18.0	56 05	56 61	57 17	57 70	58 29	60 54	61 10	61 66
285	1.1.2¼ 1.7	56 25	56 81	57 37	57 91	58 50	60 75	61 31	61 87
286	1.1.2¼ 20.6	56 45	57 01	57 57	58 11	58 70	60 96	61 53	62 09
287	1.1.3 · 3.4	56 65	57 21	57 77	58 31	58 91	61 18	61 74	62 31
288	1.1.3 · 22.2	56 84	57 40	57 98	58 52	59 11	61 39	61 96	62 53

Conversion des GRAMMES en poids de MARC, suivie des différentes valeurs d'un ou plusieurs objets en ARGENT à l'un des poids ci-dessous, déduction faite des droits de vente.

GRAMMES	CONVERSION Marc	Onces	Gros	Demi-Gros	Grains	Dixièmes	à 50f	à 50f 50c	à 51f	à 51f 50c	à 52f	1er Titre contrôlé 54f	à 54f 50c	à 55f
289	1	1	3	¼	5	·	57 04	57 60	58 15	58 72	59 32	61 60	62 17	62 74
290	1	1	3	½	25	9	57 24	57 80	58 38	58 92	59 52	61 82	62 39	62 96
291	1	1	4	·	6	7	57 44	58 00	58 58	59 15	59 73	62 03	62 60	63 18
292	1	1	4	·	28	5	57 65	58 20	58 78	59 35	59 93	62 24	62 82	63 39
293	1	1	4	¼	8	5	57 83	58 40	58 98	59 55	60 14	62 46	63 03	63 61
294	1	1	4	½	27	2	58 03	58 60	59 18	59 74	60 34	62 67	63 25	63 83
295	1	1	5	·	10	·	58 23	58 80	59 38	59 94	60 55	62 88	63 46	64 04
296	1	1	5	·	28	9	58 42	59 00	59 59	60 14	60 75	63 10	63 68	64 26
297	1	1	5	¼	11	7	58 62	59 20	59 79	60 35	60 96	63 31	63 89	64 47
298	1	1	5	½	30	5	58 82	59 40	59 99	60 55	61 17	63 52	64 11	64 70
299	1	1	6	·	13	5	59 01	59 60	60 19	60 75	61 37	63 74	64 32	64 91
300	1	1	6	·	32	4	59 21	59 80	60 30	60 96	61 58	63 95	64 54	65 13
301	1	1	6	¼	15	·	59 41	60 00	60 39	61 16	61 78	64 16	64 76	65 35
302	1	1	6	½	33	3	59 61	60 20	60 79	61 36	61 99	64 38	64 97	65 56
303	1	1	7	·	16	6	59 80	60 40	61 00	61 56	62 19	64 59	65 19	65 78
304	1	1	7	·	35	4	60 00	60 59	61 20	61 77	62 30	64 80	65 40	66 00
305	1	1	7	¼	18	5	60 20	60 79	61 40	61 97	62 60	65 02	65 62	66 2[illegible]
306	1	2	·	·	1	1	60 40	60 99	61 60	62 17	62 81	65 23	65 85	66 4[illegible]
307	1	2	·	·	19	9	60 59	61 19	61 80	62 38	63 01	65 44	66 08	66 6[illegible]
308	1	2	·	½	2	8	60 79	61 39	62 00	62 58	63 22	65 65	66 26	66 [illegible]
309	1	2	·	¼	21	6	60 99	61 59	62 20	62 78	63 42	65 87	66 48	67 0[illegible]
310	1	2	1	·	4	4	61 19	61 79	62 40	62 99	63 63	66 08	66 69	67 3[illegible]
311	1	2	1	·	23	2	61 38	61 99	62 61	63 19	63 83	66 29	66 91	67 [illegible]
312	1	2	1	½	6	1	61 58	62 19	62 81	63 39	64 04	66 51	67 12	67 7[illegible]
313	1	2	1	½	24	9	61 78	62 39	63 01	63 60	64 24	66 72	67 34	67 9[illegible]
314	1	2	2	·	7	7	61 98	62 59	63 21	63 80	64 45	66 93	67 55	68 1[illegible]
315	1	2	2	·	26	5	62 17	62 79	63 41	64 00	64 66	67 15	67 77	68 [illegible]
316	1	2	2	¼	9	4	62 37	62 99	63 61	64 21	64 86	67 36	67 98	68 [illegible]
317	1	2	2	½	28	2	62 57	63 19	63 81	64 41	65 07	67 57	68 20	69 [illegible]
318	1	2	3	·	11	·	62 77	63 39	64 01	64 61	65 27	67 79	68 41	69 0[illegible]
319	1	2	3	·	29	8	62 96	63 58	64 22	64 82	65 48	68 00	68 63	69 2[illegible]
320	1	2	3	½	12	7	63 16	63 79	64 42	65 02	65 68	68 21	68 84	69 4[illegible]
321	1	2	3	½	31	5	63 36	63 98	64 62	65 22	65 89	68 43	69 06	69 6[illegible]
322	1	2	4	·	14	3	63 55	64 18	64 82	65 43	66 09	68 64	69 27	69 9[illegible]
323	1	2	4	·	33	2	63 75	64 38	65 02	65 63	66 30	68 85	69 40	70 1[illegible]
324	1	2	4	½	16	·	63 95	64 58	65 22	65 83	66 50	69 07	69 70	70 3[illegible]

*...version des GRAMMES en poids de MARC, suivie des différentes valeurs d'un
...u plusieurs objets en ARGENT à l'un des poids ci-dessous, déduction faite des
...droits de vente.*

CONVERSION.	DIVERSES VALEURS DU GRAMME D'APRÈS LES PRIX SUIVANS DU MARC D'ARGENT							
Marc. Once. Gros. Demi-Gros. Grains.	50f	50f 50c	51f	51f 50c	52f	1er titre contrôlé 54f	54f 50c	55f
	fr. c.	fr. c.	fr. c.	fr. c.	fr. c.	fr. c.	fr. c.	fr. c.
1. 2. 4. ½ 34. 0	64 13	64 78	65 42	66 04	66 71	69 28	69 02	70 38
1. 2. 5. * 17. 6	64 34	64 98	65 63	66 24	66 91	69 49	70 13	70 78
1. 2. 5. ¼ * 8	64 54	65 18	65 83	66 44	67 12	69 71	70 35	70 99
1. 2. 5. ½ 19. 3	64 74	65 38	66 03	66 64	67 32	69 92	70 56	71 21
1. 2. 6. * 2. 1	64 94	65 58	66 23	66 83	67 53	70 13	70 78	71 43
1. 2. 6. * 21. *	65 15	65 78	66 43	67 03	67 73	70 34	70 99	71 64
1. 2. 6. ¼ 3. 8	65 35	65 98	66 63	67 23	67 94	70 56	71 21	71 86
1. 2. 6. ½ 22. 6	65 55	66 18	66 83	67 46	68 14	70 77	71 42	72 08
1. 2. 7. * 5. 1	65 73	66 38	67 05	67 66	68 35	70 98	71 64	72 30
1. 2. 7. * 24. 5	65 99	66 57	67 24	67 86	68 56	71 20	71 86	72 51
1. 2. 7. ¼ 7. 1	66 12	66 77	67 44	68 07	68 76	71 41	72 07	72 73
1. 2. 7. ½ 25. 9	66 32	66 97	67 64	68 27	68 97	71 62	72 29	72 95
1. 3. * * 8. 7	66 52	67 17	67 84	68 47	69 17	71 84	72 50	73 16
1. 3. * * 27. 6	66 71	67 37	68 04	68 68	69 38	72 05	72 72	73 38
1. 3. * ¼ 10. 4	66 91	67 57	68 24	68 88	69 58	72 26	72 93	73 60
1. 3. * ½ 29. 2	67 11	67 77	68 44	69 09	69 79	72 48	73 15	73 82
1. 3. 1. * 12. 1	67 31	67 97	68 65	69 29	69 99	72 69	73 36	74 03
1. 3. 1. * 50. 9	67 50	68 17	68 85	69 49	70 20	72 90	73 58	74 25
1. 3. 1. ¼ 13. 7	67 70	68 37	69 05	69 69	70 40	73 12	73 79	74 47
1. 3. 1. ½ 52. 5	67 90	68 57	69 25	69 90	70 61	73 33	74 01	74 68
1. 3. 2. * 15. 4	68 09	68 77	69 45	70 10	70 81	73 54	74 22	74 90
1. 3. 2. * 34. 2	68 29	68 97	69 65	70 30	71 02	73 76	74 44	75 12
1. 3. 2. ¼ 17. *	68 49	69 17	69 85	70 51	71 22	73 97	74 65	75 34
1. 3. 2. ½ 35. 8	68 69	69 37	70 06	70 71	71 43	74 18	74 87	75 56
1. 3. 3. * 18. 7	68 89	69 58	70 26	70 91	71 63	74 40	75 08	75 77
1. 3. 3. ¼ 1. 5	69 08	69 78	70 46	71 12	71 84	74 61	75 30	75 99
1. 3. 3. ½ 20. 5	69 28	69 96	70 66	71 32	72 04	74 82	75 51	76 21
1. 3. 4. * 3. 4	69 48	70 16	70 86	71 52	72 25	75 03	75 75	76 43
1. 3. 4. * 22. *	69 67	70 36	71 06	71 72	72 46	75 25	75 94	76 64
1. 3. 4. ¼ 4. 8	69 87	70 56	71 26	71 93	72 66	75 46	76 16	76 86
1. 3. 4. ½ 23. 6	70 07	70 76	71 46	72 13	72 87	75 67	76 37	77 07
1. 3. 5. * 6. 5	70 27	70 96	71 67	72 33	73 07	75 89	76 59	77 29
1. 3. 5. * 25. 3	70 46	71 16	71 87	72 54	73 28	76 10	76 80	77 51
1. 3. 5. ¼ 8. 1	70 66	71 36	72 07	72 74	73 48	76 31	77 02	77 72
1. 3. 5. ½ 26. 9	70 86	71 56	72 27	72 94	73 69	76 53	77 25	77 94
1. 3. 6. * 9. 8	71 06	71 76	72 47	73 15	73 89	76 74	77 45	78 16

Conversion des GRAMMES en poids de MARC, suivie des differentes valeurs d'... ou plusieurs objets en ARGENT a l'un des poids ci-dessous, déduction faite ... droits de vente.

GRAMMES	CONVERSION	à 50f .c	à 50f 50c	à 51f .c	à 51f 50c	à 52f .c	1er Titre contrôlé 54f .c	à 54f 50c	à 55f .c
		fr. c.	fr. c.	fr. c.	fr. c.	fr. c.	fr. c.	fr. c.	fr. c.
361	1.5.6. · 28.6	71 25	71 96	72 67	73 35	74 10	76 95	77 66	78 3
362	1.5.6.½ 11.4	71 45	72 16	72 87	73 55	74 30	77 17	77 88	78 5
363	1.5.6.¾ 30.2	71 65	72 36	73 07	73 76	74 51	77 38	78 09	78 8
364	1.5.7. · 13.1	71 85	72 53	73 28	73 96	74 71	77 59	78 31	79 0
365	1.5.7. · 31.9	72 04	72 75	73 48	74 16	74 92	77 81	78 52	79 2
366	1.5.7.¼ 11.7	72 24	72 95	73 68	74 37	75 12	78 02	78 74	79 4
367	1.5.7.½ 33.6	72 44	73 15	73 88	74 57	75 33	78 23	78 96	79 6
368	1.4. · · 16.4	72 65	73 35	74 08	74 77	75 53	78 45	79 17	79 9
369	1.4. · · 35.2	72 85	73 55	74 28	74 98	75 74	78 66	79 39	80 1
370	1.4. · ¼ 18. ·	73 05	73 75	74 48	75 18	75 94	78 87	79 60	80 3
371	1.4.1. · · 9	73 25	73 95	74 68	75 38	76 15	79 09	79 82	80 5
372	1.4.1. · 19.7	73 42	74 15	74 89	75 59	76 36	79 30	80 03	80 7
373	1.4.1.¼ 2.5	73 62	74 35	75 09	75 79	76 56	79 51	80 25	80 9
374	1.4.1.½ 21.3	73 82	74 55	75 29	75 99	76 77	79 72	80 46	81 2
375	1.4.2. · 4.2	74 02	74 75	75 49	76 20	76 97	79 94	80 68	81 4
376	1.4.2. · 23. ·	74 21	74 95	75 69	76 40	77 18	80 15	80 89	81 6
377	1.4.2.¼ 5.8	74 41	75 15	75 89	76 60	77 38	80 36	81 11	81 8
378	1.4.2.½ 24.7	74 61	75 35	76 09	76 80	77 59	80 58	81 32	82 0
379	1.4.3. · 7.5	74 81	75 54	76 30	77 01	77 79	80 79	81 54	82 2
380	1.4.3. · 26.3	75 00	75 74	76 50	77 21	78 00	81 00	81 75	82 5
381	1.4.3.½ 9.4	75 20	75 94	76 70	77 41	78 20	81 22	81 97	82 7
382	1.4.3.¾ 28. ·	75 40	76 14	76 90	77 62	78 41	81 43	82 18	82 9
383	1.4.4. · 10.8	75 60	76 34	77 10	77 82	78 61	81 64	82 40	83 1
384	1.4.4. · 29.6	75 79	76 54	77 30	78 02	78 82	81 86	82 61	83 3
385	1.4.4.¼ 14.5	75 99	76 74	77 50	78 23	79 02	82 07	82 83	83 5
386	1.4.4.½ 31.3	76 19	76 94	77 70	78 43	79 23	82 28	83 04	83 7
387	1.4.5. · 14.4	76 39	77 14	77 91	78 63	79 43	82 50	83 26	84 0
388	1.4.5. · 32.3	76 58	77 34	78 11	78 84	79 64	82 71	83 47	84 2
389	1.4.5.½ 15.8	76 78	77 54	78 31	79 04	79 85	82 92	83 69	84 4
390	1.4.5.¾ 34.6	76 98	77 74	78 51	79 24	80 05	83 14	83 90	84 6
391	1.4.6. · 17.4	77 17	77 94	78 71	79 45	80 26	83 35	84 12	84 8
392	1.4.6.¼ · 2	77 37	78 14	78 91	79 65	80 46	83 56	84 33	85 1
393	1.4.6.½ 19.1	77 57	78 34	79 11	79 85	80 67	83 78	84 55	85 3
394	1.4.7. · 1.9	77 77	78 53	79 32	80 06	80 87	83 99	84 76	85 5
395	1.4.7. · 20.7	77 96	78 73	79 52	80 26	81 08	84 20	84 96	85 7
396	1.4.7.½ 3.5	78 16	78 93	79 72	80 46	81 28	84 41	85 19	85 9

...version des **GRAMMES** en poids de **MARC**, suivie des différentes valeurs d'un
...u plusieurs objets en **ARGENT** à l'un des poids ci-dessous, déduction faite des
...roits de vente.

CONVERSION						DIVERSES VALEURS DU GRAMME D'APRÈS LES PRIX SUIVANS DU MARC D'ARGENT							
Marcs.	Onces.	Gros.	Demi-Gros.	Grains.	Décimes.	à 50f ,c	à 50f 50c	à 51f ,c	à 51f 50c	à 52f ,c	1er Titre contrôlé 53f ,c	à 54f 50c	à 55f ,c
						fr. c.	fr. c.	fr. c.	fr. c.	fr. c.	fr. c.	fr. c.	fr. c.
1	4	7	½	22	4	78 36	79 13	79 92	80 07	81 49	84 65	85 41	86 19
1	5	»	»	8	2	78 66	79 53	80 12	80 87	81 69	84 04	85 02	86 41
1	5	»	»	24	»	78 73	79 33	80 52	81 07	81 90	85 09	85 84	86 65
1	5	»	¼	6	9	78 95	79 73	80 82	81 23	82 10	85 27	86 06	86 84
1	5	»	½	23	7	79 13	79 95	80 72	81 48	82 31	85 48	86 27	87 08
1	5	1	»	8	5	79 33	80 13	80 93	81 68	82 51	85 69	86 49	87 28
1	5	1	»	27	3	79 54	80 35	81 13	81 88	82 72	85 91	86 70	87 49
1	5	1	½	10	2	79 74	80 65	81 33	82 09	82 92	86 12	86 92	87 71
1	5	1	¾	29	»	79 94	80 73	81 53	82 29	83 13	86 33	87 13	87 93
1	5	2	»	11	8	80 14	80 93	81 73	82 49	83 33	86 53	87 33	88 13
1	5	2	»	30	6	80 35	81 13	81 93	82 70	83 54	86 76	87 56	88 36
1	5	2	½	13	5	80 55	81 33	82 13	82 90	83 75	86 97	87 78	88 58
1	5	2	¾	32	3	80 75	81 53	82 34	83 19	83 95	87 19	87 99	88 80
1	5	3	»	15	1	80 95	81 72	82 54	83 34	84 16	87 40	88 21	89 04
1	5	3	»	34	»	81 12	81 92	82 74	83 51	84 36	87 61	88 42	89 25
1	5	3	½	16	8	81 32	82 12	82 94	83 71	84 57	87 83	88 64	89 45
1	5	3	¾	35	6	81 52	82 32	83 14	83 92	84 77	88 04	88 85	89 67
1	5	4	»	18	4	81 71	82 52	83 34	84 12	84 98	88 25	89 07	89 88
1	5	4	¼	1	3	81 91	82 72	83 54	84 32	85 18	88 47	89 28	90 10
1	5	4	½	20	1	82 11	82 92	83 74	84 53	85 39	88 68	89 50	90 32
1	5	5	»	2	9	82 31	83 12	83 94	84 73	85 59	88 89	89 71	90 53
1	5	5	»	21	7	82 50	83 32	84 13	84 93	85 80	89 10	89 93	90 75
1	5	5	½	4	6	82 70	83 52	84 33	85 14	86 01	89 32	90 14	90 97
1	5	5	¾	23	4	82 90	83 72	84 53	85 34	86 21	89 53	90 26	91 19
1	5	6	»	6	2	83 10	83 92	84 73	85 54	86 41	89 74	90 57	91 40
1	5	6	»	25	»	83 29	84 12	84 93	85 75	86 62	89 96	90 79	91 62
1	5	6	½	7	9	83 49	84 32	85 13	85 95	86 82	90 17	91 00	91 84
1	5	6	¾	26	7	83 69	84 52	85 34	86 15	87 03	90 38	91 22	92 05
1	5	7	»	9	5	83 89	84 71	85 56	86 36	87 23	90 60	91 43	92 27
1	5	7	»	28	4	84 08	84 91	85 76	86 56	87 44	90 81	91 65	92 49
1	5	7	½	11	2	84 28	85 11	85 96	86 76	87 65	91 02	91 86	92 71
1	5	7	¾	30	»	84 48	85 31	86 16	86 96	87 85	91 24	92 08	92 92
1	6	»	»	12	9	84 68	85 21	86 36	87 17	88 06	91 45	92 29	93 14
1	6	»	»	31	7	84 87	85 71	86 56	87 37	88 26	91 66	92 51	93 36
1	6	»	¼	14	5	85 07	85 91	86 76	87 57	88 47	91 88	92 72	93 57
1	6	»	½	33	3	85 27	86 11	86 97	87 78	88 67	92 09	92 94	93 79

Conversion des GRAMMES en poids de MARC, suivie des différentes valeurs d'un ou plusieurs objets en ARGENT à l'un des poids ci-dessous, déduction faite des droits de vente.

GRAMMES	CONVERSION (Marcs. Onces. Gros. Demi-Gros. Grains. Dixièmes.)	DIVERSES VALEURS DU GRAMME D'APRÈS LES PRIX SUIVANS DU MARC D'ARGENT							
		à 50f »e	à 50f 50e	à 51f »e	à 51f 50e	à 52f »e	1er Titre contrôlé à 54f »e	à 54f 50e	à 55f »e
		fr. c.	fr. c.	fr. c.	fr. c.	fr. c.	fr. c.	fr. c.	fr. c.
433	1. 6. 1. « 16. 1	85 47	86 34	87 17	87 98	88 88	92 50	93 13	94 [illegible]
434	1. 6. 1. « 33. «	85 66	86 54	87 37	88 18	89 08	92 82	93 37	94 [illegible]
435	1. 6. 1. ½ 17. 9	85 86	86 71	87 57	88 39	89 29	92 73	93 59	94 [illegible]
436	1. 6. 2. « « 6	86 06	86 91	87 77	88 59	89 49	92 94	93 80	94 [illegible]
437	1. 6. 2. « 19. 5	86 25	87 11	87 97	88 79	89 70	93 16	94 02	94 [illegible]
438	1. 6. 2. ½ 9. 5	86 45	87 31	88 17	89 00	89 90	93 37	94 23	95 [illegible]
439	1. 6. 2. ½ 21. 1	86 65	87 51	88 37	89 20	90 11	93 58	94 45	95 [illegible]
440	1. 6. 3. « 3. 9	86 85	87 70	88 58	89 40	90 31	93 79	94 66	95 [illegible]
441	1. 6. 3. « 22. 8	87 04	87 90	88 73	89 61	90 52	94 01	94 88	95 [illegible]
442	1. 6. 3. ½ 6. 6	87 24	88 10	88 98	89 81	90 72	94 22	95 09	95 [illegible]
443	1. 6. 3. ½ 24. 4	87 44	88 30	89 18	90 01	90 95	94 43	95 31	96 [illegible]
444	1. 6. 4. « 7. 3	87 64	88 50	89 38	90 22	91 13	94 65	95 52	96 [illegible]
445	1. 6. 4. « 26. 1	87 85	88 70	89 58	90 42	91 34	94 86	95 74	96 [illegible]
446	1. 6. 4. ½ 8. 9	88 05	88 90	89 78	90 62	91 55	95 07	95 95	96 [illegible]
447	1. 6. 4. ½ 27. 7	88 23	89 10	89 99	90 83	91 75	95 29	96 17	97 [illegible]
448	1. 6. 5. « 10. 6	88 43	89 30	90 19	91 05	91 96	95 50	96 38	97 [illegible]
449	1. 6. 5. « 29. 4	88 62	89 50	90 39	91 23	92 16	95 71	96 60	97 [illegible]
450	1. 6. 5. ½ 12. 2	88 82	89 70	90 59	91 44	92 37	95 93	96 81	97 [illegible]
451	1. 6. 5. ½ 31. «	89 02	89 90	90 79	91 64	92 57	96 14	97 03	97 [illegible]
452	1. 6. 6. « 13. 9	89 22	90 10	90 99	91 84	92 78	96 35	97 24	98 [illegible]
453	1. 6. 6. « 32. 7	89 41	90 30	91 19	92 04	92 98	96 57	97 46	98 [illegible]
454	1. 6. 6. ½ 15. 5	89 61	90 50	91 39	92 23	93 19	96 78	97 67	98 [illegible]
455	1. 6. 6. ½ 34. 4	89 81	90 69	91 60	92 45	93 39	96 99	97 89	98 [illegible]
456	1. 6. 7. « 17. 2	90 01	90 89	91 80	92 65	93 60	97 21	98 10	99 [illegible]
457	1. 6. 7. ½ « . «	90 20	91 09	92 00	92 86	93 80	97 42	98 32	99 [illegible]
458	1. 6. 7. ½ 18. 8	90 40	91 29	92 20	93 06	94 01	97 63	98 53	99 [illegible]
459	1. 7. « « 1. 7	90 60	91 49	92 40	93 26	94 21	97 85	98 75	99 [illegible]
460	1. 7. « « 20. 5	90 79	91 69	92 60	93 47	94 42	98 06	98 96	99 [illegible]
461	1. 7. « ½ 3. 3	90 99	91 89	92 80	93 67	94 62	98 27	99 18	100 [illegible]
462	1. 7. « ½ 22. 1	91 19	92 09	93 01	93 87	94 83	98 48	99 39	100 [illegible]
463	2. 7. 1. « 5. «	91 39	92 29	93 21	94 08	95 04	98 70	99 61	100 [illegible]
464	1. 7. 1. « 23. 8	91 58	92 49	93 41	94 28	95 24	98 91	99 82	100 [illegible]
465	1. 7. 1. ½ 6. 6	91 78	92 69	93 61	94 48	95 45	99 12	100 04	100 [illegible]
466	1. 7. 1. ½ 25. 4	91 98	92 89	93 81	94 69	95 65	99 34	100 25	101 [illegible]
467	1. 7. 2. « 8. 3	92 18	93 09	94 01	94 89	95 86	99 55	100 47	101 [illegible]
468	1. 7. 2. « 27. 1	92 37	93 29	94 21	95 09	96 06	99 76	100 69	101 [illegible]

…onversion des GRAMMES *en poids de* MARC, *suivie des différentes valeurs d'un ou plusieurs objets en* ARGENT *à l'un des poids ci-dessous, déduction faite des droits de vente.*

GRAMMES.	CONVERSION. Marcs. Onces. Gros. Demi-Gros. Grains. Dixièmes.	DIVERSES VALEURS DU GRAMME D'APRÈS LES PRIX SUIVANS DU MARC D'ARGENT à 50f »c	à 50f 50c	à 51f »c	à 51f 50c	à 52f »c	1er Titre contrôlé 54f »c	à 54f 50c	à 55f »c
		fr. c.	fr. c.	fr. c.	fr. c.	fr. c.	fr. c.	fr. c.	fr. c.
469	1. 7. 2. ½ 9. 9	92 57	93 49	94 41	95 30	96 27	99 98	100 90	101 82
470	1. 7. 2. ½ 28. 8	92 77	93 68	94 62	95 50	96 47	100 19	101 12	102 04
471	1. 7. 3. » 11. 6	92 97	93 88	94 82	95 70	96 68	100 40	101 33	102 26
472	1. 7. 3. » 30. 4	93 16	94 08	95 02	95 91	96 88	100 62	101 55	102 48
473	1. 7. 3. ½ 13. 2	93 36	94 28	95 22	96 11	97 09	100 83	101 76	102 69
474	1. 7. 3. ½ 32. 1	93 56	94 48	95 42	96 31	97 29	101 04	101 98	102 91
475	1. 7. 4. » 14. 9	93 76	94 68	95 62	96 52	97 50	101 26	102 19	103 13
476	1. 7. 4. » 33. 7	93 95	94 88	95 82	96 72	97 70	101 47	102 41	103 34
477	1. 7. 4. ½ 16. 5	94 15	95 08	96 02	96 92	97 91	101 68	102 62	103 56
478	1. 7. 4. ½ 35. 4	94 35	95 28	96 23	97 12	98 11	101 90	102 84	103 78
479	1. 7. 5. » 18. 2	94 55	95 48	96 43	97 33	98 32	102 11	103 05	104 00
480	1. 7. 5. ½ 1. »	94 74	95 68	96 63	97 53	98 52	102 32	103 27	104 21
481	1. 7. 5. ½ 19. 9	94 94	95 88	96 83	97 73	98 73	102 54	103 48	104 43
482	1. 7. 6. » 2. 7	95 14	96 08	97 03	97 94	98 94	102 75	103 70	104 65
483	1. 7. 6. » 21. 5	95 33	96 28	97 23	98 14	99 14	102 96	103 91	104 86
484	1. 7. 6. ½ 4. 3	95 53	96 48	97 43	98 34	99 35	103 17	104 13	105 08
485	1. 7. 6. ½ 23. 2	95 73	96 67	97 64	98 55	99 55	103 39	104 34	105 30
486	1. 7. 7. » 6. »	95 93	96 87	97 84	98 75	99 76	103 60	104 56	105 52
487	1. 7. 7. » 24. 8	96 12	97 07	98 04	98 95	99 96	103 81	104 77	105 73
488	1. 7. 7. ½ 7. 6	96 32	97 27	98 24	99 15	100 17	104 03	104 99	105 95
489	1. 7. 7. ½ 26. 5	96 52	97 47	98 44	99 36	100 37	104 24	105 20	106 17
490	2. » » » 9. 3	96 72	97 67	98 64	99 56	100 58	104 45	105 42	106 38
491	2. » » » 28. 1	96 91	97 87	98 84	99 77	100 78	104 67	105 63	106 60
492	2. » » ½ 10. 9	97 11	98 07	99 04	99 97	100 99	104 88	105 85	106 82
493	2. » » ½ 29. 8	97 31	98 27	99 25	100 17	101 19	105 09	106 06	107 04
494	2. » 1. » 12. 6	97 51	98 47	99 45	100 38	101 40	105 31	106 28	107 25
495	2. » 1. » 31. 4	97 70	98 67	99 65	100 58	101 60	105 52	106 49	107 47
496	2. » 1. ½ 14. 3	97 90	98 87	99 85	100 78	101 81	105 73	106 71	107 69
497	2. » 1. ½ 33. 1	98 10	99 07	100 05	100 99	102 01	105 95	106 92	107 90
498	2. » 2. » 15. 9	98 30	99 27	100 25	101 19	102 22	106 16	107 14	108 12
499	2. » 2. » 34. 7	98 49	99 47	100 45	101 39	102 42	106 37	107 35	108 34
500	2. » 2. ½ 17. 6	98 69	99 67	100 66	101 60	102 63	106 59	107 57	108 56
501	2. » 3. » » 4	98 89	99 86	100 86	101 80	102 84	106 80	107 79	108 77
502	2. » 3. » 19. 2	99 08	100 06	101 06	102 00	103 04	107 01	108 00	108 99
503	2. » 3. ½ 2. »	99 28	100 26	101 26	102 20	103 25	107 23	108 22	109 21
504	2. » 3. ½ 20. 9	99 48	100 46	101 46	102 41	103 45	107 44	108 43	109 42

Conversion des GRAMMES en poids de MARC, suivie des différentes valeurs d'un ou plusieurs objets en ARGENT à l'un des poids ci-dessous, déduction faite des droits de vente.

GRAMMES	_____CONVERSION_____						à 50f »c	à 50f 50c	à 51f »c	à 51f 50c	à 52f »c	à 54f »c (1er titre contrôlé)	à 54f 50c	à 55f »c
	Marcs.	Onces.	Gros.	Demi-Gros.	Grains.	Dixièmes.	fr. c.	fr. c.	fr. c.	fr. c.	fr. c.	fr. c.	fr. c.	fr. c.
505	2	»	4	»	5	7	99 68	100 66	101 66	102 61	103 66	107 65	108 65	109 64
506	2	»	4	»	22	3	99 87	100 86	101 86	102 81	103 86	107 86	108 86	109 86
507	2	»	4	½	5	4	100 07	101 06	102 06	103 02	104 07	108 06	109 08	110 07
508	2	»	4	½	24	2	100 27	101 26	102 27	103 22	104 27	108 29	109 29	110 29
509	2	»	5	»	7	»	100 47	101 46	102 47	103 42	104 48	108 50	109 51	110 51
510	2	»	5	»	25	8	100 66	101 66	102 67	103 63	104 68	108 72	109 72	110 73
511	2	»	5	½	8	7	100 86	101 86	102 87	103 85	104 89	108 93	109 94	110 94
512	2	»	5	½	27	3	101 06	102 06	103 07	104 05	105 09	109 14	110 15	111 16
513	2	»	6	»	10	5	101 26	102 26	103 27	104 24	105 30	109 36	110 37	111 38
514	2	»	6	»	29	1	101 45	102 46	103 47	104 44	105 50	109 57	110 58	111 59
515	2	»	6	½	12	»	101 65	102 66	103 68	104 64	105 71	109 78	110 80	111 81
516	2	»	6	½	30	8	101 85	102 86	103 88	104 85	105 91	110 06	111 01	112 03
517	2	»	7	»	13	6	102 05	103 05	104 08	105 05	106 12	110 21	111 23	112 25
518	2	»	7	»	32	3	102 24	103 25	104 28	105 25	106 32	110 42	111 44	112 46
519	2	»	7	½	15	5	102 44	103 45	104 48	105 46	106 53	110 64	111 66	112 68
520	2	»	7	½	34	1	102 64	103 65	104 68	105 66	106 74	110 85	111 87	112 90
521	2	1	»	»	16	9	102 84	103 85	104 88	105 86	106 94	111 06	112 09	113 11
522	2	1	»	»	35	8	103 05	104 05	105 08	106 07	107 15	111 28	112 30	113 33
523	2	1	»	½	18	6	103 25	104 25	105 29	106 27	107 35	111 49	112 32	113 35
524	2	1	1	»	1	4	103 45	104 45	105 49	106 47	107 56	111 70	112 73	113 77
525	2	1	1	»	20	2	103 62	104 65	105 69	106 68	107 76	111 92	112 95	113 98
526	2	1	1	½	3	1	103 82	104 85	105 89	106 88	107 97	112 13	113 16	114 20
527	2	1	1	½	21	9	104 02	105 05	106 09	107 08	108 17	112 34	113 38	114 42
528	2	1	2	»	4	7	104 22	105 25	106 29	107 28	108 38	112 55	113 59	114 63
529	2	1	2	»	23	5	104 41	105 45	106 49	107 49	108 58	112 77	113 81	114 85
530	2	1	2	½	6	4	104 61	105 65	106 69	107 69	108 79	112 98	114 02	115 07
531	2	1	2	½	25	2	104 81	105 84	106 90	107 89	108 99	113 19	114 24	115 29
532	2	1	3	»	8	»	105 01	106 04	107 10	108 10	109 20	113 41	114 45	115 50
533	2	1	3	»	26	9	105 20	106 24	107 30	108 30	109 40	113 62	114 67	115 72
534	2	1	3	½	9	7	105 40	106 44	107 50	108 50	109 61	113 85	114 89	115 94
535	2	1	3	½	28	5	105 60	106 64	107 70	108 71	109 81	114 05	115 10	116 15
536	2	1	4	»	11	3	105 80	106 84	107 90	108 91	110 02	114 26	115 32	116 37
537	2	1	4	»	30	2	105 99	107 04	108 10	109 11	110 22	114 47	115 53	116 59
538	2	1	4	½	13	»	106 19	107 24	108 31	109 32	110 43	114 69	115 75	116 81
539	2	1	4	½	31	8	106 39	107 44	108 51	109 52	110 64	114 90	115 96	117 03
540	2	1	5	»	14	7	106 59	107 64	108 71	109 72	110 84	115 11	116 18	117 24

Conversion des *GRAMMES* en poids de *MARC*, suivie des différentes valeurs d'un ou plusieurs objets en *ARGENT* à l'un des poids ci-dessous, déduction faite des droits de vente.

GRAMMES	CONVERSION						DIVERSES VALEURS DU GRAMME D'APRÈS LES PRIX SUIVANS DU MARC D'ARGENT							
	Marcs.	Onces.	Gros.	Demi-Gros.	Grains.	Trente-deuxièmes.	à 50f.	à 50f 50c.	à 51f.	à 51f 50c.	à 52f.	1er Titre contrôlé 54f.	à 54f 50c.	à 55f.
							fr. c.	fr. c.	fr. c.	fr. c.	fr. c.	fr. c.	fr. c.	fr. c.
541	2	1	5	.	33	5	106 78	107 84	108 94	109 95	111 05	115 33	116 39	117 46
542	2	1	5	½	16	5	106 98	108 04	109 11	110 15	111 25	115 54	116 61	117 67
543	2	1	5	¾	58	1	107 18	108 24	109 31	110 35	111 46	115 75	116 82	117 88
544	2	1	6	.	15	.	107 38	108 44	109 51	110 54	111 66	115 97	117 04	118 11
545	2	1	6	¼	.	0	107 57	108 64	109 71	110 74	111 87	116 18	117 25	118 33
546	2	1	6	½	19	6	107 77	108 85	109 92	110 94	112 07	116 39	117 47	118 54
547	2	1	7	.	2	4	107 97	109 05	110 12	111 15	112 28	116 61	117 68	118 76
548	2	1	7	.	21	3	108 16	109 23	110 32	111 35	112 48	116 82	117 90	118 98
549	2	1	7	¼	4	1	108 36	109 43	110 52	111 55	112 69	117 03	118 11	119 19
550	2	1	7	½	22	9	108 56	109 63	110 72	111 76	112 89	117 24	118 33	119 41
551	2	2	.	.	5	8	108 76	109 83	110 92	111 96	113 10	117 46	118 54	119 63
552	2	2	.	.	24	6	108 95	110 03	111 12	112 16	113 30	117 67	118 76	119 85
553	2	2	.	¼	7	4	109 15	110 23	111 33	112 36	113 51	117 88	118 97	120 06
554	2	2	.	½	26	2	109 35	110 43	111 53	112 57	113 71	118 10	119 19	120 28
555	2	2	1	.	9	1	109 55	110 63	111 73	112 77	113 92	118 31	119 40	120 50
556	2	2	1	.	27	9	109 74	110 83	111 93	112 97	114 13	118 52	119 62	120 71
557	2	2	1	¼	10	7	109 94	111 03	112 13	113 18	114 33	118 74	119 83	120 93
558	2	2	1	½	29	5	110 14	111 23	112 33	113 38	114 54	118 95	120 05	121 15
559	2	2	2	.	12	4	110 34	111 43	112 53	113 58	114 74	119 16	120 26	121 37
560	2	2	2	.	31	2	110 53	111 63	112 73	113 79	114 95	119 38	120 48	121 58
561	2	2	2	¼	14	.	110 73	111 82	112 94	113 99	115 13	119 59	120 69	121 80
562	2	2	2	½	32	8	110 93	112 02	113 14	114 19	115 36	119 80	120 91	122 02
563	2	2	3	.	15	7	111 13	112 22	113 34	114 40	115 56	120 02	121 12	122 23
564	2	2	3	.	34	5	111 32	112 42	113 54	114 60	115 77	120 23	121 34	122 45
565	2	2	3	¼	17	5	111 52	112 62	113 74	114 80	115 97	120 44	121 55	122 67
566	2	2	4	.	.	2	111 72	112 82	113 94	115 01	116 18	120 66	121 77	122 88
567	2	2	4	.	19	.	111 92	113 02	114 14	115 21	116 38	120 87	121 99	123 10
568	2	2	4	¼	1	8	112 11	113 22	114 35	115 41	116 59	121 08	122 20	123 32
569	2	2	4	½	20	6	112 51	113 42	114 55	115 62	116 79	121 30	122 42	123 54
570	2	2	5	.	3	5	112 31	113 62	114 75	115 82	117 00	121 51	122 63	123 75
571	2	2	5	.	22	3	112 70	113 82	114 95	116 02	117 20	121 72	122 85	123 97
572	2	2	5	¼	5	1	112 90	114 02	115 15	116 23	117 41	121 93	123 06	124 19
573	2	2	5	½	23	9	113 10	114 22	115 35	116 45	117 61	122 15	123 28	124 40
574	2	2	6	.	6	8	113 30	114 42	115 55	116 65	117 82	122 36	123 49	124 62
575	2	2	6	.	25	6	113 49	114 62	115 75	116 84	118 03	122 57	123 71	124 84
576	2	2	6	¼	8	4	113 69	114 81	115 96	117 04	118 23	122 79	123 93	125 06

Conversion des *GRAMMES* en poids de *MARC*, suivie des différentes valeurs d'un ou plusieurs objets en *ARGENT* a l'un des poids ci-dessous, déduction faite des droits de vente.

GRAMMES	CONVERSION (Marcs. Onces. Gros. Demi-Gros. Grains. Décimaux)	à 50f	à 50f 50c	à 51f	à 51f 30c	à 52f	1er titre contrôlé 54f	à 54f 50c	à 55f
577	2. 2. 0. ½ 27. 5	113 89	115 01	116 16	117 24	118 44	123 00	124 14	125 27
578	2. 2. 7. . 10. 1	114 09	115 21	116 36	117 44	118 64	123 24	124 35	125 49
579	2. 2. 7. . 28. 9	114 28	115 41	116 56	117 65	118 85	123 45	124 57	125 71
580	2. 2. 7. ½ 11. 7	114 48	115 61	116 76	117 85	119 05	123 64	124 76	125 92
581	2. 2. 7. ½ 50. 6	114 68	115 81	116 96	118 05	119 26	123 85	125 00	126 15
582	2. 3. . . 13. 4	114 88	116 01	117 16	118 26	119 46	124 07	125 21	126 36
583	2. 3. . . 32. 2	115 07	116 21	117 36	118 46	119 67	124 28	125 43	126 58
584	2. 3. . ½ 16. 1	115 27	116 41	117 57	118 66	119 87	124 49	125 64	126 79
585	2. 3. . ½ 35. 9	115 47	116 61	117 77	118 87	120 08	124 71	125 86	127 01
586	2. 3. 1. . 16. 7	115 67	116 81	117 97	119 07	120 28	124 92	126 07	127 23
587	2. 3. 1. . 35. 5	115 86	117 01	118 17	119 27	120 48	125 13	126 29	127 44
588	2. 3. 1. ½ 18. 4	116 06	117 21	118 37	119 48	120 69	125 33	126 50	127 66
589	2. 3. 2. . 1. 2	116 26	117 41	118 57	119 68	120 90	125 56	126 72	127 88
590	2. 3. 2. . 20. .	116 46	117 61	118 77	119 88	121 10	125 77	126 93	128 10
591	2. 3. 2. ½ 2. 8	116 66	117 80	118 98	120 09	121 31	125 98	127 15	128 31
592	2. 3. 2. ½ 21. 7	116 85	118 00	119 18	120 29	121 51	126 20	127 36	128 53
593	2. 3. 3. . 4. 5	117 05	118 20	119 38	120 49	121 72	126 41	127 58	128 75
594	2. 3. 3. . 23. 3	117 24	118 40	119 58	120 70	121 93	126 62	127 79	128 96
595	2. 3. 3. ½ 6. 2	117 44	118 60	119 78	120 90	122 15	126 84	128 01	129 18
596	2. 3. 3. ½ 25. .	117 64	118 80	119 98	121 10	122 34	127 05	128 22	129 40
597	2. 3. 4. . 7. 8	117 84	119 00	120 18	121 31	122 54	127 26	128 44	129 62
598	2. 3. 4. . 26. 6	118 05	119 20	120 38	121 51	122 75	127 48	128 65	129 83
599	2. 3. 4. ½ 9. 8	118 23	119 40	120 59	121 71	122 95	127 69	128 87	130 05
600	2. 3. 4. ½ 28. 3	118 43	119 60	120 79	121 92	123 16	127 90	129 09	130 27
601	2. 3. 5. . 11. 1	118 63	119 80	120 99	122 12	123 36	128 12	129 30	130 48
602	2. 3. 5. . 29. 9	118 83	120 00	121 19	122 32	123 57	128 33	129 52	130 70
603	2. 3. 5. ½ 12. 8	119 02	120 20	121 39	122 52	123 77	128 54	129 73	130 92
604	2. 3. 5. ½ 31. 6	119 22	120 40	121 59	122 73	123 98	128 76	129 95	131 14
605	2. 3. 6. . 14. 1	119 42	120 60	121 79	122 93	124 18	128 97	130 16	131 35
606	2. 3. 6. . 33. 2	119 61	120 80	122 00	123 13	124 39	129 18	130 38	131 57
607	2. 3. 6. ½ 16. 1	119 81	120 99	122 20	123 34	124 59	129 40	130 59	131 79
608	2. 3. 6. ½ 34. 9	120 01	121 19	122 40	123 54	124 80	129 61	130 81	132 00
609	2. 3. 7. . 17. 7	120 21	121 39	122 60	123 74	125 00	129 82	131 02	132 22
610	2. 3. 7. ½ . 6	120 40	121 59	122 80	123 95	125 21	130 04	131 24	132 44
611	2. 3. 7. ½ 19. 4	120 60	121 79	123 00	124 15	125 41	130 25	131 45	132 66
612	2. 4. . . 2. 2	120 80	121 99	123 20	124 35	125 62	130 46	131 67	132 87

...nversion des GRAMMES en poids de MARC, suivie des différentes valeurs d'un ou plusieurs objets en ARGENT à l'un des poids ci-dessous, déduction faite de droits de vente.

GRAMMES	CONVERSION.						DIVERSES VALEURS DU GRAMME D'APRÈS LES PRIX SUIVANS DU MARC D'ARGENT							
	Marc.	Onces.	Gros.	Demi-Gros.	Grains.	Frac.	à 50f	à 50f 50c	à 51f	à 51f 50c	à 52f	1er titre contrôlé à 54f	à 54f 50c	à 55f
							fr. c.	fr. c.	fr. c.	fr. c.	fr. c.	fr. c.	fr. c.	fr. c.
613	2	4	.	.	21	.	121 00	122 10	123 40	124 36	125 83	130 68	131 88	133 00
614	2	4	.	⅛	5	9	121 19	122 39	123 61	124 76	126 03	130 89	132 10	133 31
615	2	4	.	¼	22	7	121 39	122 59	123 81	124 96	126 24	131 10	132 31	133 52
616	2	4	1	.	8	3	121 69	122 79	124 01	125 17	126 44	131 31	132 65	133 74
617	2	4	1	.	24	3	121 78	122 99	124 21	125 57	126 65	131 53	132 74	133 96
618	2	4	1	⅛	7	2	121 98	123 19	124 41	125 57	126 88	131 74	132 96	134 18
619	2	4	1	¼	26	.	122 18	123 39	124 61	125 78	127 08	131 95	133 17	134 39
620	2	4	2	.	8	8	122 38	123 59	124 81	125 98	127 28	132 17	133 39	134 61
621	2	4	2	.	27	7	122 57	123 79	125 02	126 18	127 47	132 38	133 60	134 83
622	2	4	2	⅛	10	5	122 77	123 98	125 22	126 50	127 67	132 59	133 82	135 04
623	2	4	2	¼	29	3	122 97	124 18	125 42	126 39	127 88	132 81	134 03	135 26
624	2	4	3	.	12	1	123 17	124 38	125 62	126 79	128 08	133 02	134 25	135 48
625	2	4	3	.	31	.	123 36	124 58	125 82	127 00	128 29	133 25	134 46	135 70
626	2	4	3	⅛	13	8	123 56	124 78	126 02	127 20	128 49	133 45	134 68	135 91
627	2	4	3	¼	32	6	123 76	124 98	126 22	127 40	128 70	133 66	134 89	136 13
628	2	4	4	.	15	4	123 96	125 18	126 42	127 60	128 90	133 87	135 11	136 35
629	2	4	4	.	34	3	124 15	125 38	126 63	127 81	129 11	134 09	135 32	136 56
630	2	4	4	⅛	17	1	124 35	125 58	126 83	128 01	129 32	134 30	135 54	136 78
631	2	4	4	¼	35	9	124 55	125 78	127 03	128 21	129 52	134 51	135 75	137 00
632	2	4	5	.	18	7	124 75	125 98	127 23	128 42	129 73	134 73	135 97	137 21
633	2	4	5	⅛	1	6	124 94	126 18	127 43	128 62	129 93	134 94	136 18	137 43
634	2	4	5	¼	20	4	125 14	126 38	127 63	128 82	130 14	135 15	136 40	137 65
635	2	4	6	.	3	2	125 34	126 58	127 83	129 03	130 34	135 37	136 62	137 87
636	2	4	6	.	22	1	125 54	126 78	128 03	129 25	130 55	135 58	136 83	138 08
637	2	4	6	⅛	4	9	125 73	126 97	128 24	129 45	130 75	135 79	137 05	138 30
638	2	4	6	¼	23	7	125 93	127 17	128 44	129 64	130 96	136 00	137 26	138 52
639	2	4	7	.	6	6	126 13	127 37	128 64	129 84	131 16	136 22	137 48	138 73
640	2	4	7	.	25	4	126 32	127 57	128 84	130 04	131 37	136 43	137 69	138 95
641	2	4	7	⅛	8	2	126 52	127 77	129 04	130 25	131 57	136 64	137 91	139 17
642	2	4	7	¼	27	.	126 72	127 97	129 24	130 45	131 78	136 86	138 12	139 38
643	2	5	.	.	9	9	126 92	128 17	129 44	130 65	131 98	137 07	138 34	139 60
644	2	5	.	.	28	7	127 11	128 37	129 64	130 86	132 19	137 28	138 55	139 82
645	2	5	.	⅛	11	8	127 31	128 57	129 85	131 06	132 39	137 50	138 77	140 04
646	2	5	.	¼	30	3	127 51	128 77	130 05	131 26	132 60	137 71	138 98	140 25
647	2	5	1	.	13	2	127 71	128 97	130 25	131 47	132 80	137 92	139 20	140 47
648	2	5	1	.	32	.	127 90	129 17	130 45	131 67	133 01	138 14	139 41	140 69

Conversion des GRAMMES en poids de MARC, suivie des différentes valeurs d'un ou plusieurs objets en ARGENT à l'un des poids ci-dessous, déduction faite des droits de vente.

GRAMMES	CONVERSION. Marcs. Onces. Gros. Demi-Gros. Grains. Dixièmes.	à 50f 0c	à 50f 50c	à 51f 0c	à 51f 50c	à 52f 0c	1er Titre contrôlé à 54f 0c	à 54f 50c	à 55f 0c
		fr. c.	fr. c.	fr. c.	fr. c.	fr. c.	fr. c.	fr. c.	fr. c.
649	2. 5. 1. ½ 14. 8	128 10	129 37	130 63	131 87	133 22	138 35	139 63	140 91
650	2. 5. 1. ½ 35. 6	128 30	129 57	130 85	132 08	133 49	138 56	139 84	141 12
651	2. 5. 2. * 16. 5	128 50	129 77	131 06	132 28	133 65	138 78	140 06	141 34
652	2. 5. 2. * 35. 5	128 69	129 96	131 26	132 48	133 85	138 99	140 27	141 56
653	2. 5. 2. ½ 18. 1	128 89	130 16	131 46	132 68	134 04	139 20	140 49	141 77
654	2. 5. 3. * 4. *	129 09	130 36	131 66	132 88	134 24	139 42	140 70	141 99
655	2. 5. 3. * 19. 8	129 29	130 56	131 86	133 09	134 43	139 63	140 92	142 21
656	2. 5. 3. ½ 2. 6	129 48	130 76	132 06	133 29	134 66	139 84	141 13	142 43
657	2. 5. 3. ½ 21. 4	129 68	130 96	132 26	133 50	134 86	140 06	141 35	142 64
658	2. 5. 4. * 4. 3	129 88	131 16	132 46	133 70	135 06	140 27	141 56	142 86
659	2. 5. 4. * 23. 1	130 08	131 36	132 66	133 90	135 27	140 48	141 78	143 08
660	2. 5. 4. ½ 5. 9	130 27	131 56	132 87	134 11	135 47	140 69	141 99	143 29
661	2. 5. 4. ½ 24. 7	130 47	131 76	133 07	134 31	135 68	140 91	142 21	143 51
662	2. 5. 5. * 7. 6	130 67	131 96	133 27	134 51	135 88	141 12	142 42	143 73
663	2. 5. 5. * 26. 4	130 86	132 16	133 47	134 72	136 09	141 33	142 64	143 95
664	2. 5. 5. ½ 9. 2	131 06	132 36	133 67	134 92	136 29	141 55	142 85	144 16
665	2. 5. 5. ½ 28. 1	131 26	132 56	133 87	135 12	136 50	141 76	143 07	144 38
666	2. 5. 6. * 10. 9	131 46	132 76	134 07	135 33	136 70	141 97	143 28	144 60
667	2. 5. 6. * 29. 7	131 65	132 95	134 28	135 53	136 91	142 19	143 50	144 81
668	2. 5. 6. ½ 12. 5	131 85	133 15	134 48	135 75	137 12	142 40	143 72	145 03
669	2. 5. 6. ½ 31. 4	132 05	133 35	134 68	135 94	137 32	142 61	143 93	145 25
670	2. 5. 7. * 14. 2	132 25	133 55	134 88	136 14	137 53	142 83	144 15	145 47
671	2. 5. 7. * 33. *	132 44	133 75	135 08	136 34	137 75	143 04	144 36	145 68
672	2. 5. 7. ½ 15. 8	132 64	133 95	135 29	136 55	137 94	143 25	144 58	145 90
673	2. 5. 7. ½ 34. 7	132 84	134 15	135 48	136 75	138 14	143 47	144 79	146 12
674	2. 6. * * 17. 5	133 04	134 35	135 68	136 95	138 35	143 68	145 01	146 33
675	2. 6. * ½ * 5	133 25	134 55	135 89	137 16	138 55	143 89	145 22	146 55
676	2. 6. * ½ 19. 1	133 45	134 75	136 09	137 36	138 76	144 11	145 44	146 77
677	2. 6. 1. * 2. *	133 65	134 95	136 29	137 56	138 96	144 32	145 65	146 99
678	2. 6. 1. * 20. 9	133 85	135 15	136 49	137 76	139 17	144 55	145 87	147 20
679	2. 6. 1. ½ 3. 6	134 02	135 35	136 69	137 97	139 37	144 75	146 08	147 42
680	2. 6. 1. ½ 22. 5	134 22	135 55	136 89	138 17	139 58	144 96	146 30	147 64
681	2. 6. 2. * 5. 3	134 42	135 75	137 09	138 37	139 78	145 17	146 51	147 85
682	2. 6. 2. * 24. 1	134 61	135 95	137 30	138 58	139 99	145 38	146 75	148 07
683	2. 6. 2. ½ 6. 9	134 81	136 14	137 50	138 78	140 19	145 60	146 94	148 29
684	2. 6. 2. ½ 25. 8	135 01	136 34	137 70	138 98	140 40	145 81	147 16	148 51

Conversion des GRAMMES en poids de MARC, suivie des différentes valeurs d'un ou plusieurs objets en ARGENT à l'un des poids ci-dessous, déduction faite des droits de vente.

GRAMMES	| CONVERSION — Marcs	Onces	Gros	Demi-Gros	Grains	Dixièmes	| DIVERSES VALEURS DU GRAMME D'APRÈS LES PRIX SUIVANS DU MARC D'ARGENT — à 50f » (fr. c.)	à 50f 50c	à 51f »	à 51f 50c	à 52f »	à 54f » (1er Titre contrôlé)	à 54f 50c	à 55f »
685	2	6	3	·	8	6	135 21	136 54	137 90	139 19	140 60	146 02	147 38	148 72
686	2	6	3	·	27	4	135 40	136 74	138 10	139 39	140 81	146 24	147 59	148 94
687	2	6	3	½	10	3	135 60	136 94	138 30	139 60	141 02	146 45	147 81	149 16
688	2	6	3	½	29	1	135 80	137 14	138 50	139 80	141 22	146 66	148 02	149 37
689	2	6	4	·	11	9	136 00	137 34	138 70	140 00	141 45	146 88	148 23	149 59
690	2	6	4	·	30	7	136 19	137 54	138 91	140 20	141 65	147 09	148 45	149 81
691	2	6	4	½	13	6	136 39	137 74	139 11	140 41	141 84	147 30	148 66	150 03
692	2	6	4	½	32	4	136 59	137 94	139 31	140 61	142 05	147 52	148 88	150 24
693	2	6	5	·	15	2	136 79	138 14	139 51	140 81	142 25	147 73	149 09	150 46
694	2	6	5	·	34	·	136 98	138 34	139 71	141 01	142 46	147 94	149 31	150 68
695	2	6	5	½	16	9	137 18	138 54	139 91	141 22	142 66	148 16	149 52	150 89
696	2	6	5	½	35	7	137 38	138 74	140 11	141 42	142 86	148 37	149 74	151 11
697	2	6	6	·	18	5	137 58	138 93	140 32	141 63	143 07	148 58	149 95	151 33
698	2	6	6	½	1	3	137 77	139 13	140 52	141 83	143 27	148 80	150 17	151 54
699	2	6	6	½	20	2	137 97	139 33	140 72	142 03	143 48	149 01	150 38	151 76
700	2	6	7	·	3	·	138 17	139 53	140 92	142 24	143 68	149 22	150 60	151 98
701	2	6	7	·	21	8	138 37	139 73	141 12	142 44	143 89	149 44	150 82	152 20
702	2	6	7	½	4	6	138 56	139 93	141 32	142 64	144 09	149 65	151 03	152 41
703	2	6	7	½	23	5	138 76	140 13	141 52	142 84	144 30	149 86	151 25	152 63
704	2	7	·	·	6	3	138 96	140 33	141 72	143 05	144 51	150 07	151 46	152 85
705	2	7	·	·	25	1	139 15	140 53	141 93	143 25	144 71	150 29	151 68	153 06
706	2	7	·	½	8	·	139 35	140 73	142 13	143 45	144 92	150 50	151 89	153 28
707	2	7	·	½	26	8	139 55	140 93	142 33	143 66	145 12	150 71	152 11	153 50
708	2	7	1	·	9	6	139 75	141 13	142 53	143 86	145 33	150 93	152 32	153 72
709	2	7	1	·	28	4	139 94	141 33	142 73	144 06	145 53	151 14	152 54	153 93
710	2	7	1	½	11	3	140 14	141 53	142 93	144 27	145 74	151 35	152 75	154 16
711	2	7	1	½	30	1	140 34	141 73	143 13	144 47	145 94	151 57	152 97	154 37
712	2	7	2	·	12	9	140 54	141 93	143 33	144 67	146 15	151 78	153 18	154 58
713	2	7	2	·	31	7	140 73	142 12	143 54	144 88	146 35	151 99	153 40	154 80
714	2	7	2	½	14	6	140 93	142 32	143 74	145 08	146 56	152 21	153 61	155 02
715	2	7	2	½	33	4	141 13	142 52	143 94	145 28	146 76	152 42	153 83	155 24
716	2	7	3	·	16	2	141 33	142 72	144 14	145 49	146 97	152 63	154 04	155 45
717	2	7	3	·	35	1	141 52	142 92	144 34	145 69	147 17	152 85	154 26	155 67
718	2	7	3	½	17	9	141 72	143 12	144 54	145 89	147 38	153 06	154 47	155 89
719	2	7	4	·	·	7	141 92	143 32	144 74	146 10	147 58	153 27	154 69	156 10
720	2	7	4	·	19	5	142 12	143 52	144 95	146 30	147 79	153 49	154 90	156 32

DE 721 A 756 GRAMMES.

Conversion des GRAMMES en poids de MARC, suivie des différentes valeurs d'u[n] ou plusieurs objets en ARGENT a l'un des poids ci-dessous, déduction faite de[s] droits de vente.

CONVERSION. — **DIVERSES VALEURS DU GRAMME D'APRÈS LES PRIX SUIVANS DU MARC D'ARGENT** (fr. c.)

GRAMMES	Marcs	Onces	Gros	Demi-Gros	Grains	Dixièmes	à 50f	à 50f 50c	à 51f	à 51f 50c	à 52f	à 54f (1er Titre constaté)	à 54f 50c	à 55f
721	2	7	4	¼	2	4	142 31	143 72	145 15	146 50	147 99	153 70	155 12	156 53
722	2	7	4	½	21	2	142 51	143 92	145 35	146 71	148 20	153 91	155 53	156 73
723	2	7	5		4	0	142 71	144 12	145 55	146 91	148 41	154 13	155 55	156 94
724	2	7	5		22	0	142 91	144 32	145 75	147 11	148 61	154 34	155 76	157 14
725	2	7	5	¼	15	7	143 10	144 52	145 95	147 32	148 82	154 55	155 98	157 41
726	2	7	5	½	25	5	143 30	144 72	146 15	147 52	149 02	154 76	156 19	157 62
727	2	7	6		7	5	143 50	144 92	146 35	147 72	149 25	154 98	156 41	157 84
728	2	7	6		20	2	143 69	145 11	146 56	147 92	149 63	155 19	156 62	158 05
729	2	7	6	¼	9	0	143 89	145 31	146 76	148 13	149 64	155 40	156 84	158 26
730	2	7	6	½	27	8	144 09	145 51	146 96	148 33	149 84	155 62	157 05	158 46
731	2	7	7		10	6	144 29	145 71	147 16	148 53	150 05	155 83	157 27	158 75
732	2	7	7		29	5	144 48	145 91	147 36	148 74	150 25	156 04	157 49	158 92
733	2	7	7	¼	12	3	144 68	146 11	147 56	148 94	150 46	156 26	157 70	159 14
734	2	7	7	½	31	1	144 88	146 31	147 76	149 14	150 66	156 47	157 92	159 36
735	3				13	9	145 08	146 51	147 97	149 35	150 87	156 68	158 13	159 57
736	3				32	8	145 27	146 71	148 17	149 55	151 07	156 90	158 35	159 80
737	3			¼	15	6	145 47	146 91	148 37	149 75	151 28	157 11	158 56	160 01
738	3			½	34	4	145 67	147 11	148 57	149 96	151 48	157 32	158 78	160 22
739	3		1		17	3	145 87	147 31	148 77	150 16	151 69	157 54	158 99	160 43
740	3		1	¼		1	146 06	147 51	148 97	150 36	151 89	157 75	159 21	160 64
741	3		1	½	19	9	146 26	147 71	149 17	150 57	152 10	157 96	159 42	160 85
742	3		2		1	7	146 56	147 91	149 37	150 77	152 31	158 18	159 64	161 10
743	3		2		20	6	146 76	148 10	149 58	150 97	152 51	158 39	159 85	161 31
744	3		2	¼	5	4	146 95	148 30	149 78	151 18	152 72	158 60	160 07	161 53
745	3		2	½	22	2	147 03	148 50	149 98	151 38	152 92	158 82	160 28	161 74
746	3		3		6	0	147 25	148 70	150 18	151 58	153 13	159 03	160 50	161 96
747	3		3		25	0	147 45	148 90	150 38	151 79	153 33	159 24	160 71	162 17
748	3		3	¼	6	0	147 64	149 10	150 58	151 99	153 54	159 45	160 93	162 40
749	3		3	½	25	5	147 84	149 50	150 73	152 19	153 74	159 67	161 14	162 61
750	3		4		8	4	148 04	149 80	150 99	152 40	153 95	159 88	161 36	162 82
751	3		4		27	2	148 25	149 70	151 19	152 60	154 15	160 09	161 57	163 03
752	3		4	¼	10	0	148 42	149 90	151 39	152 80	154 36	160 34	161 79	163 25
753	3		4	½	28	0	148 63	150 10	151 59	153 00	154 56	160 52	162 00	163 46
754	3		5		11	7	148 85	150 30	151 79	153 21	154 77	160 73	162 22	163 70
755	3		5		30	5	149 02	150 50	151 99	153 41	154 97	160 95	162 43	163 91
756	3		5	¼	13	3	149 29	150 70	152 19	153 61	155 18	161 16	162 66	164 14

Conversion des **GRAMMES** en poids de **MARC**, suivie des différentes valeurs d'un ou plusieurs objets en **ARGENT** à l'un des poids ci-dessous, déduction faite des droits de vente.

GRAMMES	CONVERSION (Marcs. Onces. Gros. Demi-Gros. Grains. Décimes)	50f "	50f 50c	51f "	51f 50c	52f "	1er Titre contrôlé 54f "	54f 50c	55f "
		fr. c.	fr. c.	fr. c.	fr. c.	fr. c.	fr. c.	fr. c.	fr. c.
757	3. • 3. • 52. 1	149 42	150 90	152 50	153 82	155 30	161 37	162 86	164 36
758	3. • 6. • 15. •	149 62	151 09	152 60	154 02	155 50	161 59	165 08	164 57
759	3. • 6. • 35. 3	149 84	151 29	152 80	154 22	155 70	161 80	165 29	164 79
760	3. • 6. ½ 16. 6	150 01	151 49	153 00	154 43	156 00	162 01	165 51	165 01
761	3. • 6. ½ 35. 9	150 21	151 69	153 20	154 63	156 21	162 23	165 72	165 22
762	3. • 7. • 18. 3	150 41	151 89	153 40	154 83	156 41	162 44	165 94	165 44
763	3. • 7. ¼ 1. 1	150 60	152 09	153 60	155 04	156 62	162 65	164 15	165 66
764	3. • 7. ½ 19. 9	150 80	152 29	153 80	155 24	156 82	162 87	164 37	165 87
765	3. 1. • • 2. 8	151 00	152 49	154 00	155 44	157 03	163 08	164 58	166 09
766	3. 1. • • 21. 6	151 20	152 69	154 21	155 65	157 23	163 29	164 80	166 31
767	3. 1. • ¼ 4. 4	151 39	152 89	154 41	155 85	157 44	163 51	165 02	166 53
768	3. 1. • ½ 23. 2	151 59	153 09	154 61	156 05	157 64	163 72	165 23	166 74
769	3. 1. 1. • 6. 1	151 79	153 29	154 81	156 26	157 85	163 93	165 45	166 96
770	3. 1. 1. • 24. 9	151 99	153 49	155 01	156 46	158 05	164 14	165 66	167 18
771	3. 1. 1. ½ 7. 7	152 18	153 69	155 21	156 66	158 26	164 36	165 88	167 39
772	3. 1. 1. ½ 26. 5	152 38	153 89	155 41	156 87	158 46	164 57	166 09	167 61
773	3. 1. 2. • 9. 4	152 58	154 09	155 62	157 07	158 67	164 78	166 31	167 83
774	3. 1. 2. • 28. 2	152 77	154 28	155 82	157 27	158 87	165 00	166 52	168 05
775	3. 1. 2. ¼ 11. •	152 97	154 48	156 02	157 48	159 08	165 21	166 74	168 26
776	3. 1. 2. ½ 29. 9	153 17	154 68	156 22	157 68	159 28	165 42	166 95	168 48
777	3. 1. 3. • 12. 7	153 37	154 88	156 42	157 88	159 49	165 64	167 17	168 70
778	3. 1. 3. • 31. 5	153 56	155 08	156 62	158 08	159 70	165 85	167 38	168 91
779	3. 1. 3. ¼ 14. 3	153 76	155 28	156 82	158 29	159 90	166 06	167 60	169 13
780	3. 1. 3. ½ 33. 2	153 96	155 48	157 02	158 49	160 11	166 28	167 81	169 35
781	3. 1. 4. • 16. •	154 16	155 68	157 23	158 69	160 31	166 49	168 03	169 57
782	3. 1. 4. • 34. 8	154 35	155 88	157 43	158 90	160 52	166 70	168 24	169 78
783	3. 1. 4. ¼ 17. 7	154 55	156 08	157 63	159 10	160 72	166 92	168 46	170 00
784	3. 1. 5. • • 3	154 75	156 28	157 83	159 30	160 93	167 13	168 67	170 22
785	3. 1. 5. • 19. 5	154 95	156 48	158 03	159 51	161 13	167 34	168 89	170 43
786	3. 1. 5. ¼ 2. 1	155 14	156 68	158 23	159 71	161 34	167 56	169 10	170 65
787	3. 1. 5. ¼ 21. •	155 34	156 88	158 43	159 91	161 54	167 77	169 32	170 87
788	3. 1. 6. • 3. 8	155 54	157 07	158 64	160 12	161 75	167 98	169 53	171 09
789	3. 1. 6. • 22. 6	155 74	157 27	158 84	160 32	161 95	168 20	169 75	171 30
790	3. 1. 6. ¼ 5. 4	155 93	157 47	159 04	160 52	162 16	168 41	169 96	171 52
791	3. 1. 6. ¼ 24. 3	156 13	157 67	159 24	160 73	162 36	168 62	170 18	171 74
792	3. 1. 7. • 7. 1	156 33	157 87	159 44	160 93	162 57	168 83	170 39	171 96

Conversion des GRAMMES en poids de MARC, suivi des différentes valeurs d'un ou plusieurs objets en ARGENT à l'un des poids ci-dessous, déduction faite des droits de vente.

Table: **CONVERSION** (Marc, Onces, Gros, Demi-Gros, Grains, Dixièmes) — **DIVERSES VALEURS DU GRAMME D'APRÈS LES PRIX SUIVANS DU MARC D'ARGENT**

GRAMMES	Marc	Onces	Gros	Demi-Gros	Grains	Dixièmes	à 50f	à 50f 50c	à 51f	à 51f 50c	à 52f	à 53f (1er Titre contrôlé)	à 54f 50c	à 55f
793	3	1	7	·	25	9	156 35	158 07	159 64	161 13	162 77	169 05	170 61	172 17
794	3	1	7	½	8	8	156 72	158 27	159 84	161 34	162 98	169 26	170 82	172 39
795	3	1	7	½	27	6	156 92	158 47	160 04	161 54	163 18	169 47	171 04	172 61
796	3	2	·	·	10	4	157 12	158 67	160 25	161 74	163 39	169 69	171 25	172 82
797	3	2	·	·	29	2	157 31	158 87	160 45	161 95	163 60	169 90	171 47	173 04
798	3	2	·	½	12	1	157 51	159 07	160 65	162 15	163 80	170 11	171 68	173 26
799	3	2	·	½	30	9	157 71	159 27	160 85	162 35	164 01	170 33	171 90	173 47
800	3	2	1	·	13	7	157 91	159 47	161 05	162 56	164 21	170 54	172 12	173 69
801	3	2	1	·	52	5	158 10	159 67	161 25	162 76	164 42	170 75	172 33	173 91
802	3	2	1	½	15	4	158 30	159 87	161 45	162 96	164 62	170 97	172 55	174 13
803	3	2	1	½	34	2	158 50	160 07	161 66	163 16	164 83	171 18	172 76	174 34
804	3	2	2	·	17	·	158 70	160 26	161 86	163 37	165 03	171 39	172 98	174 56
805	3	2	2	·	35	9	158 89	160 46	162 06	163 57	165 24	171 61	173 19	174 78
806	3	2	2	½	18	7	159 09	160 66	162 26	163 77	165 44	171 82	173 41	175 00
807	3	2	3	·	1	5	159 29	160 86	162 46	163 98	165 65	172 03	173 62	175 21
808	3	2	3	·	20	3	159 49	161 06	162 66	164 18	165 85	172 25	173 84	175 43
809	3	2	3	½	3	2	159 65	161 26	162 86	164 58	166 06	172 46	174 05	175 65
810	3	2	3	½	22	·	159 85	161 46	163 06	164 59	166 26	172 67	174 27	175 86
811	3	2	4	·	4	8	160 05	161 66	163 27	164 79	166 47	172 89	174 48	176 08
812	3	2	4	·	23	6	160 25	161 86	163 47	164 99	166 67	173 10	174 70	176 30
813	3	2	4	½	6	3	160 47	162 06	163 67	165 20	166 88	173 31	174 91	176 51
814	3	2	4	½	25	3	160 67	162 26	163 87	165 40	167 08	173 52	175 13	176 73
815	3	2	5	·	8	1	160 87	162 46	164 07	165 60	167 29	173 74	175 34	176 93
816	3	2	5	·	26	9	161 07	162 66	164 27	165 81	167 50	173 95	175 56	177 15
817	3	2	5	½	9	8	161 26	162 86	164 47	166 01	167 70	174 16	175 77	177 36
818	3	2	5	½	28	6	161 46	163 06	164 67	166 21	167 91	174 38	175 99	177 58
819	3	2	6	·	11	4	161 66	163 26	164 88	166 42	168 11	174 59	176 20	177 80
820	3	2	6	·	30	3	161 86	163 46	165 08	166 62	168 32	174 80	176 41	178 01
821	3	2	6	½	13	1	162 03	163 66	165 28	166 82	168 52	175 02	176 63	178 23
822	3	2	6	½	31	9	162 23	163 86	165 48	167 03	168 73	175 23	176 84	178 44
823	3	2	7	·	14	7	162 43	164 06	165 68	167 23	168 93	175 43	177 06	178 66
824	3	2	7	·	33	6	162 64	164 26	165 88	167 43	169 14	175 66	177 28	178 88
825	3	2	7	½	16	4	162 84	164 45	166 08	167 64	169 34	175 87	177 49	179 10
826	3	2	7	½	35	2	163 04	164 65	166 29	167 84	169 55	176 08	177 71	179 31
827	3	3	·	·	18	·	163 24	164 85	166 49	168 04	169 75	176 30	177 92	179 53
828	3	3	·	½	·	0	163 43	165 05	166 69	168 24	169 96	176 51	178 14	179 75

*...version des GRAMMES en poids de MARC, suivie des différentes valeurs d'un
...ou plusieurs objets en ARGENT à l'un des poids ci-dessous, déduction faite des
...droits de vente.*

Gr.	CONVERSION						DIVERSES VALEURS DU GRAMME D'APRÈS LES PRIX SUIVANS DU MARC D'ARGENT							
	Marcs	Onces	Gros	Demi-Gros	Grains	Dix.	à 50f	à 50f 50c	à 51f	à 51f 50c	à 52f	1er Titre contrôlé à 54f	à 54f 50c	à 55f
							fr. c.	fr. c.	fr. c.	fr. c.	fr. c.	fr. c.	fr. c.	fr. c.
829	3	3	1	·	19	7	163 65	165 25	166 89	168 45	170 16	176 72	178 35	179 99
830	3	3	1	·	2	3	163 85	165 45	167 09	168 65	170 37	176 94	178 57	180 20
831	3	3	1	½	21	1	164 05	165 66	167 29	168 85	170 57	177 15	178 78	180 42
832	3	3	1	¾	4	2	164 22	165 85	167 49	169 06	170 78	177 36	179 00	180 64
833	3	3	2	·	23	0	164 43	166 06	167 69	169 26	170 98	177 53	179 21	180 86
834	3	3	2	·	5	6	164 62	166 24	167 90	169 46	171 19	177 79	179 43	181 07
835	3	3	2	½	24	7	164 82	166 44	168 10	169 67	171 40	178 00	179 63	181 29
836	3	3	2	¾	7	5	165 01	166 64	168 30	169 87	171 60	178 21	179 86	181 51
837	3	3	3	·	26	3	165 21	166 84	168 50	170 07	171 81	178 43	180 06	181 72
838	3	3	3	·	8	1	165 41	167 04	168 70	170 28	172 01	178 64	180 29	181 94
839	3	3	3	½	26	9	165 61	167 24	168 90	170 53	172 22	178 85	180 51	182 16
840	3	3	3	¾	10	8	165 80	167 44	169 10	170 68	172 42	179 07	180 72	182 38
841	3	3	4	·	29	6	166 00	167 64	169 31	170 89	172 65	179 28	180 94	182 59
842	3	3	4	·	12	3	166 20	167 84	169 51	171 09	172 85	179 49	181 13	182 81
843	3	3	4	½	31	3	166 39	168 04	169 71	171 29	173 04	179 71	181 37	183 05
844	3	3	4	¾	14	1	166 59	168 24	169 91	171 50	173 24	179 92	181 53	183 24
845	3	3	5	·	32	9	166 79	168 44	170 11	171 70	173 45	180 15	181 80	183 46
846	3	3	5	·	15	6	166 99	168 64	170 31	171 90	173 64	180 35	182 01	183 68
847	3	3	5	½	34	6	167 18	168 84	170 51	172 11	173 86	180 56	182 23	183 90
848	3	3	5	¾	17	4	167 38	169 04	170 71	172 31	174 06	180 77	182 44	184 11
849	3	3	6	·	0	2	167 58	169 25	170 92	172 51	174 27	180 99	182 66	184 33
850	3	3	6	·	19	0	167 78	169 43	171 12	172 72	174 47	181 20	182 87	184 55
851	3	3	6	½	1	9	167 97	169 65	171 32	172 92	174 68	181 41	183 09	184 76
852	3	3	6	¾	20	7	168 17	169 83	171 52	173 12	174 89	181 63	183 30	184 98
853	3	3	7	·	3	6	168 37	170 05	171 72	173 32	175 03	181 84	183 52	185 20
854	3	3	7	·	22	4	168 57	170 23	171 92	173 53	175 30	182 05	183 73	185 42
855	3	3	7	½	5	2	168 76	170 45	172 12	173 73	175 50	182 27	183 95	185 63
856	3	3	7	¾	24	0	168 96	170 65	172 33	173 93	175 71	182 46	184 10	185 85
857	3	4	·	·	6	9	169 16	170 85	172 53	174 14	175 91	182 69	184 32	186 07
858	3	4	·	·	23	7	169 36	171 03	172 73	174 34	176 12	182 90	184 59	186 28
859	3	4	·	½	8	5	169 55	171 25	172 93	174 54	176 32	183 12	184 81	186 50
860	3	4	·	¾	27	2	169 75	171 43	173 13	174 73	176 53	183 33	185 02	186 72
861	3	4	1	·	10	2	169 95	171 63	173 33	174 95	176 73	183 54	185 24	186 94
862	3	4	1	·	29	0	170 14	171 83	173 53	175 15	176 94	183 76	185 45	187 15
863	3	4	1	½	11	8	170 34	172 03	173 73	175 36	177 14	183 97	185 67	187 37
864	3	4	1	¾	30	7	170 54	172 22	173 93	175 56	177 35	184 18	185 88	187 59

Conversion des GRAMMES en poids de MARC, suivie des différentes valeurs d'... en plusieurs objets en ARGENT à l'un des poids ci-dessous, déduction faite de... droits de vente.

GRAMMES	CONVERSION — Marc	Onces	Gros	Demi-Gros	Grains	Dixièmes	DIVERSES VALEURS DU GRAMME D'APRÈS LES PRIX SUIVANS DU MARC D'ARGENT — à 50f	à 50f 50e	à 51f	à 51f 30e	à 52f	à 54f (1er titre contrôlé)	à 54f 50e	à 55f
865	3	4	2	*	15	5	170 74	172 42	174 14	175 76	177 35	184 40	186 10	187
866	3	4	2	*	32	3	170 93	172 62	174 34	175 97	177 76	184 61	186 31	188
867	3	4	2	⅛	13	1	171 13	172 82	174 54	176 17	177 96	184 82	186 53	188
868	3	4	2	¼	34	*	171 33	173 09	174 74	176 37	178 17	185 04	186 73	188
869	3	4	3	*	16	8	171 53	173 22	174 94	176 58	178 37	185 25	186 96	188
870	3	4	3	*	35	6	171 72	173 42	174 14	176 78	178 58	185 46	187 16	188
871	3	4	3	⅛	18	4	171 92	173 62	175 34	176 98	178 79	185 63	187 39	189
872	3	4	4	*	1	3	172 12	173 82	175 53	177 19	178 89	185 89	187 01	189
873	3	4	4	*	20	1	172 32	174 02	175 73	177 39	179 20	186 10	187 82	189
874	3	4	4	⅛	2	9	172 51	174 22	175 95	177 59	179 40	186 32	188 04	189
875	3	4	4	¼	21	8	172 71	174 42	176 13	177 80	179 61	186 53	188 25	189
876	3	4	5	*	4	6	172 91	174 62	176 33	178 00	179 81	186 74	188 47	190
877	3	4	5	*	23	4	173 11	174 82	176 53	178 20	180 02	186 96	188 08	190
878	3	4	5	⅛	6	2	173 30	175 02	176 75	178 40	180 22	187 17	188 90	190
879	3	4	5	¼	25	1	173 50	175 21	176 96	178 61	180 43	187 38	189 11	190
880	3	4	6	*	7	9	173 70	175 41	177 16	178 81	180 63	187 59	189 33	191
881	3	4	6	*	26	7	173 90	175 61	177 36	179 01	180 84	187 81	189 54	191
882	3	4	6	⅛	9	5	174 09	175 81	177 56	179 22	181 04	188 02	189 76	191
883	3	4	6	¼	28	4	174 29	176 01	177 76	179 42	181 25	188 23	189 97	191
884	3	4	7	*	11	2	174 49	176 21	177 96	179 62	181 45	188 45	190 19	191
885	3	4	7	*	30	*	174 69	176 41	178 16	179 83	181 66	188 66	190 40	192
886	3	4	7	⅛	12	8	174 88	176 61	178 36	180 03	181 86	188 87	190 62	192
887	3	4	7	¼	31	7	175 08	176 81	178 57	180 23	182 07	189 09	190 83	192
888	3	5	*	*	14	5	175 28	177 01	178 77	180 44	182 27	189 30	191 05	192
889	3	5	*	*	33	3	175 47	177 21	178 97	180 64	182 48	189 51	191 26	193
890	3	5	*	⅛	16	2	175 67	177 41	179 17	180 84	182 69	189 73	191 48	193
891	3	5	*	¼	35	*	175 87	177 61	179 37	181 05	182 89	189 94	191 69	193
892	3	5	1	*	17	8	176 07	177 81	179 57	181 25	183 10	190 15	191 91	193
893	3	5	1	⅛	*	6	176 26	178 01	179 77	181 45	183 30	190 37	192 12	193
894	3	5	1	¼	19	5	176 46	178 20	179 98	181 66	183 51	190 58	192 34	194
895	3	5	2	*	2	3	176 66	178 40	180 18	181 86	183 71	190 79	192 55	194
896	3	5	2	*	21	1	176 86	178 60	180 38	182 06	183 92	191 01	192 77	194
897	3	5	2	⅛	3	9	177 05	178 80	180 58	182 27	184 12	191 22	192 98	194
898	3	5	2	¼	22	8	177 25	179 00	180 78	182 47	184 33	191 43	193 20	194
899	3	5	3	*	5	6	177 45	179 20	180 98	182 67	184 53	191 65	193 41	195
900	3	5	3	*	24	1	177 65	179 40	181 18	182 88	184 74	191 86	193 63	195

Conversion des GRAMMES en poids de MARC, suivie des différentes valeurs d'un ou plusieurs objets en ARGENT à l'un des poids ci-dessous, déduction faite des droits de vente.

DIVERSES VALEURS DU GRAMME D'APRÈS LES PRIX SUIVANS DU MARC D'ARGENT

GRAMMES	Marcs	Onces	Gros	Demi-Gros	Grains	Dixièmes
901	3	5	5	¼	7	3
902	3	5	5	½	26	1
903	3	5	4	.	8	9
904	3	5	4	.	27	7
905	3	5	4	½	10	6
906	3	5	4	½	29	4
907	3	5	5	.	12	2
908	3	5	5	.	31	.
909	3	5	5	½	13	9
910	3	5	5	½	32	7
911	3	5	6	.	15	5
912	3	5	6	.	34	3
913	3	5	6	½	17	2
914	3	5	7	.	.	.
915	3	5	7	.	18	8
916	3	5	7	½	1	7
917	3	5	7	½	20	5
918	3	6	.	.	3	5
919	3	6	.	.	22	4
920	3	6	.	¼	5	.
921	3	6	.	¼	25	3
922	3	6	1	.	4	6
923	3	6	1	.	23	4
924	2	6	1	½	2	3
925	3	6	1	½	27	1
926	3	6	2	.	9	9
927	3	6	2	.	28	8
928	3	6	2	½	11	6
929	3	6	2	½	30	4
930	3	6	3	.	13	2
931	3	6	3	.	32	1
932	3	6	3	½	14	9
933	3	6	3	½	33	7
934	3	6	4	.	16	5
935	3	6	4	.	35	4
936	3	6	4	½	18	2

GRAMMES	à 50f	à 50f 50c	à 51f	à 51f 50c	à 52f	à 54f (1er Titre contrôlé)	à 54f 50c	à 55f
901	177 84	179 60	181 33	183 08	184 94	192 07	193 85	195 62
902	178 04	179 80	181 53	183 28	185 15	192 28	194 06	195 84
903	178 24	180 00	181 73	183 48	185 35	192 50	194 28	196 05
904	178 44	180 20	181 93	183 69	185 56	192 71	194 49	196 27
905	178 63	180 40	182 13	183 89	185 76	192 92	194 71	196 49
906	178 83	180 60	182 33	184 09	185 97	193 14	194 92	196 71
907	179 03	180 80	182 53	184 30	186 17	193 35	195 14	196 92
908	179 23	181 00	182 73	184 50	186 38	193 56	195 35	197 14
909	179 42	181 20	182 93	184 70	186 58	193 78	195 57	197 36
910	179 62	181 39	183 13	184 91	186 79	193 99	195 78	197 57
911	179 82	181 59	183 33	185 11	187 00	194 20	196 00	197 79
912	180 01	181 79	183 53	185 31	187 20	194 42	196 21	198 01
913	180 21	181 99	183 80	185 52	187 41	194 65	196 45	198 23
914	180 41	182 19	184 00	185 72	187 61	194 84	196 64	198 44
915	180 61	182 39	184 20	185 92	187 82	195 06	196 86	198 66
916	180 80	182 59	184 40	186 13	188 02	195 27	197 07	198 88
917	181 00	182 79	184 61	186 35	188 23	195 48	197 29	199 09
918	181 20	182 99	184 81	186 55	188 43	195 70	197 50	199 31
919	181 40	183 19	185 01	186 74	188 64	195 91	197 72	199 53
920	181 59	183 39	185 21	186 94	188 84	196 12	197 95	199 73
921	181 79	183 59	185 41	187 14	189 03	196 34	198 13	199 96
922	181 99	183 79	185 61	187 35	189 25	196 55	198 36	200 18
923	182 19	183 99	185 81	187 55	189 46	196 76	198 56	200 40
924	182 38	184 19	186 01	187 75	189 66	196 97	198 79	200 61
925	182 58	184 38	186 22	187 96	189 87	197 19	199 01	200 83
926	182 78	184 58	186 42	188 16	190 08	197 40	199 22	201 05
927	182 98	184 78	186 62	188 36	190 28	197 61	199 44	201 27
928	183 17	184 98	186 82	188 56	190 49	197 83	199 65	201 80
929	183 37	185 18	187 02	188 77	190 69	198 04	199 87	201 70
930	183 57	185 38	187 22	188 97	190 90	198 25	200 08	201 92
931	183 77	185 58	187 42	189 17	191 10	198 47	200 30	202 13
932	183 96	185 78	187 63	189 38	191 31	198 68	200 51	202 35
933	184 16	185 98	187 83	189 58	191 51	198 89	200 73	202 57
934	184 36	186 18	188 03	189 73	191 72	199 11	200 95	202 79
935	184 55	186 38	188 23	189 99	191 92	199 32	201 16	203 00
936	184 75	186 58	188 43	190 19	192 13	199 53	201 38	203 22

DE 937 A 972 GRAMMES.

Conversion des GRAMMES en poids de MARC, suivie des différentes valeurs d'un ou plusieurs objets en ARGENT à l'un des poids ci-dessous, déduction faite des droits de vente.

GRAMMES.	CONVERSION						DIVERSES VALEURS DU GRAMME D'APRÈS LES PRIX SUIVANS DU MARC D'ARGENT							
	Marcs.	Onces.	Gros.	Demi-Gros.	Grains.	Dixièmes.	à 50f	à 50f 50c	à 51f	à 51f 50c	à 52f	1er Titre contrôlé à 54f	à 54f 50c	à 55f
							fr. c.	fr. c.	fr. c.	fr. c.	fr. c.	fr. c.	fr. c.	fr. c.
937	3	6	5	*	1	*	184 95	186 73	188 63	190 50	192 33	197 73	201 89	203 44
938	3	6	5	*	19	9	185 15	186 96	188 83	190 60	192 54	199 96	201 81	203 65
939	3	6	5	½	9	7	185 54	187 18	189 03	190 80	192 74	200 17	202 02	203 87
940	3	6	5	½	21	5	185 74	187 37	189 24	191 00	192 95	200 59	202 24	204 09
941	3	6	6	*	4	5	185 74	187 87	189 44	191 21	193 15	200 00	202 45	204 31
942	3	6	6	*	23	2	185 94	187 77	189 64	191 41	193 36	200 81	202 67	204 52
943	3	6	6	¼	6	*	186 13	187 97	189 84	191 61	193 56	201 03	202 88	204 74
944	3	6	6	½	24	8	186 33	188 17	190 04	191 82	193 77	201 24	203 10	204 96
945	3	6	7	*	7	7	186 53	188 37	190 24	192 02	193 98	201 43	203 31	205 17
946	3	6	7	*	26	8	186 73	188 57	190 44	192 22	194 18	201 66	203 53	205 39
947	3	6	7	½	9	5	186 92	188 77	190 65	192 43	194 39	201 83	203 74	205 61
948	3	6	7	½	28	1	187 11	188 97	190 85	192 63	194 59	202 09	203 96	205 82
949	3	7	*	*	11	*	187 32	189 17	191 06	192 83	194 80	202 30	204 17	206 04
950	3	7	*	*	29	8	187 52	189 37	191 25	193 04	195 00	202 54	204 39	206 26
951	3	7	*	½	12	6	187 71	189 57	191 45	193 24	195 21	202 73	204 60	206 48
952	3	7	*	½	31	4	187 91	189 77	191 65	193 44	195 41	202 94	204 82	206 69
953	3	7	1	*	14	3	188 11	189 97	191 85	193 64	195 62	203 16	205 03	206 91
954	3	7	1	*	33	1	188 34	190 17	192 05	193 83	195 82	203 37	205 25	207 13
955	3	7	1	½	15	9	188 50	190 36	192 26	194 03	196 03	203 58	205 46	207 34
956	3	7	1	½	34	7	188 70	190 56	192 46	194 23	196 23	203 90	205 66	207 56
957	3	7	2	*	17	6	188 90	190 76	192 66	194 48	196 44	204 01	205 89	207 78
958	3	7	2	¼	*	4	189 09	190 96	192 84	194 60	196 64	204 22	206 11	208 00
959	3	7	2	¼	19	2	189 29	191 16	193 06	194 86	196 85	204 44	206 32	208 21
960	3	7	3	*	2	1	189 49	191 36	193 26	195 07	197 05	204 65	206 54	208 43
961	3	7	3	*	20	9	189 69	191 56	193 46	195 27	197 26	204 86	206 75	208 65
962	3	7	3	½	3	7	189 88	191 76	193 66	195 47	197 46	205 08	206 97	208 86
963	3	7	3	½	22	5	190 08	191 96	193 87	195 68	197 67	205 29	207 18	209 08
964	3	7	4	*	5	4	190 28	192 16	194 07	195 88	197 89	205 50	207 40	209 30
965	3	7	4	*	24	2	190 48	192 36	194 27	196 08	198 08	205 72	207 61	209 52
966	3	7	4	¼	7	*	190 67	192 56	194 47	196 29	198 29	205 93	207 83	209 73
967	3	7	4	½	25	8	190 87	192 76	194 67	196 49	198 49	206 14	208 05	209 95
968	3	7	5	*	8	7	191 07	192 96	194 87	196 69	198 70	206 36	208 26	210 17
969	3	7	5	*	27	5	191 27	193 16	195 07	196 90	198 90	206 57	208 43	210 38
970	3	7	5	½	10	3	191 46	193 36	195 28	197 10	199 11	206 78	208 69	210 60
971	3	7	5	½	29	2	191 66	193 56	195 48	197 30	199 31	206 99	208 91	210 82
972	3	7	6	*	12	*	191 86	193 76	195 68	197 51	199 52	207 21	209 12	211 04

Conversion des GRAMMES en poids de MARC, suivie des différentes valeurs d'un ou plusieurs objets en ARGENT à l'un des poids ci-dessous, déduction faite des droits de vente.

DIVERSES VALEURS DU GRAMME D'APRÈS LES PRIX SUIVANS DU MARC D'ARGENT

GRAMMES	Marcs	Onces	Gros	Demi-Gros	Grains	Primes	à 50f 25e	à 50f 75e	à 51f 25e	à 51f 75e	à 52f 25e	à 54f 25e (1er Titre contrôlé)	à 54f 75e	à 55f 25e
973	3	7	6	*	50	8	192 06	193 93	195 88	197 71	199 72	207 42	209 34	211 25
974	3	7	6	½	13	6	192 26	194 13	196 08	197 91	199 93	207 63	209 55	211 47
975	3	7	6	¾	52	3	192 45	194 33	196 28	198 12	200 13	207 85	209 77	211 69
976	3	7	7	*	15	3	192 65	194 53	196 48	198 32	200 34	208 06	209 98	211 90
977	3	7	7	*	54	1	192 85	194 73	196 68	198 52	200 54	208 27	210 20	212 12
978	3	7	7	½	16	9	193 04	194 95	196 89	198 72	200 73	208 49	210 41	212 34
979	3	7	7	¾	38	8	193 24	195 15	197 09	198 93	200 93	208 70	210 63	212 56
980	4	*	*	*	18	6	193 44	195 35	197 29	199 13	201 16	208 91	210 84	212 77
981	4	*	*	¼	1	4	193 63	195 55	197 49	199 33	201 36	209 13	211 06	212 99
982	4	*	*	½	20	3	193 83	195 75	197 69	199 54	201 57	209 34	211 27	213 21
983	4	*	1	*	5	1	194 05	195 95	197 89	199 74	201 78	209 54	211 49	213 42
984	4	*	1	*	21	9	194 25	196 15	198 09	199 94	201 98	209 77	211 70	213 64
985	4	*	1	¼	4	7	194 42	196 34	198 30	200 15	202 19	209 98	211 92	213 86
986	4	*	1	½	25	6	194 62	196 54	198 50	200 35	202 39	210 19	212 13	214 08
987	4	*	2	*	6	4	194 82	196 74	198 70	200 55	202 60	210 41	212 35	214 29
988	4	*	2	*	26	2	195 02	196 94	198 90	200 76	202 80	210 62	212 56	214 51
989	4	*	2	¼	6	*	195 21	197 14	199 10	200 96	203 01	210 85	212 78	214 73
990	4	*	2	½	26	9	195 41	197 34	199 30	201 16	203 21	211 04	212 99	214 94
991	4	*	3	*	9	7	195 61	197 54	199 50	201 37	203 42	211 26	213 21	215 16
992	4	*	3	*	28	8	195 81	197 74	199 70	201 57	203 62	211 47	213 42	215 38
993	4	*	3	¼	11	4	196 00	197 94	199 91	201 77	203 83	211 68	213 64	215 60
994	4	*	3	½	30	2	196 20	198 14	200 11	201 98	204 03	211 90	213 85	215 81
995	4	*	4	*	13	*	196 40	198 34	200 31	202 18	204 24	212 11	214 07	216 03
996	4	*	4	*	51	8	196 60	198 54	200 51	202 38	204 44	212 32	214 28	216 23
997	4	*	4	¼	14	7	196 79	198 74	200 71	202 59	204 65	212 54	214 50	216 46
998	4	*	4	½	33	5	196 99	198 94	200 91	202 79	204 85	212 75	214 71	216 68
999	4	*	5	*	16	3	197 19	199 14	201 11	202 99	205 06	212 96	214 93	216 90
Kilos 1	4	*	5	*	58	1	197 59	199 54	201 52	203 20	205 27	213 18	215 13	217 19
2	8	1	2	½	54	3	394 78	398 68	402 64	406 40	410 84	426 36	430 30	434 24
3	12	2	*	*	55	4	592 17	598 02	605 96	609 60	615 81	639 84	645 45	651 36
4	16	2	5	¼	52	6	789 56	797 36	805 28	812 80	821 08	852 78	860 60	868 48
5	20	3	3	*	34	7	986 96	996 70	1006 60	1016 60	1026 55	1065 90	1075 73	1085 60
6	24	4	*	½	30	9	1184 34	1196 04	1207 92	1219 20	1231 62	1279 08	1290 96	1302 72
7	28	4	6	*	50	*	1381 73	1395 38	1409 94	1422 40	1436 89	1492 26	1506 08	1519 84
8	32	5	3	½	29	2	1579 12	1594 72	1610 96	1625 60	1642 12	1705 11	1721 20	1736 96

CHAPITRE V.

DE LA CONVERSION DES POIDS DE MARC EN POIDS DÉCIMAUX, ET DE LEURS DIFFÉRENTES VALEURS D'APRÈS LES PRIX DU MARC D'ARGENT QUI SONT LE PLUS EN USAGE DANS LES MONTS-DE-PIÉTÉ, DÉDUCTION FAITE DE 3 FR. 50 C. POUR CENT, PERÇUS POUR LES FRAIS DE VENTE.

La colonne des centigrammes représente tout à la fois les décigrammes et centigrammes; ainsi quand je dis 74 centigrammes, c'est comme si je disais 7 décigrammes 4 centigrammes.

DE 1 GRAIN A 4 GROS.

Conversion des GRAINS, DEMI-GROS et GROS en CENTIGRAMMES et GRAMMES, suivie des différentes valeurs d'un ou plusieurs objets en ARGENT à l'un des poids ci-dessous, déduction faite des droits de vente.

POIDS de MARC	CONVERS. Grammes	Centigramm.	DIVERSES VALEURS DES GRAINS, DEMI-GROS ET GROS D'APRÈS LES PRIX SUIVANS DU MARC D'ARGENT — à 50f »c	à 50f 50c	à 51f »c	à 51f 50c	à 52f »c	au Titre contrôlé 54f »c	à 54f 50c	à 55f »c
GRAINS.			fr. c.	fr. c.	fr. c.	fr. c.	fr. c.	fr. c.	fr. c.	fr. c.
1	»	5	0 1	0 1	0 1	0 1	0 1	0 1	0 1	0 1
2	»	10	0 2	0 2	0 2	0 2	0 2	0 2	0 2	0 2
3	»	15	0 3	0 3	0 3	0 3	0 3	0 3	0 3	0 3
4	»	21	0 4	0 4	0 4	0 4	0 4	0 4	0 4	0 4
5	»	26	0 5	0 5	0 5	0 5	0 5	0 5	0 5	0 5
6	»	31	0 6	0 6	0 6	0 6	0 6	0 6	0 6	0 6
12	»	63	0 12	0 12	0 12	0 13	0 13	0 13	0 13	0 13
18	»	95	0 18	0 19	0 19	0 19	0 19	0 20	0 20	0 20
24	1	27	0 25	0 25	0 25	0 26	0 26	0 27	0 27	0 27
30	1	59	0 31	0 31	0 31	0 32	0 32	0 33	0 34	0 34
Demi-gros.										
½ ·	1	91	0 38	0 38	0 38	0 39	0 39	0 40	0 41	0 41
½ 6	2	23	0 43	0 44	0 44	0 45	0 45	0 47	0 47	0 48
½ 12	2	54	0 49	0 50	0 50	0 52	0 52	0 54	0 54	0 55
½ 18	2	86	0 56	0 57	0 57	0 58	0 58	0 60	0 61	0 62
½ 24	3	18	0 62	0 63	0 63	0 65	0 65	0 67	0 68	0 69
½ 30	3	50	0 68	0 69	0 69	0 71	0 71	0 74	0 75	0 76
Gros.										
1	3	82	0 75	0 76	0 77	0 78	0 78	0 81	0 82	0 83
2	7	64	1 51	1 52	1 54	1 56	1 57	1 63	1 64	1 66
3	11	47	2 26	2 28	2 31	2 34	2 35	2 44	2 46	2 49
4	15	29	3 02	3 04	3 08	3 11	3 13	3 26	3 29	3 32

*Conversion des GROS, ONCES et MARCS en CENTIGRAMMES et GRAMMES,
suivie des différentes valeurs d'un ou plusieurs objets en ARGENT à l'un des
poids ci-dessous, déduction faite des droits de vente.*

POIDS de MARC.	CONVERS. Grammes	CONVERS. Centigrammes	DIVERSES VALEURS DES GROS, ONCES ET MARCS D'APRÈS LES PRIX SUIVANS DU MARC D'ARGENT					1er Titre contrôlé		
			à 50f 2e	à 50f 50e	à 51f 2e	à 51f 50e	à 52f 2e	à 54f 2e	à 54f 50e	à 55f 2e
			fr. c.	fr. c.	fr. c.	fr. c.	fr. c.	fr. c.	fr. c.	fr. c.
5	19	12	3 77	3 81	3 85	3 89	3 92	4 07	4 11	4 15
6	22	94	4 53	4 57	4 62	4 67	4 71	4 89	4 93	4 98
7	26	76	5 28	5 33	5 39	5 45	5 49	5 70	5 75	5 81
Onces										
1	30	59	6 04	6 10	6 16	6 22	6 28	6 52	6 58	6 64
2	61	18	12 08	12 20	12 32	12 44	12 56	13 04	13 16	13 28
3	91	78	18 12	18 30	18 48	18 66	18 84	19 56	19 74	19 92
4	122	37	24 16	24 40	24 64	24 88	25 12	26 09	26 33	26 57
5	152	97	30 20	30 50	30 80	31 10	31 40	32 61	32 91	33 21
6	183	56	36 24	36 60	36 96	37 32	37 68	39 13	39 49	39 85
7	214	15	42 28	42 70	43 12	43 54	43 96	45 65	46 07	46 49
Marcs										
1	244	75	48 31	48 80	49 28	49 76	50 24	52 18	52 66	53 14
2	489	50	96 62	97 60	98 56	99 52	100 48	104 35	105 32	106 28
3	734	23	144 93	146 40	147 84	149 28	150 72	156 55	157 98	159 42
4	979	01	193 24	195 20	197 12	199 04	200 96	208 70	210 64	212 58
5	1223	76	241 55	244 00	246 40	248 80	251 20	260 88	263 30	265 70

FIN

MANUEL DU VENDEUR ET DE L'ACHETEUR,

OU COMPTES FAITS

POUR FACILITER L'USAGE DES

POIDS ET MESURES MÉTRIQUES DÉCIMAUX

EN VIGUEUR EN 1840;

Suivis de la conversion des anciens poids et mesures
en mesures et poids métriques décimaux, et vice versâ.

PAR E. FESSART.

1 Volume in-18 de 350 pages. — Prix : 1 franc.

———

A l'aide de ce Manuel, les personnes les plus étrangères aux
poids et mesures métriques apprendront facilement à les connaître et à s'en servir; elles seront en état de débattre elles-
mêmes leurs intérêts, et connaîtront sur-le-champ la valeur
précise de la chose qu'elles désireront vendre ou acheter, aux
poids et mesures métriques décimaux, ou au nombre.

———